Das Vergnügen in und an den Medien

Bonner Beiträge zur Medienwissenschaft

Herausgegeben von Caja Thimm

Band 6

PETER LANG

Frankfurt am Main · Berlin · Bern · Bruxelles · New York · Oxford · Wien

Michael Klemm
Eva-Maria Jakobs
(Hrsg.)

Das Vergnügen in und an den Medien

Interdisziplinäre Perspektiven

PETER LANG
Europäischer Verlag der Wissenschaften

Bibliografische Information Der Deutschen Bibliothek
Die Deutsche Bibliothek verzeichnet diese Publikation in der Deutschen Nationalbibliografie; detaillierte bibliografische Daten sind im Internet über <http://dnb.ddb.de> abrufbar.

ISSN 1617-8432
ISBN-10: 3-631-56111-3
ISBN-13: 978-3-631-56111-9

www.peterlang.de

Bonner Beiträge zur Medienwissenschaft (BBM)

Herausgegeben von Caja Thimm

Die Veränderungen der medialen Umwelten, die rasanten technischen und gesellschaftlichen Entwicklungen in der Medienkommunikation und insbesondere die Herausforderung durch die neuen elektronischen Medien, namentlich das Internet, haben in den letzten Jahren zu einer Ausweitung der Fragestellungen im Bereich der Medienforschung geführt und - konsequenterweise - zu einer stärkeren Verankerung der Medienwissenschaften an den Hochschulen.

Was genau der Gegenstandsbereich und die theoretischen Grundlagen der Medienwissenschaft sind, ist dabei genauso in die Diskussion geraten wie die disziplinär bedingten Schwerpunkte und Methoden. Die Medienwissenschaft ist eine Disziplin, die sich mit dem Entwurf grundlagenorientierter Theorien und Konzepte und der Beschreibung und Erklärung der umfassenden Wandlungsprozesse und Wirkungszusammenhänge ebenso zu beschäftigen hat wie mit der Analyse des Kanons der Formensprachen von Text, Bild und Ton.

Die in der Reihe „Bonner Beiträge zur Medienwissenschaft (BBM)" erscheinenden Bände umfassen nicht nur Einzel- und Fallanalysen, sondern auch Fragen von Medientheorie, Begriffsbildung, Formen, Bedeutungen und Folgen der Mediennutzung und der Medienpräsenz in der Gesellschaft. Neben den damit zusammenhängenden allgemeineren Themenbereichen soll die Reihe „BBM" besonders den in Bonn vertretenen Schwerpunkten ein Forum verschaffen, wozu in herausragender Rolle die *sprachliche Kommunikation* gehört. Themen beinhalten hier individuelle und gesellschaftliche Wahrnehmungsweisen von Sprachgebrauch in den Medien sowie kommunikative Verfahren und Muster, die in der Medienkommunikation eine Rolle spielen.

Die Reihe soll neben dem allgemeinen Schwerpunkt *Sprache* ein Forum für interdisziplinäre Ansätze zur Verfügung stellen und strebt eine Verbindung von Einzelphilologien und Einzelfächern in ihrem medienwissenschaftlich geteilten Interessengebieten an. Die Reihe soll auch ein Forum für besonders qualifizierte Arbeiten von Nachwuchswissenschaftlern und -wissenschaftlerinnen sein und diesen so eine Gelegenheit bieten, die eigenen Arbeiten in einer thematisch einschlägigen Reihe zu publizieren.

Caja Thimm

Inhalt

„Unterhaltung ist nicht nur lustig." Mediales Vergnügen aus Produzenten-, Produkt- und Rezipientenperspektive

Michael Klemm

1. Unterhaltung ist, was unterhält: Terminologische Probleme eines Allerweltsbegriffs

„Unterhaltung ist nicht immer lustig. […] – Nichts ist jedoch weniger lustig, als sie zu definieren." (Saxer 1974, 77)

Information, Bildung und Unterhaltung gelten immer noch – mit abnehmender Wertschätzung – als die „klassischen Säulen" (Rölz 1979, 217) der Medien. Während Information stets als wichtig und hochwertig eingestuft wurde, nahmen unzählige Kritiker Anstoß an der vermeintlichen „Unterhaltungsüberflutung" durch die Medien und befürchteten negative Auswirkungen auf die Gesellschaft.

Dabei wird meist stillschweigend unterstellt zu wissen und voraussetzen zu können, was ‚Unterhaltung' sei. Allerdings gibt es bis heute keine befriedigende Definition, abgesehen von lapidaren Formulierungen wie „Abwesenheit von Langeweile" oder der geradezu kapitulierenden Feststellung „Unterhaltung ist, was unterhält".[1] Ursula Dehm (1984, 631) konstatierte im Anschluss an eine empirische Untersuchung (Fernseh-)Unterhaltung als „Kommunikationsvergnügen in einer para-sozialen Interaktionssituation"[2], womit sie freilich – neben der Vagheit, wie eine para-soziale Interaktion zu definieren ist – einen zweiten, ebenso schwer zu fassenden Begriff ins Spiel brachte: den des ‚Vergnügens'.

---

1 Vgl. Früh (2003, 10): „Doch bei genauer Betrachtung stehen die ganzen Diagnosen, Pläne und Prognosen auf denkbar unsicherem Boden. Niemand weiß genau, was Unterhaltung eigentlich ist, und wenn man es wüsste, könnte man all die vielfältigen Erscheinungsformen und Wirkungen kaum konsistent erklären." Zu den Problemen einer Definition auch Schmidt (2003).

2 Sie begründet dies so: „Beim Fernsehen kann man durch Quasi-Teilnahme am Fernseh-Geschehen Rollen übernehmen, ohne Verpflichtungen eingehen zu müssen. Zudem Rollen, die man im eigenen Alltagsleben meistens nicht übernehmen kann" (Dehm 1984, 631).

Nun liegt der Mangel an einer überzeugenden Definition von ‚Unterhaltung' oder ‚Vergnügen'[3] nicht im fehlenden Bemühen der Kommunikationsforschung begründet (vgl. z.B. die Diskussion in Früh & Stiehler 2003), sondern schlicht am undankbaren Gegenstand: Es handelt sich um Allerweltsbegriffe mit reichlich diffuser Bedeutung, obwohl oder gerade weil sie gar nicht als schwer verständlich daher kommen. Jeder kennt und verwendet sie – und versteht doch meist etwas anderes darunter.

Schon im Adelungschen Wörterbuch von 1801 offenbart sich das Dilemma beim Lemma ‚Vergnügen': „In theils engerer, theils weiterer Bedeutung vergnügt man jemanden, wenn man ihm angenehme Empfindungen erweckt, zunächst durch Befriedigung seines Verlangens, hernach aber auch auf jede andere Art." Hier deutet sich bereits das enorme Spektrum des Vergnügens an, das Roland Barthes viel später (1974) als Differenz von ‚plaisir' und ‚jouissance' beschrieb: Vergnügen bewegt sich zwischen intellektueller, spielerischer, behaglicher Freude, etwa am feinsinnigen Witz oder dem Aufdecken von Inkonsistenzen in einem Text, und körperlicher, emotionaler, kaum kontrollierbarer Lust, die etwa auch mit Vergnügen an Angst, Ekel oder Schmerz verbunden sei kann, etwa bei der Aneignung eines Horrorfilms (dazu Klemm 2000, 153). Wie soll man so unterschiedliche Gefühlszustände unter einem Terminus subsummieren?

Im Grimmschen Wörterbuch ist „vergnügen […] im allgemeinen das behagliche, zufriedene gefühl, das wohlbehagen, in folge angenehmer anregung." Und auch moderne Lexika sind nicht präziser, beschreiben ‚Vergnügen' als „Gefühlsempfindung des Gefallens, der Freude", als „heiter unterhalten, sich die Zeit kurzweilig vertreiben" (Wahrig). Woran man sich beim Vergnügen erfreut und wie das Vergnügen vonstatten geht, bleibt vage, eben weil es sich bei den jeweiligen Lesern, Zuschauern, Usern sehr unterschiedlich manifestiert. Schon Bosshart (1979, 211) gab zu bedenken, „dass wir in einer hochdifferenzierten pluralistischen Gesellschaft leben, wo der Medien-Genuß des Einen das Mediengift des Anderen ist." Was für den einen höchst vergnüglich ist, etwa eine Volksmusiksendung oder schwarzer Humor in einer Internet-Animation, mag für den anderen das Gegenteil von unterhaltsam sein.

---

[3] ‚Unterhaltung', ‚Vergnügen' und auch ‚Spaß' werden in Alltag wie Wissenschaft meist synonym verwendet, so auch weitgehend im vorliegenden Buch. Dass im Titel dieses Bandes ‚Vergnügen' gegenüber den anderen Konzepten bevorzugt wird, soll die Handlungsperspektive betonen, die hier eingenommen wird: Vergnügen ist das Ergebnis vielfältigen menschlichen Handelns, sowohl von den Produzenten als auch den Nutzern medialer Texte.

Dies zeigt, dass Unterhaltung und Vergnügen nicht (allein) an den Medientexten festgemacht werden können, selbst wenn diese auf eine vergnügliche Rezeption hin angelegt sind. Das Vergnügen ist eine Frage der Aneignung von Texten, Ergebnis einer spezifischen Rezeptionsmodalität oder – in der Diktion der Sprechakttheorie – eine Perlokution, keine kontrollierbare Illokution: Man kann versuchen oder anstreben, jemanden zu unterhalten, aber der Erfolg liegt nicht in der Macht des Produzenten; der Rezipient entscheidet letztlich selbst, ob er etwas vergnüglich findet oder nicht.[4]

Damit geht einher, dass nicht nur typische mediale Unterhaltungsgenres und fiktionale Programme, wie etwa Spielfilme, Comedies, Videoclips, Glossen oder Computerspiele, Vergnügen hervorrufen können. Einerseits können diese absolut humorlos rezipiert werden, andererseits können auch ernst gerahmte Medienangebote vergnüglich genutzt werden. Man kann Vergnügen *am* Text entwickeln, indem man den angebotenen unterhaltsamen ‚Lesarten' folgt und etwa über einen Sketch lacht, aber auch Vergnügen *mit* dem Text, ja sogar *gegen* den Text, das heißt auch gegen die Intentionen des Autors, wenn man einen Medientext „gegen den Strich" interpretiert (vgl. Ayaß, Klemm i.d.Bd.) und zum Beispiel Nachrichten verwitzelt.

Für Mediennutzer sind ‚Unterhaltung' und ‚Information' daher auch keine Dichotomien: das Gegenteil von Unterhaltung ist nicht Information, sondern Langeweile (vgl. Dehm 1984). Viele Medientexte lassen sich auch gar nicht eindeutig einer Kategorie zuordnen. Zum einen kann Unterhaltendes eminent informativ und ernsthaft sein, etwa in Form der politischen Satire (vgl. Pürschel i.d.Bd.) oder systemkritischer Anspielungen in Comics (vgl. Fiedler i.d.Bd.), zum anderen müssen auch Informationen heutzutage unterhaltsam aufbereitet sein, wenn sie ihr Publikum finden wollen.[5] Dies führte zur wechselseitigen Annäherung der Kategorien als „informative Unterhaltung" oder „unterhaltende Information" (*Infotainment*), wenn die Medienmacher darin eine publikumswirksame

---

[4] Dazu schon Fischer (1973, 127f.): „Unterhaltung entsteht weniger durch die die Planungsabsicht des Kommunikators, sondern durch die Umsetzung von Kommunikationsinhalten beim Rezeptionsvorgang. […] Daher können alle jene Versuche keine zufrieden stellenden Ergebnisse erbringen, die Unterhaltung nach formalen und inhaltlichen Kriterien a priori zu definieren versuchen."

[5] Vgl. dazu Mast (1991, 185): „Informationen an sich sind für den Rezipienten uninteressant. Sie müssen ihm Möglichkeiten der emotionalen Teilhabe eröffnen. Das Interessante an Informationen ist daher ihr emotionaler Gehalt." (Herv. im Original)

Strategie sehen, Politik oder andere „ernsthafte“ Themen ansprechend und wirkungsvoll zu präsentieren (vgl. Diekmannshenke und Held i.d.Bd.).[6]

Entsprechend differenziert muss man die Funktionen von vergnüglichen Medientexten bzw. der unterhaltsamen Mediennutzung betrachten:

> „Medienunterhaltung kann der Flucht aus der Realität, aus Bindung und Verantwortung ebenso dienen wie der sozialen ('para-sozialen') Begegnung, dem zeitweiligen Ausleben asozialer Tendenzen, sie dient als Gesprächsstoff, sie kann entspannen, erleichtern, entlasten, Emotionen aktivieren, Tagträume initiieren, Orientierungshilfen bieten, Sinnmuster liefern, das Gute und das Böse konkretisieren, das Alltagswissen bestätigen und vieles andere mehr.“ (Maletzke 1987, 104)

Das Zitat von Maletzke zeigt noch etwas: Das Vergnügen am Medientext ist einerseits wie erwähnt zutiefst subjektiv, zum anderen aber meist sozial vermittelt, etwa in Familien, Freundeskreisen und Fangruppen, die das Vergnügen während der Rezeption teilen und sich darüber vergemeinschaften (vgl. Klemm 2000) oder auch gemeinsam vergnügliche Medientexte herstellen (vgl. Klemm & Graner 2000). Mediales Vergnügen stiftet nicht zuletzt Geselligkeit.

Medienvergnügen ist – so könnte man zusammenfassen – ein Chamäleon: zutiefst subjektiv, gruppen- und kulturspezifisch, alters-, situations- und stimmungsabhängig. Worüber wir früher gelacht haben, schütteln wir später den Kopf, was uns heute vergnügt, kann uns morgen langweilen. Hinzu kommt, dass sich die Formen und Formate der unterhaltsamen Medienprodukte im Laufe der Zeit sehr gewandelt haben.[7] So führte das Aufkommen des Internets zum Beispiel zu ganz neuen Spielarten des Humors, da jeder nun selbst unzensiert zum Produzenten medialen Vergnügens werden kann, was auch zu neuen Tabubrüchen geführt hat, etwa im Hinblick auf die Thematisierung von Ereignissen wie dem 11. September (vgl. dazu Wehn 2003, auch Thiele i.d.Bd.).

Die Begriffe ‚Unterhaltung' und ‚Vergnügen' entziehen sich somit ebenso einer wissenschaftlichen Präzisierung wie die Frage, was Humor ist, über die sich Philosophen, Psychologen und Linguisten schon Jahrtausende den Kopf zerbrochen haben (vgl. auch Brock i.d.Bd.). Bereits Freud (1905) postulierte, dass man

---

6 Zu dieser Strategie Holtz-Bacha (1988, 495): „Denn verpackt in unterhaltende Angebote vermögen politische Inhalte die Selektions- und Abwehrbarrieren von politisch Desinteressierten zu überwinden und erreichen damit auch solche Leute, die normalerweise den eindeutig politischen Programmen lieber aus dem Weg gehen“

7 Vgl. exemplarisch dazu Bleichers (2003) Skizzierung der Entwicklung humoristischer Formate im deutschen Fernsehen.

praktisch alles „komisch machen“ könnte, und so ist auch dem Vergnügen keine objektive Grenze gesetzt.

Produktiver als der Versuch einer endgültigen Begriffsklärung scheinen Fallstudien zu sein, empirisch gesättigte Untersuchungen, was genau Unterhaltung und Vergnügen in situ und ad personam ausmacht, welche Stilmittel und Rezeptionsmuster, welche Strukturen und Funktionen des Vergnügens in und an den Medien charakteristisch sind. Dazu will der Band einen Beitrag leisten.

2. Stiefkind Vergnügen – Kleiner Abriss der Medienforschung

Lange Zeit waren Unterhaltung und Vergnügen die schamhaft versteckten Stiefkinder der Medienforschung. Bereits in der Antike gab es das Spannungsverhältnis von ‚prodesse’ (nützen, belehren) und ‚delectare’ (erfreuen), die damals freilich, etwa bei Horaz, durchaus im Einklang gesehen wurden. Später wurden Information und Unterhaltung gegeneinander ausgespielt und die Unterhaltung als zu trivial für wissenschaftliche Forschung eingestuft. Wenn das Vergnügen in und an Medientexten thematisiert wurde, dann häufig als Form des Eskapismus, als kleine Flucht aus der biederen Alltagswelt, negativ konnotiert durch die Gefahr des Realitätsverlusts aufgrund des Aufbaus von Parallelwelten. Unterhaltung könne eine „narkotisierende Dysfunktion“ (Paul Lazarsfeld) besitzen, sei System erhaltendes „Opium fürs Volk“ oder im Sinne der Kritischen Theorie von Horkheimer / Adorno Massenbetrug seitens der Kulturindustrie.

Nicht zu bestreiten ist: Je mehr Raum die Freizeitgestaltung aufgrund kürzerer Arbeitszeiten einnahm, desto bedeutsamer wurde die „Unterhaltungsindustrie“, desto größer wurde das Angebot an entsprechenden Medien und Medientexten. Und schon zu Beginn dieser Entwicklung, im 19. Jahrhundert, entbrannte eine Debatte über die Gefahren der so genannten „Schundliteratur“.

Heute widmen die Menschen einen großen Teil ihrer Freizeit der vergnüglichen Nutzung von Medien und sorgen für entsprechende Einschaltquoten, Auflagen und Absatzzahlen, die wiederum die Medienschaffenden dazu animieren, das Unterhaltungsangebot auszuweiten. Mediales Vergnügen dient der Erholung vom und für das Arbeitsleben, sorgt als „zweckfreies Tun“ für Entspannung, Zerstreuung, Zeitvertreib, Abwechslung, subjektiven Lustgewinn oder Geselligkeit. Aber muss man diese Tendenz pauschal als Niveauverlust beklagen oder befürchten, dass wir uns „zu Tode amüsieren“ (Postman 1985)?[8]

Die negative Einschätzung der medialen Unterhaltung hat sich in den letzten beiden Jahrzehnten grundlegend gewandelt. Inzwischen existieren zahlreiche Studien, von theoretischen Reflexionen (z.B. Früh 2002) über die Analyse der alltäglichen „Populärkultur“ (vgl. dazu Winter i.d.Bd.) bis hin zur Beschreibung (oder auch Kritik) der „neuen Witzischkeit“ in den Massenmedien (z.B. Vogt und Monz i.d.Bd.) – die Erforschung des Vergnügens im Umgang mit den Medien ist in Kommunikationswissenschaft, Psychologie, Soziologie und Linguistik hoffähig geworden.[9]

Besonders intensiv haben sich die Cultural Studies dem medialen Vergnügen („pleasure“) als populärkulturelle „Praxis“ gewidmet (vgl. z.B. Göttlich & Winter 2000). Basierend auf Roland Barthes (1974) Überlegungen zum Erleben von Vergnügen beim Lesen von Texten als Eigenleistung des Lesers (vgl. z.B. Hepp 1998, 101) und de Certeaus (1980) Konzept von Kultur als Aneignungspraxis hat vor allem John Fiske (1987; 1989) die Formen und Funktionen des Vergnügens an Medientexten analysiert. Im Kontrast zur Kulturkritik sieht er im vergnüglichen Umgang mit Medieninhalten sogar ein Moment der politischen Subversion, des mikropolitischen Widerstands gegen die Mächtigen. Unterhaltung ist eben nicht nur lustig, sondern hat auch eine gesellschaftliche Dimension (vgl. Winter und Klemm i.d.Bd.), wenn man sich etwa über Politiker oder Medienkonzerne mokiert. Auch dieser politische Aspekt gehört zu den Facetten des komplexen Phänomens Vergnügen.

Die Kritik an der vergnüglichen Medienproduktion und -nutzung ist freilich weiterhin fest in der Gesellschaft verankert. In den 1990er-Jahren riefen die

---

8 Neil Postman war sicher der exponierteste Vertreter dieser kulturpessimistische Sichtweise in den 1980er Jahren und griff vor allem die Unterhaltungsorientierung des (amerikanischen) Fernsehens scharf an: „Unser Fernsehapparat sichert uns eine ständige Verbindung zur Welt, er tut dies allerdings mit einem durch nichts zu erschütterndem Lächeln auf dem Gesicht. Problematisch am Fernsehen ist nicht, daß es uns unterhaltsame Themen präsentiert, problematisch ist, daß es jedes Thema als Unterhaltung präsentiert. [...] Das Entertainment ist die Superideologie des gesamten Fernsehdiskurses“ (Postman 1985, 110). Zur Kritik an den Thesen Postmans und anderer Kulturpessimisten vgl. Maletzke (1988) und Winter & Eckert (1990, 130-140).

9 Vgl. z.B. Dehm (1984), Bosshart / Hoffmann-Riem (1994), Lübbecke (1996), Lambernd (1998), Göttlich / Winter (2000), Roters / Klingler / Gerhards (2000), Früh (2002), Früh / Stiehler (2003), Klingler / Roters / Gerhard (2003). Die meisten Untersuchungen zur medialen Unterhaltung betreffen allerdings das Leitmedium Fernsehen; Studien zu Printmedien oder zum Internet (z.B. Androutsopoulos i.d.Bd., Wehn 2003) sind immer noch selten.

Feuilletons mit erhobenem Zeigefinger die Spaßkultur und Spaßgesellschaft aus, die sie nach dem 11. September – vorschnell, wie wir heute wissen – zu Grabe trugen. Vergnügliche Medientexte sind kein Produkt der Moderne, sie gab es zu jeder Zeit, selbst im Krieg, da sie auf einem basalen menschlichen Bedürfnis fußen. Auch gelacht wurde immer, zu allen Zeiten der Mediengeschichte, wenn auch mehr oder weniger offen (vgl. Thiele i.d.Bd.).

3. Zur Zielsetzung dieses Bandes

In diesem Band wird das Vergnügen in und an den Medien aus verschiedensten Perspektiven betrachtet:

- interdisziplinär, denn in den Analysen und Interpretationen kommen linguistische, literaturwissenschaftliche, semiotische, kulturwissenschaftliche, philosophische und soziologische Perspektiven zum Ausdruck, die mit verschiedenen Methoden verbunden sind (z.B. Textlinguistik, Gesprächsforschung, ethnographische Soziostilistik, Progressionsanalyse von Schreibprozessen, medienbiographische Analyse);
- intermedial, denn das Spektrum reicht von Fernsehsendungen über Pressetexte und Comic-Strips bis hin zu neueren elektronischen Kommunikationsformen (Homepages, Chats)
- international, denn es werden Medientexte aus Frankreich, Italien, Österreich, der Schweiz, England und Deutschland untersucht.

Der gesamte Prozess medialen Vergnügens soll an exemplarischen Beispielen erfasst werden, von Produktionsanalysen über die Analyse humorvoller Medieninhalte bis zum Vergnügen als Leistung der Mediennutzer, auch wenn die Trennlinien mitunter verschwimmen. Die Beiträge zeigen, wie unterhaltsame Texte entstehen (sollen), welche verbalen und nonverbalen Komponenten zum Vergnügen am Text beitragen (sollen) und welche Funktionen die unterhaltsame Rezeption von Medientexten umfasst, sowohl situations- und gruppenbezogen als auch in Bezug auf einen individuellen Lebensweg. Die empirischen Arbeiten werden flankiert von theoretischen Beiträgen zu den Phänomenen Humor, Unterhaltung, Vergnügen.

Ziel ist es nicht allein, die Spielarten medialen Vergnügens aufzuzeigen; sondern auch die subjektiven, gesellschaftlichen und politischen Implikationen des Vergnügens in und an den Medien (kritisch) zu hinterfragen.

4. Zu den einzelnen Beiträgen[10]

Den ersten Themenblock des Bandes bilden eher theoretische Reflexionen zum Thema. Zum Auftakt präsentiert *Michael Thiele* seine „Philosophie des Humors" und diskutiert dabei zentrale Begriffe wie ‚Vergnügen', ‚Komik' oder ‚Spaß', auch vor dem Hintergrund jüngerer Ereignisse wie 11. September oder Irak-Krieg. Anschließend skizziert *Rainer Winter* das Konzept der Cultural Studies und der Erforschung der „Politik des Vergnügens", mit der sich „the people" gegen den „power bloc" zur Wehr setzen. *Alexander Brock* erläutert am Beispiel der englischen Fernsehserie *Monty Python*, wie man Humor und aggressive Komik aus linguistischer Sicht erklären kann. *Martin Nielsen* beschreibt anhand der „-tainment-Welle" die aktuelle Tendenz zur Spaßorientierung in der Gesellschaft und verdeutlicht dies am Beispiel des Avertainments, der unterhaltsamen Präsentation von Werbung.

Die Beiträge im zweiten Abschnitt widmen sich der Analyse von Medientexten aus der Produktperspektive. *Hajo Diekmannshenke* zeigt am Beispiel von Homepages, Chats und Gästebüchern, wie Politiker und Parteien sich in den Neuen Medien unterhaltsam präsentieren, um neue Wählergruppen zu gewinnen, und welche Perspektiven diese „politische Unterhaltung" besitzt. *Gudrun Held* analysiert Titelseiten von politischen Magazinen im Hinblick auf *Infotainment* in der Bildgestaltung. Hier spielt insbesondere das Konzept der Personalisierung eine entscheidende Rolle, das von den Grafikern kreativ und multimodal umgesetzt wird. *Rüdiger Vogt* widmet sich aus Sicht der Gesprächsforschung der Pointeninszenierung in Comedy-Shows. Er vergleicht auf der Mikroebene die Pointeninszenierung von Harald Schmidt und Stefan Raab und zeigt zugleich auf, wie die Erkenntnisse dieses Vergleichs didaktisch genutzt werden können. *Andreas Monz* untersucht anhand der ZDF-Sendung „Kaffeeklatsch", wie eine alltägliche Gattung wie Klatsch massenmedial inszeniert wird. Dabei geht er insbesondere auf die Rolle des Moderators ein und interpretiert den Fernsehklatsch als „die Bühne des kleinen Mannes". *Sabine Fiedler* analysiert die Rolle, die die Mosaic-Comics in der DDR und nach der Wende gespielt haben. Einerseits untersucht sie die Komik der Texte, andererseits aber auch die Fankommunikation rund um die populären Comics.

---

[10] Einige Beiträge waren Vorträge in der von den Herausgebern geleiteten Sektion „Medienkommunikation" der Gesellschaft für Angewandte Linguistik, die anderen wurden gezielt hinzugewonnen.

Der dritte Block steht im Zeichen der Produzentenperspektive. *Daniel Perrin* zeigt an authentischen Schreibprozessen auf, mit welchen Strategien Journalisten versuchen, ihre Zeitungsartikel unterhaltsam zu gestalten. Dabei identifiziert er „fünf Rollen für Schreiber, die auf Vergnügen zielen: den Beobachter, den Vorführer, den Verkäufer, den Halbsager und den Märchenerzähler." *Jannis Androutsopoulos* porträtiert hingegen auf der Grundlage von Interviews und ethnografischer Forschung junge Internet-User, die ihre Website gestalten und dabei Wert auf unterhaltsame Elemente legen. Zudem zeigt er am Beispiel eines Hip-Hop-Forums auf, welche Funktionen spaßige Bemerkungen in der Kommunikation unter Jugendlichen haben und wie in dieser Szene auch mit parodistischen Mitteln gearbeitet wird.

Das letzte Kapitel untersucht Vergnügen als Leistung von Rezipienten. *Michael Klemm* zeigt aufgrund einer Analyse von Zuschaueräußerungen im heimischen Wohnzimmer, dass Humor und Vergnügen auch bei der Aneignung von politischen Inhalten eine wesentliche Rolle spielt. Indem sich die „kleinen Zuschauer" durch Witze und Lästereien über die „großen Medienakteure" erheben, gleichen sie nebenbei ihre Einstellungen und Werte ab. Aus ähnlicher Perspektive verdeutlicht *Ruth Ayaß*, dass die Kommunikation unter Fernsehzuschauern auch eine moralische Dimension besitzt und man sogar am Missvergnügen Vergnügen finden kann. *Heiner Pürschel* schildert, wie ihn die Texte der Berliner Kabarettgruppe „Die Insulaner" praktisch ein Leben lang begleitet haben und zu verschiedenen Zeiten Verschiedenes für ihn bedeuteten.

Und nun viel Vergnügen in und an diesem Buch.

Literatur

Barthes, Roland (1974). *Die Lust am Text*. Frankfurt am Main: Suhrkamp.

Bleicher, Joan Kristin (2003). Vom Volkshumor zur Comedy. Streifzüge durch die Humorgeschichte des Fernsehens. In: Klingler, Walter, Roters, Gunnar & Gerhards, Maria (Hrsg.): *Humor in den Medien*. Baden-Baden: Nomos. 75 - 85.

Bosshart, Louis (1979). *Dynamik der Fernsehunterhaltung. Eine kommunikationswissenschaftliche Analyse und Synthese*. Fribourg.

Bosshart, Louis & Hoffmann-Riem, Wolfgang (Hrsg.) (1994). *Medienlust und Mediennutz. Unterhaltung als öffentliche Kommunikation*. München: Ölschläger.

Certeau, Michel de (1988). *Kunst des Handelns*. Berlin: Merve.

Fischer, Heinz-Dietrich (1973). Unterhaltung als Kommunikationsproblem. Anmerkungen zu einer unterschätzten Zentralfunktion der Publizistik. In: Bringmann, Karl (Hrsg.): *Das gedruckte Wort*. Düsseldorf. 107-130.

Fiske, John (1987). *Television Culture.* London, New York: Methuen.
Fiske, John (1989). *Understanding Popular Culture.* London: Unwin Hyman.
Freud, Siegmund (1905/1985): *Der Witz und seine Beziehung zum Unterbewußten.* Frankfurt a.M..
Früh, Werner (2003). Theorien, theoretische Modelle und Rahmentheorien. In: ders. & Stiehler, Hans-Jörg (Hrsg.): *Theorie der Unterhaltung. Ein interdisziplinärer Diskurs.* Köln: Halem. 9 - 26.
Früh, Werner & Stiehler, Hans-Jörg (Hrsg.) (2003). *Theorie der Unterhaltung. Ein interdisziplinärer Diskurs.* Köln: Halem.
Göttlich, Udo & Winter, Rainer (Hrsg.) (2000). *Politik des Vergnügens. Zur Diskussion der Populärkultur in den Cultural Studies.* Köln: Halem.
Hepp, Andreas (1998). *Fernsehaneignung und Alltagsgespräche. Fernsehnutzung aus der Perspektive der Cultural Studies.* Opladen: Westdeutscher Verlag.
Holtz-Bacha, Christina (1988). Unterhaltung ist nicht nur lustig. Zur politischen Sozialisation durch unterhaltende Medieninhalte: eine Forschungsnotiz. In: *Publizistik* 33, Heft 2-3/1988. 493 - 505.
Klemm, Michael (2000). *Zuschauerkommunikation. Formen und Funktionen der alltäglichen kommunikativen Fernsehaneignung.* Frankfurt am Main: Lang.
Klemm, Michael & Graner, Lutz (2000).: Chatten vor dem Bildschirm: Nutzerkommunikation als Fenster zur alltäglichen Computerkultur. In: Caja Thimm (Hrsg.): *Soziales im Netz. Sprache, soziale Beziehungen und Identität im Internet.* Opladen: Westdeutscher Verlag, 156-179.
Klingler, Walter, Roters, Gunnar & Gerhards, Maria (Hrsg.) (2003). *Humor in den Medien.* Baden-Baden: Nomos.
Kotthoff, Helga (Hrsg.) (1998). *Scherzkommunikation. Beiträge aus der empirischen Gesprächsforschung.* Opladen: Westdeutscher Verlag.
Lambernd, Jochen (1998): *Scherz ist Trumpf: Humor im Fernsehen. Eine empirische Analyse am Beispiel der Comedy-Show „RTL Samstag Nacht".* Aachen: Shaker.
Lübbecke, Bärbel (1996). *Fernsehen als Massenunterhaltungsmedium. Die Partizipation von Zuschauern an Fernsehunterhaltungssendungen.* Neuried: Ars Una.
Maletzke, Gerhard (1987). Kultur oder Unterhaltung – eine fragwürdige Alternative. In: Schmitz, Hermann-Josef & Tompert, Hella (Hrsg.): *Alltagskultur in Fernsehserien.* Hohenheimer Medientage 1986. Stuttgart. 95 - 113.
Maletzke, Gerhard (1988). *Kulturverfall durch Fernsehen?* Berlin: Spiess.
Mast, Claudia (1991). Journalismus und Affektmanagement. „Infotainment" – eine wirtschaftliche und publizistische Erfolgsstrategie? In: Roß, Dieter & Wilke, Jürgen (Hrsg.): *Umbruch in der Medienlandschaft.* München. 183 - 192.
Roters, Gunnar, Klingler, Walter & Gerhards, Maria (Hrsg.) (2000). *Unterhaltung und Unterhaltungsrezeption.* Baden-Baden: Nomos.
Saxer, Ulrich (1974). Publizistik und Unterhaltung. In: Kurzrock, Ruprecht (Hrsg): *Medienforschung.* Berlin. 77-89.
Schmidt, Siegfried J. (2003). Unterhaltung gibt es nicht. Unterhalten Sie sich gut! Einige philosophische Anmerkungen zum Thema. In: Früh, Werner. & Stiehler, Hans-Jörg (Hrsg.): *Theorie der Unterhaltung. Ein interdisziplinärer Diskurs.* Köln: Halem. 324 - 336.
Wehn, Karin (2003). Humor im Internet. In: Klingler, Walter, Roters, Gunnar & Gerhards, Maria (Hrsg.): *Humor in den Medien.* Baden-Baden: Nomos. 115 - 129.
Winter, Rainer & Eckert, Roland (1990). *Mediengeschichte und kulturelle Differenzierung. Zur Entstehung und Funktion von Wahlnachbarschaften.* Opladen: Leske + Budrich.

Vergnügen, Unterhaltung, Gelächter, Spaß und Komik – Philosophie des Humors

Michael Thiele

I'm laughin' just to keep from cryin'
(Odetta 2001)

1. Busch & Bush

Am 26. September 2001, vierzehn Tage nach dem Anschlag auf das World Trade Center in Manhattan, berichtet die Süddeutsche Zeitung über E. Busch:

„Die Ereignisse der letzten Wochen haben uns alle näher zusammenrücken lassen", lässt Ekki Busch verlauten, und seine Zuhörer nicken beifällig. „Wir kriegen diese schrecklichen Bilder einfach nicht aus dem Kopf." Es ist mucksmäuschenstill in der winzigen illegalen Bar an der Manteuffelstraße in Berlin-Kreuzberg. Ekki Busch hebt seine Stimme an, wie angestochen fährt es aus ihm heraus: „Das 1:4 in Kaiserslautern hätte niemals passieren dürfen!" (Droste 2001)

So, die Niederlage von Hertha BSC ausschlachtend und sie auf den Nieder*fall* projizierend – aber wer will ihm das *beweisen*? –, führt E. Busch eine alte Kabaretttechnik vor, welche Spannung zieht aus dem per Wahrnehmungslenkung initiierten Aufbau einer Erwartungshaltung, die dann ‚grausam' enttäuscht wird. Es ist das kabarettistische Mittel der *Irreführung*. (Eine Irreführung als medienkritisch-bewusstseinshebendes Mittel der Satire schildert Brock in seinem ersten Blackadder-Beispiel vom wollüstigen Schwein i.d.Bd.)

Vergleichsweise aufgezeigt sei dies an der Nummer ‚Lehrstück von der Gerechtigkeit' des Kabarettisten Dietrich Kittner (Henningsen 1967, 53-54) aus den 60er-Jahren des vergangenen Jahrhunderts (gekürzt):

> Es gibt ein Land, das wurde nach dem letzten großen Krieg durch eine Demarkationslinie in zwei Teile gespalten. Jeder dieser beiden Teile erhielt eine eigene Besatzungsmacht. Die Regierung des einen Landesteils fordert nun heute freie Wahlen für das ganze Land ...
> Die Regierung des andern Landesteils stemmt sich gegen solche freien Wahlen. Sie regiert, gestützt auf eine kleine Minderheit, geschützt durch die Bajonette einer der Siegermächte des zweiten Weltkriegs ...

> Wir fordern nun für dieses Land, meine Damen und Herren, das Selbstbestimmungsrecht. Finden Sie das gerecht?

Licht aus. Gequälter Beifall. Pflichtlektion von der Bundeszentrale für politische Bildung. 1000-mal gehörte Sätze. Phrasen – das Publikum wird sich allerhöchstens wundern, diese Sätze nun gerade von dem als radikal bekannten Kittner zu hören. Dann plötzlich noch einmal Bühnenlicht. Fast schon im Abgehen, merklich nonchalanter als zuvor, noch einmal der Kabarettist:

> Ach so, ich vergaß lustigerweise, eins zu erklären: die Siegermacht heißt USA, das Land heißt Vietnam.

Wenn im Namen der Aufklärung Aufklärung verboten wird, lässt sich dieses Interdikt oft nur umschiffen durch Allusionen, die dem Formulierenden den amphibisch-amphibolischen Stand der Un(an)greifbarkeit verleihen. Die Allusion ist bei E. Busch verbale Hochstapelei mit dem Geschwindigkeitsfaktor Unendlich und der „Erwischbarkeitswahrscheinlichkeit" 0 (Marquard 1989, 147, 54). Ambiguität und Irreführung als einzige Mittel, der politischen Korrektheit zu entgehen?

Die Situation der so genannten Spaßgesellschaft in der öffentlich-medialen Spaßlandschaft haben wir wohl alle im September 2001 als hochproblematisch erlebt. Das Lachen wurde unterdrückt. Proklamiert wurde das Ende der Spaßgesellschaft. Selbst Ironie war endgültig out: „Die US-Feuilletons riefen erschüttert das Ende der Ironie als Haltung und Lebensform aus" (Schmitt 2001). Würde und Pathos sollten herrschen statt Ironie (Schmidt 2001). „Alle Amerikaner waren Patrioten, und Patrioten lachen nicht" (Koydl 2002). Jegliche Form der Distanzierung war ‚verboten'. Distanznahme war innerhalb des indoktrinierten Meinungsklimas nicht erwünscht.

Wer, verordnet, nach dem Schrecken das Lachen unterdrückt oder unterdrücken will, verkennt einmal, dass das Unterdrückte sich ein Ventil verschaffen muss, soll es nicht zu schweren Schädigungen kommen, und verkennt zum Zweiten, welches effiziente Verarbeitungspotenzial im Lachen steckt – Phänomen des Galgenhumors –, um das Grauen überhaupt aushalten zu können, und verkennt zum Dritten, dass Erscheinungsformen des Lachens theologische Implikate haben, die, den Schrecken transzendierend, Wege aufweisen, mit ihm umzugehen. Viertens sei gerade auf die heilende Funktion des Lachens hingewiesen, auf seine befreiende Wirkung. Es steht für die Bejahung des Lebens, die allem Lebensverneinenden ein deutliches eigenes Nein entgegensetzt (Ueding 1992, 41). Fünftens sei herausgestellt, dass Lachen eine Kategorie der Geselligkeit ist und in seinen sozialen Funktionen wichtige Werte stecken. Lachen ist anders denn als soziales Phänomen kaum denkbar. Zum Alleinelachen können wir in den Keller gehen; aber Witz und komische Geschichten verlangen nach mindestens zweien: einem, der erzählt, und einem, dem erzählt wird. Insofern schafft Lachen wesentliche kommunikative Zusammenhänge. Gemeinsam scherzen (simul nugari), miteinander plaudern (colloqui) und miteinander lachen (corridere) – das sind gemäß Augustinus' Confessiones (4, 8) die Geselligkeiten, die das Gemüt erfreuen.

Der Galgenhumor ist eine primäre Copingstrategie. Das Lachen, das er provoziert, kommt einem Weinen nach einem Schock gleich. Sogar die New Yorker Feuerwehrleute haben ihre galgenhumorigen Scherze gemacht über Kollegen, die sie in den Trümmern des WTC verloren hatten (hu/fi 2001). Diese primäre Copingstrategie des *comic relief* hat schon William Shakespeare erkannt, berücksichtigt und stilsicher in seine Dramen eingebaut: Der makabre Scherz der Totengräberszene in der grausen Tragödie ‚Hamlet' ist Gegengift gegen den Schauder der Traurigkeit, der einen ergreift angesichts des entsetzlichen Geschehens auf der Bühne. Und schon antik folgte bei den Festspielen der Tragödientrilogie die Komödie, das Satyrspiel, den Schrecken am Ende komisch versöhnend. Das Lachen verschafft Erleichterung im Stande der Ohnmacht und Kapitulation; komisch ist so das, mit dem wir anders nicht fertig werden (Marquard 1989, 55). Wir benötigen das Komische existenziell, „weil ohne seine Hilfe das ganz Gemeine, mit dem wir behaftet sind, unerträglich wäre" (Vischer 1846, § 224).

Folgender Witz kursierte: George W. Bush und Osama Bin Laden spielen Schach. Wer verliert? – Bush natürlich. Dem fehlen doch schon zwei Türme. Oder: Was ist ein Afghane, der auf dem World Trade Center steht? – Fluglotse. Oder: Was haben zwei verliebte Türme? – Flugzeuge im Bauch. Oder Werbung einer Fluggesellschaft: Wir fliegen Sie direkt in Ihr Büro!

Die Lage ist ernst, so ernst, wusste Harald Schmidt, dass „sogar Klaus Kinkel wieder in Talkshows eingeladen wird" (Lauterbach 2001). Oder Scharping bin Baden. Und brauchte man, um einen Antrag beim Gesundheitsamt zu stellen, plötzlich ein Anthraxformular? Zu Anfang des Jahres 2003 war es allerdings dann ohne Probleme möglich, dass das Berliner Kulturmagazin *tip* auf seinem Titelblatt für die Ausgabe 02/03 mit der Headline „Allahs Humorwaffe" ein Flugzeug abbildete (Müller 2003).

Musste man, um der *political correctness* willen, solche Witze unterdrücken? „Ist es schon so weit, daß wir wieder lachen?" – um es mit Harald Schmidt zu sagen (Lehnartz 2001), der sich allerdings selbst im Gefolge des 11.

September seltsamerweise Schweigen verordnete, in ‚uneingeschränkter Solidarität' mit den USA, ein Akt vorauslaufenden Gehorsams, nach dem, will man seiner Biografin Mariam Lau Glauben schenken, nichts mehr so war, wie es vorher war (Friedrich 2003) – der Biss hatte seine Schärfe verloren. Musste man jede kritische Äußerung einleiten mit dem ‚Präventivschlag': „Das mag sich jetzt zynisch anhören, aber ..."? Oder waren die Witze gerade Ventil des angestauten Unmuts, der sich breit machte angesichts von ‚oben' angesagter Trauer, eines politisch korrekten Meinungsklimas, aggressiv ausgesprochener Denkverbote – der Schuldige ist noch längst nicht ausgemacht (Lebert/Thomma 2002; Minkmar 2002) – und vor Falschheit triefender öffentlicher Betroffenheitslyrik? Waren sie die widerständigen Elemente sozialer Kompetenz in der subversiven Reaktion auf den die Macht haltenden ‚power bloc'? (dazu Winter i.d.Bd.) Oder *wollte und sollte* die verordnete Öffentlichkeit perennierend vergessen, dass täglich 21.000 Menschen Hungers sterben, ohne dass dies auch nur eine publizistische Zeile oder eine Nachricht wert war?

Andere Zahlen sprechen von noch wesentlich mehr Hungertoten. So Thomas Weyer in folgendem Gedicht (EMS-Info 2001):

11. September

An diesem Tag starben auch 35.615 Kinder den Hungertod.
Opfer: 35.615
Ort: arme Länder des Planeten
Programme aus aktuellem Anlass im TV: keine
Presseartikel darüber: keine
Stellungnahme des Präsidenten: keine
Eilig einberufene Krisenstabssitzungen: keine
Solidaritätskundgebungen: keine
Schweigeminuten: keine
Gedenkveranstaltungen: keine
Benefizkonzerte: keine
Börse: es geht ihr nicht schlecht
Euro: im Wiederaufstieg
Alarmstufe: null
Mobilisierung der Armee: keine
Anzahl der Hypothesen über die Identität der Verbrecher: eine
Wahrscheinliche Autoren des Verbrechens: reiche Länder des Planeten

Der Gedichtabdruck ist mit der Auskunft versehen, dass das Ganze nicht als Relativierung der Anschläge auf die Staaten zu verstehen sei. Es zeige nur die Diskrepanz zwischen dem Wert eines US-Bürger-Lebens und dem Wert eines

Einwohner-eines-armen-Landes-Lebens. Ohne diese Diskrepanz sei es für die Vereinigten Staaten schwer, das Bombardement armer Länder zu legitimieren.

Inneramerikanische Kritik, die in dieselbe Richtung zielt, ist selten – allerdings doch vorhanden. So weist die intellektuelle amerikanische Sängerin Michelle Shocked darauf hin, dass, bei allem Respekt und Mitleid mit den Opfern des Anschlags vom 11. September, dieses Attentat doch letztlich niemanden wirklich überraschen könne. 10 % der Weltpopulation könnten nicht die übrigen 90 % als Kolonien behandeln und dann damit rechnen, diese würden das widerspruchslos akzeptieren (Heine 2002).

Natürlich muss man selbstkritisch in Rechnung ziehen, dass das Lachen, um mit Henri Bergson zu sprechen, eine soziale Bedeutung hat und den Forderungen des Gesellschaftslebens insofern entspricht, als mit ihm ein *insgeheimes Einverständnis* gekoppelt ist (Ueding 1992, 36). Von durchaus vielen war in den Tagen nach dem Anschlag hier zu Lande zu hören, die Amerikaner hätten sich das Ganze doch selbst zuzuschreiben. Eine Umfrage des Chicago Council on Foreign Relations und des Deutschen Marshall-Funds der USA ergab, dass 55 % der befragten Europäer der amerikanischen Außenpolitik eine Mitschuld an den Attentaten des 11. September zuschreiben; 52 % sind es in Deutschland, sogar 63 % in Frankreich (Winkler 2002). Ein solches Urteil verkennt sicher die tatsächlichen Motive des Terrorakts und verkennt auch die Irrationalität des Geschehens, ist – will man die Ursachen für die Witze verstehen – aber unbedingt ins Kalkül zu ziehen. Der Größenwahn der Amerikaner, ihr moralischer Rigorismus, der ihnen das Gefühl gibt, *God on their side* zu haben, was sich ja auch in Bushs missionarischem Eifer im Irakkrieg widerspiegelt, ihr Sich-Aufspielen als Weltpolizei, noch ihr zynischer Werbeeffekt, der sie die über Afghanistan abgeworfenen Carepakete mit der schriftlichen Information versehen ließ, diese seien die christliche Antwort auf den moslemischen Fundamentalismus, lassen erahnen, weshalb viele den Akt als Denkzettel deuten. Dass dieser vermeintliche Denkzettel darin besteht, dass Tausende von unschuldigen Menschen sterben, macht das Geschehene in einem Maße tragisch, dass es einem wirklich die Sprache verschlägt.

Die kritische Distanzierung, welche die Witze aufkommen ließ, speist sich wohl auch aus der oben angedeuteten Diskrepanz zwischen der tönenden Trauer über die Anschlagsopfer und der in den Medien nicht oder kaum vorhandenen Trauer über die alltäglichen Hunger- und Dritte-Welt-Krankheitsopfer. Ferner speist sie sich aus dem Umstand, dass ein mündiger Mensch sich Verbote nicht auferlegen lässt. Wenn *Lachverbot* herrscht, wird für ihn sozusagen ein *Lachge-*

bot daraus. In dem Augenblick, in dem der Kunst kritisch ihre Heiterkeit ausgetrieben wird, muss diese Kunst zwingend in kompensatorischer Absicht ins Land des Lachens emigrieren (Marquard 1989, 56).

2. Ein gepflegtes Lachen?

> Ich sammle, sozusagen als Hobby, Kircheneinstürze. Haben Sie den jüngsten in Sizilien mitbekommen? Unglaublich! Während der Messe stürzte die Fassade auf fünfundsechzig Großmütter. War das böse? Wenn ja, wer hat es getan? Wenn es Ihn dort oben gibt, findet Er so etwas einfach großartig, Officer Starling. Typhus und Schwäne – kommt alles von derselben Adresse (Harris 2001, 479).

Allerdings ist gegen die bösen Witze nun wieder Ciceros Votum aus seiner Schrift über den Redner (de or. II, 237) zu setzen, dass eine Einlassung auf das Lächerliche nur bis zu einem bestimmten Punkt, bis zu einem gewissen Grade, bis zu einer obligatorischen Grenze schicklich ist: über großes Verbrechen und tiefes Elend spaße man nicht; Verbrecher wolle man bestraft wissen, Unglückliche nicht verspottet. Cicero plädiert also für einen stark über die Ratio gezügelten Witz des Schicklichen. In seinem Pflichten-Buch (de officiis) unterscheidet er zwei Arten des Witzes (I, 104): „Die eine ist schmutzig, mutwillig, schimpflich und anstößig, die andere geschmackvoll, gewählt, geistreich und ansprechend." Inwieweit Cicero mit dieser Unterscheidung eruptiven Witz des Spontanen ausblendet und dem die Grenzen sprengenden Witz wieder Grenzen und *zu enge* Grenzen setzt, sei doch zweifelnd als Anfrage formuliert. Denn es ist zu bedenken, dass Ciceros Stimme auch nur *eine* Stimme ist im Konzert der Lachexperten und dass diese Stimme wie alle anderen ideologisch behaftet ist. Ciceros Ideologie ist die des urbanen Menschen, des vornehm-gebremsten Schaums. Sein Witz ist der Witz der Oberschicht, der Ehrbarkeit, der Gesellschaftsfähigkeit, des Anstands, der Eleganz, der städtische Witz, der sich abheben will von derbbäurischer Grobheit, welche ihm als nicht schicklich gilt (Graf 1999, 33). Cicero redet einem *gepflegten* Lachen das Wort. Das Lachen der Unterschicht empfindet er als seiner Vornehmheit zuwider.

Wenn wir das, wovon der gewöhnliche Witz und der simple Spaß handeln, ernst nehmen, also pragmatisch als das, was da tatsächlich passiert, ist der Anblick wirklich nicht lustig. Denn zum Gegenstand des Spottes wird die geschlagene und getretene, die taumelnde und abirrende Kreatur. Katastrophen, Schiffbrüche, Lawinenunglücke, Zerstörungen, verschwendungssüchtige Frauen, betrunkene Männer, verblendete Liebhaber und unbedarfte Narren bilden jene Welt, aus und in der das Lachen lebt. Es scheint sich beim Lachen immer um Dinge zu drehen, die auch denjenigen Lebensmächten zugehören könnten, welche dem Glück, welche der Heiterkeit entgegenstehen und Anlass zu Schmerz, Melancholie, Trauer und Skepsis gegenüber der Größe und dem Wert des Lebens geben. Mit dem Lachen wird das in unsere behagliche Lebensordnung Einbrechende oder aus unserer Lebenswirklichkeit Ausgegrenzte eingeholt; das dem Lebens-Ordo Entgegenstehende, Tabuisierte wird als zum Dasein dazugehörig begriffen – aber das Lachen ist nur dann möglich, wenn das Eingeholte in unser Dasein noch positiv einzufügen ist (Ritter 1980, 62, 81–84). Die Dispositionsbreite des Lachens findet ihre Limitierung dort, wo die positive Rezeption des Entgegenstehenden ein Ende hat. Wir wissen, wie leicht der Spaß in Ernst, das Lachen in Weinen kippen, der Scherz zur Beleidigung, der Unsinn zum Schmerz geraten kann, und wir wissen auch – das haben wir sicher alle schon erlebt –, wie unbestimmbar dieser Peripetiepunkt ist und wie diese Umschlagstelle abhängt von der jeweiligen konkreten einmaligen Situation. Wo das Lächerliche nicht mehr als zu unserem Leben positiv dazugehörend verstanden werden kann und unintegrierbar erscheint, da hört es auf, lächerlich zu sein. Alfred Hitchcock hat einmal gesagt: Ein Mensch, der auf einer Bananenschale ausrutscht, ist komisch; sieht man ihn aber blutend da sitzen, ist der Witz weg (Schwarze 2002).

Auf der anderen Seite ist das Lächerliche in allen Lagen unseres Lebens zuhause, in allen Situationen und Dimensionen unseres Daseins, wo es in irgendeiner Weise noch positiv aufgefasst und rezipiert werden kann. Diese Möglichkeit ist die *conditio* für unser Lachen; und genau darin liegt begründet, dass Vergnügen und Laune diese Disposition zu Unsinn und Scherz in sich tragen: Die Positivität unseres Lebensgefühls ist dann so stark, dass der Ernst seine Macht verliert und die Helle einer Heiterkeit selbst dort noch zu leuchten in der Lage ist, wo für den Griesgram und den Trübsinnigen der Spaß längst zuende ist und er Lächerliches nicht mehr entdecken kann.

In diesem tragischen Zwiespalt haben wir uns befunden: Was immer man tat, es war falsch. Legte man sich Lachentsagung auf, ließ man kritische Implikate aus. Lachte man, sah es, paradox gesagt, wie eine Verletzung der Toten aus. Die Prävalenz schien aber beim Lachen zu liegen, ist doch inzwischen aus den Ereignissen des 11. September eine Komödie geworden, Kathrin Rögglas ‚fake reports', in denen auch ein ‚Clown des 11. Septembers' auftritt (Menasse 2002).

Ausgehend vom seinerzeit ergangenen Lachverbot, will ich die philosophischen und theologischen Implikate von Lachen, Komik und Humor darstellen, die nicht nur traditionell, sondern auch für die rezente Medienwelt gelten.

Dabei muss ich mir natürlich Folgendes vor Augen führen: Es gibt nichts Unwitzigeres, als einen Witz zu erklären. Cicero (de or. II, 217) kolportiert die von Gaius Iulius Caesar (Strabo) gesprächsweise geäußerte Beobachtung, ein nicht ganz geistloser Mann könne über alles witziger disputieren als über den Witz selbst.

3. Wahrnehmung der Widersprüche

Tiere können nicht lachen. Dem Menschen ist diese Fähigkeit geschenkt. Wenn wir es theologisch sehen, realisiert der Mensch im göttlich gegebenen Lachen seine Freiheit in höchstem Grade.

Komik beruht auf einer besonderen Art und Weise der Wahrnehmung. *Komisch* wirkt etwas, da es in bestimmter Form wahrgenommen wird. *Humor* dürfte wohl am adäquatesten definiert sein als *Gefühl für* diese Komik: Humor ist das Vermögen, Dinge und Ereignisse als komisch wahrzunehmen. Anders, aber für mich nicht nachvollziehbar, bestimmen Bremmer und Roodenburg Humor als durch eine Handlung übermittelte Botschaft, die Lachen hervorrufen soll (1999, 9), für meine Begriffe die Bestimmung von *Witz* oder *Komik*. Genauer bestimmt, besteht Humor in einer Rezeption von Widersprüchlichkeit. Damit wird als Normalität und Norm Widerspruchsfreiheit vorausgesetzt. Der Blick, der Komik entdeckt, findet im Wahrgenommenen einen referenziellen Bezugspunkt, eine Objektivation, etwas außerhalb seines eigenen Bewusstseins. Humor reagiert auf eine Konkretion in der Außenwelt, hat ein Korrelat in der Dingwelt. Im objektiv gegebenen Lächerlichen hat das Lachen seinen Anlass, seinen Gegenstand, an welchem es sich entzündet (Ritter 1980, 67). Nur so ist es zu erklären, d. h. über diese Objektivierung, dass etwas nicht nur individuell als komisch angesehen wird, sondern überindividuell, dass nicht nur ein Individuum lacht, sondern dass mehrere lachen oder viele. So kommt es zu *Gelächter* als Kollektivum des Lachens.

Prinzipiell kann jegliches Phainomenon von Widersprüchen komisch wirken. Bei der Wahrnehmung von Diskrepanz dürfte es sich um die transkulturelle Konstante von Humor und Komik handeln. Ihre historische Kontingenz liegt darin, dass nicht allüberall und zu allen Zeiten dasselbe als Widerspruch und

Abweichung angesehen wird. Das, was im jeweiligen Einzelfall als Deviation und damit als komisch rezipiert wird, ist eine soziale Variable. So sind *wir* als durch westliche Kultur Geprägte kaum in der Lage, die komischen Pointen von Zenerzählungen und japanischen Koans zu erfassen, während wir andererseits problemlos im Stande sind, über den Wortwitz zu lachen, der sich in folgendem Satz zur Computersprache versteckt: „Unter *www.zeit.de/links/* finden Sie weitere Informationen zum Rechtsextremismus" (Staud 2000).

Dito ist das Widersprüchliche der Amphibolie, die Ambiguität, das Double Bind, das sich auch in der Ironie niederschlägt – wir sagen anderes, als wir meinen, und legen das andeutend-epideiktisch offen –, ein wichtiges Ingrediens von insbesondere westlicher Komik. Auf die *ambiguitas* als Konstituente von Ironie hat schon Cicero hingewiesen (de or. III, 203).

In der Ambiguität, in der Fähigkeit, ironisch zu sprechen, kommt eine Eigenschaft des Menschen, der Komik als solche wahrzunehmen oder zu erzeugen in der Lage ist, effektvoll zum Tragen: die Fähigkeit zur Distanzierung, auch zur Selbstdistanzierung, zur Selbstironie, zur Rollendistanz, zur Nicht-Eindeutigkeit, zur Subversivität – und damit die Fähigkeit, auf eine andere Kommunikationsebene zu wechseln. Fanatismus in seiner Eindeutigkeit kann allein schon wegen dieses Eingeschränktseins auf das Eindeutige mit Komik und Lachen nichts anfangen. Von daher ist es mir durchaus einsichtig, dass dem Terroristen Atta nachgesagt wird, er habe nicht lachen können (BNN/dpa 2002). Fanatismus und seine Neigung zum Widerspruch ist etwas diametral anderes als der Widerspruch des Komischen.

Welche Widersprüchlichkeit wirkt aber im Speziellen und in bevorzugter Weise komisch? Es ist die Inkongruenz, die aus der Welt herausfällt, die aus einer Ordnung betont vehement herausbricht, die die bestehenden Grenzen eklatant verletzt. Humor dissoziiert. Das sich an solcher Dissoziation entzündende Lachen entbrennt angesichts des elementaren Widerspruchs zwischen Ordnung und Unordnung. Beim Lachen wie auch Weinen liegen „Katastrophenreaktionen an Grenzen menschlichen Verhaltens" vor (Plessner 1953, 201). Wobei die Frage ist, inwieweit das Herausfallende, will man Ritter Glauben schenken, noch wieder eingeholt werden kann.

Lachen entzündet sich, pragmalinguistisch betrachtet, an Figurationen von Umsprung, die aus ko- respektive kontextuell eingebetteten Zeichenrelationen bestehen. Der Umsprung vollzieht sich im unvermittelten Umschlag von kongruenten auf nichtkongruente Zeichen. Solch inkongruente Zeichen sind Signa, welche einem abweichenden Normenkodex genügen oder einem deviierenden kommunikativen Gebrauch bzw. einer anderen Alltagslogik unterworfen sind oder einem kulturell anders definierten Wirklichkeitskonzept resp. aus einer umgrenzenden Frameordnung herauskippen. Inkongruent sind sie im Sinne von kommunikativ ordnungswidrig (Hoffmann 2001, 135–136).

Cicero bemerkt (de or. II, 260): Komik und damit Gelächter stellen sich ein, wenn wir etwas *erwarten* – und etwas unangemessen Diskrepantes tritt ein: „wenn wir daher sozusagen von unserer Erwartung getäuscht werden, lachen wir." Der kreißende Berg gebiert die Maus. Siehe Ekki Busch.

Um, rhetorisch gesehen, eine solche Wirkung zu erzielen, können wir auch in Form einer Aprosdokese vorgehen, indem wir an Stelle von geläufigen Lexemen oder Idiomen ungeahnt unvorhergesehene und unvermutete Wörter oder Wendungen einsetzen. Auch damit genügen wir der Forderung des Komischen, dem, womit zu rechnen ist, nicht zu entsprechen.

Sören Kierkegaard zieht das Komische aus einem Missverhältnis von Unendlichem und Endlichem und rekurriert so auf die kosmischen und theologischen Dimensionen des Komischen. Kommen wir auf diese näher zu sprechen.

4. Ausblenden des Schmerzes

Der Mensch heißt Mensch,
[...] weil er lacht und weil er lebt.
(Herbert Grönemeyer, Mensch)

Henri Bergson (‚Le rire', 1900) hat auf folgenden Sachverhalt aufmerksam gemacht: Wenn wir über etwas Komisches lachen wollen, können wir das nur, wenn wir sämtliche anderen starken Emotionen punktuell ausblenden, welche wir in selbiger Situation außerdem noch empfinden: Trauer, Mitgefühl, Mitleid, Sympathie, Liebe, Hass. Wir kommen in einen Zustand allerhöchster Abstraktion, in einen quasi sterilen, antiseptischen Raum der Wahrnehmung, gesäubert von allen Gefühlen, an einen Ort reiner ‚Theorie' (im ursprünglichen Wortsinn von Anschauung), das heißt, in einen Bereich reiner Betrachtung. „Sie ist aus dem Stoff, aus dem das Lachen ist, denn sie ist Theorie, und es gibt zweifellos eine innige Verwandtschaft zwischen dem Komischen und der Theorie" (Marquard 1989, 61). Wäre es anders, wären wir bei der Tragödie, nicht bei der Komödie. „Humor und Tragik sind wesensverwandt. Beide entspringen aus den Schranken, Härten, Zerrissenheiten, Widersprüchen der Welt. Aber sie geben sich dazu eine gründlich andere Stellung. Der Tragiker nimmt das Üble, mit dem er es zu tun hat, bitterernst, er ist davon erschüttert; der Humorist dagegen behandelt das Üble in spielender Mischung von Ernst- und Nichternstnehmen" (Volkelt 1923, 421). Letzterer kann dies jedoch nur tun, wenn er das Bittere mutativ elidiert: In der Komödie bzw. allgemein bei der komischen Wirkung eines ‚Unglücklichen' können wir nur lachen mit einer punktuellen Anästhesie des Herzens (Ritter 1980, 69). Genau darum, weil eben diese Anästhesie wirkt, nennt Nietzsche den Witz ein Epigramm auf den Tod eines Gefühles (1964, 97). Sobald das Herz Anteil nimmt, so J. G. Sulzer, endet das Lachen (1967, 133). Genau darum kann Unterhaltung als „transmoralisches Schwellenphänomen" (Schroeter-Wittke 2000, 104) betrachtet werden: Wir übertreten im Lachen kurzfristig die Grenze vom Ernst des Lebens hinein in den Ort fehlenden Gefühls, fehlenden Schmerzes und fehlender Moral.

Diese Anästhesie des Herzens ist ein Ebenenphänomen. Wenn ich in der Lage bin, herauszutreten aus einer Situation und sie sozusagen von außen zu betrachten, befinde ich mich auf einer Metaebene, die nicht mehr berührt ist von den in der betrachteten Situation obwaltenden Gefühlen. Diese Erscheinung erklärt ebenso den häufiger zu beobachtenden Umstand, dass Menschen ‚an der falschen Stelle' lachen. So hören dem Volkssänger Heino ja durchaus Leute ernsthaft zu. Von intellektueller Metaebene aus besehen, kann Heino für andere allerdings urkomisch sein. Man lacht über Heino – für ‚ernsthafte' Hörer ist das wiederum einfach nur *falsch* und blasphemisch.

Da Komik also nur unter einem hohen Abstraktionsgrad von Wahrnehmung begreifbar ist, in einem gleichsam schmerzfreien Raum, ergeben sich Möglichkeiten von Transzendenz. Der TV-Comedian wird geprügelt; aber wir ergehen uns in Gelächter, da wir wissen, dass er die Schmerzen nicht tatsächlich empfinden muss. Wenn wir einen solchen Vorgang theologisch betrachten, so eröffnet sich im schmerzlosen Kosmos des Komischen zumindest der Hinweis auf eine transzendente Realität. Das biblische Heilsversprechen ist ein Versprechen hin auf eine Welt ohne Trauer und Schmerz. Wenn das Lachen ein Herausfallen ist und das Komische im Bezug auf den offiziellen Ernst exterritorial, so ist Komik eine „Unerreichbarkeitsinstitution" (Marquard 1989, 56) und als solche wohl Verweis auf das Divine als das Unerreichbare – das erreichbar ist.

In diesem Sinne ist das Komische *proleptisch*. Wolfhart Pannenberg hat den Begriff der *Prolepse* (griech. Vorwegnahme) gewählt, um das Wesen des Glaubens zu benennen. Der Glauben antizipiert jene Erfüllung, welche uns erst verheißen ist, und agiert unter den Koordinaten dieser Vorwegnahme so, als wäre die versprochene Erfüllung schon adsent.

Durchaus in diesem Zusammenhang dürfte der Wunsch von Herbert Grönemeyer zu verstehen sein, dass in seiner Todesstunde seine Lieben an seinem Lager sich befinden, Witze reißen und ihn aufziehen, alles also offenbar so wäre wie immer. Wenn ich sterbe, so sagt er, „dann soll einer an meinem Bett sitzen, oder zwei, oder alle, die sitzen da, trinken Tee und erzählen Witze oder ziehen zumindest über mich her. Das ist wunderbar" (Stelzer 2001).

5. Bisoziation

> Preben Halvorsruds Mutter war erst vor drei Tagen enthauptet worden. [...] Aber die Frau mußte natürlich begraben werden. Für einen absurden Moment sah Billy T. zwei Särge vor sich; einen großen für den Leichnam und einen kleinen, adretten für den Kopf. Er verkniff sich ein äußerst unangebrachtes Lächeln (Holt 2001, 90-91).

Lachen ist also die Reaktion auf die Perzeption von Widersprüchlichkeit, von Divergenz, von (grotesker) Unangemessenheit, von Maßstabversehrung und Verstoß gegen das Situationsgemäße (Ueding 1992, 32). Komik entsteht, wenn Anspruch und Realität, Schein und Sein, Anmaßung und Tatsächlichkeit auseinander fallen.

Neben dem Chemical Ali gab es im Irakkrieg den Comical Ali. Diese Knallcharge unfreiwilliger Komik war ein Paradebeispiel für den Hiat von Präpotenz und Realität. Es geht um Iraks Informationsminister Mohammed Said El-Sahhaf, „the world's funniest straight man", nach dem wahrhaft ontisch das, was nicht sein darf, nicht nur nicht sein kann, sondern auch nicht ist und dem aus diesem Grunde eine äußerst populäre Website gewidmet ist, welche nach Auskunft ihrer Betreiber während ihrer Hoch-Zeit 4000 Besucher pro Sekunde anlockte, sodass der Server zusammenbrach. <http://www.ananova.com> Aus seinem Informationsministerium ließ er verlauten: „There are no American infidels in Baghdad. Never!" Und das, als die Amerikaner schon die Straßen Bagdads säumten. Aber offenbar waren deren Fernsehbilder alle gefälscht, und Alis Sicht auf die Dinge war die einzig wahre: „I now inform you that you are too far from reality." <http://www.murdermysteryla.com> Unsere Sichtweise bestand nur aus Illusion, wie die Ali zugeeignete Website mit seinen ureigenen Worten verkündete. Über die amerikanischen Soldaten ließ er sich folgendermaßen aus: „They're not even [within] 100 miles [of Baghdad]. They are not in any place. They hold no place in Iraq. This is an illusion ... they are trying to sell to the others an illusion. "<http://www.welove...> Zuerst wurde der Minister immer in seinem Ministerium gefilmt. Als dieses dann längst in Schutt und Asche lag, verbreitete er immer noch dieselben Wahrheiten. Diesmal ließ er sich gezwungenermaßen im Freien aufnehmen und vermeinte immer noch vor den Kameras, in der Hauptstadt befinde sich keiner der amerikanischen Marines, während diese, im Bild deutlich sichtbar, von der anderen Straßenseite herübergrinsten. Inzwischen wurde er Titelheld eines ägyptischen Films; sein Foto untertitelt die Frankfurter Rundschau mit dem Kommentar, nein, das sei nicht Mohammed Said El-Sahhaf; wir seien weit entfernt von der Wahrheit, wenn wir glaubten, es gäbe ihn überhaupt (Nüsse 2003). Allemal Grund, über Sein und Schein nachzudenken in fotografischer oder televisionärer Realität. „Die Wirklichkeit ist immer anders als die Realität" (Berti Vogts).

Das Kleine gebärdet sich wie ein Großes, bauscht sich auf, zergeht zu einem Nichts: Komik bedeutet Negation, *Zunichtewerden*, so der Philosoph Theodor Lipps (1903, 575, 584-585). „Das *Komische* erklärt Lipps damit, daß etwas Kleines, Unbedeutendes, den *Anspruch* darauf erhebt, etwas Großes und Bedeutungsvolles zu sein [...], dann aber bei genauerer Betrachtung plötzlich als etwas Nichtiges, relativ Bedeutungsloses erkannt wird" (Meumann 1908, 58). Der Philosoph furzt. Der Dozent doziert mit offener Hose. Der Liebhaber sülzt von Liebe und trägt dabei die verrutschende Loriotsche Nudel auf der Stirn.

Den furzenden Philosophen resp. den Dozenten mit der offenen Hose bringt in einer feinen Version Georg Büchner auf die Bühne. König Peter lässt sich ankleiden und philosophiert dabei. Er zieht sich seine Hose an. Sie steht offen: „Halt, pfui! der freie Wille steht davorn ganz offen" (1974, 108). Die Komik dieser Szene entsteht über das Auseinanderklaffen von Trivialität der Situation und philosophierender Rede, welche die Moral, die Kategorien, den freien Willen bemüht und auf die Einkleidung rückbezieht.

Oder: Festlich wird ein Geburtstag gefeiert. Der Abendessenstisch ist kunstvoll eingedeckt. Ein Menü mit mehreren Gängen wird serviert. Köstliche Speisen und Getränke sind aufgefahren. Der Butler kündigt den ersten Gang an. Aber alle geladenen Gäste, die sonst alljährlich zu dieser Gelegenheit sich einfanden, sind nicht da. Denn sie sind zwischenzeitlich alle verstorben. Das Wiegenfest findet ohne Gäste statt. Es ist der 90. Geburtstag von Miss Sophie, und sie und ihr Butler tun so, als wären alle noch da. Das ist unangemessen grotesk und grotesk unangemessen. Denn es ist nur ein ‚Dinner for One'.

Nach demselben Prinzip der Unangemessenheit funktioniert der Typ ‚Bisoziationswitz'. Ein Gedanke wird simultan innerhalb zweier in sich konsistenter, aber miteinander unvereinbarer Regelsysteme gedacht. – Ein Beispiel: Zwei Frauen unterhalten sich. Meint die eine: „Mein Sohn macht gerade eine Psychoanalyse. Er hat einen Ödipuskomplex." Meint die andere: „Macht nichts. Hauptsache, er hat seine Mutter lieb." – Die Nomenklatur der Psychotherapie und die lebenspraktische Welt einer Mutter erweisen sich hier, zusammengedacht, als nicht vereinbar und erzeugen komische Wirkung (Koestler 1981, 32-33).

Groteske Unangemessenheit – Cicero und Quintilian nehmen als Ursache für Komik und Lachen eine gewisse *deformitas* an, eine ‚Ungestalt' – auch das ist ein Fingerzeig auf das dem Lachen adhärente Widersprüchliche, bestimmt sich doch die Ungestalt auf dem Hintergrund der Gestalt: risus [...] habet [...] sedem in deformitate aliqua (Quintilianus 1995, VI 3, 7-8). „Der Fundort und sozusagen das Gefilde des Lächerlichen (denn vor allem danach wird gefragt) liegt bei Häßlichkeit oder Mißgestalt irgendeiner Art. Das nämlich wird allein und vor allem belacht, was etwas Häßliches auf nicht häßliche Art aufdeckt und bezeichnet" (Cicero, de or. II, 236). Auch hier wieder macht Cicero deutlich, wie die Ratio den Witz zügeln soll.

Der ‚Witz' in der Kunst besteht geradezu darin, dass das Missgestaltete in vollendetster Gestaltung erscheint, der Misswuchs in überlegtester Proportionalität und makellosester Form. So beschreibt André Félibien die ‚Herstellung' der Krüppel und Bettler des Kupferstechers Jacques Callot: Das Lächerliche (ce qui peut faire rire) findet sich immer in irgendeiner Hässlichkeit und irgendeinem Defekt (se trouve toujours dans quelque difformité et dans quelque défaut). Das einzige Mittel, zu belustigen und Vergnügen zu bereiten (divertir et donner du plaisir), besteht darin, etwas als schadhaft und missgestalt zu brandmarken (marquer quelque chose de défectueux et de difforme) – aber dies in einer tadellosen Form (d'uni forme qui ne fust pas défectueuse), perfekt (parfaitement)! (Fraenger 1992, 72)

Die *deformitas* – der *Auswuchs*, der das Groteske ausmacht, die *Missgestalt* (Bachtin 1969, 16, 36) – bedeutet also, rhetorisch gesehen, eine Läsion des Aptums, der Normal-Form, wobei bei bestimmten Reden oder bestimmten Rednern diese *laesio*, also dieses Sich-Vergehen am Angemessenen, insofern geradezu wieder zum *aptum* wird, als der Verstoß gegen die Regeln selbst wieder die Regeln des Genres ausmacht. Das ist bei der Büttenrede der Fall oder im Kabarett. So schildert Pürschel (i.d.Bd.) die Verstöße des Funzionärs gegen die deutsche Sprache, welche vom Publikum als Markenzeichen dann in der Folge bei jeder Sendung der Insulaner *erwartet* wurden. Auch bei Rednern, bei denen man mit ‚Komischem' rechnet, weil man sie kennt, gilt Ähnliches. So *war* der *frühe* hessische Parlamentarier Joschka Fischer immer für eine Verletzung des Aptums gut: „Sie sind, mit Verlaub, Herr Präsident, ein Arschloch!“ Man konnte seine Reden goutieren, indem man den Verstoß erwartete und nicht enttäuscht wurde. Inzwischen bedient er das gesellschaftliche Aptum mit *Betroffenheit* und *Abscheu* – zwei Lieblingsvokabeln der politischen Korrektheit.

Letztere – und Joschka Fischer – sind nun selbst der Parodie anheim zu geben. Lästerei und Spott, Klatsch und Tratsch, Imitation und Kommentar, Parodie und Karikatur sind komische Beurteilungs- und Bewertungsverfahren in Literatur, Theater, Kabarett, Alltag. Es sind dramatisierende Formen von Sprechen, bei denen auch der Sprechausdruck wesentlich zum komischen Effekt beiträgt. (Baldauf 1998, 12, 18) Auf der Folie des Belästerten und Bespotteten, Imitierten und Kommentierten, Parodierten und Karikierten beziehen diese komischen Verfahren ihre Wirkung aus der offenbar schon vorhandenen (evtl. unfreiwilligen) Komik im Original und deren Doppelung resp. Überzeichnung in der Re-Produktion. Dies Verfahren hat der Medienkritiker Oliver Kalkofe im Fernsehen selbst auf Pro 7 in seiner Sendung ‚Kalkofes Mattscheibe‘ perfektioniert.

6. Sublimierte Gewalt

Ein auf diese Weise provoziertes Lachen ist oft nicht nur durch Verblüffung oder durch Überraschung ausgelöst, sondern die Überraschung verbindet sich mit einer Art Schock. So ist bezeichnenderweise im Englischen die Pointe eines Witzes die *punch line*, die *Schlagzeile*. Im angelsächsischen Kasperletheater, der Punch-and-Judy-Show, wird eben viel gerauft und geschlagen. „Die Burleske führt uns so rasch in die unmittelbarste Nähe der Überraschung, mit einem Wort: die *Plötzlichkeit* den Haupteffekt burlesker Komik bildet. In der Posse geht alles Schlag auf Schlag. Und dies im eigentlichsten Sinn, denn die Pritsche des Harlekins ist der Taktstock des burlesken Tempos“ (Fraenger 1995a, 37). *Punch* ist der Schlag, der Fausthieb, der Stoß des Boxers, der ‚strike‘, der ‚Streich‘. Metaphorisch gesagt: Wir ‚spielen‘ jemandem Streiche. Das ist die *burla* der Burleske: der Streich, die Posse, der Scherz; *burlare* bedeutet: jemandem einen Streich spielen. Wir holen aus zu einem verbalen Rundumschlag.

Die „Spaßpolizei“ war nach dem 11. September 2001 im Einsatz. Sascha Lehnartz’ Artikel über die Spaßgesellschaft in der ‚Frankfurter Allgemeinen Sonntagszeitung‘ vom 7. Oktober 2001 ist illustriert mit der Polizistenfigur aus dem Kasperletheater, und das Kasperle, ein, wie es heißt, prominenter Repräsentant der Spaßgesellschaft, habe wie andere ihrer namhaften Vertreter seit dem 11. September vom Teufel „schwer was auf die Rübe bekommen“. Auch das zeigt ein Foto.

Komik und Witz helfen dem *homo ridens* dabei, das soziale Tabu aggressiver Handlungen zu unterlaufen. Wir schlagen nicht den realen Schlag, sondern sublimieren ihn zu einem verbalen. „Sublimierung aggressiver Eigenimpulse“ ist die existenziell wichtige Funktion von Humor in unserem Leben (Reyntjes 1999, 123). Gekoppelt mit dem verbalen Punch ist aber weiterhin das Gefühl des Triumphes. Der Erzähler des Witzes fühlt sich dem Opfer des Witzes überlegen. Das Gefühl des Sieges im körperlichen Kampf erscheint hochsublimiert im Überlegenheitsgefühl der Pointe (Berger 1998, 17-74, 245-248). Der Affekt des Lachens, resultierend aus der Umspannung hochgespannten Erwartens in ein Nichts, vergnügt in ästhetischer Heiterkeit; ein Gegenstand wird paradox und unerwartet unter einen heterogenen Begriff subsumiert – das ist lächerlich; fahrlässig herbeigeführte Unlogik ist komisch und verschafft ästhetische Genugtuung; wir erfreuen uns an der Komik der *Verkehrtheit* mit innerem Überlegenheitsgefühl (Külpe 1921, 175–176).

Ist es erlaubt, über das Grauen zu spotten, zu lachen über Elemente des Grauens? Über das Entsetzliche in dieser Welt? Offenbar lacht der Mensch, theologisch gesehen, über die aufklaffenden Widersprüche in Gottes Schöpfung, nicht um Gott zu verlachen, sondern um das Entsetzliche überhaupt ertragen zu können. Anders könnte er mit den Ungerechtigkeiten in der Welt gar nicht leben. „Die Widersprüche in der Schöpfung sind so groß, daß nur das Lachen bleibt, ja, das Lachen scheint die automatische Folge der Wahrnehmung dieser Widersprüche zu sein“ (Kuschel 1994, 170). Das ist das Lachen der Theodizee. Die Heiterkeit der Kunst ist nicht das Gegenteil des Ernstes, sondern eine bestimmte Art und Weise, mit dem Ernst umzugehen, nämlich ihn zum *Moment* herunterzuspielen, die totale Geltung des in der Realität offiziell Geltenden negierend (Marquard 1989, 49-50).

Überdies könnte Gott gar nicht verlacht werden, da er sich nicht verlachen lässt. Zudem erweist das Lachen über Gott diesem sogar letztlich Reverenz. So hat eine Arbeitsstudie der California State University über die Fernsehserie der Simpsons ergeben, dass sich zwei von drei Sendungen mit Gott auseinander setzen. Die Serie macht sich durchaus lustig über die Religion, zeichnet aber gleichzeitig ein populäres und komisches Bild vom Glauben, weil sie ihn so ernst nimmt, dass sie ihre Witze über ihn macht (Magerl 2002).

Diese Form von z. T. auch schwarzem Humor reagiert auf handgreifliche Aggression mit hochsublimierter Aggressivität. Es ist dies ein Versuch der körperlich Schwachen, der machtlosen Intellektuellen, der Stimme des düpierten Volkes, fertig zu werden mit ihrer Ohnmacht angesichts der Brutalität korporaler Gewalt.

Die negative Form des Grotesken ruft Grauen hervor, die positive lässt uns lachen. Die positiv-komische Groteske wurzelt in einem Überlegenheitsgefühl. Die negative Seite der Groteske ist die Kunst des Albtraums, des Angstmachens, des Erschreckens, des Diabolisch-Satanischen; sie wurzelt in einem Abhängigkeitsbewusstsein. „Von dem niederwuchtenden Schrecken, dem wolkenschwer hereinlastenden Alpdruck fühlt man sich zerpreßt". „Aus diesem Qualerlebnis des *von oben her* Bedrohten" entsteht der magisch gefesselte Blick von unten (Fraenger 1995b, 27).

Trotz des Irakkrieges, der sie noch einmal nährte: Das Ende der westlichen Allmachtsfantasien mag gekommen sein (Martenstein 2001) – und das wäre ja so übel nicht –, aber der Sieg über das Grauen darf nicht verloren gegeben werden. Im nicht-verachtenden, nicht-schadenfrohen Lachen steckt der Keim der Überlegenheit.

Ganz offenbar gibt es verschiedene Formen des Lachens. Wir können einerseits ausgehen von einer Einheit des Lachens, die sich aus der Inkongruenzdoktrin herleitet: Lachen entsteht aus der Wahrnehmung von etwas, das außerhalb normaler Ordnung liegt. Andererseits können wir dann motivational zwischen zwei Theorien des Lachens differenzieren (Le Goff 1999, 51):

a) einer Dominanzdoktrin: im Lachen verwirklicht sich ein Überlegenheitsgefühl des Lachenden über den oder das, worüber ein Witz gemacht wird resp. was verlacht wird;
b) einer Entlastungsdoktrin: wir erleichtern uns mit einer Art und Weise des Verhaltens, die leichter ist im Ausdruck und weniger folgenreich, als ein anderes, schwer wiegenderes Verhalten gewesen wäre.

7. Unterhaltung und Unterhalt

Will man eine kritische Instanz gewinnen, um den Wert von Unterhaltung zu prüfen, so kann man vom Lexem ‚Unterhaltung' selbst ausgehen. Unterhaltung meint einmal das Sich-Unterhalten im ‚gesprächlichen', parlierenden, dialogischen Konversationssinne: ich unterhalte mich mit jemandem. Unterhaltung ist zum Zweiten das Sich-Unterhalten im erheiternden, belustigenden, vergnüglichen, zerstreuenden Zeitvertreibssinne.

Zwischen diesen beiden Bedeutungen changiert die Verwendung des Begriffs in folgendem Satz des TV-Comedians Mirco Nontschew, der auf die Frage, wie es denn zugehe auf dem Festival von Montreux, sagt: „Ja, es waren Leute aus fast 20 Ländern da, man hat sich unterhalten [...]" (Bartels/Nontschew 2001, 3). Beides könnte (mit)gemeint sein.

Unterhaltung im Spaßsinne leistet nun eskapistischen Tendenzen Vorschub – so wie der Hof in voraufklärerischen Zeiten den Eskapismus pflegte, um dem Ennui zu begegnen und gleichzeitig der bedrohlichen Wirklichkeit außerhalb der Hofmauern zu entfliehen.

Allerdings ist Unterhaltung von der Wortbedeutung her auch *Unterhalt*: ich unterhalte meine Familie, ich ernähre sie. Der Begriff Unterhaltung hat also *drei* Aspekte: den interagierenden, den amüsierenden, den alimentierenden. Kritischer Zugriff könnte nun sein, Unterhaltung jeweils auf ihre alimentär-nutritive Dimension hin zu überprüfen, diese ausspielend gegen das Sedativum, das in der medialen Berieselung steckt. Dann steht Ästhetik versus Anästhetik. Welchen *Nährwert* hat die Unterhaltung jeweils? (Garhammer 1997, 129)

Was ist der Nährwert eines Events? Was ist der Nährwert der Erlebnisgesellschaft? Hochschulen richten Studiengänge in Event-Management ein. Essen ist nicht mehr nur Essen, Essen ist Erlebnisgastronomie. Abenteuer Essen. Erlebnis, Spaß, Abenteuer – Betäubung? Oder ist Kulturkritik nur neidisch?

Ist das wesentliche Kriterium der Spaßgesellschaft ihre Anästhetik? Oder steckt in ihrem Spaß qua Spaß schon der kritische Impuls? Ist Spaß in sich gleich Bejahung des Lebens? Ist Spaß Ausdruck jener unbändigen Lebenslust, die wir brauchen, um zu bestehen? Offene Fragen am Ende dieses Aufsatzes über die Spaßgesellschaft. Der Aufsatz ist zu Ende. Die Spaßgesellschaft ist es nicht. Die „äußerste Kurzlebigkeit des Schreckens" (Schaper 2002) kapituliert vor der Langlebigkeit des Lachens. So tut es die Presse kund: „Kein Ende der Spaßgesellschaft" (Seipp 2001).

Oder, *besser* gesagt: Die liberale Kultur ist zur Selbstrevision fähig (Schmidt 2001). Der Spaß wird dadurch nur gewinnen können.

Literatur

Augustinus, Aurelius: *Confessionum libri tredecim*. PL 32, 659-868.

Bachtin, Michail (1969): *Literatur und Karneval. Zur Romantheorie und Lachkultur.* Übers. Alexander Kaempfe. München: Carl Hanser [Reihe Hanser 31].

Baldauf, Heike (1998): Imitieren, Parodieren, Karikieren. Über Formen und Funktionen des Nachahmens. In: Biege, Angela & Bose, Ines (Hrsg.): *Theorie und Empirie in der Sprechwissenschaft.* Fs. Eberhard Stock. Hanau, Halle: Werner Dausien, 12-21.

Bartels, Christian & Nontschew, Mirco (2001): „Auf die Kacke hauen!" Ein Gespräch mit dem Comedy-Star Mirco Nontschew über eingespielte Lacher, die Rosen von Montreux, Vorbilder und seine innere Stimme. In: *stern tv magazin*, Nr. 30, 19. Juli, 2-3.

Berger, Peter L. (1998): *Erlösendes Lachen. Das Komische in der menschlichen Erfahrung.* Übers. Joachim Kalka. Berlin, New York: Walter de Gruyter.

BNN/dpa (2002): „Atta konnte nicht lachen". Prozess um Terrorschläge: Zeuge berichtet über Todespiloten. In: *Badische Neueste Nachrichten*, Nr. 253, 31. Oktober, 2.

Bremmer, Jan & Roodenburg, Herman (1999): Humor und Geschichte: Eine Einführung. In: Bremmer, Jan & Roodenburg, Herman (Hrsg.): *Kulturgeschichte des Humors. Von der Antike bis heute.* Übers. Kai Brodersen. Darmstadt: Primus, 9-17, 197-198.

Büchner, Georg (1974): Leonce und Lena. In: Büchner, Georg: *Sämtliche Werke und Briefe. Bd. 1: Dichtungen und Übersetzungen. Mit Dokumentationen zur Stoffgeschichte. Historisch-kritische Ausgabe mit Kommentar.* Hrsg. v. Werner R. Lehmann. Darmstadt: Wissenschaftliche Buchgesellschaft [Hamburger Ausgabe]. 2. Aufl., 103-142.

Cicero, [Marcus Tullius] (1989): Pflichtenlehre. *De officiis.* Übers. Horst Dieter. In: Cicero: *Werke in drei Bänden.* Hrsg. v. Liselot Huchthausen. Bd. 3. Berlin, Weimar [Bibliothek der Antike. Römische Reihe], 165-305.

Cicero, [Marcus Tullius] (1989): Vom Redner. *De oratore.* Übers. Liselot Huchthausen. In: Cicero: *Werke in drei Bänden.* Hrsg. v. Liselot Huchthausen. Bd. 2. Berlin, Weimar [Bibliothek der Antike. Römische Reihe], 5-252.

Droste, Wiglaf (2001): Keine Bürgerwehr für Ben Becker. Schauspieler-Darsteller droht Kreuzberg mit Zuzug. In: *Süddeutsche Zeitung*, Jg. 57, 26. September, 11.

EMS-Info (2001): *EMS-Informationsblatt des Studiengangs European Mechanical Engineering Studies. Fachhochschule Osnabrück.* Nr. 12, Dezember, 26.

Fraenger, Wilhelm (1992): Cervantes und Callot. In: Fraenger, Wilhelm: *Die komische Bibliothek.* o. O.: Verlag der Kunst, 50-73.

Fraenger, Wilhelm (1995a): Das Burleske. In: Fraenger, Wilhelm: *Formen des Komischen. Vorträge 1920–1921. Mit einem Nachwort und einem bibliographischen Anhang.* Hrsg. v. Michael Glasmeier. Dresden, Basel: Verlag der Kunst [Fundus-Bücher 136], 34-58.

Fraenger, Wilhelm (1995b): Das Groteske. In: Fraenger, Wilhelm: *Formen des Komischen. Vorträge 1920–1921. Mit einem Nachwort und einem bibliographischen Anhang.* Hrsg. v. Michael Glasmeier. Dresden, Basel: Verlag der Kunst [Fundus-Bücher 136], 6-33.

Friedrich, Kerstin (2003): „Ironie war immer richtig". Buchautorin ergründet Harald Schmidt. In: *Neue Osnabrücker Zeitung*, Jg. 36, Nr. 89, 15. April, 18.

Garhammer, Erich (1997): *Verkündigung als Last und Lust. Eine praktische Homiletik.* Regensburg: Friedrich Pustet.

Graf, Fritz (1999): Cicero, Plautus und das römische Lachen. In: Bremmer, Jan & Roodenburg, Herman (Hrsg.): *Kulturgeschichte des Humors. Von der Antike bis heute.* Übers. Kai Brodersen. Darmstadt: Primus, 32-42, 204-205.

Harris, Thomas (2001): Das Schweigen der Lämmer. In: Harris, Thomas: *Roter Drache, Das Schweigen der Lämmer.* Die ersten beiden Hannibal-Lecter-Romane in einem Band. Übers. Sepp Leeb. München: Wilhelm Heyne [Heyne Allgemeine Reihe 01/13439], 453-832.

Heine, Matthias (2002): Am Lagerfeuer begann die Karriere. Tagestipp: Michelle Shocked. In: *Berliner Morgenpost*, 27. Oktober, 14.

Henningsen, Jürgen (1967): *Theorie des Kabaretts.* Ratingen: A. Henn.

Hoffmann, Michael (2001): Der gezeichnete Witz und der ästhetische Code. Über Text-Bild- und andere Beziehungen in der Scherzkommunikation. In: Jakobs, Eva-Maria & Rothkegel, Annely (Hrsg.): *Perspektiven auf Stil.* Tübingen: Niemeyer [Germanistische Linguistik 226], 127-148.

Holt, Anne (2001): *Das achte Gebot.* Roman. Übers. Gabriele Haefs. München, Zürich: Piper [Serie Piper 3581].

<http://www.ananova.com/news/story/sm_769865.html> (18.04.2003)

<http://www.murdermysteryla.com/pages/758097/index.htm> (18.04.2003)

<http://www.welovetheiraqiinformationminister.com> (18.04.2003)

hu/fi (2001): Lachen verboten? Die Reaktion auf Terror total: Zoten, Witze und Bin-Laden-Ballern im Internet. Politisch unkorrekt, aber hilfreich, erklärt ein Therapeut. In: *Max*, Nr. 22, 18. Oktober, 172.

Koestler, Arthur (1981): *The Act of Creation. With a new preface by the author.* London: Picador, Pan Books [The Danube edition]. 7. Aufl.

Koydl, Wolfgang (2002): Der Sommer des Missvergnügens. George W. Bush macht sich wieder zum Gespött der Medien: „Es ist traurig, dass ich nicht öfter joggen kann". Langer Urlaub, kurzer Atem – ein Jahr nach dem Schock steht der US-Präsident als entzauberter Führer da, der nicht mehr die Debatte bestimmt. In: *Süddeutsche Zeitung*, Jg. 58, Nr. 198, 28. August, 3.

Külpe, Oswald (1921): *Grundlagen der Ästhetik. Aus dem Nachlaß.* Hrsg. v. Siegfried Behn. Leipzig: S. Hirzel.

Kuschel, Karl-Josef (1994): *Lachen. Gottes und der Menschen Kunst.* Freiburg, Basel, Wien: Herder.

Lauterbach, Jörn (2001): Der Schmidt, den wir brauchen. Zwei Wochen nach den Terroranschlägen in den USA tritt Harald Schmidt wieder an. In: *Die Welt*, 27. September, 30.

Le Goff, Jacques (1999): Lachen im Mittelalter. In: Bremmer, Jan & Roodenburg, Herman (Hrsg.): *Kulturgeschichte des Humors. Von der Antike bis heute.* Übers. Kai Brodersen. Darmstadt: Primus, 43–56, 205-206.

Lebert, Stephan & Thomma, Norbert (2002): „Da sind Spuren wie von einer trampelnden Elefantenherde". Der erste Verdacht kam ihm, da saß er im Bundestag. Geheimdienste wurden sein Thema. Andreas von Bülow traut ihnen Schlimmstes zu: eine Verwicklung in die New Yorker Anschläge. Interview. In: *Der Tagesspiegel*, Nr. 17 645, 13. Januar, 1.

Lehnartz, Sascha (2001): Sie machen Witze! Sie machen wirklich Witze! Die Spaßgesellschaft sei am Ende, behaupten ihre Verächter. Und liefern damit den Stoff für neue Pointen. In: *Frankfurter Allgemeine Sonntagszeitung*, Nr. 40, 7. Oktober, 57.

Lipps, Theodor (1903): *Grundlegung der Ästhetik.* Hamburg, Leipzig: Leopold Voss [Ästhetik. Psychologie des Schönen und der Kunst. Tl. 1].

Magerl, Sabine (2002): Lachen als Gottesbeweis. Das Glaubensbekenntnis der „Simpsons": Werte sind so wichtig, daß man sie ironisieren muß. In: *Frankfurter Allgemeine Sonntagszeitung*, Nr. 20, 19. Mai, 27.

Marquard, Odo (1989): Exile der Heiterkeit. In: Odo Marquard: *Aesthetica und Anaesthetica. Philosophische Überlegungen.* Paderborn, München, Wien, Zürich: Ferdinand Schöningh, 47-63, 144–149.

Martenstein, Harald (2001): Der Tag der Entscheidung. Manche sagen: Die Spaßgesellschaft ist jetzt zu Ende. Aber das geht gar nicht. Ohne Spaß bricht alles zusammen – die Wirtschaft, unser Selbstbild, unsere Kultur. Zu Ende ist etwas ganz anderes. In: *Der Tagesspiegel*, Nr. 17 564, 21. Oktober, 25.

Menasse, Eva (2002): Apropos, sie habe ziemlich Angst. Mach mir den 11. September: Kathrin Rögglas „fake reports" im Wiener Volkstheater uraufgeführt. In: *Frankfurter Allgemeine Zeitung*, Nr. 242, 18. Oktober, 33.

Meumann, E. (1908): *Einführung in die Ästhetik der Gegenwart.* Leipzig: Quelle & Meyer [Wissenschaft und Bildung 30].

Minkmar, Nils (2002): Es geschah am hellichten Tag. Der 11. September im Licht der neuesten Verschwörungstheorien: Wer wußte was? In: *Frankfurter Allgemeine Sonntagszeitung*, Nr. 20, 19. Mai, 23.

Müller, Kerstin (2003): Dunkeldeutschland. Betr.: „Allahs Humorwaffe". In: *tip Berlin. Berlin Magazin*, Nr. 03/03, 30.01.–12.02, 256.

Nietzsche, Friedrich (1964): Menschliches Allzumenschliches. Ein Buch für freie Geister. Bd. 2. In: Friedrich Nietzsche: *Sämtliche Werke in zwölf Bänden.* Bd. 3. Stuttgart: Alfred Kröner.

Nüsse, Andrea (2003): Amüsante Gehirnwäsche. Iraks Ex-Informationsminister wird zum Kinostar. In: *Frankfurter Rundschau*, Jg. 59, Nr. 109, 12. Mai, 14.

Odetta (2001): You Don't Know My Mind (Huddie Ledbetter/John Lomax). Auf: Odetta: *Lookin For A Home. Thanks to Leadbelly.* MC 0044. New York: M.C. Records.

Quintilianus, Marcus Fabius (1995): Institutionis oratoriae libri XII. Ad usum antiquitatis amantium edidit, transtulit, adnotationibus criticis atque exegeticis instruxit Helmut Rahn/*Ausbildung des Redners. Zwölf Bücher.* Hrsg. u. übers. v. Helmut Rahn. Erster Teil: Buch I–VI. Darmstadt: Wissenschaftliche Buchgesellschaft [Texte zur Forschung 2]. 3. Aufl.

Plessner, Helmuth (1953): Das Lächeln. In: Helmuth Plessner: *Zwischen Philosophie und Gesellschaft. Ausgewählte Abhandlungen und Vorträge.* Bern: A. Francke, 193-203.

Reyntjes, Anton Stephan (1999): Religion und Humor. In: *Religion heute*, Nr. 38: Literatur und Theologie, Juni [Literarisches Stichwort *Gott.* Im Spannungsfeld von Literatur und Theologie. Folge XI], 122-126.

Ritter, Joachim (1980): Über das Lachen (1940). In: Ritter, Joachim: *Subjektivität. Sechs Aufsätze.* Frankfurt am Main: Suhrkamp [Bibliothek Suhrkamp 379], 62-92, 167-168.

Schaper, Rüdiger (2002): Es gilt das gesprochene Wort. Die Kunst der Wahrnehmung: der 11. September und seine Reden. Ein Experiment mit Berliner Schauspielern. In: *Der Tagesspiegel*, Nr. 17 665, 2. Februar, 21.

Schmidt, Thomas E. (2001): Ist nun Schluss mit lustig? Es mehren sich die Stimmen, die ein Ende der heiteren Beliebigkeit fordern. Die Wertevielfalt wird zum Feind erklärt. Doch Pluralismus ist keine Schwäche, sondern Stärke. In: *Die Zeit*, Jg. 56, Nr. 45, 31. Oktober, 45.

Schmitt, Uwe (2001): Das fragwürdige Recht der Kritik an der Regierung. Einige US-Intellektuelle haben sich dem patriotischen Imperativ verweigert und werden dafür von allen Seiten scharf angegriffen. In: *Die Welt*, Nr. 230, 2. Oktober, 6.

Schroeter-Wittke, Harald (2000): *Unterhaltung. Praktisch-theologische Exkursionen zum homiletischen und kulturellen Bibelgebrauch im 19. und 20. Jahrhundert anhand der Figur Elia.*

Frankfurt a. M., Berlin, Bern, Bruxelles, New York, Oxford, Wien: Peter Lang [Friedensauer Schriftenreihe, Reihe C: Musik – Kirche – Kultur 4].

Schwarze, Michael (2002): Zotenfülle. „Extrablatt" ist hintersinnig zynisch. In: *Frankfurter Allgemeine Sonntagszeitung*, Nr. 13, 31. März, 20.

Seipp, Bettina (2001): Kein Ende der Spaßgesellschaft. In: *Die Welt*, 14. Dezember, WR 5.

Staud, Toralf (2000): Gewalt ohne Führer. Eine geheime Kommandoebene des rechten Terrors gibt es nicht. In: *Die Zeit*, Jg. 55, Nr. 32, 3. August, 4.

Stelzer, Tanja (2001): „Man sollte Komödianten zu den Truppen schicken". Er sagt: Berlin braucht eine härtere Bassdrum. Und London riecht wie ein nasses Handtuch. Herbert Grönemeyer sieht einen Grauschleier über der Welt. Dagegen hilft nur eins: dumme Witze. Interview. In: *Der Tagesspiegel*, Nr. 17 564, 21. Oktober, S 1.

Sulzer, Johann Georg (1967): *Allgemeine Theorie der Schönen Künste, in einzelnen, nach alphabetischer Ordnung der Kunstwörter aufeinanderfolgenden, Artikeln abgehandelt.* III. Reprografischer Nachdruck der 2. vermehrten Auflage Leipzig 1793. Hildesheim: Georg Olms.

Ueding, Gert (1992): Rhetorik des Lachens. In: Vogel, Thomas (Hrsg.): *Vom Lachen. Einem Phänomen auf der Spur*. Tübingen: Attempto [attempto studium generale], 24-44.

Vischer, Friederich Theodor (1846): *Aesthetik oder Wissenschaft des Schönen. Zum Gebrauche für Vorlesungen. Erster Theil: Die Metaphysik des Schönen*. Reutlingen, Leipzig: Carl Mäcken.

Volkelt, Johannes (1923): *Ästhetik des Tragischen*. München: C. H. Becksche Verlagsbuchhandlung Oskar Beck. 4. Aufl.

Winkler, Herbert (2002): USA unterstützen ihren Botschafter. Washington: Schröders Schelte an amerikanischer Irak-Politik „nicht hilfreich". In: *Neue Osnabrücker Zeitung*, Jg. 35, Nr. 208, 6. September, 4.

Mediengebrauch als Gegenmacht. Zur Analyse der Politik des Vergnügens im Rahmen von Cultural Studies.

Rainer Winter

Ausgehend von den Konturen der zeitgenössischen Erlebniskultur untersucht der Beitrag die Auseinandersetzungen um die Politik des Vergnügens in der transdisziplinären Forschungstradition der Cultural Studies. Leitend ist hierbei die von Stuart Hall eingeführte Kategorie „the people". Michel de Certeaus *Kunst des Handelns*, John Fiskes Analytik des Populären und Larry Grossbergs Analyse des politischen Potentials der Populärkultur demonstrieren die kritische Dimension der Cultural Studies, die die gesellschaftlichen Machtverhältnisse ins Zentrum ihrer Überlegungen rücken. Mediengebrauch und die ihn begleitenden Vergnügen können zu einer Stärkung der Handlungsmächtigkeit beitragen.

„People have the power!" (Patti Smith)

1. Die Politik des Vergnügens in der Populärkultur

Ein zentrales Merkmal der Konsum- und Medienkultur, die sich nach dem Zweiten Weltkrieg in den westlichen Industriegesellschaften entwickelt hat, stellt die Möglichkeit dar, Waren zu nutzen, um Vergnügen zu erleben und Erfahrungen zu machen. Einer unübersichtlichen Pluralität und Differenzierung von Angeboten stehen die individuellen und kollektiven Akte von Konsumenten und Konsumentinnen gegenüber, die sichten, auswählen und entscheiden müssen, welchen Erfahrungen und Vergnügen sie sich hingeben möchten, um aus der Eintönigkeit und Entfremdung des Alltags zu fliehen. Der gewünschte Erfolg ist allerdings nie garantiert, die „escape attempts" (Cohen/Taylor 1977) können jederzeit scheitern, da das erhoffte Vergnügen bei der Nutzung bestimmter Angebote ausbleiben kann. Trotzdem beschäftigen das Vergnügen bzw. die Suche nach ihm im Bereich der Freizeit die Imagination und die oft rastlosen Aktivitäten vieler. Der

Wunsch, viele und intensive Erlebnisse zu haben, dominiert zunehmend die individuelle Lebensführung, was auch zu einer Steigerung der gesellschaftlichen Individualisierung führt. Erlebnisparks, „shopping malls“, Erlebnisurlaub, Rave-Parties, Snowboard-Events, Stadtteil Feste, die Liste populärkultureller und sportzentrierter Themen und Events, die einen Erlebnismarkt geschaffen haben, ließe sich endlos fortsetzen. Kultur wird zunehmend als Ereignis und als Spektakel inszeniert und konsumiert (Gebhardt, Hitzler & Pfadenhauer 2000; Willems & Jurga 1998).

Wegen der relativ großen Bedeutung von Erlebnissen im sozialen Leben der Gegenwart hat Gerhard Schulze (1992) die Diagnose der „Erlebnisgesellschaft“ gestellt. Deren individualisierte Akteure teilen, so seine Analyse, ein erlebnisorientiertes Denken und Handeln, das in ein strategisches Handeln mündet.

> Erlebnisrationalität ist die Systematisierung der Erlebnisorientierung. Das Subjekt wird sich selbst zum Objekt, indem es Situationen zu Erlebniszwecken instrumentalisiert. Erlebnisrationalität ist der Versuch, durch Beeinflussung äußerer Bedingungen gewünschte subjektive Prozesse auszulösen. Der Mensch wird zum Manager seiner eigenen Subjektivität, zum Manipulator seines Innenlebens (Schulze 1992, 40).

Die Angebote des Erlebnismarkts werden in Schulzes Lesart zum Auslöser für „psychophysische Prozesse“, deren individueller Wert der einzelne beurteilen muss. Zudem schaffen gemeinsame Vergnügen wie die Teilhabe an Events Möglichkeiten kollektiver Selbsterfahrung. Die Wahlakte der Subjekte, die sich an kollektiv schematisierten Erlebnismustern orientieren, lassen Milieus entstehen, nach Alter und Bildung klassifizierte Gruppen, die spezifische Orientierungen und Stile im Umgang mit Erlebnissen ausgeprägt haben. Nur äußerst unscharf nimmt Schulze jedoch in seinem kultursoziologischen Entwurf die populäre Kultur wahr, deren Lebendigkeit, Dynamik und Kreativität er mit alltagsästhetischen Typisierungen wie „Trivial- und Spannungsschema“, die den Akteuren Erlebnisroutinen signalisieren sollen, ungewollt verdeckt. Damit reproduziert er implizit die altbekannte Abwertung des Populären. Er blendet auch aus, dass populäre Vergnügen auch eine Bedeutungsdimension haben, die in gesellschaftlichen Machtverhältnissen verankert ist. Denn das Populäre ist ein Ort, an dem Bedeutungen sich verschieben, neue Bedeutungen geschaffen werden und das Bestehende transzendiert werden kann.

In der populären Kultur waren Erlebnisse und Vergnügen schon immer zentral. Das intensive Erleben des „Jetzt“, das sich bis zur exzessiven, karnevalesken Überschreitung von Grenzen und Hierarchien steigern kann, verbunden mit der Aufhebung der Distanz zu anderen und kollektiven Erfahrungen sind wesentliche Elemente des populären Vergnügens. Mehr oder minder ausgeprägt wird die heutige Erlebniskultur auch von einer Kritik an bestehenden Macht- und Dominanzverhältnissen, von einer „Lust am Widerstand" geprägt, die sich im kreativen Gebrauch kultureller Waren manifestiert, was vor allem die Cultural Studies gezeigt haben (Winter 1999; Göttlich & Winter 2000, Winter 2001). Dabei machen die Arbeiten dieser transdisziplinären Forschungsrichtung deutlich, dass das Gesehene und Gehörte immer auf die Lebenswelt der Subjekte bezogen bleibt und so spezifische Bedeutungen sowie Wirkungen hervorgebracht werden, die von einer Analyse der Produkte her oft nicht bestimmt werden können. Popsongs, Spielfilme und Fernsehserien werden als kulturelle Phänomene Teil gelebter sozialer Praxis. Deshalb sind die entscheidenden Fragen, was mit den Produkten der Kulturindustrien gemacht wird, welcher Sinn ihnen in der Rezeption und im Gebrauch zugewiesen wird (Winter 1995, Mikos 2001). Inwieweit verändern sich hierdurch die Kultur, die gemeinsam geteilten und die individuellen Orientierungsmuster und Werte? „Massenkultur" stellt also eher ein Repertoire dar, Populärkultur ist das, was die Zuschauer mit den Produkten der Kulturindustrie *tatsächlich* machen. Sie umfasst die Prozesse der alltäglichen Bedeutungsaufladung, gefühlsmäßiger Intensität, fanatischer Entrückung und die Repräsentation sub- bzw. gegenkultureller Strömungen. Zudem führt die zunehmende Diversifizierung des Medienangebots und der neuen Medientechniken dazu, dass weniger die gefürchtete McDonaldisierung der Kultur (Ritzer 1995) eintritt, als eine kulturelle Differenzierung von Lebensbereichen und eine Pluralisierung des alltäglichen Umgangs mit Medien (Winter/Eckert 1990; Kellner 1995). So wird zunehmend deutlich, dass die Mediatisierung der Gesellschaft nicht nur unter den Aspekten der Manipulation und der ideologischen sowie sozialen Kontrolle betrachtet werden kann.

Cultural Studies interessieren sich dafür, wie Menschen in verschiedenen gesellschaftlichen Zusammenhängen Kultur schaffen und erfahren. Dies führt aber nicht zu einer affirmativen, theorielosen Zelebration der Populärkultur, weil nämlich berücksichtigt wird, dass diese von sozialen und politischen Gruppen auch als Terrain funktionalisiert wird, auf dem sie um Zustimmung für ihre kommerziellen Interessen sowie politischen Absichten und Ziele werben und ringen. Darüber hinaus dienen Ereignisse wie z. B. die Fußballweltmeisterschaft oder die Love-Parade der symbolischen Integration einer sich immer weiter differenzierenden und auseinanderfallenden Öffentlichkeit. Das Populäre der Gegenwart ist also eng mit den Diskursen und Praktiken der Macht artikuliert, aber auch mit dem Alltagsleben, das von den Cultural Studies als dynamische und offene Konfiguration von Möglichkeiten und Mobilitäten begriffen wird. Auf diese Weise gewinnen Medien eine die Welt erschließende Funktion, kreieren die Symbole und Mythen der Gegenwart, dienen als Ressource für Sinn, Identität und Stilisierung der eigenen Existenz. So kann die Präferenz für eine Musikrichtung einen spezifischen Lebensstil implizieren, die Markierung einer Differenz zu anderen und vor allen Dingen das Gefühl einer Gemeinschaft Gleichgesinnter anzugehören. Eine wichtige Rolle spielen dabei die lustvollen, bisweilen ekstatischen Erlebnisse und das Vergnügen, die bei der Medienrezeption, der Teilnahme an Events oder beim Warenkonsum entstehen. Von besonderer Relevanz ist auch, ob Erlebnisse und Praktiken, z. B. in subkulturellen Kontexten, „widerständig" zu den Normen und Zwängen der sozialen Ordnung sein und oppositionelle, gegen den Mainstream gerichtete Möglichkeiten in sich bergen können (vgl. auch Klemm i. d. Bd.). Die Vorstellung einer Gegenmacht, die sich in der lustvollen Rezeption und Aneignung medialer Texte artikulieren kann, nimmt eine zentrale Bedeutung in den Diskussionen der Cultural Studies ein. Hierfür wird in vielen Analysen die Kategorie „the people" verwendet, die gleichwohl eine der umstrittensten innerhalb der Populärkulturdebatte ist. In ihr verdichten sich die Vorstellungen von einer subversiven Politik des Vergnügens, die ausgehend von dieser Kategorie im Folgenden analysiert werden soll.

Zunächst werde ich die konstruktionistische Orientierung von Cultural Studies skizzieren (2). Anschließend zeige ich, wie Stuart Hall in seiner Dekonstruktion des Populären die Kategorie „the people" eingeführt hat (3) und wie Michel de Certeaus *Kunst des Handelns* (1988) das Populäre in kreativen und erfinderischen Alltagspraktiken fundiert (4). John Fiske knüpft in seiner Analytik des Populären sowohl an Hall als auch an de Certeau an. „The people" definiert er im Gegensatz zum „power bloc". Die Fabrikation des Populären im Mediengebrauch ist für ihn widerständig zur Macht (5). Anschließend diskutiere ich Larry Grossbergs Analyse der Politik des Vergnügens und ihrer politischen Bedeutung (6). Eine Schlussbemerkung zur Relevanz der Untersuchung des Vergnügens in der Postmoderne beendet den Beitrag (7).

2. Der kritische Konstruktionismus der Cultural Studies

Die Kategorie „the people" hat ihren Ursprung in der Tradition der Cultural Studies, die sich seit ihren Anfängen intensiv mit dem westlichen Marxismus auseinandergesetzt haben und im Nachkriegsengland einen kulturtheoretisch orientierten Ansatz kritischen Denkens entwickelt haben. In ihren originellen Analysen der Populärkultur bzw. des Alltagslebens der westlichen Konsumgesellschaften wird „the people" zum Gegenbegriff von Hegemonie bzw. „power bloc". Damit werden die widerspenstigen Vergnügen und Praktiken begrifflich lokalisiert, die sich gegen bestehende Machtverhältnisse wenden, Formen von Gegenmacht entwickeln und alternative Konzeptionen von Identität entfalten. Der Begriff „the people" entfaltet seine volle Bedeutung also erst dann, wenn die komplexen und kontextuell unterschiedlichen Verhältnisse von Macht/Wider-stand betrachtet werden. Viele Kritiker blenden diese Zusammenhänge aus, und dann kann es leicht zu dem Missverständnis kommen, „the people" wären immer aktiv, produktiv und kreativ. Sie könnten ihre Identität frei wählen oder ihre Lebensverhältnisse autonom gestalten. Den Cultural Studies zu unterstellen, sie wären neoliberal orientiert (McGuigan 1992), bzw. sie würden affirmativ das „aktive Subjekt der Spaßgesellschaft" feiern (Prokop 2002, 139), verkennt jedoch, dass sie einen strategischen Anti-Essentialismus (Grossberg 1999) vertreten. So haben z. B. die Konsumenten in ihrer Lesart keine feststehende Identität, die sich z. B. durch Freiheit oder Kreativität charakterisieren lässt. Ebenso sind „the people" nicht das „Volk", das sich in populären Erfahrungen und Praktiken verwirklicht. „The people" sind vielmehr eine konstruktionistische Kategorie, um Aspekte der Populärkultur, die leicht der Aufmerksamkeit entgehen können, hervorzuheben bzw. um das kreative Potential der Lebenswelt, das sich z. B. im lustvollen Gebrauch von Medien artikuliert, deutlich zu machen. Es geht um die Feststellung von Möglichkeiten in alltäglichen Praktiken, um die Entfaltung einer Kunst des Eigensinns, um eine praktische Kritik an Machtverhältnissen und um deren Transformation (Winter 2001). Der Konstruktionismus von Cultural Studies ist kritisch orientiert, weil er bestehende Machtverhältnisse durch Analyse sichtbar machen und verändern möchte.

3. Die Dekonstruktion des Populären

Ein wichtiger Ausgangspunkt der Analysen zum Widerstand von „the people" war Stuart Halls Artikel „Notes on deconstructing 'the people'" (1981), in dem er zunächst deutlich macht, dass „the popular" unterschiedlich verwendet werden kann. Die herkömmliche und übliche Definition wird vom Markt vorgegeben. Eine Masse von Menschen schaut bestimmte Fernsehserien an oder hört Songs, die wegen ihrer großen Anziehungskraft als populär bezeichnet werden. Damit zusammen hängen die kulturkritischen Vorstellungen vom schlechten Geschmack der Konsumenten und ihrer Manipulation durch die Kulturindustrie, die sie ideologisch inkorporiert. Während nach dieser Auffassung die Konsumenten im großen und ganzen „cultural dopes" sind, gibt es eine Gegenbewegung, welche eine authentische „popular culture" im Sinne einer alternativen Kultur für möglich hält.

Hall (1981, 232 f.) und die Tradition von Cultural Studies lehnen beide Konzeptionen ab. Zum einen weist er daraufhin, dass es keine autonome Populärkultur geben kann. Kulturelle Prozesse sind immer durch Machtstrukturen geprägt. Zum anderen sind „the people" keine „cultural dopes". Auch wenn die dominante Kultur versucht, deren Erfahrungen und Lebensbedingungen zu strukturieren und zu organisieren, gibt es auch Momente des Widerstands, der Widerspenstigkeit und der Verweigerung. Hall spricht in diesem Zusammenhang von einer Dialektik des kulturellen Kampfes. „A battlefield where no once-for-all victories are obtained but where there are always strategic positions to be won and lost" (Hall 1981, 233). Kulturelle Formen im Bereich des Populären sind weder gänzlich korrumpierend, noch gänzlich authentisch. Stattdessen enthalten sie Widersprüche, Ambivalenzen, Mehrdeutigkeiten, so dass sie unterschiedlich artikuliert werden können. Ihre Bedeutungen sind ihnen nicht eingeschrieben, sondern sie hängen von dem sozialen Feld ab, in dem sie rezipiert und angeeignet werden. In kulturellen Auseinandersetzungen, die verschiedene Gestalten annehmen können (von der Inkorporation über die Aushandlung bis zum Widerstand), kämpfen die populären Kräfte, „the people", gegen den „power bloc" (Hall 1981, 238). Dieser Antagonismus bestimmt die „popular culture", wobei Hall darauf hinweist, dass die Begriffe „popular" und „the people" auch von hegemonialen Kräften, wie die Geschichte des Thatcherismus zeigt (Hall 1988), zweckentfremdet werden können. Deshalb darf ihnen nicht eine Essenz zugeordnet werden. Ihre jeweilige Bedeutung ergibt sich aus dem spezifischen Kontext, in dem sie artikuliert werden. In der Tradition der Cultural Studies werden sie verwendet, um deutlich zu machen, dass Kulturen nicht nur Lebensweisen (Williams 1965) sind, sondern auch durch Kämpfe bestimmt werden. „Popular culture is one of the sites where this struggle for and against a culture of the powerful is engaged: it is also the stake to be won or lost in that struggle“ (Hall 1981, 239).

4. De Certeaus' 'Kunst des Handelns'

Eine weitere wichtige Studie für die Diskussionen innerhalb der Cultural Studies war Michel de Certeaus „L'invention du quotidien 1. arts de faire“ (1980), das 1984 unter dem Titel „The Practice of Everyday Life“ ins Englische übersetzt wurde (dt. „Kunst des Handelns“ 1988). In Abgrenzung zu Bourdieus' Analysen (1982), die das Eingebundensein in soziale Strukturen und die Reproduktion bestehender sozialer Ungleichheiten ins Zentrum rücken, und zu Foucaults Mikrophysik der Macht (1976, 1980), in der die Kategorie des Widerstandes relativ unbestimmt bleibt, möchte de Certeau die „Kombinationsmöglichkeiten von Handlungsweisen“ aufzeigen, die durch kreative Gebrauchsweisen, durch „kombinierende und verwertende Konsumformen“, durch Prozesse des „Wilderns“ in den Konsumwelten und technologischen Umwelten der Gegenwart eine populäre Kultur hervorbringen (de Certeau 1988, 12 f.), welche in der Regel unsichtbar bleibt. Zentral für seine Analyse ist der taktische Charakter vieler Alltagspraktiken.

> Die Taktik hat nur den Ort des Anderen. (...) Gerade weil sie keinen Ort hat, bleibt die Taktik von der Zeit abhängig (...) Sie muß andauernd mit den Ereignissen spielen, um „günstige Gelegenheiten“ daraus zu machen (de Certeau 1988, 23).

Im Lesen, im Unterhalten, im Kochen, im Spazierengehen, im Fernsehkonsum entdeckt de Certeau listvolle Praktiken der Wiederaneignung eines durch Machtstrategien und funktionalistische Rationalität organisierten Systems. Der „gemeine Mann“ ist der „Held des Alltags“ (ebd., 9), der durch seine Operationen bzw. Umgangsweisen Widerstand leistet. Dieser wird nicht durch den subversiven Inhalt oder die formalen Qualitäten von (medialen) Texten hervorgebracht, sondern durch eine Kunst der Aneignung, die Texte in etwas Eigenes verwandelt. In taktischen Streifzügen durch das Dickicht der Lebenswelt werden differente Vergnügen und Interessen verwirklicht. Dabei betont de Certeau, dass diese Subversivität primär gelebt und erfahren wird, sie ist nicht verknüpft mit den „großen Erzählungen“ der Freiheit oder des Klassenkampfes.

„The people" sind in seiner Lesart also keineswegs schwach, sondern fabrizieren ihre eigenen Bedeutungen und bringen die populäre Kultur hervor. „Sie metaphorisieren die herrschende Ordnung: sie ließen sie nach einem anderen Register funktionieren" (de Certeau 1988, 81). De Certeau weist daraufhin, dass das Subjekt alltäglicher Praktiken nicht als eine Gegenkultur oder gar individualistisch verstanden werden darf, sondern es ist ein relationales Konstrukt. Die ‚Künste des Handelns' sind nicht die spontanen Kräfte der Subordinierten oder einer unterdrückten ‚Volkskultur', wie manche Lateinamerika-Studien nahe legen, sondern in den westlichen Industriegesellschaften Ausdruck der ‚Marginalität einer Mehrheit' von Nicht-Kulturproduzenten, die sich auf listige Weise Spielräume erschließen, in denen sie sich die Produkte einer verschwenderischen Ökonomie anzueignen. De Certeau beruft sich auf Witold Gombrowicz, der in *Kosmos* einen kleinen Beamten beschreibt, der ständig die Redensart wiederholt: „Wenn man nicht das hat, was man liebt, muß man lieben, was man hat." (nach de Certeau 1988, 31).

Die Künste des Alltags können sich also erst im Rahmen gesellschaftlicher Machtstrukturen entfalten, sind von diesen abhängig, genauso wie die alltäglichen Vorstellungen eng mit dem Wissen verzahnt sind, das durch Institutionen legitimiert wird. Das Alltägliche wird durch die dominanten symbolischen Strukturen bestimmt, ist aber nicht identisch mit ihm. Eine ‚kriegswissenschaftliche Analyse' der Kultur, für die de Certeau plädiert, darf weder die Praktiken der ‚Starken' noch die der ‚Schwachen' isoliert betrachten. Erst eine Analyse der jeweiligen, kontextuell bestimmten Kräfteverhältnisse kann zeigen, welche Effekte Strategien bzw. Taktiken haben. Zudem weist de Certeau selbst und im Anschluss an ihn Untersuchungen der Cultural Studies daraufhin, dass auch der Zugang zu unterschiedlichen sozialen Ressourcen und Kompetenzen eine entscheidende Voraussetzung für einen listigen und widerständigen Gebrauch sozialer Objekte sein kann.

Ian Buchanan (2000) vertritt die Auffassung, die grundlegende Hypothese von „L'invention du quotidien 1. arts de faire" sei, dass das Alltägliche eine erkennbare Form und Logik habe. Er arbeitet heraus, dass das eigentliche Thema dieses suchenden und das Feld absteckenden Buchs die Modalitäten von Praktiken seien, die nur im Rahmen einer operationalen Logik der Kultur angemessen begriffen werden könnten. De Certeau begründet eine neue Form der Kulturanalyse, die der Pluralität und Heterogenität des Alltagslebens gerecht wird. Eine weiterführende Lesart lässt sich meiner Ansicht nach durch eine Betrachtung seiner an anderer Stelle entwickelten Vorstellung von Heterologie, welche die

Eigenart des Anderen bewahren möchte (vgl. Ward 2000, Teil 1), erschließen. Dann wird deutlich, dass sich die flüchtigen, widerspenstigen und schnell vorübergehenden Mikro-Praktiken einer begrifflichen Inkorporation entziehen können und so für das Nicht-Identische im Sinne Adornos stehen. Eine weitere Parallele ergibt sich zu dem Denken von Maurice Blanchot, der den Alltag als die unbegrenzte Totalität menschlicher Möglichkeiten bestimmte. De Certeau folgt ihm, wenn er die Dynamik und den Wandel hervorhebt, die dem dialektischen Identitätsdenken entfliehen. Im Rahmen einer gegebenen gesellschaftlichen Ordnung verbindet er mit dem Alltag die Prinzipien der sozialen Nicht-Bestimmtheit, der Ambivalenz und der Offenheit. Hier knüpfen viele Untersuchungen der Cultural Studies an. Gerade ihre Untersuchungen zu Jugend- und Medienkulturen heben immer wieder hervor, wie alltägliche Konsumpraktiken, so z.B. der Bricolage-Stil jugendlicher Subkulturen, die dominanten Strukturen erfinderisch und kreativ unterlaufen, auf deren Basis sie freilich erst entstehen (Hebdige 1979). Auch die Analysen von Homi Bhabha (2000) zum Begriff der hybriden Identität zeigen, dass nicht die Opposition zum kolonialen Diskurs, sondern seine mimetische Aneignung, Neu-Verortung und Neu-Einschreibung zur Handlungsfähigkeit der Subalternen beiträgt, indem die Identifikation mit ihm allmählich untergraben wird und sich so neue Möglichkeiten eröffnen. Der utopische Charakter von de Certeaus Alltagskonzept zeigt sich darin, dass sozialer und kultureller Wandel nicht als radikaler Bruch konzipiert wird, sondern eine den sozialen Praktiken immanente Potentialität darstellt. Deren Entfaltung hängt von der jeweiligen Konfiguration der Machtverhältnisse ab. De Certeaus Analyse der ‚Geographie des Möglichen‘ möchte gerade auf die Spannung zwischen dem Tatsächlichen und dem Möglichen in den alltäglichen sozialen Praktiken hinweisen.

5. John Fiskes Analytik des Populären

Vor allem John Fiske hat im Anschluss an Hall und de Certeau seit den 80er Jahren eine kraftvolle, aber auch umstrittene Analyse der Populärkultur vorgelegt, in der die kreativen Praktiken und lustvollen Vergnügen, die mit dem Konsum (medialer) Texte verbunden sind, hervorgehoben, vor dem Hintergrund von Machtverhältnissen analysiert und positiv bewertet werden (Fiske 1989a; Winter & Mikos 2001). In diesem Zusammenhang präzisiert er die Kategorie „the people“, die für ihn keine dauerhafte soziale Kategorie darstellt.

> The people, the popular, the popular forces, are a shifting set of allegiances that cross all social categories; various individuals belong to different popular formations at different times, often moving between them quite fluidly. By "the people" p, then, I mean this shifting set of social allegiances, which are described better in terms of people's felt collectivity than in terms of external sociological factors such as class, gender, age, race, region, or what you have (Fiske 1989b, 24).

Dies schließt nicht aus, dass es Überschneidungen zwischen „the people“ und einer sozialen Kategorie wie der Klasse gibt, es existiert jedoch kein determinierter Zusammenhang zwischen der gesellschaftlichen Struktur und diesen kulturellen Verknüpfungen (vgl. Laclau & Mouffe 1991). Ergänzend konzipiert Fiske Subjektivität in einem poststrukturalistischen Sinn als nomadische Gestalt (Grossberg 1987), die sich geschmeidig und flexibel in den Alltagswelten der komplexen, sozial differenzierten Gesellschaften der Gegenwart bewegt, Allianzen je nach Problemlage und Situation eingeht, wechselt und neu knüpft.

Im Anschluss an de Certeau ist Fiske von der Macht der Subordinierten überzeugt. So beschreibt er (1989a, 13-42), wie die „shopping mall“ zeitweilig in unzählige Räume transformiert werden kann, die zumindest temporär von den ‚Schwachen‘ kontrolliert werden. Konstruiert zu Zwecken des Kommerzes, wird sie nun von den Konsumenten nach ihren eigenen Bedürfnissen genutzt. Ältere Menschen besuchen sie wegen deren Klimaanlagen, jüngere nutzen gratis die Computerspiele oder kaufen Jeans, die sie anschließend an einigen Stellen zerreißen, um sie in Symbole einer neuen Gemeinschaft zu verwandeln. Fiske (1989a, b) führt noch weitere Beispiele dafür an, dass es seiner Ansicht nach in der postmodernen Gesellschaft keine Ordnung der Dinge gibt, die das Subjekt fest positioniert und soziale Auseinandersetzungen determiniert. Die Strategien des Systems sind nicht immer wirksamer und erfolgreicher als die Taktiken von „the people“. Gleichzeitig weist Fiske daraufhin, dass die „Starken“ verletzbar sind. Denn die „Schwachen“ entscheiden durch ihre taktischen Selektionen und Manöver darüber, welche Produkte kommerziell erfolgreich werden.

Zentral für Fiskes Analysen ist seine Konzeption des populären Vergnügens, das er vom hegemonialen Vergnügen abgrenzt. Es entsteht nämlich in Opposition zur Macht, sei diese nun gesellschaftlich, moralisch, ästhetisch oder textuell bestimmt. Die Macht versucht, das Vergnügen zu kontrollieren und zu disziplinieren. Nach der Vorstellung von Fiske – er knüpft dabei an den historischen Umgang mit populären und karnevalesken Vergnügen an – befinden sich populäre Vergnügen außerhalb der sozialen Kontrolle, unterminieren und bedrohen sie. In der Geschichte wurden populäre Vergnügen oft abgewertet, für illegitim erklärt und sozialer Disziplinierung unterworfen (vgl. Stallybrass & White 1986). Einerseits fasst Fiske mit diesem Begriff die affektive Energie, eigene Bedeutungen der sozialen Erfahrung zu produzieren, andererseits das Vergnügen, der sozialen Disziplin und den Normalitätszuweisungen des „power-bloc" zu entgehen. Populäre Vergnügen beruhen in der Regel auf den gemeinsamen sozialen Verbindungen, die „the people" eingehen. Sie existieren nur in spezifischen, räumlich-zeitlich bestimmten sozialen Kontexten, Momenten und Praktiken. Die Populärkultur formiert sich nach Fiske an der Schnittstelle zwischen den kulturellen Ressourcen, welche die Kulturindustrie bereitstellt, und dem Alltagsleben der Konsumenten. Die kulturellen Ressourcen müssen Anknüpfungspunkte enthalten, Resonanz in den kulturellen und sozialen Bedingungen erzeugen. Wie diese Relevanz sich artikuliert, lässt sich nicht als qualitatives Merkmal von Texten bestimmen, in diesen ist sie nur als Potential vorhanden, denn die Relevanz hängt von der zeit- und ortsgebundenen Interaktion mit Texten ab. Populäres Vergnügen entsteht gerade dann, wenn die eigene soziale Erfahrung mit den Bedeutungen, die in der Auseinandersetzung mit populären Texten gewonnen werden, verknüpft werden kann (vgl. etwa Ayaß i.d.Bd.).

Die politische Bedeutung der Populärkultur sieht Fiske darin, dass sie auf der Ebene der Mikropolitik des Alltags dazu beitragen kann, die Kontrolle über die eigenen unmittelbaren Lebensbedingungen zu erweitern und so den Raum der Selbstbestimmung gegenüber einschränkenden Machtverhältnissen. Einer Theorie der ideologischen Inkorporation entgeht gerade die kulturelle Vielfalt im Umgang mit dem gemeinsamen gesellschaftlichen System, die Finten, Schachzüge und Tricks, die nicht strategisch geplant, jedoch fester Bestandteil des Repertoires der „people" in ihrer Opposition zum „power-bloc" sind. Wie Foucault fasst Fiske Widerstand nicht als eine Essenz, sondern als Teil einer Beziehung, zu der auch die Macht gehört. Fiske kommt zu dem Schluss, dass Populärkultur nicht in den Texten zu finden, sondern in den Praktiken des Alltagslebens verankert ist.

6. Lawrence Grossbergs' Analyse des politischen Potentials der Populärkultur

Auch Lawrence Grossberg, der auf der einen Seite sehr stark Stuart Hall und dem Projekt der British Cultural Studies (Grossberg 1999, 2000) verbunden, auf der anderen Seite von Foucault und Deleuze & Guattari (1992) inspiriert ist, macht in seinen Analysen vor allem am Beispiel von Musik das Populäre als Ort sichtbar, an dem um Macht gekämpft wird und das auch in weitergehende Auseinandersetzungen in der Gesellschaftsformation eingebunden ist (Grossberg 1984, 1992, 1997). Der populärkulturelle Erfahrungsmodus ist in der Gegenwart zentral geworden für unser Selbst- und Weltverständnis, sowie für die Möglichkeiten unserer Existenz.

> Culture is never a fixed set of objects, and the meaning of the „popular" as a qualifier is always shifting. The construction of the popular is always the site of an ongoing struggle; its content as well its audience varies from one historical period to another (Grossberg 1992, 77).

Den Gefühlen, Vergnügen und Affekten kommt dabei eine herausragende Bedeutung zu. Gerade deshalb ist die Untersuchung der Populärkultur so wichtig, denn sie operiert an der Schnittfläche von Körper und Emotionen.

> Popular culture often inscribes its effects directly upon the body: tears, laughter, hairtingling, screams, spine-chilling, eye-closing, erections, etc. These visceral responses, which often seem beyond our conscious control, are the first mark of the work of popular culture: it is sentimental, emotional, moody, exciting, prurient, carnivalesque, etc. (Grossberg 1992, 79).

Die Sensibilitäten populärer Formationen sind hauptsächlich auf die Ebene des Affektes ausgerichtet, die für das Eingehen von Allianzen, die Identitätsbildung, aber auch das Wirken von Ideologien entscheidend ist.

Um allzu optimistische Einschätzungen der „agency" von „the people" zu korrigieren, insistiert Grossberg darauf, dass untersucht werden sollte, wie Praktiken, die zur Ermächtigung, also zu einer gewissen Verfügung über den eigenen Platz im täglichen Leben führen, mit größeren politischen Projekten und Strukturen der Macht verbunden sind. Nicht jeder Kampf ist als Widerstand zu interpretieren, und nicht jeder Widerstand fordert die existierenden Machtstrukturen heraus (Grossberg 1992, 95 f.). Ziel von Cultural Studies ist gerade die Herstellung von Zusammenhängen zwischen den einzelnen Momenten der Selbstermächtigung von „the people" und den umfassenden kulturellen und gesellschaftlichen Prozessen. So sind alltägliche Praktiken auf komplexe und widersprüchliche Weise mit Machtverhältnissen artikuliert. Der Kauf von Waren oder die Rezeption medialer Texte kann zum einen entfremdend sein, gleichzeitig aber auch ein neues Mittel zur Artikulation der eigenen Interessen bzw. zur Stilisierung der Identität an die Hand geben.

Vor diesem Hintergrund sieht Grossberg eine wichtige Aufgabe von Cultural Studies darin, eine Art Landkarte des alltäglichen Lebens zu entwerfen, die seine dynamische Qualität, seine strukturierte Mobilität erfasst, um so Möglichkeiten zur Intervention zu geben. Es geht ihm – ähnlich wie Fiske – in seinen Analysen – nicht um die ästhetische Qualität oder die kulturelle Authentizität populärer Musik, sondern um ihre Effekte im Alltagsleben und um ihre politischen Möglichkeiten. So isoliert er z. B. Rockmusik nicht als ein kulturelles Phänomen, sondern betrachtet sie als Konfiguration kultureller Praktiken und Effekte, die um die Musik herum organisiert ist und die zur affektiven Ermächtigung [*empowerment*] beitragen kann, die eine Voraussetzung für Handlungsfähigkeit und Handeln ist.

Grossbergs Analyse des politischen Potentials der Populärkultur hebt also deren affektive Dimension hervor. Weniger der Kampf um Bedeutung bestimmt seine Untersuchung der Rockformation, als vielmehr der Sachverhalt, dass Signifikation immer auch eine Sache des Affekts, der Gefühle ist. Auch wenn er am Beispiel der Rockmusik die Möglichkeit von Fluchtlinien aus dem Alltagsleben nicht ausschließt, so ist er doch pessimistischer als Michel de Certeau und John Fiske orientiert. Er neigt eher zu der Auffassung, dass die Fluchtwege versperrt sind (vgl. Grossberg 1996). Die durch Rock freigesetzten Gefühle und Intensitäten können nur schwer „Maßverhältnissen" im Sinne von Negt und Kluge (1992) unterworfen werden, die die Energien und den Eigensinn mit einem politisch wirksamen Gemeinwesen verbinden könnten. Eher machen sie die gegebenen Verhältnisse erträglicher. Trotzdem setzt Grossberg auf neue Artikulationen von Allianzen, deren Ausgangspunkt die Ängste, Gefühle, Wünsche und Hoffnungen von „the people" sein sollen. Damit setzt er die Tradition der Cultural Studies fort, für die seit ihren Anfängen in den 50iger Jahren die Wurzeln einer lebendigen Politik in der alltäglichen Wirklichkeit verankert sind und damit in den Praktiken von „the people".

7. **Schlussbemerkung**

Zusammenfassend lässt sich feststellen, dass für Cultural Studies die Bedeutung von medialen Texten sich durch ihren sozialen Gebrauch ergibt. Dabei gilt ihr besonderes Interesse den Bedeutungen und Vergnügen, die Personen und Gruppen helfen können, ihre Interessen zu artikulieren, Freiräume zu entfalten, Fluchtlinien zu finden und ihre Handlungsmächtigkeit zu erweitern. Auf diese Weise ist der Mediengebrauch in die Zirkulation von Bedeutungen und affektiven Energien innerhalb einer Kultur eingebunden. Im Gegensatz zu vielen postmodernen Ansätzen gilt das Interesse von Cultural Studies einer Kritik der Macht, die in der produktiven und kreativen Auseinandersetzung mit medialen Texten möglich sein soll. Sie verabschieden nicht das Subjekt, sondern es geht Ihnen um eine Stärkung seiner „Agency", seiner Handlungsfähigkeit. Hierbei spielt das Vergnügen in seinen verschiedenen Formen eine zentrale Rolle. Auch wenn es zum großen Teil medial vorstrukturiert und organisiert ist, werden seine affektiven Qualitäten erst durch die alltäglichen Praktiken der Konsumenten geschaffen, für die es von großer Bedeutung sein kann. Gefühlsmäßige und körperliche Zustände im Erleben populärer Kultur können zusätzliche Energien freisetzen und dem einzelnen das Gefühl vermitteln, eine gewisse Kontrolle über sein eigenes Leben zu haben. Sie können sowohl die Voraussetzung für die Entwicklung neuer Bedeutungen und die Erfindung neuer Identitäten als auch ein Schutzschild gegen die Indifferenz, die Ambivalenz und den Zynismus sein, die die Postmoderne auszeichnen. Deshalb sollte dem Vergnügen in der Medienforschung mehr Aufmerksamkeit gewidmet werden.

Literatur

Bhabha, Homi K. (2000): *Die Verortung der Kultur.* Tübingen: Stauffenburg.

Bourdieu, Pierre (1982): *Die feinen Unterschiede. Kritik der gesellschaftlichen Urteilskraft.* Frankfurt a. M.: Suhrkamp.

Buchanan, Ian (2000): *Michel de Certeau. Cultural Theorist.* London; Thousand Oaks; New Delhi: Sage.

Cohen, Stan & Taylor, Laurie (1977): *Ausbruchsversuche. Identität und Widerstand in der modernen Lebenswelt.* Frankfurt a. M.: Suhrkamp.

Certeau, Michel de (1988): *Kunst des Handelns.* Berlin: Merve.

Deleuze, Gilles & Guattari, Félix (1992): *Tausend Plateaus. Kapitalismus und Schizophrenie.* Berlin: Merve.

Fiske, John (1987): *Television Culture.* London: Routledge.

Fiske, John (1989a): *Reading the Popular.* London; Sidney; Wellington: Unwin Hyman (dt. *Lesarten des Populären.* Wien: Turia+Kant 2000).

Fiske, John (1989b): *Understanding Popular Culture.* London; Sidney; Wellington: Unwin Hyman.

Foucault, Michel (1976): *Überwachen und Strafen. Die Geburt des Gefängnisses.* Frankfurt a. M.: Suhrkamp.

Foucault, Michel (1980): Two Lectures. In: Gordon, Colin (Hrsg.): *Power/Knowledge. Selected Interviews & Other Writings 1972-1977.* New York: Pantheon Books, 78-108.

Gebhardt, Winfried, Hitzler, Roland & Pfadenhauer, Michaela (Hrsg.) (2000): *Events. Soziologie des Außergewöhnlichen.* Opladen: Leske+Budrich.

Grossberg, Lawrence (1984): Another boring day in paradise: rock and roll and the empowerment of everyday life. In: *Popular Music,* 4, 225-257.

Grossberg, Lawrence (1987): The in-difference of television. In: *Screen,* 28, 28-45.

Grossberg, Lawrence (1992): *We gotta get out of this place. Popular Conservatism and Postmodern Culture.* New York: Routledge.

Grossberg, Lawrence (1996): Fluchtweg. Versperrte Ausgänge (Gespräch mit C. Höller). In: *Springer*, Bd. 2, Heft 2, 38-43.

Grossberg, Lawrence (1997): *Dancing in Spite of Myself. Essays on Popular Culture.* Durham: Duke University Press.

Grossberg, Lawrence (1999): Was sind Cultural Studies?. In: Hörning, Karl H.; Winter, Rainer (Hrsg.): *Widerspenstige Kulturen. Cultural Studies als Herausforderung.* Frankfurt a. M.: Suhrkamp, 43-83.

Grossberg, Lawrence (2000): *What's going on? Cultural Studies und Popularkultur.* Wien: Turia+ Kant.

Hall, Stuart (1981): Notes on deconstructing "the popular". In: Samuel, Richard (Hrsg.): *People's History and Socialist Theory.* London: Chatto, 227-240.

Hall, Stuart (1988): *The Hard Road to Renewal. Thatcherism and the Crisis of the Left.* London: Verso.

Hebdige, Dick (1979): *Subculture. The Meaning of Style.* London; New York: Methuen.

Kellner, Douglas (1995): *Media Culture.* London: Routledge.

Laclau, Ernesto & Mouffe, Chantal (1991): *Hegemonie und radikale Demokratie. Zur Dekonstruktion des Marxismus.* Wien: Passagen.

McGuigan, Jim (1992): *Cultural Populism.* London: Routledge.

Mikos, Lothar (2001): *Fern-Sehen. Bausteine zu einer Rezeptionsästhetik des Fernsehens.* Berlin: Vistas.

Negt, Oskar; Kluge, Alexander (1992): *Maßverhältnisse des Politischen.* Frankfurt a. M.: Fischer.

Prokop, Dieter (2002): Dialektik der Kulturindustrie. In: *Zeitschrift für kritische Theorie*, 14, 121-141.

Ritzer, George (1995): *Die McDonaldisierung der Gesellschaft.* Frankfurt a. M.: Fischer.

Schulze, Gerhard (1992): *Die Erlebnisgesellschaft. Kultursoziologie der Gegenwart.* Frankfurt a. M.; New York: Campus.

Stallybrass, Peter & White, Allon (1986): *The Politics and Poetics of Transgression.* Ithaca: Cornell University Press.

Ward, Graham (Hrsg.) (2000): *The Certeau Reader.* Oxford: Blackwell.

Willems, Herbert & Jurga, Martin (Hrsg.) (1998): *Die Inszenierungsgesellschaft.* Opladen: Westdeutscher Verlag.

Williams, Raymond (1965): *The Long Revolution.* London: Pelican Books.

Winter, Rainer (1995): *Der produktive Zuschauer. Medienaneignung als kultureller und ästhetischer Prozeß.* Köln: Halem.

Winter, Rainer (1999): Spielräume des Vergnügens und der Interpretation. Cultural Studies und die kritische Analyse des Populären. In: Engelmann, Jan (Hrsg.): *Die kleinen Unterschiede. Der Cultural Studies Reader.* Frankfurt a. M.; New York: Campus, 35-48.

Winter, Rainer (2001): *Die Kunst des Eigensinns. Cultural Studies als Kritik der Macht.* Weilerswist: Velbrück Wissenschaft.

Winter, Rainer & Eckert, Roland (1990): *Mediengeschichte und kulturelle Differenzierung.* Opladen: Leske+Budrich.

Winter, Rainer & Göttlich, Udo (Hrsg.) (2000): *Politik des Vergnügens. Zur Diskussion der Populärkultur in den Cultural Studies.* Köln: Halem.

Winter, Rainer; Mikos, Lothar (Hrsg.) (2001): *Die Fabrikation des Populären. Der John Fiske Reader.* Bielefeld: Transcript.

Vergnügliche Aggressionen. Zur analytischen Erfassung aggressiver Komik in Fernsehkomödien

Alexander Brock

1. Einleitung

Viele von uns erleben massenmedial vermittelte Komik als ein hochgradig komplexes, flüchtiges Phänomen. Denkt man über die ablaufenden Prozesse nach und versucht, sie zu beschreiben, so stößt man immer wieder auf einen Rest, der sich der Analyse entzieht. Das ist auch gut so, und es wäre sicher ernüchternd, wenn das Komische durch eine lückenlose wissenschaftliche Erfassung entzaubert würde. Gleichzeitig ist es jedoch angezeigt, in der wissenschaftlichen Modellierung der introspektiv erfahrbaren Komplexität tendenziell zu folgen und nicht in sehr einfachen, abstrakten Formeln zu verharren. Diese wären auf das jeweilige Ereignis vielleicht anwendbar, dabei jedoch nicht sonderlich aussagekräftig. Den Anlass für diesen Aufsatz bildet meine Beobachtung, dass in der linguistischen Komikforschung gegenwärtig differenzierende Untersuchungen – besonders im Bereich der Medienkomik – vonnöten sind.

Ich möchte folgendermaßen vorgehen: Anhand einer Äußerung Postmans über das medienpolitische Potential der Parodie sollen die Grenzen einfacher Modellierungen des Komischen gezeigt werden. Dazu werde ich linguistisch relevante Komiktheorien kurz umreißen. Anschließend wird eine erste Differenzierung der Aggressionstheorie des Komischen vorgeschlagen und mit Beispielen belegt. Schließlich wird das entwickelte Beschreibungswerkzeug in einer Analyse mehrerer Beispiele aus Fernsehkomödien angewandt.

2. Komiktheorien

In seinem Buch *Wir amüsieren uns zu Tode* (1996[1985]) äußert sich Postman zur medienpädagogischen Rolle der Parodie. Gegen seine eigene These, die Menschheit werde sich zu Tode amüsieren, setzt Postman den bewussten Umgang mit den modernen Medien. Dieses Bewusstsein lasse sich unter anderem erlangen durch Fernsehsendungen,

> die die Leute nicht zum Abschalten bringen, sondern ihnen zeigen, wie man fernsehen sollte; die ihnen vorführen, wie das Fernsehen unsere Vorstellungen von Nachrichten, von politischer Debatte usw. verwandelt und verkümmern lässt. Ich glaube, solche Demonstrationen nähmen notgedrungen die Form von Parodien im Stil von *Saturday Night Live* und *Monty Python* an, und ihr Effekt wäre, die ganze Nation in ein wieherndes Gelächter darüber zu versetzen, wie das Fernsehen den öffentlichen Diskurs kontrolliert. (Postman (1996[1985]:196f.)

Wenn Postman selbst dieser Form von Medienkritik auch nicht viel Vertrauen entgegenbringt – er bezeichnet sie als unsinnig (ebd., 196) –, lohnt es dennoch, sich mit ihren Mechanismen und Grenzen zu beschäftigen. Auf welche Weise kann eine Fernsehkomödie bei den Mediennutzern ein Bewusstsein über Strukturen und Wirkungen dieses Mediums erzeugen, um es dadurch zu entmystifizieren (vgl. Postman ebd.)? Und – im Sinne der eingangs skizzierten Fragestellung – wie gelingt es Modellierungen des Komischen, diese aufklärerische Wirkung der Parodie zu erklären? Einer Antwort hierauf kann man sich mittels prominenter Theorien des Komischen nähern.

Die moderne linguistische Forschung unterscheidet üblicherweise drei Gruppen von Komiktheorien (vgl. Raskin 1985; Attardo 1994, 47): die kognitiven (u.a. die Inkongruenztheorie), die sozialen (u.a. die Aggressionstheorie) und die psychoanalytischen, zu denen Freuds (1985[1905]) Abfuhrtheorie gerechnet wird. Die Inkongruenztheorie und die Aggressionstheorie, auf die ich mich im Folgenden stützen will, gehen in ihren Ansätzen auf die altgriechische und römische Philosophie zurück. So verweist bereits Aristoteles (1993, III, 11, 1412b) auf Erwartungsbrüche. Bei ihm und Platon (1955), aber auch bei Cicero (vgl. Thiele i.d.Bd.) sind zudem die Grundzüge der Aggressions- und Herabsetzungstheorie deutlich herausgearbeitet.

Nach der Inkongruenztheorie (vgl. auch Fiedler i.d.Bd.) entsteht Komik dann, wenn in einen bestimmten Erwartungshorizont des Rezipienten ein kommunikatives Element eingeführt wird, das vor diesem Hintergrund als unpassend, also inkongruent erscheint. Inkongruenzen, die auf die beschriebene Weise entstehen, können zum einen erheitern und lassen zum anderen einen Erkenntnisgewinn zu: Oft liegt erst im Erkennen dessen, was inkongruent erscheint, die Chance, das Kongruente zu erkennen, das sich unserer Aufmerksamkeit wegen seiner „Gewöhnlichkeit“ häufig entzieht (vgl. Häußler 1981, 10ff.; Brock 2000). Eben weil kommunikative Erwartungen typischerweise mit Standardfällen operieren, weil rezeptionssteuernde Wissensmuster sich unbemerkt aufbauen, sind sie für Kommunizierende schwer rekonstruierbar. Der Bruch einer Erwartung aber zeigt – gewissermaßen durch die Form der Bruchstelle –, welche Erwartung im Hintergrund gestanden haben muss. Einfluss auf diesen Erkenntnisprozess hat zweifellos auch die *Art* der Manipulation von Erwartungswissen – etwa vom kognitiven Kontrast bis zur kaum merklichen parodistischen Dehnung eines Musterelements. Lenkt man diese kognitiven Brüche nun in den Bereich der Mediennutzung, so kann genau das passieren, was Postman sich erhofft: Die stillschweigend akzeptierten Inhalte, Muster und Wirkungen der Medienkommunikation werden bloßgelegt. Es entsteht ein bewusster, reflektierter Umgang mit den Medien.

Wenn wir das Medium Fernsehen auf diese Weise als Gegenstand kognitiver Manipulation betrachten, dann wird es so auch zur Zielscheibe *kritischer Herabsetzung* ganz im Sinne Postmans. Hiermit berühren wir den Gegenstandsbereich der Aggressions-, Überlegenheits- und Herabsetzungstheorien. Nach ihnen entsteht Erheiterung durch die Überlegenheit der eigenen Person und die Herabsetzung einer anderen bzw. aus der Aggression gegen diese. In der Forschungsliteratur wird als Personeninventar der Aggressionskomik immer wieder die Dreierkonstellation Aggressor – Opfer – Zeuge angesetzt, so wie bei Freud (1985[1905]). Betrachten wir in diesem Zusammenhang das folgende Beispiel aus der Fernsehserie *Blackadder*:

Beispiel 1 (Libidinous Swine)

Situation: Lord Melchett ist der Günstling von Königin Elizabeth I. Beide haben Blackadder, einem Lord an ihrem Hof, schon manchen bösen Streich gespielt. Blackadder durfte sich nicht wehren, da die Königin dazu neigt, unbequeme Untergebene köpfen zu lassen. Wir befinden uns am Beginn der Episode. Der Vorspann läuft aus, und die erste Einstellung zeigt Blackadder, der – augenscheinlich in hochgradiger Erregung – Lord Melchett und die Königin anschreit.

Blackadder: Get out! Get out, libidinous swine! And take that horse-slut, painted strumpet with you. May you both rot in the filth of your own fornication! *(Pause)*
Queen: ... and what did you say to him?
Blackadder: Say, Madam? I said nothing. I simply pulled up my tights and jumped out the privy window.

Black-Adder II, „Chains", R.: Mandie Fletcher, 1986

Analysen im Sinne der Aggressionstheorie würden den Aggressor und das Opfer typischerweise unter den fiktiven Figuren Blackadder, Lord Melchett und Königin Elizabeth suchen (Kommunikation *im* Fernsehen), nicht aber unter den realen Teilnehmern der Kommunikation *durch* das Fernsehen. In diesem Sinne erscheint Blackadder zunächst als der Aggressor, Melchett und die Königin als Opfer, die Fernsehzuschauer aber in der stabilen Position der Zeugen. Erst durch die Frage der Königin „and what did you say to him?" wird deutlich, dass Blackadders aggressiver Ausbruch sich nicht gegen das Paar Melchett und Königin richtet, sondern dass Blackadder nur einen aggressiven Ausbruch in direkter Rede *zitiert*, der sich ursprünglich gegen ihn selbst gerichtet haben muss. Diese Uminterpretation lässt sich mit dem oben eingeführten Teilnehmerinventar noch abdecken. Wir müssen nur den vermeintlichen Aggressor Blackadder zum tatsächlichen Opfer einer Aggression erklären, die zeitlich vor dem Handlungszeitpunkt liegt. Das alles hat aber noch nicht viel mit einem bewussteren Mediengebrauch zu tun. In diesem Stadium der Analyse scheint die Handlungswelt der Figuren von unserer Welt der Mediennutzer weitgehend isoliert zu sein.

Verfolgen wir aber einen möglichen Rezeptionsvorgang dieses Beispiels nach: Wir treffen Blackadder dabei an, wie er der ungerechten, eitlen Königin und ihrem Günstling Melchett die Meinung sagt. Der Genuss an diesem Vorgang und solchen Formulierungen wie „libidinous swine" und „may you both rot in the filth of your own fornication" bringt uns in die Nähe der Position Blackadders. Wir sind nun mehr als neutrale Zeugen: vielleicht so etwas wie sekundäre Aggressoren. Mit der Rückfrage der Königin wird uns aber auch die Allianz mit dem vermeintlichen Aggressor entzogen, da dieser ja nun als das eigentliche Opfer identifiziert ist. Es entsteht so eine kommunikative Bewegung, in der wir unsere Voreiligkeit der Annahme erkennen müssen, dass Blackadder direkt und nicht im Zitat spricht. Hiermit werden Aspekte *unseres* kommunikativen Verhaltens, unseres nachlässigen oder leichtgläubigen Umgangs mit dem Medium Fernsehen zum Gegenstand der komischen Kommunikation. Und auf diese Weise nähern wir uns auch der bewusstseinshebenden Funktion, die Postman Fernsehkomödien zubilligt. Noch komplexer wird die Situation dadurch, dass wir uns im Erkennen unseres Irrtums eine neue Lustquelle erschließen können. Wir dürfen zumindest annehmen, dass Blackadder absichtlich eine Situation herbeigeführt hat, in der er – immunisiert durch den Vorgang des Zitierens – der Königin und Melchett ungestraft das sagen darf, was ihm sonst verboten ist. Auf diese Weise ist der Fernsehzuschauer gleichzeitig Publikum, Opfer eines kommunikativen Tricks und Komplize.

Wie aber sollen wir diese Instanzen genau erfassen und bezeichnen? Wird Blackadder durch den Bericht seiner Schmach zum Selbstaggressor? Werden wir als vormalige sekundäre Aggressoren zu sekundären Opfern? Was ist überhaupt eine Aggression, woran erkennt man sie, wie ist sie linguistisch erfassbar? Wie verhalten sich Aggression, Überlegenheit und Herabsetzung zueinander? All diese Fragen sind – soweit ich sehen kann – in der linguistischen Literatur noch erstaunlich wenig bearbeitet. Differenzierte Arbeiten zum Teilnehmerinventar aggressiver Komik finden sich ansatzweise wohl bei Zijderveld (1976) und Zillmann (1983). Diese sind jedoch bisher noch nicht ausreichend linguistisch ausgebeutet.

Im Folgenden soll die Richtung umrissen werden, in die Versuche zur Verfeinerung des Beschreibungsapparates der Aggressionstheorie sich bewegen könnten. Angemerkt sei hier einschränkend nur, dass auch eine genauere Modellierung der Aggressions- und Herabsetzungstheorie nicht in der Lage sein wird, die *ausreichenden* Bedingungen des Komischen zu erfassen. Hierzu sind zusätzlich – wie oben angedeutet – Elemente einer Inkongruenztheorie und weitere Faktoren nötig, die sich uns zum Teil entziehen.

3. Kategorien zur Erfassung komischer Aggressionen

In Anlehnung an Gülich/Raible (1979, 81) verwende ich im Folgenden für die reale Kommunikation zwischen Komikern und Fernsehpublikum die Bezeichnung *erste Kommunikationsebene (1.KE)* und für die Figurenkommunikation die Bezeichnung *zweite Kommunikationsebene (2.KE)*. Feinere Unterscheidungen werden in verschiedenen Publikationen eingeführt, sind für die Belange dieses Aufsatzes jedoch nicht erforderlich.

An dieser Stelle möchte ich vorläufige Kriterien zur Erfassung komischer Aggressionen vorstellen. Eine Tabelle soll einen ersten Überblick geben. Anschließend werden die Kategorien einzeln eingeführt und mit Beispielen belegt. Dabei werde ich von konkreten Rezeptionen abstrahieren und *mögliche*, *typische* Rezeptionskonstellationen modellieren. Die Tatsache, dass jede individuelle Rezeption sich in einzelnen Elementen von anderen unterscheidet, bildet hierzu keinen Widerspruch.

Kriterium	**Unterscheidungen**	
Träger der Aggression	selbst	andere(r)
Initiative	selbst	andere(r)
Bewusstsein des Opfers / Täters über Aggression	ja	nein
Bedrohte *face*-Dimension	positiv	negativ
Kommunikationsebene des Opfers	1. KE	2. KE

Tabelle 1: Kriterien zur Erfassung komischer Aggressionen

Zunächst möchte ich das Verhältnis zwischen Überlegenheit, Herabsetzung, und Aggression besprechen. Überlegenheit benennt die Wirkung/Funktion der Aggression beim Aggressor, Herabsetzung das Ziel der Aggression und deren Funktion in Bezug auf das Opfer. Folgt man Lorenz (1998[1963], 256), der die Aggressionskomik als „neuorientierte Drohbewegung" versteht, so ist mit Aggression die phylogenetische Motivation für die Herabsetzungskomik benannt. Mit dieser Festlegung im Sinne, werde ich im Folgenden sowohl von Aggression als auch von Herabsetzung sprechen.

Um Aggression und Herabsetzung über diese Bestimmung hinaus greifbar zu machen, möchte ich den soziologischen *face*-Begriff in der Formulierung von Brown/Levinson (1987, 61) verwenden: Die Autoren definieren *face* unter Berufung auf Erving Goffman als

> das öffentliche Selbstbild, das jedes Individuum für sich beanspruchen möchte, und das sich aus zwei miteinander verbundenen Aspekten zusammensetzt:
> (a) negatives *face*: der grundsätzliche Anspruch auf Territorien, persönliche Freiräume, das Recht auf Ungestörtheit – d.h. auf Freiheit des Handelns und Freiheit von äußeren Zwängen
> (b) positives *face:* das positive, stabile Selbstbild, die 'Persönlichkeit' (vor allem bestimmt durch den Wunsch, dass dieses Selbstbild akzeptiert und bestätigt wird) [meine Übersetzung – A.B.]

Brown/Levinson führen zudem das Konzept des *gesichtsbedrohenden Akts* (ebd., 60) ein, womit Handlungen erfasst werden, die sich gegen das positive oder negative *face* eines Kommunikationsteilnehmers richten.

An dieser Stelle möchte ich festhalten, dass der Aggressionskomik eine gesichtsbedrohende Handlung zugrunde liegt, die zudem Züge des Inkongruenten aufweist. Wir benötigen aber weitere Kriterien zur Erfassung komischer Herabsetzung.

Im Beispiel 1 erscheint Blackadder zunächst als Aggressor, später jedoch als Berichterstatter seiner eigenen Schande. Er wird so zum Träger für eine gesichtsbedrohende Handlung gegen sich selbst. Es scheint daher sinnvoll zu sein, zwischen Herabsetzungen zu unterscheiden, die *durch das Opfer selbst* und solchen, die *durch andere getragen* werden. Für eine Fernsehkomödie heißt dies: Welche Figur vollzieht verbal oder anderweitig einen gesichtsbedrohenden Akt? Durch seine Erzählung realisiert Blackadder in der aktuellen Situation eine Aggression gegen sich selbst. Diese entsteht hier im Nachvollzug einer früheren Aggression, die durch eine andere Person vollzogen wurde. Weitaus häufiger als solche selbstvollzogenen Herabsetzungen, sind wohl fremdvollzogene Aggressionen, bei denen also Aggressor und Opfer der Aggression nicht identisch sind.

Setzen wir nun das Kriterium der Initiierung hinzu, dann können wir die selbstinitiierte Herabsetzung und die fremdinitiierte Herabsetzung unterscheiden. Auch hier wie bei allen weiteren Kategorien werden die Kriterien aus der Perspektive des Opfers der Aggression bestimmt. In Beispiel 1 deutet der Enthusiasmus Blackadders in der szenischen Darstellung seiner eigenen Schande darauf hin, dass er selbst auch der Initiator des aggressiven Akts gegen sich selbst ist. Ein weiterer Fall von selbstinitiierter Aggression gegen sich selbst findet sich im folgenden Beispiel aus der Fernsehserie *Red Dwarf*.

Beispiel 2 (Pet Lemming):
Situation: Rimmer und Lister unterhalten sich über die Chance, ein glückliches Leben zu führen.

Lister: It happens, you know, Rimmer. You meet people, then you move on, man. When I was ten, I had a friend called Duncan. […] He was the one who showed me how to put mirrors on me toecaps so I could look up girls' skirts. Then his father had to move to Spain because of a job. It was a bank job he pulled in Perlie. Never saw him again. I still think of him, though... every time I look at me shoes.
Rimmer: Don't try and explain it, Lister. I don't know why I'm even surprised. Everyone always leaves me in the end: girls, parents ... I had a pet lemming once. I loved that little lemming. I built him a little wall so he could hurl himself over it. He didn't want for anything. I'll never forget one Christmas. I put my finger in his cage to give him some mince pie. He bit me. He sunk his teeth right into my fingers and wouldn't let go. In the end I had to smash his brains out against the wall. That little lemming broke my heart. The little git completely ruined my helicopter wallpaper.

Red Dwarf II, "Stasis Leak", R.: Ed Bye, 1988

In dieser Passage vollzieht Rimmer mehrere massive Aggressionen gegen sich selbst – er definiert sich als unbeliebt und einsam, ungeschickt, brutal und herzlos. Er tut dies zudem offensichtlich in eigener Initiative, ohne von seinem Gesprächspartner Lister vorher aufgefordert oder gar genötigt worden zu sein.

Beispiele für fremdinitiierte Fremdaggression sind wiederum häufiger als Selbstaggressionen. Konstitutiv für die Kommunikationskonstellation von Fernsehkomödien ist zunächst eine grundsätzliche Form von Fremdinitiierung: Wann immer eine Figur eine Aggression gegen eine weitere initiiert, stehen im Hintergrund – auf der Ebene der realen Kommunikation – immer die Drehbuchautoren, die eine Figur zu imageschädigenden Äußerungen „anstiften". Hier ein Beispiel, in dem eine Figur als Initiator hinter den Autoren hervortritt.

Beispiel 3: Hermit's Address-Book

Ebenezer Blackadder hat sich in der Weihnachtsnacht vom nettesten Menschen Englands in einen selbstsüchtigen Zyniker verwandelt. Seine Nichte Millicent fragt ihn nach dem Grund hierfür. Dies beantwortet Blackadder folgendermaßen:

Ebenezer: I would explain, my dear, but I fear that you wouldn't understand -- blessed as you are with a head that is emptier than a hermit's address-book. *(Millicent lächelt, als empfange sie ein Kompliment.)*

Blackadder's Christmas Carol, R. Richard Boden, 1988

Wir haben es hier – ausgehend von der Perspektive Millicents – offensichtlich mit einer fremdinitiierten Fremdaggression zu tun. Interessant ist zudem die Tatsache, dass Millicent die herabsetzende Tendenz des Vergleichs ihres Kopfes mit dem Adressbuch eines Eremiten nicht zu erkennen scheint.

Dies führt uns zu einem weiteren Kriterium zu Erfassung von Aggressionen. Mit den Kategorien des Selbst- bzw. Fremdvollzugs und der Selbst- bzw. Fremdinitiierung kam bisher das aus der Konversationsanalyse bekannte Beschreibungsinventar für Strukturen des Sprecherwechsels und der Reparatur zur Anwendung (vgl. Sacks et al 1974; Schegloff et al. 1977). Damit – dies zeigt uns das Beispiel 3 (Hermit's Address-Book) – sind aber noch nicht alle relevanten Kriterien der Aggressionskomik erfasst. Wenn man etwa beobachtet, mit welchem persönlichen Einsatz Blackadder im Beispiel 1 (Libidinous Swine) eine für ihn gesichtsbedrohende Episode reinszeniert, dann fragt man sich, ob er sich der gesichtsschädigenden Wirkung seiner Erzählung überhaupt bewusst ist. Ich möchte daher eine Unterscheidung einführen zwischen solchen Herabsetzungen, die dem Opfer und/oder Täter bewusst sind und solchen, die sich ihm/ihnen entziehen. Diese Kategorie ist analytisch heikel, da sie vom Analysierenden mentale Zuschreibungen verlangt, die nicht in jedem Falle durch Oberflächenhinweise gestützt sind. Andererseits ist dies genau das, was auch ein Fernsehzuschauer tut. Wenn man mögliche Rezeptionen modellieren will und Bewusstseinsannahmen von Opfern und Tätern für die Rezeption relevant sind, dann darf sich die Analyse dieser für die Entstehung des Komischen wichtigen Dimension nicht verschließen. Zudem wird weder vom Zuschauer noch vom Analysierenden immer eine exakte Bestimmung verlangt: Nicht selten ist es gerade die Unbestimmtheit hinsichtlich des Bewusstseins, die den Reiz eines Sketches ausmacht. Dass diese Unbestimmtheit aber überhaupt wahrgenommen wird, zeigt jedoch, dass es sich hier um eine relevante Kategorie zu handeln scheint.

Nachdem die Dimension des Bewusstseins von Opfer/Täter über die Aggression eingeführt ist, lässt sich jetzt Folgendes definieren: Von *Selbstaggression* (vgl. schon Hobbes (1987[1650]) ist nur dann zu sprechen, wenn eine Person oder Figur eine gesichtsbedrohende Handlung gegen sich selbst *bewusst* vollzieht. Ansonsten ist sie nur blinder Träger der gesichtsbedrohenden Handlung, nicht aber Aggressor. Rimmers Erzählung über seinen Lemming (Beispiel 2) nähert sich einer Selbstaggression, da er sich des gesichtsschädigenden Inhalts seines Berichts wohl bewusst zu sein scheint. Fraglich ist allerdings, ob er sich klar ist, welches Maß an Herzlosigkeit er im Bedauern über seine ruinierte Hubschraubertapete offenbart. Blackadders Verhalten im Beispiel 1 ist in Bezug auf sein Bewusstsein über die selbst zugefügte Gesichtsverletzung ambivalent. In einigen Fällen ist das Bewusstsein der Kommunizierenden über mögliche Gesichtsverletzungen nicht eindeutig indiziert – eben dies trägt oft erheblich zum Reiz der Komödie bei.

Zurückkommend auf die Unterscheidung zwischen positivem und negativem *face* durch Brown/Levinson (1987), lassen sich komische Herabsetzungen nun noch tendenziell unterscheiden in solche, die sich gegen das positive *face* des Opfers richten, und solche, die sein negatives *face* angreifen. Unter letztere sind wohl zunächst alle Fälle physischer Aggression zu zählen sowie solche verbalen Handlungen, in denen Personen in der Ausübung ihrer Pläne, Rechte usw. behindert werden. Ein Beleg hierfür wäre etwa die physische Vertreibung Blackadders aus dem Liebesgemach im Beispiel 1 (Libidinous Swine). Beispiel 2 (Pet Lemming) enthält einen Angriff auf das negative *face* Rimmers – die körperliche Attacke des Lemmings auf Rimmers Finger. Zwei weitere Angriffe auf Rimmers Selbstimage richten sich jedoch gegen sein positives *face* – die Tatsache, dass er keine Freunde hat sowie Rimmers Gefühlskälte in seiner Vernichtung des Lemmings und im Bedauern, das er gegenüber der Schädigung seiner Tapete, nicht aber der Vernichtung des Lemmings empfindet. All diese Umstände schmälern Rimmers positives *face*.

Bei der Einordnung komischer Herabsetzungen in solche, die das positive und solche, die das negative *face* bedrohen, sind gewisse Schwierigkeiten zu erwarten: Beispielsweise lässt sich argumentieren, dass eine Bedrohung des negativen *face* immer auch Narben im positiven *face* hinterlässt. Diese Probleme sind identisch mit denen, die sich auch außerhalb der Komikforschung in der empirischen Anwendung des Modells von Brown/Levinson (1987) ergeben. Problematisch ist etwa auch das Vorgehen der Autoren, bestimmte Sprechakte automatisch als gesichtsbedrohend zu betrachten – entweder für den Sprecher oder für den Rezipienten (vgl. ebd., 65). Betrachtet man Verletzungen des positiven oder negativen *face* jedoch als *Tendenzen* innerhalb komplexer kommunikativer Prozesse, so ist diesen beiden Kategorien dennoch einige Beschreibungskraft zuzubilligen. Dies zeigt sich an einigen Beispielen sehr überzeugend:

Beispiel 4: Just Fish

In einem fiktiven Dokumentarfilm über die Meeresbiologin Elsa Richardson spricht der Kommentator immer wieder über die Äußerungen der Biologin hinweg, was diese mit entrüsteten Blicken quittiert. Dann entwickelt sich folgende Sequenz:

Voice-over: [...] I'm not really interested in fish, so why don't you push off? *(Pause, während der Richardson versucht, ihre Erklärungen fortzusetzen.)* You haven't got any friends, have you?
Richardson: Just fish.
Voice-over: I'm afraid so. *(Richardson wendet sich wortlos ab und verlässt den Drehort. Das Studiopublikum quittiert dies mit einem mitleidigen „Oooh".)*
The Fast Show, R.; John Birkin/Arch Dyson, BBC-Video 1995

Die Äußerung des Kommentators zur Einsamkeit der Biologin und deren diesbezügliches Eingeständnis suggerieren recht deutlich eine Analyse dieser Passage im Sinne der Bedrohung ihres positiven *face*. Die Aufgabe des Territoriums durch Richardson als Verlust von negativem *face* wirkt an dieser Stelle vor allem als Indiz für den Verlust von positivem Image.

Kommen wir nun zu einem letzten Kriterium zur Erfassung komischer Gesichtsbedrohungen, das unmittelbar mit der Analyse von Fernsehkomödien zusammenhängt. Im 2. Abschnitt dieses Aufsatzes zeigten wir anhand des Beispiels 1 (Libidinous Swine), dass durch die plötzliche Re-Kontextualisierung der

Äußerung Blackadders das kommunikative Verhalten der realen Fernsehrezipienten zum Gegenstand komischer Aggression wird. Es ist daher zu unterscheiden zwischen Aggressionen, die sich gegen Figuren auf der Ebene der fiktiven Figurenkommunikation (2. KE) richten und solche, die sich gegen empirische Personen, vor allem gegen die Fernsehzuschauer als unmittelbare Kommunikationsteilnehmer (1. KE) richten.

In Verbindung mit Postmans Kritik an der Medienverwendung stellt sich die Frage, wann eine Selbstaggression *des Rezipienten* als vollzogen gelten kann. Dies scheint dann der Fall zu sein, wenn der Rezipient eine produktionsseitig angelegte Aggression bewusst auf die eigene Person bezieht. Er vollzieht dann stillschweigend einen gegen sich selbst gerichteten gesichtsbedrohenden Akt, der auf der Produktionsseite zunächst nur als Potential angelegt ist. Man kann hier interessanterweise von einer Komplizenschaft in der Realisierung einer Aggression zwischen Produzenten (Aggressor und Fremdinitiator) und Rezipienten (Opfer und Ko-Aggressor) ausgehen: Der Komiker braucht den Rezipienten, um eine kommunikative Aggression tatsächlich ins Ziel zu bringen. Die Entstehung einer solchen Konstellation scheint mir im Beispiel 1 (Libidinous Swine) möglich. Neben der nachträglichen Herabsetzung Blackadders mag der Rezipient feststellen, dass er sich durch die falsche Kontextualisierung der Äußerung Blackadders selbst der kommunikativen Unbeweglichkeit (vgl. schon Lixfeld 1978, 2) schuldig gemacht hat. Natürlich ist es in der Fernsehkommunikation üblich, Szenen so zu konstruieren, dass Kotext und Kontext eine richtige Interpretation erlauben. Der Fernsehzuschauer weiß aber auch, dass in der Komödie alles möglich ist und dass für ihre Rezeption kommunikative Wachsamkeit gefragt ist. Er hat so eine milde gesichtsbedrohende Handlung gegen sein eigenes Selbstbild als wacher, intelligenter Kommunikationsteilnehmer zu konstatieren bzw. zu vollziehen.

Es scheint einleuchtend, dass eine Aggression gegen den Fernsehrezipienten erst durch dessen eigenen kommunikativen Vollzug dieser Aggression realisiert wird. Wann aber hat eine Herabsetzung auf der 2. KE als vollzogen zu gelten? Der inszenierte Charakter der Figurenkommunikation, die alte Komödienregel „Die Figur darf nicht wissen, dass sie komisch ist“ und die grundsätzliche Adressiertheit der Figurenkommunikation an das Fernsehpublikum dürfen in der Regel nicht auf die explizite Ratifizierung einer Herabsetzung durch das Opfer auf der 2. KE hoffen lassen. Das Beispiel 4 (Just Fish) bildet hier vielleicht eine Ausnahme: Durch das Räumen des Territoriums ratifiziert die Biologin die Gesichtsverletzung. Diese Interpretation wird durch die Reaktion des Studiopublikums gestützt. Weder die Äußerung „You haven't got any friends, have you?" noch die Aufforderung „[...] why don't you push off?" durch den Kommentator fordern eine Mitleidsäußerung des Studiopublikums heraus, sondern erst die territoriale Kapitulation der Biologin – die Ratifizierung der Gesichtsverletzung. Von solchen Fällen der expliziten Markierung einer Aggression auf der 2. KE abgesehen, scheint mir ein weiteres Mal der Fernsehrezipient die Instanz zu sein, bei der sich Herabsetzungen vollziehen: Er ist so der Mit-Konstrukteur und Zeuge der Herabsetzung von Figuren.

Kommunikative Selbstreflexion und Selbstaggression sind notwendigerweise an einen metakommunikativen Ebenenwechsel des (Fernseh-)Rezipienten gebunden. Von einer Metaebene aus beobachtet der reale Rezipient sein eigenes inflexibles Kommunikationsverhalten in der Retrospektive. Auf diese Weise erfordert die Realisierung einer Aggression auf der 1. KE immer das Vorhandensein einer Metaebene, die nun eigentlich zur 1. KE wird. Die „darunter liegende" Kommunikationsebene lässt sich praktischerweise als 1. KE' bezeichnen (vgl. Brock 2004). Meines Erachtens ist es genau diese Ausbeutung metakommunikativer Prozesse, durch welche die von Postman postulierte aufklärerische Wirkung der Fernsehkomödie entsteht. Diese kann aber der Fernsehrezipient allein nicht realisieren: Der parodistischen Kritik am Medium Fernsehen liegt zumindest die Annahme zugrunde, dass Komiker und Rezipient sich auf der jeweils höchsten Metastufe der ablaufenden Kommunikation als Komplizen treffen und dort Aspekte der Medienkommunikation aggressiv reflektieren.

Über die hier eingeführten Kriterien hinaus sind noch weitere denkbar. Die Wirkung einer Herabsetzung wird etwa auch dadurch bestimmt, ob sie von einem sympathischen oder unsympathischen Aggressor vollzogen wird (vgl. Zillmann 1983; Brock 2004).

4. Medienkritik

Anhand der oben entwickelten Kategorien zur Erfassung komischer Aggressionen (Wer ist der Träger der Aggression? Wer hat die Initiative? Ist sich das Opfer der Aggression bewusst? Welche *face*-Dimension des Opfers ist bedroht? Auf welcher Kommunikationsebene befindet sich das Opfer?) lässt sich die medienkritische Wirkung von Fernsehkomik im Sinne Postmans nun wesentlich klarer bestimmen: Sie entfaltet sich als Kritik der *Medienverwendung* typischerweise über eine Selbstaggression des Rezipienten auf der ersten Kommunikationsebene.

Diese wird durch die Komiker auf der ersten Kommunikationsebene fremdinitiiert, und zwar häufig über den Umweg der Figurenkommunikation auf der zweiten Kommunikationsebene. Sie kann sowohl Aspekte des positiven als auch des negativen *face* des Rezipienten betreffen. Die Kritik der *Medienproduktion* verläuft analog. Hier wird der Rezipient zum erkennenden Zeugen, zum Komplizen und Mit-Aggressor. Betrachten wir hierzu das folgende Beispiel:

Beispiel 5: Shooting Stars

Vic Reeves ist einer der beiden Moderatoren der Quiz-Show *Shooting Stars*. Hier werden den Kandidaten – zumeist selbst Komiker – eigenartige Fragen gestellt. Die Korrektheit der Antworten wird durch die Moderatoren nach persönlichem Gutdünken entschieden.

Vic Reeves: Take a look at this clip from *Star Wars*. *(Video wird gezeigt, in dem die Moderatoren selbst eine Szene des genannten Films nachspielen. Sie geben sich keine Mühe, dem Original nahe zu kommen.)* A classic case of movie memorabilia. *Star Wars*. Now then, we saw Alec Guiness there. Can you name three other types of Irish beer?

Shooting Stars, R.; Mark Mylod, BBC-Video 1999

Hier können wir als Opfer von Herabsetzungen bzw. Aggressionen leicht die Produzenten der *Star-Wars*-Filme und deren unkritische Zuschauer erkennen. Dies wird vor allem dadurch initiiert, dass sich die Komiker Vic Reeves und Bob Mortimer in die Rolle von Schauspielern der *Star-Wars*-Filme begeben und gesichtsbedrohend schlecht spielen. Die Distanz der Komiker zu ihrer jeweiligen Rolle wird durch die offensichtlich nachlässige Darstellung der Figuren indiziert. Ein ähnlicher Prozess vollzieht sich auf der Ebene der Quizsendung: Die Verbindung zwischen *Star Wars*, dem Schauspieler Alec Guiness und der Frage nach weiteren irischen Biersorten kommt einer Aggression gegen eben die Produzenten und Konsumenten des Unterhaltungsformats gleich, in dem sich die Komiker und die Fernsehzuschauer gerade befinden. Dadurch eröffnet diese Aggression die Möglichkeit einer Selbstaggression des Fernsehrezipienten, die durch die Kommunikation im Fernsehen initiiert wird. Diese Selbstaggression kann der Zuschauer jedoch gleichzeitig auf einer Metaebene genießen, auf der er sich gemeinsam mit den Komikern weiß.

Wir sehen in diesem Beispiel Komiker und Rezipienten vereint im subversiven metakommunikativen Spiel, das zumindest einen Aspekt der Medienkritik beinhaltet: Das verzerrte Quiz-Format verweist darauf, dass „ernste“ Quizsendungen ähnlich unsinnig, unglaubwürdig usw. sind. Wir sehen weiterhin, dass die

Kriterien aus der Abbildung 1 hier nicht nur auf eine, sondern mindestens auf zwei Aggressionen anzuwenden sind, die auf zwei Ebenen der komischen Kommunikation realisiert werden – der des vermeintlichen *Star-Wars*-Films und der des Quiz-Formats. Wir nähern uns auf diese Weise einer Modellierung von recht hoher Komplexität. Diese erscheint auch notwendig, da gerade die Vielschichtigkeit der möglichen Rezeptionsebenen für das hier beschriebene Kommunikationsformat (und seine immanente Medienkritik) konstitutiv zu sein scheint.

Doch wenden wir uns erneut Postman zu. Er erkennt einen Umstand, der die aufklärerische Rolle der Parodie gefährdet. Komödien seien ja Teil genau der Fernsehunterhaltungskultur, auf die ihre Kritik abzielt. Daher laufe diese Medienkritik Gefahr, korrumpiert zu werden: „Am Ende würde also die Kritik selbst vom Fernsehen vereinnahmt“ (Postman 1996[1985], 197). Dieses Zitat bringt mich zum nächsten Punkt, der Evolution von Kommunikationsmustern.

5. Evolution der Kommunikationsmuster

Es scheint so, als arbeite die rezeptive Aneignung von Kommunikationsmustern in zweifacher Hinsicht gegen die Medienkritik in Fernsehkomödien: zum einen kognitiv, weil ein Format, das gestern noch überraschend neu war, heute bereits gewöhnlich und schnell abgenutzt ist. Es verliert auf diese Weise seine aufklärerische Potenz. Zum anderen medienpolitisch, weil – so Postman im obigen Zitat – eben diese Fortführung eines bestimmten Formats über einen bestimmten Zeitraum hinweg die Komödie als Teil der Medienkultur etabliert, ihren kommerziellen Zweck verdeutlicht und so die Kritik von innen heraus unglaubwürdig macht. Wie schwierig es ist, diesem Mechanismus zu entgehen, das zeigt die Tatsache, dass sogar Monty Python mit ihrer Fernsehserie *Monty Python's Flying Circus* in die Falle der Vorhersehbarkeit gelaufen sind: Macht man das Unvorhersehbare zur Produktionsformel, dann wird eben dieses auf einer Metaebene mit fatalen Folgen vorhersehbar. Interessanterweise verließ John Cleese das Monty-Python-Team nach der dritten Staffel der Serie, weil er gelangweilt war. Das Format hatte seine Schöpfer eingeholt. Damit war die anarchische und medienkritische Wirkung der Serie weitgehend neutralisiert.

Gegen diese Tendenz scheint es zwei Vorgehensweisen zu geben: 1. Man kann Formate immer wieder wechseln, d.h. ein bestimmtes Format nach relativ kurzer Zeit wieder absetzen, so wie das etwa die britischen Komiker Reeves und Mortimer tun. 2. Man kann in das Format einen „Erneuerungsfaktor“ einbauen, der immer wieder für Überraschung und damit auch für die Erneuerung der Glaubwürdigkeit von Medienkritik sorgt. Eine Möglichkeit hierfür besteht in der Verschärfung von Aggressionen innerhalb bekannter Muster. Hierfür gibt es in der jüngeren Vergangenheit mehrere Beispiele: Die britische Komödie *The League of Gentlemen* (ursprünglich ausgestrahlt Anfang 1999) spielt in der fiktiven Stadt Royston Vasey. Hier gibt es das inzestuös lebende Geschwisterpaar Tubbs und Edward, die alle Ortsfremden, die sich in ihren Kramladen verirren, umbringen; einen Taxifahrer, der seinen Fahrgästen genaueste Details seiner bevorstehenden Geschlechtsumwandlung erzählt; einen Tierarzt, der bei einer gebärenden Kuh statt des Kalbes versehentlich die Leber zutage fördert usw. Die britische Komödie *Brass Eye* sorgte im Juli 2001 für einen Skandal, der mit einer öffentlichen Entschuldigung des Senders für die Inhalte des Programms endete: Die Sendung beleuchtete satirisch den öffentlichen – vor allem massenmedialen – Umgang mit dem Thema Pädophilie. Dabei wurde unter anderem einem vermeintlichen Pädophilen ein Kind als Köder vorgeführt und ferner behauptet, dass Pädophile sich mit bestimmten T-Shirts als Kinder verkleiden.

Neben der Verschärfung von Aggressionen existieren noch weitere Formen der Erneuerung von Formaten von innen heraus. Betrachten wir unter diesem Blickwinkel die deutsche Comedy-Serie *TV Total* (vgl. auch Vogt i.d.Bd.).

Der Gelegenheitszuschauer sieht in der Rubrik „Raab der Woche" einen geladenen Gast, der an der Seite von Stefan Raab und gemeinsam mit ihm das Publikum unterhält. Für die Eingeweihten jedoch ist der „Raab der Woche" das Programmelement, in dem sich Raab in einer stillschweigenden Allianz mit dem wissenden Publikum über einen oft nichtsahnenden Gast lustig macht. Diese Herabsetzung muss durch Raab nicht aktiv kommunikativ produziert werden. Allein die Platzierung in einem Kommunikationsmuster, das eine Herabsetzung nahe legt, die Rahmung also, scheint hier schon auszureichen. Der eingeweihte Zuschauer schafft sich also auf der Basis seines Musterwissens selbst die kommunikative Komplexität, die das Format interessant erscheinen lässt.

Bei *TV Total* lässt sich weiterhin erkennen, dass Aggressionen auf verschiedenen Ebenen stattfinden: Neben dem hier gezeigten „Raab der Woche" werden Fernsehausschnitte und Ereignisse aggressiv gerahmt und vorgeführt. Auch die Gespräche zwischen Raab und seinen Studiogästen weisen Elemente der Herabsetzungskomik auf. Man könnte nun schlussfolgern, dass die notwendige Erneuerung des Formats sich aus immer unterschiedlichen Aggressionsmustern speist. Diese scheinen mir aber gerade recht stabil zu sein. Mit ihnen kann eventuell die Identifikationskraft der Sendung für Vielseher gestärkt, nicht aber die Erneuerung geleistet wird.

Es gibt jedoch einen medienkritisch interessanten Mechanismus in der Raab-Sendung, auf den ich nun kommen möchte. Für *TV Total* lässt sich – ebenso wie für Beispiel 5 (Shooting Stars) – eine metakommunikative Allianz zwischen Zuschauern und Komiker konstruieren. Auf dieser Stufe ist man sich darüber einig, dass endlose Wiederholungen von Musterpositionen, Banalitäten, Missgeschicken usw. keine tatsächlichen Versuche sind, den Unterhaltungsauftrag einzulösen, sondern dass die eigentliche Intention der Sendung auf einer Metaebene zu sehen ist, auf der eben die sichtbaren Muster der Unterhaltungssendung und ihre Teilnehmer zum Gegenstand der Herabsetzungskomik werden. Und hat sich diese Metaebene abgenutzt, dann wird automatisch die nächste wirksam, denn der Vorgang ist potenziell rekurrent.

Dieser Mechanismus der metakommunikativen Verschachtelung per Standardoperation ist – einmal etabliert – für die Produktionsseite außerordentlich günstig, da so unter den Bedingungen der Massenproduktion Wiederholung immer mehr ist als nur Wiederholung. Und wer den nächsten Metaschritt nicht mitmachen will, der ist automatisch der Spielverderber, denn er versteht die Spielregeln nicht und wird so zum Objekt der Aggressionskomik. Einer Situation wie in dem Märchen *Des Kaisers neue Kleider* wird so vorgebeugt. Hierin besteht die Immunisierungstaktik Raabs.

Was aber hat der Zuschauer als Garantie dafür, dass diese sinnstiftende Metaebene tatsächlich angelegt ist? Nicht mehr als das Lachen des Studiopublikums, ein paar spektakuläre Aktionen Raabs – wie etwa seine Teilnahme an einem Schlagerfestival – sowie sein lächelndes Gebiss. Insofern ist die Einlösung der mediensatirischen Wirkung von *TV Total* weitgehend abhängig vom Glauben des individuellen Rezipienten an die Intentionen des Moderators.

5. Schlussbemerkungen

Ich habe hier versucht, Dimensionen komischer Aggressionen über den bisherigen Forschungsstand hinaus zu modellieren. Dieser Versuch lässt verschiedene Aspekte offen. Die Dimensionen müssen verfeinert und durch weitere ergänzt werden. Die Beispiele konnten bei weitem nicht ausgeschöpft, sondern nur ansatzweise analysiert werden. Ich hoffe aber, gerade dadurch den Forschungsbedarf in Bezug auf komische Herabsetzungen deutlich gemacht zu haben. Ich hoffe, ebenfalls deutlich gemacht zu haben, dass moderne Fernsehkomödien, ihre zum Teil hochgradig komplexen Formate und medienkritischen Dimensionen nur mit einem hoch differenzierten Beschreibungsapparat erfassbar sind, der aus der empirischen Arbeit zu gewinnen ist.

Literatur

Aristoteles (1993): *Rhetorik*, 4., unveränderte Auflage, München: Wilhelm Fink Verlag.

Attardo, Salvatore (1994): *Linguistic Theories of Humor*, Berlin / New York: Mouton de Gruyter.

Brock, Alexander (2000): Was uns Fernsehkomödien über Medienkommunikation verraten: Die verborgenen Regeln der Kommunikation, *Der Deutschunterricht*, 1/00, 83-86.

Brock, Alexander (2004): *Blackadder, Monty Python und Red Dwarf - eine integrative pragmalinguistische Modellierung der Rezeption britischer Fernsehkomödien*. Tübingen: Stauffenburg.

Brown, Penelope & Levinson, Stephen C. (1987): *Politeness: Some Universals in Language Usage*, Cambridge / New York / New Rochelle / Melbourne / Sydney: Cambridge University Press.

Freud, Sigmund (1985[1905]): *Der Witz und seine Beziehung zum Unbewussten*, Leipzig / Weimar: Gustav Kiepenheuer Verlag.

Gülich, Elisabeth & Raible, Wolfgang (1979): Überlegungen zu einer makrostrukturellen Textanalyse, In: Gülich, Elisabeth & Heger, Klaus & Raible, Wolfgang (Hrsg.), *Linguistische Textanalyse: Überlegungen zur Gliederung von Texten*, Hamburg: Buske, 73-126.

Häußler, Karl J. (1981): Einführung in linguistische und literaturwissenschaftliche Grundbegriffe anhand von „Comic“ und „Nonsense Verse“, In: Diller, Hans-Jürgen u.a. (Hrsg.), *Learning English Humor I*, Anglistik und Englischunterricht 15, Trier: Wissenschaftlicher Verlag, 9-36.

Hobbes, Thomas (1987[1650]): Human Nature, In: Morreall, John (Hrsg.), *The Philosophy of Laughter and Humor*, Albany / New York: State University of New York, 19-20.

Lorenz, Konrad (1998[1963]): *Das sogenannte Böse: Zur Naturgeschichte der Aggression*, München: DTV.

Platon (1955): *Philebos*, Berlin: Lindemann und Lüdecke

Postman, Neil (1996[1985]: *Wir amüsieren uns zu Tode. Urteilsbildung im Zeitalter der Unterhaltungsindustrie*, Frankfurt (Main): Fischer.

Raskin, Victor (1985): *Semantic Mechanisms of Humor*, Dordrecht / Boston / Lancaster: D. Reidel Publishing Company.

Sacks, Harvey, Schegloff, Emanuel A. & Jefferson, Gail (1974): A Simplest Systematics for the Organization of Turn-taking for Conversation, *Language* 50, 696-735.

Schegloff, Emanuel A.& Jefferson, Gail & Sacks, Harvey (1977): The Preference for Self-correction in the Organization of Repair in Conversation, *Language*, 53(2), 361-382.

Zijderveld, Anton C. (1976): *Humor und Gesellschaft*: Eine Soziologie des Humors und des Lachens, Graz / Wien / Köln: Styria.

Zillmann, Dolf (1983): Disparagement Humor. In: McGhee, Paul E. & Goldstein, Jeffrey H. (Hrsg.), *Handbook of Humor Research, Volume 1, Basic Issues,* Chapter 5, New York / Berlin / Heidelberg / Tokyo: Springer Verlag, 85-107.

Die *-tainment*-Welle – unaufhaltsame Unterhaltung? Aspekte des *Advertainment* in der Informationsgesellschaft

Martin Nielsen

1. Der Trend zur Unterhaltung

Am 4. Mai 2001 fand an der Wirtschaftsuniversität Aarhus in Dänemark eine so genannte „musikalische Gastvorlesung“ statt, in der der norwegische Professor Otto Ottesen am Klavier, begleitet von einem Kontrabass, über das Thema „Führung als Improvisation – Jazz als Metapher für strategische Unternehmensführung“ dozierte. Es war laut Programm „eine intellektuelle Jam Session“, in der „Gedanken, Diashow und Jazz auf untraditionelle Weise miteinander verschmelzen“. Diese Verschmelzung von Unterhaltung mit im Prinzip unterhaltungsfremden Bereichen dehnt sich in einer Zeit, in der die von hedonistischen Werten geprägte Erlebnis-, Genuss- und Spaßgesellschaft zugleich propagiert und moniert wird (vgl. dazu auch Thiele i.d.Bd.), immer weiter aus.

1.1 Aufhebung der Grenzen zwischen Ernst und Spaß

Die Kombination von Ernst und Spaß lässt sich nicht nur im eingangs erwähnten Beispiel im Bereich der Hochschullehre beobachten, sondern ist eine durchgängige Tendenz in unserer heutigen westlichen Informationsgesellschaft. In der Wirtschaft werden in Management- und Team-Building-Kursen, in denen Fitness, Zurechtkommen in der Natur und Überlebenstraining geübt werden, die Grenzen zwischen theoretisch-intellektuellen und körperlichen Fähigkeiten teilweise aufgehoben und auf die Weise der Ernst des Alltags von Führungskräften mit dem Spaß an spielerischer Körperertüchtigung vermischt. Im Arbeitsleben sind – vor allem vielleicht in der akademischen Zunft – die Grenzen zwischen Freizeit und Arbeit sehr fließend, und im Zuge der zunehmenden digitalen Vernetzung auch die Grenzen zwischen dem Zuhause und dem Arbeitsplatz. Auch in diesem Bereich lassen sich also Ernst und Spaß nicht mehr eindeutig trennen. Ferner schlägt sich dieser Trend in der Publizistik nieder, wo sich die Trennung zwischen den „klassischen“ Textsorten der Printmedien, nämlich Bericht, Reportage und Kommentar bereits seit längerem nicht aufrechterhalten lässt und somit ein „Trend zu Mischform“ vorherrscht (Burger 1990, 334). Gerade dieses Phänomen ist durch die Bezeichnung mit dem Terminus *Infotainment* (vgl. auch Held i.d.Bd.) das deutlichste Anzeichen des Trends zur Vermischung von Ernst und Spaß in der Gesellschaft. Schließlich sind im Bereich Lifestyle und Mode Grenzen schon lange überschritten. Man denke nur an den ARD/ZDF-Morgenmagazin-Moderator Cherno Jobatey, der zum Anzug und zur Krawatte konsequent Turnschuhe trägt.

1.2 Aufhebung von Grenzen generell

Die Tendenz, dass Grenzen abgebaut werden und Kategorien sich nicht mehr trennscharf aufrechterhalten lassen, bezieht sich jedoch nicht nur auf die sich auflösende Trennung von Ernst und Spaß, sondern lässt sich in sämtlichen gesellschaftlichen Bereichen beobachten. So stellt Brown (1999, 34) fest, dass beispielsweise der Bereich Marketing von „dedifferentiation“ geprägt ist. Im Bereich Wissenschaft und Technik zeugen relativ neue Mischformen wie Mechatronik (aus Mechanik und Elektronik), Biochemie (aus Biologie und Chemie) und Soziolinguistik (aus Soziologie und Linguistik) von grenzüberschreitendem Wirken. Die gesamte Kommunikationsbranche ist geprägt von der Aufhebung von Grenzen zwischen Berufen und Tätigkeitsfeldern: Wo früher Konzepter, Texter, Lektor, Grafiker, Illustrator, Typograf, Layouter, Drucker u.a. jeweils eigenständige Berufe waren, erfüllt diese Funktionen heute teilweise nur eine Person, nämlich diejenige am PC als Desk Top Publisher (vgl. Turtschi 1996, 34f.).

Vor diesem Hintergrund will dieser Beitrag versuchen, das *Advertainment* kurz in die Reihe von *–tainment*-Phänomenen einzuordnen, mit denen es den letzten Wortbauteil gemeinsam hat, erste Beobachtungen zu den Erscheinungsformen dieses Phänomens vorzustellen sowie Erklärungsansätze für die Entstehung des *Advertainment* zu entwickeln, dessen Funktionen zu beschreiben und einen Ausblick auf die Konsequenzen zu geben, die die verstärkte Anwendung von *Advertainment* nach sich zieht.

Der Ansatz ist dabei in Bezug auf die *-tainment*-Ausdrücke generell vornehmlich semasiologisch, da Ausgangspunkt der Betrachtungen die ausdrucksseitige Dimension ist. Speziell zum *Advertainment* sollen dann aus onomasiologischer Perspektive spezifische Überlegungen dargelegt werden, die auch funktionale, inhaltliche und gestalterische Aspekte berücksichtigen. Den Ansatz stellen somit wie bei Klein (2000) zunächst die Bezeichnungen der in Frage stehenden Mischphänomene in den Mittelpunkt. Klein hat in seiner Studie auch gerade die Lexik der Gattungsbezeichnungen in Fernsehzeitschriften untersucht, wo Bezeichnungen für Film-Gattungen wie beispielsweise *Abenteuerpersiflage* (Klein 2000, 309), *Krimimelodram* (Klein 2000, 310) oder *Romantikthriller* (Klein 2000, 311) das Verschwimmen der Grenzen von Genres verdeutlicht (vgl. auch *Liebesdrama*, *Gruselspaß* oder *musikalische Sci-fi-Komödie* bei Nielsen 1999, 41).

3. Die *-tainment*-Welle

Einen ganz spezifischen Niederschlag findet diese Tendenz in einem Phänomen, das ich die *-tainment*-Welle nennen möchte. Darunter will ich die Tendenz verstanden wissen, in anglizistischen Neuprägungen Bestimmungswörter in der Regel ebenfalls anglizistischen Ursprungs bzw. Teile von Bestimmungswörtern mit dem Wortteil *-tainment* zu suffigieren. Unabhängig davon, ob die mit diesen *-tainment*-Wörtern bezeichneten Phänomene schon länger existieren, sind die *Bezeichnungen* neueren Datums. Eine genaue Datierung fällt schwer, als Indiz sei jedoch folgender Hinweis gegeben:

Das Wort *Infotainment*, das meines Wissens zusammen mit *Edutainment* und *Advertainment* zu den etabliertesten *-tainment*-Wörtern gehört und damit auch eines der ältesten sein dürfte, findet sich nach meiner Recherche zum ersten Mal 1989 in zwei US-amerikanischen Theater- und Fernsehkritiken. So spricht Evans in der Kritik des Theaterstückes „Bananaland" von „'infotainment' – reportage tricked out as show biz" (Evans 1989, 95) und Rosenberg bezeichnet TV-Produktionen (Serien, Shows) des US-amerikanischen Fernsehens aus den 80er Jahren folgendermaßen: „As it turned out, *Real People* [Hervorhebung im Original, M. N.] and its incredible, amazing clones were foreplay, warming us up for a TV hybrid whose fusion of information and entertainment would come to be known as ‚infotainment'." (Rosenberg 1989, 19). In beiden Fällen steht das Wort in Anführungszeichen und in beiden Fällen wird es metakommunikativ erläutert, was ein relativ deutlicher Hinweis darauf sein dürfte, dass es zu dem Zeitpunkt der Veröffentlichung der jeweiligen Kritiken einer solchen Erläuterung bedurfte und demnach noch nicht in den Allgemeinwortschatz und noch nicht einmal in den Fachwortschatz von Medienfachleuten (Theater-, Film- und Fernsehkritikern) gedrungen war. Damit liefern diese beiden Quellen – auch wenn die Festlegung der eigentlichen Geburtsstunde von *-tainment*-Wörtern noch aussteht – einen ersten Anhaltspunkt für die Datierung der Ersterwähnung von *-tainment*-Bildungen.

Ob das generelle Phänomen der unscharfen Grenzziehung ein neues ist, soll dabei nicht diskutiert werden. Am Beispiel von Rosenberg (1989) lässt sich z.B. veranschaulichen, dass die Bezeichnung 1989 retrospektiv auf ein bereits früher entstandenes Phänomen (TV-Produktionen der 80er Jahre) angewandt wird, und auch die oben erwähnten Beispiele Soziolinguistik und Biochemie verweisen auf das Ineinanderfließen von je zwei Bereichen, das in Bezug auf die Soziolingu-istik etwa 40 Jahre zurückgeht (Linke et al. 1994, 297, Helbig 1988, 238f.) und in Bezug auf die Biochemie sogar um die 150 Jahre. Insgesamt sollte die Beantwortung dieser Frage, ob es sich nämlich bei den *-tainment*-Phänomenen um alten Wein in neuen Schläuchen handelt, jedoch der Soziologie zugewiesen werden, da sie außerhalb des Interessenspektrums der Linguistik bzw. der Medien- und Kommunikationswissenschaften liegt.

3.1 Erste Liste von -tainment-*Wörtern*

Einer der vielen Bereiche, deren Grenzen immer weiter verschwimmen oder wie in diesem Fall: die immer weiter ausufern, ist wie eingangs erwähnt die Unterhaltung. Unterhaltung, oder die sich auch im Deutschen allmählich einbürgernde englische Entsprechung: *Entertainment*, heißt soviel wie Vergnügen, Amüsement, Belustigung, Kurzweil.

Der Begriff *entertainment* bildet den semasiologischen Ausgangspunkt für die folgenden Überlegungen zu der grenzüberschreitenden, der unaufhaltsamen Unterhaltung. Das Phänomen dieser verschwimmenden Grenzen von Unterhaltung lässt sich nämlich anhand von Komposita oder eher Neologismen verdeutlichen, die mit dem Wortteil *-tainment*[1] gebildet werden.[2]

Da die Werbe- wie auch die Unterhaltungsbranche als sehr produktiv und innovativ, aber auch als sehr schnelllebig gilt, habe ich zunächst ein Medium, das diesen Eigenschaften am ehesten Rechnung trägt, nach Wortbildungen mit dem Wortschluss *-tainment* durchsucht, nämlich das Internet (www.google.de). Darüber hinaus habe ich diese Ergebnisse mit Zufallsfunden aus gedruckten Quellen

---

1 *Wortteil* verwende ich hier bewusst, da von Suffix nur bei *-ment* gesprochen werden kann. Dies ist auch der Grund, weshalb ich *Neologismus* dem Begriff *Kompositum* vorziehe. Der Aspekt des Anglizismus muss hier unberücksichtigt bleiben, da er erstens nicht Ziel dieses Beitrages ist, da zweitens gerade der Bereich Werbung und Unterhaltung(sindustrie) sehr stark von angloamerikanischen Entwicklungen und daher auch von angloamerikanischem Sprachgebrauch geprägt ist und da drittens noch keine genauso illustrativen deutschen Synonyme vorliegen.

2 Vgl. auch Kübler (2001, 64): „Die ‚Spaßgesellschaft' boomt unaufhaltsam, wird quasi total, mindestens im kulturkritischen Feuilleton, alle Medien wetteifern mit Lockerem und Leichtem, Sensationellem und Seichtem, wie die neudeutschen Komposita auf *-tainment* signalisieren."

ergänzt. Dabei sind u.a. die folgenden, für mich als Nicht-Englischmuttersprachler unmittelbar als Neologismen ausmachbaren Wörter herausgekommen, wobei die Gesamtanzahl[3] m.E. durchaus die Annahme einer Welle rechtfertigt:[4]

Am geläufigsten sind *Infotainment, Edutainment* und *Advertainment.* Diesen Begriffen ist gemeinsam, dass sie generell Formen der unterhaltenden Vermittlung bezeichnen: Beim *Edutainment* der unterhaltende Unterricht, beim *Infotainment* die unterhaltende Information, z.B. die unterhaltende Journalistik (vgl. Held i. d. Bd.), bei *Advertainment* die unterhaltende Werbung. Teilweise sind diese Begriffe bereits lexikalisiert (vgl. *Advertainment* bei Pepels 2002, 23 und *Infotainment* a.a.O., 341), ohne dass ich ihnen deswegen jedoch schon den Charakter von Neologismen absprechen möchte (es handelt sich bei Pepels 2002 denn auch nicht um ein allgemeinsprachliches Wörterbuch, sondern um ein Marketinglexikon). Im weiteren Sinne könnte man zu den Begriffen der unterhaltenden Vermittlung auch weniger gebräuchliche wie z.B. *Museotainment* (unterhaltende Vermittlung von Sachwissen im Museum), aber auch *Philotainment, Psychotainment* oder etwa *Lexicotainment* rechnen, die die unterhaltende Vermittlung aus den jeweiligen Fachbereichen bezeichnen. Darüber hinaus besteht eine Gruppe aus Worten wie *Webtainment* (Unterhaltung im *World Wide Web*), *Cybertainment* (Unterhaltung im Cyberspace), *Intertainment* (interaktionale Unterhaltung, u.U. aber auch internationale Unterhaltung), *Digital tainment* (digitale Unterhaltung) und *Computainment* (computergestützte Unterhaltung), die insgesamt auf die technischen Modalitäten des jeweiligen Angebots hinweisen. Im betrieblichen Kontext hat sich eine Gruppe herausgebildet, die bestimmte Typen von Betrieben oder von Konsum mit Unterhaltung in Verbindung bringt: *Agritainment* (unterhaltsame Betriebsbesichtigung eines Agrarbetriebs bzw. „Ferien auf dem Bauernhof"), *Bank-o-tainment* (unterhaltsamer elektronischer Bankschalter, vgl. o. V. 1996, 47), *Eatertainment* (unterhaltsamer Restaurantbesuch bzw. Erlebnisgastronomie) und *Shop-o-tainment* (unterhaltsames Einkaufen). Ferner haben auch Unternehmen den lexikalischen Trend zu *-tainment*-Bildungen aufgegriffen, um ihr Unternehmen oder ihr Angebot mit solchen Namen zu versehen und teilweise mit Markenschutzrechten auszustatten: *Expotainment* (Name US-amerikanischen Kinobetreibers (*Millennium Expotain-*

[3] Die insgesamt 45 *-tainment*-Bildungen finden sich gesammelt in einer Übersicht im Anhang.

[4] Wörter wie *obtainment, sustainment* und *attainment,* die eigenständige, bereits lexikalisierte Wörter darstellen und dessen erster Wortteil keine verkürzte Form eines selbstständigen Wortes darstellt, sondern eher Präfix-Charakter hat, wurden nicht berücksichtigt, da sie für diese Untersuchung nicht relevant sind.

ment)), *Extratainment* (Name niederländischen Herstellers von Unterhaltung für elektronische Medien), *Fil-tainment* (Name eines Unterhaltungsportals für die Philippinen), *PixelTainment™* (unterhaltsamer screensaver) oder etwa *Race 'N'taimnent* (Name eines Anbieters von Yachting-Kursen). Schließlich gibt es auch exotische, idiosynkratische und der (kommerziellen) Selbstdarstellung dienende Einzelfälle wie z.B. *Dina-tainment* (Unterhaltung durch Drag Queen namens Dina).

Ob es sich jeweils um z.B. unterhaltende Information oder um informative Unterhaltung handelt, welche Funktion also jeweils dominant ist, lässt sich am Wort nicht erkennen[5] (ein Nachteil des semasiologischen Ansatzes); denn der deutschen Wortbildungsregel nach, dass das Grundwort allein entscheidet, welcher Bedeutungsklasse das Kompositum zugeordnet werden muss, ist erstens entgegenzuhalten, dass das Grundwort eben kein eigentliches Wort, sondern nur ein Wortteil ist; und zweitens, dass phonetische, graphemische, rhythmische und (damit) auch ästhetische Gründe dafür ausschlaggebend zu sein scheinen, dass eine Alternative zu z.B. *Edutainment* in Form von etwa *Entercation* oder *Enterducation* nicht möglich scheint. Held (i.d.Bd.) spricht denn auch von „begrifflicher Kontamination aus Information und Entertainment" und sieht damit ebenfalls von einer Identifikation von Grund- und Bestimmungswort ab.

An diesem letzten Beispiel lässt sich erkennen, dass phonetische, teilweise schriftliche und hoffentlich auch inhaltliche (und evtl. funktionelle?) Faktoren der Produktivität Grenzen setzen. So ist z.B. *Researchertainment* (glücklicherweise) wenig mundgerecht, auch wenn – wie das an der Wirtschaftsuniversität Aarhus in einigen eigens dazu veranstalteten Vorlesungen versuchsweise praktiziert wurde – womöglich „Stand-Up-research" betrieben wird (z.B. als Reaktion auf die Notwendigkeit, für die (linguistische) Forschung Öffentlichkeitsarbeit zu betreiben, auf den wachsenden Zeitdruck auf die Zielgruppe StudentInnen und auf deren steigende Anforderung an kurze, leicht verdauliche Informationshäppchen im Stile eines MTV-PopUp-Video).

Ferner erhebt sich aus onomasiologischer Perspektive die Frage, welche inhaltlichen Relationen zwischen den jeweiligen *-tainment*-Phänomenen bestehen, so z.B. die Frage nach Synonymie, Hyponymie und Hyperonymie. Hier besteht noch ein Nachholbedarf in Bezug auf die inhaltliche und lexikalische Erfassung der betreffenden *-tainment*-Bildungen.

---

5 Vgl. auch die Definitionen u.a. im Internet, die jeweils von „Verquickung" und „Kombination" der beiden jeweils in Frage kommenden Wörter sprechen, ohne eine Dominanz des einen über das andere anzugeben.

4. Advertainment

Von diesen *-tainment*-Phänomenen möchte ich mich nun speziell einem zuwenden, nämlich dem *Advertainment*, also dem Mix aus Werbung und Unterhaltung.[6]

4.1 Entstehung

Entstanden ist das Phänomen des *Advertainment* aus demselben Grund, weshalb sich Werbung generell entwickeln muss: wegen der immensen Informationsüberlastung (und das heißt heute vor allem Werbeüberlastung), die uns Menschen den alles überwiegenden Teil von aufgenommenen Informationen aussortieren lässt. Held spricht in diesem Zusammenhang vom *Infotainment* als einzige Möglichkeit, „sich im steigenden *information overload* der heutigen Konsumgesellschaft überhaupt eine gewisse Aufmerksamkeit zu verschaffen." (i. d. Bd.). Die Schätzungen der Informationsüberlastung durch Werbung schwanken zwischen 95 und 98 Prozent (Kroeber-Riel & Weinberg 1999, 90, vgl. auch Lee & Mason 1999, 156), die Folge: „Die Verbraucher schalten ab" (Jones 1998, 2) – sowohl im übertragenen als im buchstäblichen Sinn. Zum „Einschalten" bewegt man die Empfänger dann im Gegenzug dadurch, dass man ihnen einen Nutzen bietet, wenn sie sich die Werbung anschauen: Man unterhält sie. So sind erfolgreiche Kampagnen laut Jones (1998, 7) „angenehm und bieten eine Belohnung fürs Zuschauen, indem sie unterhalten und amüsieren."[7]

Ein weiterer Erklärungsansatz findet sich in der generellen technischen Ausgereiftheit und funktionalen Austauschbarkeit der Produkte (Weinberg 1992, 64). Als Konsequenz daraus versuchen sich die Werbung Treibenden nicht über die Produkte, sondern über die dahinter steckenden Unternehmen zu differenzieren (vgl. Pflaum & Pieper 1993, 123). So löst die Unternehmenswerbung (PR) teilweise die Produktwerbung ab, der Werbung Treibende versucht, ein sympathisches Image zu bilden und zu pflegen. Das erfolgt u.a. durch sympathische Werbung, und Werbung ist u.a. sympathisch, wenn sie den Konsumenten unterhält.

---

6 „**Advertainment** is simply a form of ADVERTISING that is consumed and enjoyed by the consumer as if it were ENTERTAINMENT [Hervorhebungen im Original, M.N.]." (http://www.cinemaelectric.com/show_editorial.asp?action=view&ed_type=2&ed_id=20).

7 Als sehr konkretes Beispiel einer Belohnung sei hier das dänische Möbelhaus *bolia* erwähnt, das Produktwerbung u.a. durch Broschüren betreibt, deren Lektüre durch das Einstecken in Papiertütchen mit Brötchen gefördert wird. Später wurden Broschüren verteilt, auf die kleine Schokoladenbonbons geheftet waren.

4.2 Erscheinungsformen

Wie breit gefächert die Erscheinungsformen des *Advertainment* sind, soll anhand von zwei unterschiedlichen Kriterien illustriert werden. Zum einen werden im Folgenden Beispiele des *Advertainment* in unterschiedlichen Medien vorgestellt, zum anderen sollen die Erscheinungsformen nach der Art der Aktivierungsauslösung exemplifiziert werden.

Wenden wir uns zunächst Formen des *Advertainment* zu, wie sie in unterschiedlichen Medien vorkommen.

Als Kalauer anmutend, aber dennoch die bisweilen wenig unterhaltsame Textsorte Werbebrief im business-to-business-Bereich auflockernd, präsentiert sich der folgende Auszug in Abb. 1, in dem eine lexikalisierte Metapher bildlich wiederbelebt wird:

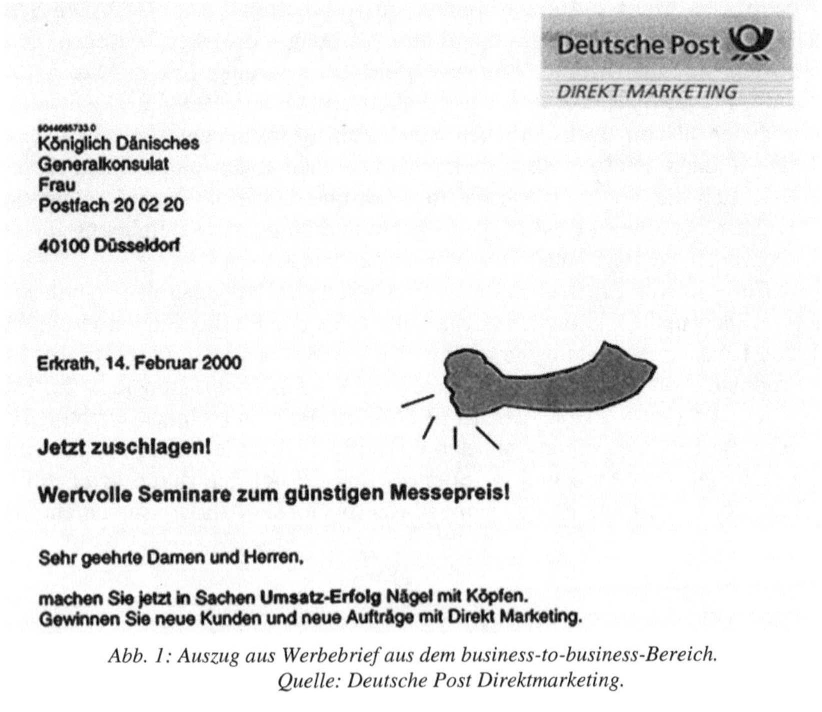
Deutsche Post
DIREKT MARKETING

Königlich Dänisches
Generalkonsulat
Frau
Postfach 20 02 20

40100 Düsseldorf

Erkrath, 14. Februar 2000

Jetzt zuschlagen!

Wertvolle Seminare zum günstigen Messepreis!

Sehr geehrte Damen und Herren,

machen Sie jetzt in Sachen Umsatz-Erfolg Nägel mit Köpfen.
Gewinnen Sie neue Kunden und neue Aufträge mit Direkt Marketing.

Abb. 1: Auszug aus Werbebrief aus dem business-to-business-Bereich. Quelle: Deutsche Post Direktmarketing.

Im Internet sind die Möglichkeiten der Werbung mit Unterhaltungseffekt vielfältig. Ein Beispiel ist ein Fenster mit einer Pseudo-Scroll-Leiste, mit deren Hilfe man glaubt, mehr vom Körper des Models und der Schauspielerin Pamela Anderson sehen zu können (Abb. 2). Beim Anklicken zeigt sich jedoch, dass die Scroll-Leiste statisch und das Fenster tatsächlich ein Banner ist, das den User dann zu einer Werbesite führt.

Abb. 2: Banner-Ad, getarnt als Fenster mit Scroll-Leiste. Quelle: Steve Hoffmann, www.dmmv.de.

In der Printwerbung sind eine Reihe von Anzeigensujets der Bekleidungsmarke Wallis (mit dem Slogan *dress to kill*) außerordentlich unterhaltsam. Beispielhaft sei in Abb. 3 eines angeführt, dem eine ganz spezielle Dynamik und (makabre) Komik innewohnt, die sich auf den Slogan beziehen.

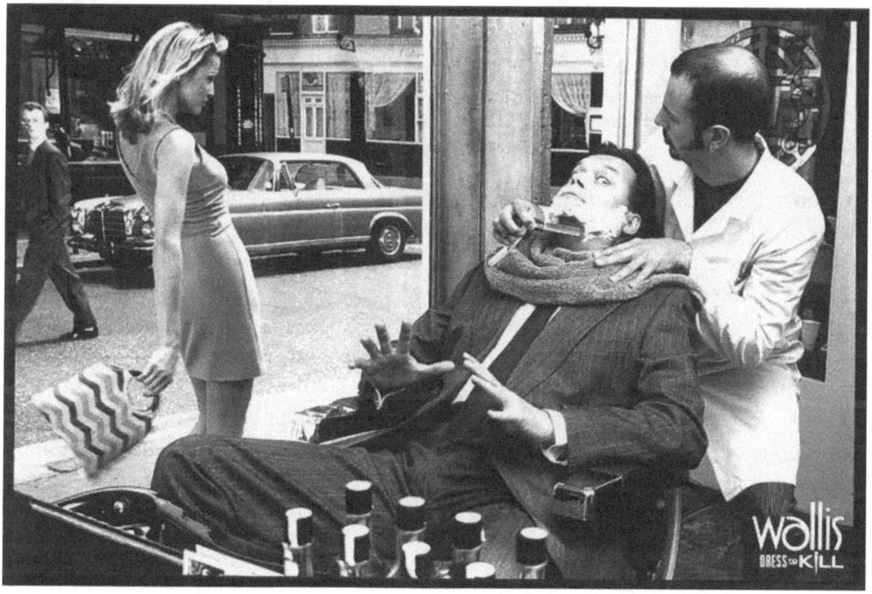

Abb. 3: Anzeige des Bekleidungsherstellers Wallis. Quelle: www.agencyfacs.com.

Wegen seines hohen Unterhaltungswerts Ruhm erlangt hat die Imagekampagne der *Berliner Stadtreinigungsbetriebe (BSR)*, deren Plakatmotive eine Reihe von Wortspielen und intertextuellen Anspielungen zum Gegenstand machen. In den beiden in Abb. 4 angeführten Beispielen wird der englische Satz *We care for you* unter weit gehender Beibehaltung der phonetischen Qualität orthografisch abgeändert, womit sich ein thematischer Bezug auf die Aktivitäten der *BSR* ergibt. Im anderen Fall wird auf die Komposition und den Slogan der Anzeigen der Zigarettenmarke *Marlboro* intertextuell Bezug genommen.

Abb. 4: Plakatmotive der Imagekampagne der Berliner Stadtreinigungsbetriebe. Mit freundlicher Genehmigung der Berliner Stadtreinigungsbetriebe und der Heymann Schnell Werbeagentur AG.

Ein sehr elegantes Wortspiel, das auf den Slogan des Brotaufstrichs *Nutella* anspielt, findet sich in der Unternehmensbroschüre der Brauerei *Paulaner*. Dort heißt es unter einer Abbildung eines Gasthausschildes, das an einer Häuserwand auf ein *Paulaner*-Gasthaus hinweist: „Nur wo Paulaner draufsteht, ist auch Paulaner drin". Anschließend wird das Wortspiel noch weiter getrieben, indem unter der Abbildung eines für die Ausstattung im Gasthaus gedachten Zapfhahnschildes der Bildtext „Auch drinnen steht Paulaner drauf" steht.

Eine weitere Unterteilung kann nach der Art der Auslösung der Aktivierung der jeweiligen Werbekommunikate erfolgen. Dazu soll in einem knappen Exkurs das Prinzip der Aktivierung kurz erläutert werden. Der in diesem Zusammenhang relevante Teil[8] der so genannten Aktivierungshypothese besagt, dass bei zunehmender Aktivierung (verstanden als ein zentralnervöser, elektro-

8 Der Teil der Aktivierungshypothese, laut dem ab einer bestimmten Aktivierung die Leistungsfähigkeit wieder absinkt, ist für den Bereich der Werbung vernachlässigbar (vgl. Kroeber-Riel & Weinberg 1999, 80).

dermal messbarer Erregungszustand) u.a. die gedankliche Leistungsfähigkeit eines Individuums steigt. So wird beispielsweise eine Werbebotschaft optimal aufgenommen, verarbeitet und gespeichert, wenn ein bestimmter Grad an Aktivierung erreicht ist. Aktivierung lässt sich durch drei verschiedene Reize auslösen: durch physische (Größe, Farbe), durch emotionale bzw. psychobiologische (Menschen, Gesichter, Augen, Erotik) und durch kognitive (gedankliche Widersprüche, Überraschungen, die die Wahrnehmung vor unerwartete Aufgaben stellt).

In einer doppelseitigen Anzeige für den Citroën Saxo wird so z.B. durch erotische Reize (Frau in aufreizender Pose und in einschlägiger Kleidung, Farben schwarz und rot dominieren) Aktivierung erreicht. Auch der Fließtext enthält eine Reihe von zweideutigen Ausdrücken, die ihn als insgesamt der Thematik „Erotik" zugehörig ausweist. Im Fließtext kommen u.a. folgende Ausdrücke vor, die für sich allein unmarkiert sind, aber durch das Bild in eindeutig zweideutige Interpretationsbahnen gelenkt werden: „zufriedene Kunden", „Dienstleistungsgewerbe", „Kundenzufriedenheit", „gut bestückt", „erstklassiger Kundendienst" und „Wollen auch Sie zufriedener werden?".

Ein hervorragendes Beispiel eines überraschenden Reizes, der zudem noch den Intellekt und das kulturelle Hintergrundwissen des Lesers herausfordert, ist in der Abb. 5 zu sehen. Hier wurde eine (fiktionale?) Entstehungsgeschichte der Studie „Betende Hände" von Albrecht Dürer zeichnerisch entworfen, um die Botschaft zu vermitteln, dass Leser des Nachrichtenmagazins „Der Spiegel" mehr wissen als Personen, die dieses Magazin nicht lesen.

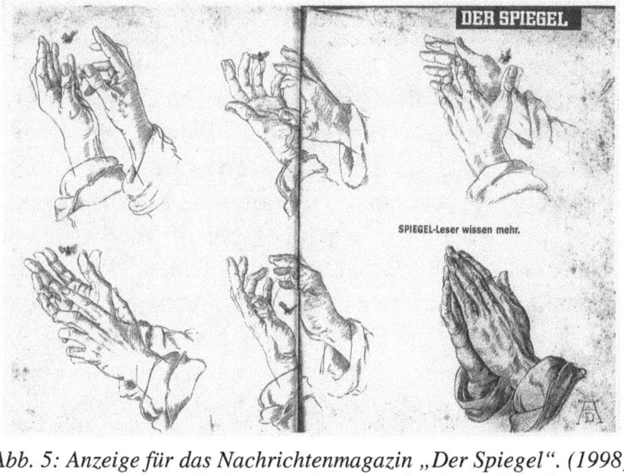

Abb. 5: Anzeige für das Nachrichtenmagazin „Der Spiegel". (1998) (mit freundlicher Genehmigung des Spiegel-Verlags).

Über die Aktivierungsleistung hinaus löst die Spiegel-Anzeige vermutlich einen Effekt aus, der sich am besten mit intellektueller Befriedigung oder Genugtuung beschreiben lässt: das Aha-Erlebnis (vgl. Held i.d.Bd.) – „Ah, ja, ich weiß, worum es geht, und ich weiß auch, dass nicht jeder weiß, worum es geht" – ist eine Art von esoterischem Gefühl, ein gewisser Stolz, einem exklusiven Kreis von Verstehenden anzugehören (vgl. auch Fiedler i.d.Bd.).

Eine ebenfalls durch Überraschung ausgelöste Aktivierung lässt sich in der Anzeige des Autovermieters *Sixt* annehmen (Abb. 6), in der in einer Fotomontage der damaligen CDU-Vorsitzenden Angela Merkel ihre eher biedere Frisur durch eine Fahrt im Cabrio gründlich zerzaust wird.

Abb. 6: Anzeige des Autovermieters Sixt. Quelle: Süddeutsche Zeitung, dpa.

4.3 Funktion

Die Funktion von *Advertainment* ist im Prinzip die gleiche wie bei der klassischen Werbung, nämlich Absatzförderung durch Markenkenntnis, Markenerinnerung und Markensympathie. *Advertainment* ist dabei nicht nur Ausläufer gesellschaftlicher Entwicklung, sondern hat auch werbepsychologische Vorteile, die u.a. in der oben angesprochenen Aktivierung (die der Informationsaufnahme, -verarbeitung und -speicherung förderlich ist), der Aufmerksamkeitserregung und des Sympathietransfers liegen. Dabei ist zu beachten, dass über die positiven Effekte des Humors auf die Aufmerksamkeit, die Aktivierung und die Einstellung zum Produkt zwar weit gehend Einhelligkeit herrscht, die Wirkungen auf die Verständlichkeit der Botschaft, Erinnerung und Kaufverhalten aber zum Teil umstritten sind (vgl. Mayer & Illmann 2000, 581ff.). Problematisch ist auch die Verknüpfung der Werbung bzw. Botschaftsgestaltung mit der Marke bzw. dem

Botschaftsinhalt, da die unterhaltsame Gestaltung vom Botschaftsinhalt ablenken kann (vgl. z.B. Schweiger & Schrattenecker 2001, 202, „Vampireffekt").

5. Konsequenzen

Eine für die Werbung Treibenden günstige Nebenwirkung des *Advertainment* ist die Möglichkeit, in redaktionellen Beiträgen kostenlose Kontakte mit der Zielgruppe herzustellen, z.B. wenn besonders gelungene (sprich: unterhaltsame) Werbespots in Sendungen wie *Die witzigsten Werbespots der Welt* ausgestrahlt werden. So kostete ein 30-Sekunden-Spot bei SAT1 zu der Sendezeit, wo die betreffende Sendung ausgestrahlt wird, also freitagabends zwischen 21.45 Uhr und 22.15 Uhr, im Jahr 2000 75.220 DM (*Mediadaten*, November 2000).

Vor allem bei der Werbung kann eine Zunahme von unterhaltsamen Inhalten mit mehr oder weniger verborgener werblicher und anpreisender Funktion u.U. zu einer Normalisierung dieser Formen führen, wonach diese ihren Neuigkeitswert, teilweise ihre Appellativität und damit auch ihren Unterhaltungswert einzubüßen riskieren. In diese Lücke könnte dann möglicherweise eine „neue Sachlichkeit" (wie sie schon jetzt von Rota 1997, 6f., 50ff., 232, gefordert wird) bzw. die so genannte „no-nonsense"-Werbung stoßen, die sich dann von der Masse der Unterhaltungswerbung abhebt.

Für die Textlinguistik ergeben sich mit dem Aufkommen des *Advertainment* Zuordnungsprobleme, da Textsorten traditionellerweise vor allem nach deren Funktion typologisiert werden. Die Textsortenbestimmung dürfte somit schwieriger werden, wie das ja für andere Medientextsorten auch schon Burger festgestellt hat (vgl. Burger 1990).

6. Ausblick

Die Erforschung der in diesem Beitrag untersuchten Phänomene ist gewiss noch unzulänglich. Eine Vielzahl von Aspekten harrt noch einer genaueren Analyse und einer aus- und ergiebigeren Diskussion. An konkreten Forschungsdesideraten lässt sich u.a. die systematische Fertigstellung bzw. Weiterführung der Liste von *-tainment*-Bildungen nennen mit dem Ziel, einen zumindest annähernd exhaustiven Katalog mit den entsprechenden Definitionen zu erstellen. Darüber hinaus wäre eine Untersuchung der *-tainment*-Prägungen aus linguistischer, aus Wortbildungsperspektive sicherlich interessant, da in der obigen Zusammenstellung weder die strukturellen, die rhythmischen, die orthografischen noch die inhaltlich-strukturellen Unterschiede zwischen beispielsweise *Bank-o-tainment, Edutainment* und *Eviltainment* thematisiert wurden. Was für angloamerikanische Verhältnisse teilweise untersucht worden ist, für den deutschsprachigen Raum aber noch auszustehen scheint, ist die genauere Untersuchung der Wirkung von Unterhaltungseffekten auf die Gedächtnis- und Lernleistung. Das wäre eine Aufgabe nicht nur für die Sozialwissenschaften und für die Neuropsychologie, sondern auch für die Neuro- und Psycholinguistik in Zusammenarbeit mit der Werbesprachenforschung. Am aufschlussreichsten erscheint mir jedoch die genauere Erforschung der textuellen Aspekte der *-tainment*-Welle. Eine solche Erforschung müsste u.a. folgende Fragestellungen verfolgen: Welche Texte, mündliche wie schriftliche, konstituieren z.B. das *Infotainment*? Welche sprachlichen und textuellen Gestaltungsmerkmale qualifizieren diese Texte als zum *Infotainment* gehörend? Sind Texte, die z.B. das *Infotainment* konstituieren, grundverschieden von Texten, die *Edutainment, Scientainment* oder *Museotainment* konstituieren? Hier ist die kontrastive Textologie, die Fachtextlinguistik und die Textsortenforschung überhaupt gefragt. Haben *-tainment*-Texte eine vakante Nische in der Kommunikation besetzt oder sind sie Nachfolger anderer Texte, deren Funktion ursprünglich ausschließlich Information, Bildung, Unterricht, Werbung, Wissenskonservierung u.Ä. war? An dieser Stelle müsste mit dem Instrumentarium der diachronen Sprachwissenschaft angesetzt werden. Schließlich gehört vor allem auch die Erarbeitung einer Klassifikation von *-tainment*-Texten zu den Desiderata. Lässt sich eine Typologie herausarbeiten, in der beispielsweise das *Infotainment* als Oberbegriff zu u.a. *Edutainment, Advertainment, Museotainment, Philotainment* aufzufassen sein könnte? Wie verhält sich das *Politainment* zum *Infotainment* und zum *Advertainment*? In diesen Fragen ist ein interdisziplinäres Zusammengehen von Linguistik, Publizistik, Kommunikations- und Medienwissenschaften und Soziologie erforderlich. Dadurch könnte die *-tainment*-Welle, die in diesem Beitrag nur kurz und vornehmlich aus semasiologischer Perspektive vorgestellt werden konnte, stärker ausgeleuchtet und auch von der onomasiologischen Warte aus betrachtet werden.

Literatur

Bier, Jesse (1995): Enter-Tainment and Exit-Tainment, Literature & Sub-Literature. In: *Thalia. Studies in Literary Humor, 15* (1-2), 71-76.

Brown, Stephen (1999): Postmodernism: The End of Marketing? In: Brownlie, Douglas; Saren, Mike; Wensley, Robin & Whittington, Richard (Hrsg.): *Rethinking Marketing. Towards Critical Marketing Accountings*. London: Sage, 27-57.

Burger, Harald (1990): *Sprache in den Massenmedien*. Berlin: de Gruyter.

Dörner, Andreas (2001): *Politainment. Aufklärung durch Unterhaltung*. Frankfurt am Main: Suhrkamp.

Evans, Paul (1989): PR, Propaganda, and Infotainment. In: *TDR – The Drama Review. A Journal of Performance Studies, 33* (3), 95-102.

Funke, Joachim (2002): Wissen, schwarz auf weiß. In: *Psychologie heute* (5), 81.

Jones, Philip (1998): *Ist Werbung noch die Kunst des Verkaufens?* [Online-Dokument] URL: http://europa.eu.int/comm/internal_market/comcom/newsletter/edition13/page08_de.htm

Jung, Matthias (2002): Philosophen gesucht! In: *Psychologie heute* (8), 48-53.

Helbig, Gerhard (1988): *Entwicklung der Sprachwissenschaft seit 1970*. Leipzig: VEB Bibliographisches Institut Leipzig.

Klein, Wolf Peter (2000): Die Bezeichnungen für Filmtypen im Deutschen. Eine Untersuchung zur Lexik der Mediensprache. In *Deutsche Sprache, 28* (4), 289-312.

Klemm, Michael (1996): Streiten „wie im wahren Leben"? 'Der heiße Stuhl' und 'Einspruch!' im Kontext der Personalisierung und Emotionalisierung des Fernsehprogramms. In: Biere, Bernd Ulrich & Hoberg, Rudolf (Hrsg.): *Mündlichkeit und Schriftlichkeit im Fernsehen*. Tübingen: Narr [Studien zur deutschen Sprache 5], 135-162.

Kroeber-Riel, Werner & Weinberg, Peter (1999): *Konsumentenverhalten*. 7., verbesserte und ergänzte Auflage. München: Vahlen.

Kübler, Hans-Dieter (2001): Gunnar Roters; Walter Klingler & Maria Gerhards (Hrsg.): Unterhaltung und Unterhaltungsrezeption. In: *medien praktisch. Zeitschrift für Medienpädagogik, 25* (1), 64.

Lee, Yih Hwai; Mason, Charlotte (1999): Responses to Information Incongruency in Advertising: The Role of Expectancy, Relevancy, and Humor. In: *Journal of Consumer Research, 26* (September), 156-169.

Linke, Angelika; Nussbaumer, Markus & Portmann, Paul R. (1994): *Studienbuch Linguistik*. 2. Auflage. Tübingen: Niemeyer.

Nielsen, Martin (1999): *Die Unternehmensbroschüre als Textsorte: Versuch eines Textogramms – dargestellt anhand von dänischen und deutschen Brauereibroschüren*. Diss. Aarhus: Wirtschaftsuniversität Aarhus.

Mayer, Hans & Illmann, Tanja (2000): *Markt- und Werbepsychologie*. 3., überarbeitete und ergänzte Auflage. Stuttgart: Schäffer Poeschel.

o. V. (1996): Bank-o-tainment. In: *The Futurist* (September/October) 1996, 47-48.

Pepels, Werner (2002): *Marketing-Lexikon*. 2., völlig überarbeitete Auflage. München: Beck/dtv.

Pflaum, Dieter & Pieper, Wolfgang (Hrsg.) (1993): *Lexikon der Public Relations*. 2., überarbeitete und erweiterte Auflage. Landsberg/Lech: moderne industrie.

Rosenberg, Howard (1989): Ten years after. In a decade of *Dallas* clones and 'infotainment', was anything real? In: *American Film, 15* (3), 18-19.

Rota, Franco P. (1997): *Informationsmittel des Unternehmens. Wege und Formen effizienter Marktkommunikation*. München: Beck.

Schweiger, Günter & Schrattenecker, Gertraud (2001): *Werbung*. 5., neu bearbeitete Auflage. Stuttgart: Lucius & Lucius.

Turtschi, Ralf (1996): *Praktische Typografie. Gestalten mit dem Personal Computer*. CH-Sulgen: Niggli.

Weinberg, Peter (1992): *Erlebnismarketing*. Wiesbaden: Vahlen.

Anhang: Alphabetische Liste von –tainment-Wörtern (Abruf www.google.de – Suche 30.9.2002)

Bezeichnung	Namenspender	Definitionen (tentativ)[9], Beispiele, Quellen	Wortfrequenz bei www. google.de-Suche
Adultainment	adult	Unterhaltung für Erwachsene (Pornografie)	97
Advertainment	advertising	unterhaltsame Werbung (Banner-Ad); Spiel (Internet Game)	2.330
Agritainment	agriculture	unterhaltsame „Betriebsbesichtigungen" in landwirtschaftlichen Betrieben (Ferien auf dem Bauernhof)	373
Ag-tainment	agriculture	„agricultural education" (vgl. Agritainment)	14
Bank-o-tainment	Bank	unterhaltsamer elektronischer Bankschalter (vgl. o. V. (1996, 47): „Bank-o-tainment")	1
Brand entertainment	brand	unterhaltsame Markenwerbung (*werben & verkaufen* 18/2002, S. 63)	224
Casinotainment	casino	unterhaltsames Wettspiel (Glücksspiel)	33
Color-tainment	color	unterhaltsame Farbgebung? (japanische Website für grafisches Unternehmen)	3
Computainment	computer	unterhaltsame Computerinteraktion (Moorhuhn)	302
Confrontainment	confrontation	unterhaltsame Konfrontation (Talkshow, Reality Show) (vgl. Klemm 1996)	53
Cybertainment	cyber-space	Unterhaltung im Cyberspace (Musik, Spiele)	7.590
Digital tainment	digital	digitale Unterhaltung	1.940
Dina-tainment	Dina Martina	Unterhaltung durch Drag Queen namens Dina	1
Eatertainment	eat	unterhaltsamer Restaurantbesuch (Erlebnisgastronomie)	1.440
Econotainment	economy	kostengünstige Unterhaltung; unterhaltsames Management	2
Edutainment	education	unterhaltsame Bildung (musikalische Vorlesung)	135.000
Emotainment	emotion	emotionale Unterhaltung (vgl. *confrontainment*)	358
e-tainment	e(lectronic)	elektronische Unterhaltung (Spiele, Pornografie)	1.040
Eviltainment	evil	unheimliche Unterhaltung (Gruselparty)	9
Exit-tainment (im Gegensatz zu Enter-Tainment)	excitement	oberflächliche, nicht erbauliche Unterhaltung (negativ besetzt) Bier (1995, 72)	4

[9] Bei den Definitionen handelt es sich lediglich um erste, teilweise intuitive Versuche, die keinen Anspruch auf Präzision erheben. Die Erstellung eigentlicher Definitionen, wie sie für eine Lexikalisierung notwendig wären, würde den Rahmen dieses Beitrages sprengen.

Expotainment	exposition; Expo 2000	a) unterhaltsame Messe oder Ausstellung (Expo 2000) b) Name US-amerikanischen Kinobetreibers (Millennium Expotainment)	34
Extratainment	extra	a) Name niederländischen Herstellers von Unterhaltung für elektronische Medien b) außerordentliche Unterhaltung	1.490
Fil-tainment	Philippines	Name eines Unterhaltungsportal für die Philippinen	2
Infotainment	information	unterhaltsame Vermittlung von Information (Spartensender *Discovery*, *National Geographic*)	129.000
Infotisement	information advertising	„Online-Werbeformen, bei denen Werbung mit redaktionellen Inhalten verknüpft wird" (Pepels 2002, 341)	178
Intertainment	interna-tional; interactive?	a) internationale?/interaktive? Unterhaltung; b) Name deutscher Filmerwerbs- und Vertriebs-gesellschaft	15.500
J-tainment	Japan	Preis für „Websites, die sich in den Bereichen von Mangas, Anime, Games und der japanischen Kultur im Allgemeinen besonders hervorheben." (verliehen durch cmbh)	41
lexicotainment	lexicology	unterhaltsame Lexikologie (Hinweis von Henning Bergenholtz, Wirtschaftsuniversität Aarhus; vgl. auch Funke 2002)	
Marketainment	marketing	Einkaufserlebnis durch unterhaltsames Marketing (Niketown)	47
Museotainment	museology/ museum	unterhaltsame museale Vermittlung/ Museumsführung (*Info Box* Berlin, Landesmuseum Schleswig *Schloss Gottorf*)	11
Philotainment	Philosophie	unterhaltsames Philosophieren (vgl. auch Jung 2002, 48, 50)	52
PixelTainment™	pixel	unterhaltsamer screensaver	6
Politainment	Politik	„Verquickung von Politik und Unterhaltung" (vgl. Dörner 2001)	619
Promotainment	promotions	unterhaltsame Promotions/Verkaufsförderung	60
Psychotainment	psychology	unterhaltsame Psychotherapie	80
Race'N'tainment		Name eines Anbieters von Yachting-Kursen	1
Retailtainment	retail	Unterhaltsames Einkaufen im Einzelhandel	375
Retrotainment	retrospective	Unterhaltung auf der Basis von Vergangenem (z.B. „80er-Jahre-Show")	22
Scientainment (Scitainment)	science	unterhaltsame Wissenschaft(svermittlung)	187 (11)
Shoptainment (Shop-o-tainment)	shopping	unterhaltsames Einkaufen	34 (17)

Sportainment	sports	unterhaltsame (Inszenierung einer) Sportveranstaltung (z.B. Olympia 2000)	221
Supertainment	super	Unterhaltung durch *Super illu* (Printtitel des Burda Verlags) (vgl. *werben & verkaufen* 39/2001, 28. September, S. 42-43)	28
Timetainment	time	Unterhaltung auf der Basis von Vergangenem (z.B. „80er-Jahre-Show"), vgl. auch Retrotainment (vgl. *werben & verkaufen* 46/2002, 15. November, S.20)	7
Web-tainment	world wide web	Unterhaltung aus dem Internet (Multimedia und Internet)	2.510
Wintertainment	Winter	unterhaltsamer Skisport und Winterurlaub	133

Erlaubt ist, was gefällt. Zur unterhaltsamen Selbstdarstellung von Politik in den Neuen Medien[1]

Hajo Diekmannshenke

1. Politik und Unterhaltung. Ein (kurzer) Rückblick

Als der innenpolitische Sprecher der Grünen im Bundestag Cem Özdemir infolge der sog. „Hunzinger-Affäre" wegen unkorrekter Nutzung von Gratisflugmeilen der Lufthansa am 26. Juli 2002 seinen Rücktritt von allen politischen Funktionen und aus dem Deutschen Bundestag erklärte, war „Schluss mit lustig". Anstelle des unterhaltsamen Intro-Flashs im Stil von James Bond einerseits und Polit-Spaßvogel andererseits sowie von Kartentricks und Backgammon-Partie zierte nun die grün hinterlegte Pressemitteilung anlässlich seines Rücktritts Özdemirs Homepage. War das die Rückkehr zur Seriosität politischer Kommunikation und Öffentlichkeitsarbeit? Ist kein Platz mehr für „Politainment" (Dörner 2000; 2001), wenn es „ernst" wird und die politische Karriere im wahrsten Sinne des Wortes auf dem Spiel steht oder bereits zu Ende ist? Dieser Frage soll im Folgenden nachgegangen werden: Wie unterhaltsam darf Politik sein?

Dass politische Medienangebote ein nicht geringes Maß an „Unterhaltsamkeit" enthalten sollen, erwarten heutzutage wohl nicht nur Fernsehzuschauer, die zufällig in eine politische Diskussionsrunde reinzappen und sich eine kurze Zeit vom dort mitunter gebotenen Showdown der Politakteure fesseln lassen, bevor sie weiter durch die Programme flanieren. Auch sich als politisch verstehende Journalisten bemängelten im Anschluss an das schon im Vorfeld zu einem TV-Megaevent stilisierte „TV-Duell" zwischen Bundeskanzler Gerhard Schröder und dem Kanzlerkandidaten der CDU/CSU Edmund Stoiber die fehlende „Spannung" infolge des strengen Reglements, wodurch das ganze mehr den Charakter eines „Frontalexamen[s] vor dem Fernsehkatheter" (SÜDDEUTSCHE ZEITUNG v. 27.8.2002) als einer politischen Debatte erhalten hätte: „Jede gute Parlamentsdebatte, auf jeden Fall aber jeder Schlagabtausch von Kanzler und Kandidat im Bundestag bei einer Regierungserklärung ist spannender, unterhaltsamer und

---

[1] Für kritische Anregungen danke ich Michael Klemm.

informativer als jene 75 Minuten im Fernsehstudio“ (SÜDDEUTSCHE ZEITUNG v. 27.8.2002), so ein durchaus typischer Kommentar in der überregionalen Tagespresse. Was vielleicht nicht direkt auffällt, ist die genannte Reihenfolge der Bewertungskriterien: Spannung an erster, Unterhaltsamkeit an zweiter und erst an letzter Stelle Information, wobei Spannung selbst eine Unterhaltungskategorie darstellt.

Es soll hier nun allerdings nicht der Eindruck erweckt werden, politische Kommunikation und Unterhaltsamkeit seien zwei diametral entgegen gesetzte Welten, die wie zwei Königskinder nicht zueinander finden können. Das ist keineswegs der Fall. Bereits in der antiken Rhetorik spielt der Aufbau von dramatischer Spannung im Verlauf der Rede eine nicht unwesentliche Rolle, zumal auch der Wettkampfcharakter der Redner untereinander zu einem wesentlichen Moment der öffentlichen Rhetorik zählt. So nennen die antiken Rhetoriker nicht nur „Einsicht und Belehrung“ als wesentliche Wirkungsfaktoren der Rede, sondern ebenso „Unterhalten und Vergnügen“ sowie „Leidenschaftserregung“ (Ueding & Steinbrink 1994, 77-282). Allerdings haben Unterhaltsamkeit und das Erregen von Leidenschaften vor allem dienenden Charakter. Sie sollen Aufmerksamkeit und Interesse wecken, das Belehren verstärken, es dem Zuhörer leichter zugänglich machen und auf diesem Weg die Wirkung der reinen Argumente verstärken.

Ähnliches gilt auch für die (politische) Literatur, für das (politische) Kabarett, für Film und Fernsehen: Unterhaltsamkeit dient einerseits dem taktischen Ziel, den politischen Gegner lächerlich zu machen und damit seinen Argumenten die Überzeugungskraft zu nehmen, andererseits – und dies kann durchaus parallel zur ersten Funktion erfolgen – dient sie der (politischen) Aufklärung der Rezipienten. Das Lachen als eine der Ausdrucksweisen von Unterhaltsamkeit dient hier nicht vornehmlich der Entlastung, es ist politisch motiviert. Insbesondere die sog. Studentenbewegung der späten 60er und der 70er Jahre bediente sich unterhaltsamer Mittel, um das von ihnen bekämpfte „Establishment“ als „reaktionär“ und verlogen zu „entlarven“. „Spaßguerilla“ wurde zu einem Schlagwort der antiautoritären Bewegung, Phantasie, Kreativität, Albernheiten und Spaß zu Mitteln der politischen Auseinandersetzung (Hartung 1984).[2]

Dass der Verbindung von Politik und Unterhaltsamkeit durchaus Grenzen gesetzt werden (können), beweist die (teilweise) Tabuisierung bestimmter Themen für das „Politainment“ (Dörner 2001). So wird die unterhaltsame Aufarbeitung der Themenbereiche Nationalsozialismus und Shoa besonders moralkritisch

2 Zu einer „Symbolfigur“ dieses Politikverständnisses ist Fritz Teufel geworden.

beleuchtet. Das Diktum, dass nach Auschwitz keine Gedichte mehr möglich seien, scheint umso mehr für Unterhaltsamkeit zu diesem Thema zu gelten. So wurde Ernst Lubitschs Film *Sein oder Nichtsein* (*To Be or Not to Be*) aus dem Jahr 1942 stets als Gratwanderung betrachtet, die nur die große Meisterschaft Lubitschs bewältigen kann:

> Die Verbrechen der Nationalsozialisten, der Überfall auf Polen, das Wüten der Gestapo – ist das alles nur ein Scherz? *To Be or Not to Be* wandelt dramaturgisch, künstlerisch und moralisch auf des Messers Schneide, aber Lubitsch gewinnt das Spiel. Sein genialer Hang zu abgründiger Dialektik und seine schwindelerregende equilibristische Begabung (beide ein Erbe der galizisch-talmudischen Tradition) erlauben uns, im Angesicht des Grauens zu lachen, ohne daß uns das Gelächter im Halse stecken bleibt; wir dürfen uns über die Gestapo lustig machen, ohne zu „vergessen", was ihre Schergen, die hier als uniformierte Operetten-Popanze unter Reichsadlern aus Pappe ihr geisterhaftes Unwesen treiben, nicht nur in Warschau angerichtet haben. (Koebner 1998, 450)[3]

Als weitere Beispiele wären aus jüngerer Zeit noch Roberto Benignis Film *Das Leben ist schön* sowie die deutsche Fernsehproduktion *Goebbels und Geduldig* zu nennen. Eine unterhaltsame Beschäftigung mit dem Themenkomplex Nationalsozialismus im deutschen Sprachraum gibt es bis heute nur in geringem Umfang, man denke etwa an die Romane von Jurek Becker (*Jakob der Lügner*) oder Edgar Hilserath (*Der Nazi und der Friseur*). Bemerkenswert ist außerdem, dass mit Ausnahme von Friedrich Dürrenmatt und Johannes Mario Simmel sich bis heute keine deutschsprachigen Autoren an Kriminalromane herangewagt haben, die (ganz oder teilweise) in der Zeit von Nationalsozialismus und Judenverfolgung spielen, ganz im Unterschied zum angloamerikanischen Sprachraum (Philip Kerrs *Kommissar Gunther*-Trilogie, Robert Wilsons *Tod in Lissabon* oder auch Robert Harris' *Vaterland*, in dem die Nationalsozialisten den Zweiten Weltkrieg gewonnen und Europa unterjocht haben, welches den Hintergrund für einen Kriminalfall bildet, um nur einige gelungene Beispiele zu nennen). Jedoch bleibt festzuhalten, dass alle genannten Beispiele vorrangig der politischen Aufklärung bzw. der literarisch-ästhetischen Aufarbeitung dienen. Ob dieses Thema – und andere wie z.B. der 11. September 2001 (vgl. Thiele i.d.Bd.) – auch als „reine" Un-

3 Hier muss allerdings erwähnt werden, dass es sich um einen in den USA produzierten Film handelt.

terhaltung, als bloßer „Spaß" präsentiert werden dürften, scheint zumindest überlegenswert.[4]

2. Zur Theorie der (medialen) Unterhaltung

Gegen Ende des 20. Jahrhunderts kann in den westeuropäisch-nordamerikanischen Staaten verstärkt ein Prozess beobachten, der vielfach durch die Stichworte „Erlebnisgesellschaft" und „Lifestyle" gekennzeichnet ist, und bei dem ein Verwischen der bislang existierenden, deutlich markierten Trennung zwischen sog. Hoch- und Popular- bzw. Populärkultur konstatiert werden kann (Maase 2000). „Unterhaltung" ist im Gefolge dieser Entwicklung – dies haben insbesondere die britischen Cultural Studies gezeigt, indem sie die Bedeutung der modernen Massenmedien für die Konstituierung unserer Alltagskultur hervorheben (Hepp & Winter 1997, Göttlich & Winter 2000, auch Winter i.d.Bd.) – zu einem gesellschaftlich allgemein akzeptierten Kultur-Wert geworden.[5] So kann es nicht verwundern, dass inzwischen neben Infotainment und Edutainment auch von Politainment (Dörner 2001) geredet wird. Zu fragen ist dabei zum einen nach dem Verhältnis von Politik und Unterhaltsamkeit zueinander, ihrer jeweiligen Funktion, aber auch nach den Kriterien insbesondere für Unterhaltsamkeit. Dabei soll Unterhaltung keineswegs negativ beurteilt werden, wie dies vielfach von Medienkritikern getan wurde und manchmal auch heute noch getan wird: „Belustigung und Ablenkung haben ihren Platz und ihren Wert, das heißt: Gegen Unterhaltung ist gar nichts einzuwenden, Unterhaltung ist legitim, wenn die Ablenkung nicht so weit geht, dass Probleme und deren Ursachen damit ganz verdrängt werden" (Holtz-Bacha 1989, 204). Wenn politische Kommunikation aber

4 Offensichtlich scheint dies vor allem mit der Stellung des jeweiligen Produzenten unterhaltsamer Angebote zu tun zu haben. So konnte der WDR problemlos eine Radio-Soap *Guter Saddam, schlechter Saddam* präsentieren, hätte sich jedoch der damalige Außenmister Fischer sich ähnliche Scherze öffentlich erlaubt, wäre dies sicher ein Rücktrittsgrund gewesen.

5 Rolle und Bewertung der Cultural Studies als methodisch-theoretischem Instrumentarium bzw. als forschungsleitendem Prinzip bedürfen einer Diskussion, die hier nicht geleistet werden kann. Gleiches gilt insbesondere für deren (oft sehr vage) Begrifflichkeit. „Kultur" soll hier eher im Sinne Max Webers als ein „selbstgesponnene[s] Bedeutungsgewebe" verstanden werden, wie es treffend Clifford Geertz (1987, 9) charakterisiert hat. Als „Kultur" kann man demzufolge jenes Wissen und jene Erwartungen der Individuen beschreiben, über welche(s) man verfügen muss, um von den Mitgliedern einer (Kultur-) Gemeinschaft oder einer Gesellschaft als Mitglied derselben akzeptiert zu werden (Geertz 1987, 17).

über Probleme und deren Ursachen aufklären und Wege zu ihrer möglichen Beseitigung aufzeigen soll, wie stehen dann Politik und Unterhaltung zueinander?

Politische Kommunikation wird neben Information und kontroverser Diskussion politischer Themen, Meinungen usw. wohl vor allem mit Ernsthaftigkeit verbunden. Der ernsthaft geführte Streit um politische Meinungen und Haltungen entspricht dem, was allgemein immer noch erwartet wird, allen Diskussionen um Politikverdrossenheit zum Trotz. Dennoch – und das soll als These hier zumindest plausibel gemacht werden – scheinen vor allem die Neuen Medien dazu beizutragen, dass politische Kommunikation einen deutlich stärkeren Unterhaltungswert bekommt und inzwischen sowohl von Seiten der Medienproduzenten als auch der politischen Akteure als Unterhaltungsangebot verstanden wird.

Betrachtet man die bislang noch wenigen Untersuchungen zu diesem Gegenstand, so fällt auf, dass zwar viel von „Politainment", um diese treffende Bezeichnung von Dörner (2001) aufzugreifen, geredet wird, eine genaue Begriffsbestimmung jedoch vielfach unterbleibt. So unterscheidet Dörner zwischen „*unterhaltende[r] Politik* und *politische[r] Unterhaltung*" (Dörner 2001, 31), wobei er als unterhaltende Politik das politische Handeln unter Rückgriff auf Elemente der Unterhaltsamkeit bestimmt, während politische Unterhaltung den Rückgriff der Unterhaltungsindustrie auf politisches Personal meint. Als analytische Unterscheidung macht diese Differenzierung Sinn, in der Praxis jedoch zeigen sich jedoch mitunter Überschneidungen, die durchaus gewollt sind.

Eine klare begriffliche Bestimmung des „Unterhaltsamen" findet sich weder in der medienpsychologisch (vgl. Bosshart 1994; Winterhoff-Spurk 1999b; 1999c) noch in der politikwissenschaftlich orientierten Forschung (vgl. Dörner 2001; 2002; Wegener 2001[6]). Die bislang einzige Systematik von Unterhaltungskategorien hat Mitte der 90er Jahre Josef Klein (1996) entwickelt. Betrachtet man die von ihm in Anlehnung an Grice' Theorie der konversationellen Implikatur (Grice 1979) ermittelten vier Hauptkategorien *Abwechslung*, *Unbeschwertheit*, *Interessantheit* und *Eingängigkeit* (Klein 1996, 113), so gelten nicht diese primär für politische Kommunikation, sondern *Informativität*, *Wahrheit* bzw. *Wahrhaftigkeit*, *Relevanz* und *Angemessenheit*, eben die ,klassischen Griceschen Informationskategorien.

---

6 Dort findet sich allerdings eine ausführliche Diskussion verschiedener Auffassungen von „Unterhaltung", allerdings konstatiert Wegener (2001, 89) am Ende letztlich nur, „daß keine allgemeingültige Definition von Unterhaltung existiert."

Der politische Meinungsstreit ist weder durch temporeiche, actionvolle *Abwechslung*, noch durch Amüsanz, Fiktionalität und Happy-End als Erscheinungsformen von *Unbeschwertheit* gekennzeichnet. Die *Eingängkeit* des Themas gehört ebenfalls nicht zu den primären Kennzeichen von politischer Kommunikation, sofern um die Sache gestritten wird. Für die Vermittlung von politischen Entscheidungen hingegen erhält vor allem die Verständlichkeit (und damit die Nachvollziehbarkeit) Bedeutung. *Interessantheit* im Sinne von Kleins Unterhaltungskategorien beinhaltet verschiedene Formen der Zuschauerstimulanz – Spannung, Erotik, Horror oder Emotionalität wären hier als genrespezifische Ausprägungen zu nennen.

Analog zu den Zuschauerwartungen hinsichtlich vergleichbarer Fernsehformate spielt der Unterhaltungsaspekt in Polittalkshows inzwischen eine nicht unwesentliche Rolle. So werden überraschende Einwände ebenso wie auffallende Kleidung und unkonventionelles Auftreten von PolitikerInnen durch RezipientInnen als Unterhaltungs- und/oder ästhetische Momente positiv oder negativ bewertet (Diekmannshenke 2001a; 2002b).

Grundsätzlich gilt für alle diese Überlegungen, dass Unterhaltung in erster Hinsicht eine Rezeptionskategorie und keineswegs eine Objekt- oder Gegenstandskategorie darstellt (Wegener 2001, 92 ff.). Unterhaltung ist nicht per se vorhanden, Unterhaltung erfordert eine bestimmte Haltung bzw. Einstellung der jeweiligen RezipientInnen (vgl. auch Klemm i.d.Bd.). Zentrale Eingangsvoraussetzung ist der jeweilige Neuigkeitswert des Medienereignisses, wobei Plötzlichkeit, geringe Vertrautheit und Vorhersagbarkeit (Winterhoff-Spurk 1999c, 143) diesen Neuigkeitswert zu steigern helfen.

Unabhängig von der Intention des jeweiligen Produzenten kann jedes mediale Ereignis als Form der Unterhaltsamkeit rezipiert werden, ebenso wie jedes als Unterhaltungsangebot produzierte Medienereignis keineswegs auch als unterhaltsam rezipiert werden muss.[7] So kann sowohl eine politische Debatte vorrangig unter dem Aspekt des Gewinnens und Verlierens oder etwaiger überraschender Äußerungen rezipiert werden, als auch eine bloße Information über steigende Wasserstände mit der prickelnden Erwartung, d. h. unter dem Aspekt der Spannung, gelesen werden, ob eine bestimmte Hochwassermarke erreicht oder gar überschritten wird. Gleiches gilt für die Selbstdarstellung eines Politikers im Interview: Gelingt es dem Interviewer, den Interviewten in die Enge zu

---

7 Nur wenn man Unterhaltsamkeit ausschließlich als Rezeptionskategorie betrachtet, während auf der Gegenstandsseite nur von Unterhaltungsangeboten gesprochen werden kann, wird deutlich, warum auch Unterhaltungssendungen nicht immer vom Publikum als solche akzeptiert werden.

treiben? Ein solches Verfahren wurde jahrelang in der WDR-Sendung *ZAK* von Wolfgang Koruhn praktiziert und erfreute sich großer Beliebtheit. Die RezipientInnen entscheiden autonom darüber, wie und in welcher Art sie mediale Angebote nutzen. Neuere Ergebnisse gerade zur kommunikativen Aneignung von Fernsehsendungen bieten insbesondere die Untersuchungen von Klemm (2000) und Holly, Püschel & Bergmann (2001). Zu unterscheiden ist diese grundsätzlich gegebene Rezeptionsmöglichkeit vom konkreten Unterhaltungsangebot eines medialen Ereignisses. Dass solche Rezeptionsweisen dann wiederum die Präsentation entsprechender Ereignisse mitbestimmen, kann allerdings auch nicht bezweifelt werden.

Wie in anderen Fällen auch hat hier das Fernsehen eine entscheidende Rolle bei den Veränderungen der Rezeptionsweisen politischer Kommunikation gespielt. Insbesondere Debatten zwischen den Spitzenkandidaten der Parteien und auf kontrovers-aggressiven Streit angelegte Fernsehsendungen wie *Explosiv – der heiße Stuhl* und *Einspruch!* gewannen dabei eine Zeitlang an Bedeutung. Neben die politische Information trat die Erwartung, auch angemessen – in den genannten Sendungen hieß das vor allem spektakulär – unterhalten zu werden.[8] Auf seiten der Medienproduzenten ist hier seit einiger Zeit eine deutlich gestiegene Offenheit gegenüber Unterhaltsamem festzustellen: „Eine am Institut für Journalistik und Kommunikationsforschung in Hannover durchgeführte vergleichende Journalistenbefragung hat nicht nur gezeigt, dass gegenwärtig mehr Journalisten als Anfang der 80iger Jahre ihre Funktion darin sehen, ihr Publikum zu unterhalten (54 % vs. 77 %), sondern auch, dass heute umstrittene Recherchemethoden – wie die Veröffentlichung privater Papiere und Fotos – deutlich eher akzeptiert werden als 1980/81." (Winterhoff-Spurk 1999a, 20 f.)

Zudem wird nicht nur in der (Boulevard-) Presse, sondern auch im Fernsehen die Diskussion politischer Themen immer stärker mit Persönlichem und Privatem vermischt, wofür sich gerade das Fernsehen eignet:

> Das Fernsehen personalisiert in noch höherem Maße [als das Radio; HJD], indem es das Bild, die optische Atmosphäre und nicht zuletzt das Gesicht mit seinen expressiven Möglichkeiten, auch mit den unwillkürlichen und schwer kontrollierbaren mimischen und gestischen Reaktionen einschließlich entsprechender Fehlleistungen, zugänglich macht, und zwar für einen *Kommunikationsteilnehmer*, der selbst aller Kommunikationspflichten ent-

8 Eine strenge Trennung zwischen Information und Unterhaltung, wie sie z. B. noch Schenk (1987) vornimmt, kann heute sowohl aus praktischen als auch aus theoretischen Gründen nicht mehr aufrecht erhalten werden.

> hoben ist und sich ganz einem empathischen oder kritischen Voyeurismus hingeben kann. (Holly & Schwitalla 1995, 80 f.)

Wenn nach eigenen Angaben bereits anlässlich der Bundestagswahl 1990 nur noch 12 % der Wähler politische Veranstaltungen besucht haben (darunter 8 % nur ein einziges Mal; Schulz 1997, 210), kann man getrost davon sprechen, dass Politik und politische Kommunikation fast ausschließlich medial wahrgenommen werden, wobei das Fernsehen eine zentrale Rolle in dieser Wahrnehmungsweise und damit überhaupt bei der Konstituierung von Politik spielt.

3. Ins Netz gegangen: Politik in Neuen Medien

Als Anfang der 90er Jahre die SPD einen „virtuellen Ortsverein" ins Leben rief und erste Politik-Chats offerierte, waren dies noch echte Novitäten in der bundesdeutschen politischen Kommunikation, die aber allenfalls Randphänomene darstellten. Und obwohl bereits im Europawahlkampf 1994 sowohl die damalige Bundesregierung (CDU/CSU/FDP) als auch die SPD jeweils mit eigenen Computerspielen, welche vor allem an ein jugendliches Publikum gerichtet waren, um Wählerstimmen warben, kann dies noch nicht als systematische Nutzung der Neuen Medien für die Wahlwerbung angesehen werden. Der erste als solcher zu bezeichnende Online-Wahlkampf wurde im selben Jahr in den USA von Senator Edward Kennedy anlässlich der Kongresswahlen geführt (Gellner/Strohmeier 2002, 171). Seitdem spielt das Internet eine bedeutende Rolle in den amerikanischen Wahlkämpfen.[9]

Während die CDU im besagten Europawahlkampf ein eher am traditionellen Wissensquiz orientiertes Spiel unter dem (allerdings jugendsprachlich angehauchten) Titel *Kennste Deutschland?* kostenlos verteilte, orientierte sich die SPD mit ihrem „Computer-Adventuregame" *Abenteuer Europa. Fred Beck jagt Hardy Krunk* stärker an jugendlichen Spielgewohnheiten als die damalige Regierung. Zwölf Jahre später muten diese frühen Produkte in ihrer (technischen) Aufmachung und angesichts naiv-offenherziger Politpädagogik schon fast nostalgisch an. Seitdem haben nicht nur die im Bundestag vertretenen Parteien umfangreiche und mitunter aufwendig gestaltete Websites, auch die kleinen Parteien nutzen vielfach diese Möglichkeit, um ihren Wirkungsradius zu erhöhen. Und es

---

[9] Ähnliches gilt auch für Großbritannien, wo die Labour Party bereits 1994 Angebote im Internet etablierte (Gellner & Strohmeier 2002, 171).

dürfte im Bundestagswahlkampf des Jahres 2002 keine Kandidatin und keinen Kandidaten zumindest der etablierten Parteien gegeben haben, die oder der nicht über eine eigene Website verfügt. Dass die Grünen gar einen eigenen „virtuellen Parteitag“ abgehalten haben, zeigt umso mehr, dass das Internet offensichtlich und nachhaltig die politische Kommunikation auch in der Bundesrepublik Deutschland zu verändern beginnt.

Die Nutzung des Internet für die Wahlwerbung eröffnet den Parteien die Chance, hiermit Jung- und Erstwähler möglicherweise leichter zu erreichen als mit den traditionellen Medien des Wahlkampfs, gilt das Internet doch immer noch als eine Domäne der jungen und mittleren Generation und erfreuen sich insbesondere die internettypischen Kommunikationsformen wie Gästebücher, Diskussionsforen und Chats gerade bei jungen Menschen großer Beliebtheit (Diekmannshenke 2002a). Im britischen Parlamentswahlkampf 1997 beispielsweise nutzten dort vor allem die größeren Parteien das Internet, um speziell diese Zielgruppe zu erreichen (Gellner & Strohmeier 2002, 179). Für die Bundesrepublik Deutschland zeichnet sich eine ähnliche Tendenz ab, was zumindest für die SPD von Mathias Machnig, ihrem Bundesgeschäftsführer, bestätigt wurde:

> Unsere Online-Aktivitäten richten sich in erster Linie an junge Leute, die bekanntlich eine hohe Internet-Affinität aufweisen. Eine zunehmend wichtige Rolle spielt das Medium auch bei der Kommunikation mit Multiplikatoren wie etwa Medienvertretern, die wir über das Netz schnell und zielgenau informieren können. Neben den bereits etablierten Services für TV- und Print-Journalisten werden wir hier in Kürze auch spezielle Hintergrundkreise für Internetredakteure anbieten, da Onlinemedien für die Verbreitung von politischen Botschaften gerade in Wahlkampfzeiten enorm an Bedeutung gewonnen haben.
> (www.spd.de/servlet/PB/-s/u88cc21aawvjyk39opq1stkr8011slve1/menu/1013385/index.html)

Neben umfangreicher allgemeiner politischer Information nicht nur zum Bundestagswahlkampf (Wahlprogramme, Themenschwerpunkte, Informaterial usw.) fanden sich bei allen Parteien typische „Unterhaltungsangebote“ der Neuen Medien wie Spiele, E-Cards, Gästebücher, Chats usw.[10] So bot die FDP unter www.fdp.de Handy-Logos zum Download an, ebenso Bildschirmschoner, während die CDU (www.cdu.de) einen Flash mit Gerhard Schröder als Gartenzwerg präsentierte. Politischer wurde die PDS (www.pds2002.de). Ihr Spiel „Wer wird Koalitionär“ orientierte sich an Günther Jauchs beliebtem Ratespiel, wartete aber trotz der unterhaltsamen Aufmachung mit ernsthaften politischen Fragen auf.

[10] Eine kommentierte Auswahl von Unterhaltungsangeboten zum Bundestagswahlkampf 2002 präsentiert politik-digital unter der Adresse http://www.politik-digital.de/fun/fun_wahl02.shtml.

Daneben gab es noch ein Kreuzworträtsel und ein Spiel namens „Klickern“, bei dem in Tetris-Manier bunte Fußbälle „weggeklickt“ werden mussten.

Das umfangreichste und technisch ausgereifteste Unterhaltungsangebot aller Parteien präsentierte die SPD. Hier gab es neben verschiedenen Downloads, E-Cards und dergl. eine eigene „Unterhaltungsseite“ (www.nicht-regierungsfaehig.de), auf der verschiedene Flashs zum politischen Gegner ausgewählt werden konnten. Anders als z. B. bei der CDU konnte der User hier zudem selbst aktiv werden, indem er verschiedene Optionen über Icons am linken Bildrand auswählen durfte: Durch Klatschen, Buhrufe, Lachen, Tomatenwerfen usw. konnte eine eigene Inszenierung der verschiedenen Angebote gestaltet werden.

Abb. 1: Angebot zu einer Polit-Inszenierung: „Das gelbe Ballett“

Neben den „offiziellen“ Parteiseiten präsentierten sich auch die einzelnen Unterorganisationen sowie die Kandidaten selbst praktisch ausnahmslos im Internet. Da eine genaue Analyse auch nur der KandidatInnen der im Bundestag vertretenen Parteien hier nicht geleistet werden kann, sollen illustrierend nur einige ausgewählte Beispiele betrachtet werden. Insgesamt wird durch die Webpräsenz der PolitikerInnen der Trend zur Personalisierung der Politik verstärkt, steht doch der einzelne Politiker/die einzelne Politikerin unübersehbar im Vordergrund.

So bot der Vorsitzende und Spitzenkandidat der FDP, Guido Westerwelle, neben E-Postkarten auch die Chance, WM-Tipps unter www.guido-westerwelle.de abzugeben. Bei Joschka Fischer (www.joschka.de) erfuhr man neben Politischem auch einiges über das Laufen und konnte sich mit dem Minister zum Lauftreff verabreden sowie sich einen eigenen Laufplan erstellen (lassen). Selbst auf der offiziellen Homepage des Bundeskanzlers (www.bundeskanzler.de) fand sich unter dem Stichwort „Kanzler für Kids" neben einer „Regierungsfibel" und dem Gästebuch zwei Internetspiele („Minister Klick" und „Memory"). Selbstverständlich hatte Gerhard Schröder auch eine persönliche Homepage (www.gerhard-schroeder.de), in der die politische Geschichte der Bundesrepublik Deutschland aus dem persönlichen Blickwinkel Gerhard Schröders und mit zeithistorischen wie privaten Fotos dargestellt wurde. Edmund Stoiber (www.stoiber.de) zeigte sich hingegen stärker als Privatperson und bietet neben Familien- und Urlaubsfotos ein Quiz mit Fragen zu seiner Person, welches allerdings in der Tradition der *human interests* steht und immerhin Buchpreise für richtige Lösungen verspricht.

Der Grünen-Abgeordnete Cem Özdemir präsentierte sich bis zu seinem Rücktritt Ende Juli 2002 in ironisch-spielerischer Weise als Politik-James Bond und Spaßvogel in seinem Intro-Flash:

Abb. 2: Aus dem Intro-Flash auf der Homepage von Cem Özdemir vor seinem Rücktritt.

Dass die User solche Angebote offenbar erwarten und positiv beurteilen, zeigt das Resümee der Bewertung der Homepage vom Cem Özdemir durch den Informationsdienst Politik: „Für Unterhaltung ist gesorgt" (www.politikerscreen.de/static/blickpunkt/cemrezzo/index.htm, 22.11.2001). Auch Rezzo Schlauch, damals immerhin Fraktionsvorsitzender der Grünen im Bundestag, wollte da nicht zurückbleiben:

„Begrüßt wird der Besucher der Seite mit dem Lied „Mit freundlichen Grüßen" von den Fantastischen Vier. Auch ansonsten zeigt sich der Politiker der Hip Hop-Band aus seiner schwäbischen Heimat verbunden: Links zu ihren Websites sind in seiner Linksammlung unter „Bauch“ zu finden, neben Rezeptseiten. Unter „Kopf“ sind, wie nicht anders zu erwarten, politische Links gesammelt. In der Rubrik „Fuß“ geht es schließlich ganz um König Fußball: Der dazugehörige Link führt direkt zur „Grünen Tulpe“, der Fußballmannschaft der Grünen-Bundestagsfraktion. Unter „Gimmicks“ kann man nicht nur T-Shirts der Grünen kaufen, sondern sie auch hören: Per Mausklick kann man sich die Noten, die auf dem T-Shirt mit dem Titel „for-ever-green“ abgebildet sind, vorsingen lassen.“ (ebd.)

4. Netz-Kuriositäten

Doch nicht nur in Wahlkampfzeiten, wenn zukünftige Minister schon einmal mit dem Fallschirm zur Kundgebung einfliegen, sondern auch in scheinbar „normalen“ Zeiten glauben manche PolitikerInnen, dass sie nur durch Ungewöhnliches, welches oft einen hohen Unterhaltungswert aufweist, in unserer mediatisierten Welt auffallen können. So hat *politik-digital* nicht nur die Websites der PolitikerInnen nach ernsthaften Kriterien bewertet (siehe dazu www.politik-digital.de/e-demokratie/test/mdbtest2001/test1-29.shtml), es wurde dabei auch allerlei Kurioses gesammelt:

„Dass die Homepages einiger Bundestagsabgeordneten mehr bieten, [sic] als nüchterne politische Information, haben unser Tester ganz schnell gemerkt. Viele Seiten regen zum Schmunzeln an, ob freiwillig oder unfreiwillig. Tierlieb sind unsere Volksvertreter, und manche sind ganz besonders um das körperliche und seelische Wohlergehen ihrer Wähler bemüht. Unsere Favoriten unter den Kuriositäten finden Sie hier:

Abgeordnete ohne Homepage gibt es viele, eine Homepage ohne Abgeordneten ist einmalig. Aber auch Jakob Maria Mierscheid, das SPD-Phantom, ist im Netz vertreten. In der Weimarer Republik war „Essen mit Herrn Mierscheid“ ein beliebter Verwendungszweck auf den Spesenrechnungen der Sozialdemokraten. Auf seiner Homepage steht, wofür der Gute heute so herhalten muss.

Wolfgang Bosbach schmeckt's in Berlin besonders gut! Auf seiner Homepage stellt er seinen Lieblings-Döner-Laden in Charlottenburg vor. Bosbach empfiehlt: Mustafas Gemüse-Döner. Ein Gastro-Tipp der ganz besonderen Art!

W. M. Catenhusen verrät auf seinen Seiten nicht nur sein Lieblingsrezept. Er zeigt sich auch gern in einer persönlichen Photogalerie: mit Katze, Frau und Kochtopf.

Auch Dagmar Freitag präsentiert sich als Tierfreundin und posiert mit ihren Katern Mogli und Felix auf ihrer Website. Frauchen strahlt und die Kätzchen schnurren.

Neuigkeiten über Willy, den Bundestagsdackel, das einzige Tier mit dem heissbegehrten Bundestagsausweis gibt es bei Friedhelm Beucher. Willy wacht, sucht und bekommt auch gerne e-mails!

Wolfgang Wodarg preist sein „rückgekreuztes schweinisches Genreservoir" Carla an: Das lebt bei der Familie des Abgeordneten und läßt sich auf verschiedenen Höfen durchfüttern. So wird es zum persönlichen Glücksbringer für den Bundestagsabgeordneten.

Bei Sylvia Bonitz gibt es ein Gewinnspiel: Der hundertste Besucher ihres Gästebuches gewinnt eine Reise nach Berlin. Finden sich keine 50 Freiwilligen in ihrem Wahlkreis? Trotzdem nett, viel Glück!

Entspannung verspricht Norbert Hauser. Er bietet den Besuchern seiner Website Hammer, Maschinenpistole, Farbwerfer und sonstige Website-Zerstörungsmöglichkeiten zum Abreagieren. Garantiert alles virtuell abwaschbar!"

(http://www.politik-digital.de/e-demokratie/test/mdbtest2001/kurios.shtml; 30.8.2002)

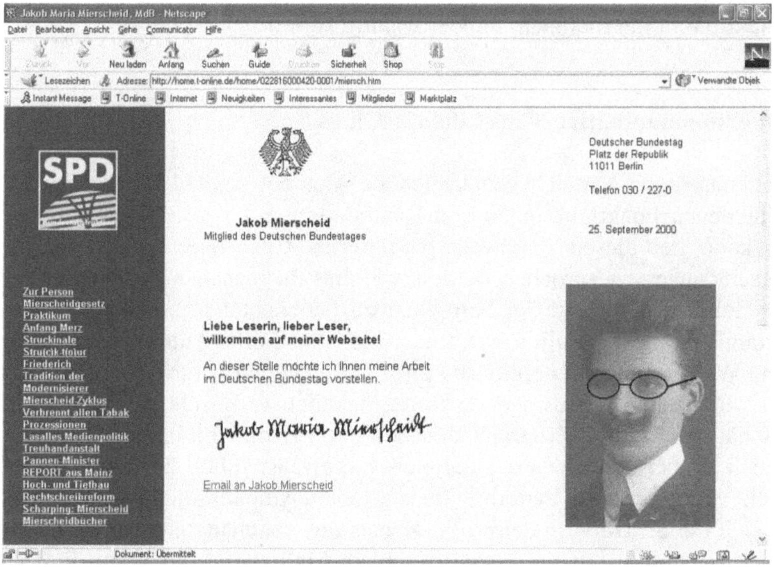

Abb. 3: Die Homepage des „virtuellen Abgeordneten" Jakob Maria Mierscheid

Aber dient die Zitierung solcher Kuriositäten nicht selbst wiederum der Unterhaltung? Während die Homepage des „virtuellen Abgeordneten" Jakob Maria Mierscheid vielleicht an die kreativen Politaktionen der 68er erinnert, zeigen die restlichen Vertreter, die sich durch viele weitere, ähnlich kuriose Seiten und Angebote ergänzen ließen, einen Wandel in der Selbstpräsentation von Politik und ihren VertreterInnen. Ähnlich wie in den Talkshows ist auch von Seiten der PolitikerInnen (und nicht nur von Seiten der Macher und ModeratorInnen solcher Sendungen) ein Trend zur Vermischung von Politischem und Persönlichem zu beobachten, vielleicht als eine bewusste (oder unbewusste) Strategie, um ein positives Image zu erzeugen und zugleich um den unterstellten Medienerwartungen zu gehorchen. Darin zeigt sich ein weiteres verbindendes Element zwischen Fernseh-Politik und Netz-Politik: die Präsenz des Visuellen. Fast alle PolitikerInnen platzieren ihr Konterfei auf der Startseite ihrer Homepage und vielfach bieten sie auch einen bebilderten Einblick in ihren nicht nur politischen Alltag. Das elektronische Fotoalbum wird zum Bestandteil der Selbstpräsentation und -inszenierung im Internet. Die für das Auftreten von PolitikerInnen im Fernsehen offensichtlich wichtige „Kompetenz zur unterhaltsamen Selbstdarstellung“ (Winterhoff-Spurk 1999c, 125; vgl. Kepplinger 1997; Peters 1996) scheint für die Selbstpräsentation im Internet nicht minder wichtig zu sein.

5. Neue kommunikative Nähe? Politik-Chats

Ein bei fast allen Parteien anzutreffendes Angebot stellt der Internet-Chat mit verschiedenen FunktionärInnen und KandidatInnen der jeweiligen Parteien dar. Zwar kann bei diesen durchweg moderierten Chats keineswegs von bloßen „Quatschkanälen“ gesprochen werden, wie dies für manchen unmoderierten Chat sicher gelten kann.[11] Die im Fernsehen zu beobachtende Personalisierung und Entertainisierung des Politischen findet hier ihre Fortführung. Zwar spielen gerade in Wahlkampfzeiten politische Informationen und kontroverse Diskussionen sicher (noch) eine herausragende Rolle, dennoch vermischt sich gerade in den Chats häufig Politisch-Programmatisches mit Persönlich-Unterhaltsamem. Stärker noch als bei den Chats der Parteien, die offensichtlich bevorzugt und mehrheitlich vor allem von Parteimitgliedern und -sympathisanten genutzt werden, stellt sich die Situation in den Politik-Chats des unabhängigen Anbieters *politik-digital* (www.politik-digital.de) dar. In erster Linie die Moderatoren fördern hier aktiv den Unterhaltungscharakter, der sich vor allem im Betonen des „Spaß-Faktors“ zeigt:

> **Moderator:** Liebe Frau Heidemarie Wieczorek-Zeul, willkommen im Tomorrow-Chat. Wir freuen uns sehr Sie heute bei uns begrüßen zu dürfen. Viel Spaß beim digitalen Dialog!

[11] Zur Charakterisierung und Differenzierung von Chats vgl. u. a. Runkehl, Schlobinski & Siever (1998), Beißwenger (2000) sowie die verschiedenen Beiträge in Beißwenger (2001), zu Politiker-Chats insbesondere Diekmannshenke (2001b).

Wieczorek-Zeul: hallo aus wiesbaden und auch viel spass
(*politik-digital* v. 14.2.2000)

Allerdings kann beobachtet werden, dass nicht nur die Moderatoren den Unterhaltungsaspekt hervorheben, sondern dass auch die chattenden PolitikerInnen sich zumindest dieser Erwartung fügen und diese selbsttätig bestätigen bzw. erfüllen. Da bei *politik-digital* nicht nur PolitikerInnen im Chat vertreten sind, sondern auch JournalistInnen und Prominente (die jedoch alle zu mehr oder weniger „politischen" Themen Stellung nehmen), erfolgt auch auf diesem Wege eine Art „Aufweichung" der Grenzen zwischen Information und Unterhaltung.

Auch die ChatterInnen haben ähnliche Unterhaltungserwartungen:

knut: @franz: hat spass gemacht
(SPD-Chat v. 15.8.2000)

Blinki: Hat mir auch Spaß gemacht!
(*politik-digital* v. 28.1.2000)

Leutnant Brinx: Hat Spass gemacht
(*politik-digital* v. 14.4.2000)

rzt34: vielen dank, war lustig
(*politik-digital* v. 25.4.2000)

In ihrem schriftsprachlichen Verhalten unterscheiden sich die UserInnen jedoch eindeutig von dem in unmoderierten Chats. So präsentieren sich die Chatbeiträge viel stärker an schriftsprachlichen Konventionen (im Sinne „konzeptioneller Schriftlichkeit"; Koch & Österreicher 1985, Dürscheid 2003) orientiert, als man dies vielleicht in einem Chat erwarten würde. Es sind sogar eher noch die PolitikerInnen, die sich „locker" geben und manchmal um einen chattypischen „Slang" bemühen:

Frank Rieger:	Hallo Herr Henkel, ich war schon bei Ihrem letzten politik-digital chat dabei... haben Sie immer noch die Unterhosengröße 5? :-) Toller Artikel in der Woche. Hoffentlich war es ihnen nicht peinlich. Gruss aus Frankfurt, Frank Rieger [...]
Hans-Olaf Henkel:	Na ja, auf so eine Frage falle ich inzwischen nicht mehr rein! [...]

Sprachwart:	Ich bin arbeitslos und ohne Ideen. Was kann ich tun?
Hans-Olaf Henkel:	Ich vermute, dass das letztere mit dem ersteren zusammenhängt.
	[...]
Kordhose:	Herr Henkel, ist Big Brother eine Signal für den Verfall der Medienkultur?
Hans-Olaf Henkel:	ich habe das noch nie gesehen. Aber Hand aufs Herz: wir hatten doch schon immer solche oder ähnliche Sendungen. Denken Sie an die Elefantenrunden....
Hans-Olaf Henkel:	oder das „ideale Brautpaar" usw.
Kordhose:	die bei Sabine?
Hans-Olaf Henkel:	Nein, sagen Sie mal sind Cordhosen bei diesem Wetter nicht viel zu warm?
Kordhose:	doch

(*politik-digital* v. 11.5.2000)

Desgleichen sind viele PolitikerInnen bereit und vielleicht auch daran interessiert, sich in den Chats von der „persönlichen Seite" her zu präsentieren bzw. präsentiert zu werden. *Human interests* werden hier offensichtlich bereitwilliger als Thema akzeptiert als dies in politischen Fernsehdebatten der Fall ist:

Moderator:	Kommen wir mehr zu Ihnen persönlich
	[...]
Moderator:	gleich kommen wir zum fussball;-)
	[...]
Robert:	Mit wem halten Sie es, dem FC Bayern oder den Löwen?
ChristianUde:	Das ist kein Geheimnis; ich bin lebenszeit Mitglied und Aufsichtsrat bei den Löwen – vielleicht ist das auch ein Grund, warum die Bayern-Fans gerne auf mich schimpfen...

(*politik-digital* v. 17.8.2000)

Diese auffällige Differenz rührt möglicherweise daher, dass viele ChatterInnen Politik-Chats eher als Experten-Laien-Gespräche auffassen, die nach einem recht starren Frage-Antwort-Schema ablaufen. Darauf deutet auch hin, dass Elemente chattypischer Schriftlichkeit wie Emoticons, Abkürzungen, Verbstämme und dergleichen mehr nur in sehr geringem Umfang eingesetzt werden, wobei vor allem die Moderatoren Smileys für die Kommentierung von PolitikerInnen-Beiträge einsetzen, offensichtlich um damit die Ernsthaftigkeit des gesamten Chats zumindest in ihrem Stellenwert zu reduzieren (Diekmannshenke 2001b).

Zugleich werden Politik-Chats aber auch als Kommunikationsangebot angenommen. Zwar liegen keine detaillierten Zahlen zur Nutzung von Politik-Chats vor, dennoch zeigen einzelne Hinweise, dass dieses Angebot erstaunlich interessiert wahrgenommen wird. So nennt *politik-digital* selbst Teilnehmerzahlen von 320 bis zu knapp 700 (*politik-digital* v. 16.5.2000 bzw. 27.10.1999). Ob man dies als Ausdruck des Interesses an direkter Kommunikation mit PolitikerInnen jenseits der strengen Regeln der in der Öffentlichkeit ausgetragenen, stark ritualisierten politischen Kommunikation interpretieren kann, soll zumindest ernsthaft in Erwägung gezogen werden.

6. Elektronische Gästebücher als Forum politischer Kommunikation

Eine weitere Kommunikationsform im Internet, die einerseits ebenfalls als unterhaltsames Angebot verstanden werden kann, andererseits aber auch Aufschluss über die Rezeption dieses und anderer Angebote gibt, sind die elektronischen Gästebücher. Sie gehören zu den meistfrequentierten Kommunikationsforen im Internet (Diekmannshenke 1999, 2000). Neben dem traditionellen Lob und den guten Wünschen für den Gästebuchbesitzer dienen sie den UserInnen aber auch zu allerlei sozialen Kommunikationsaktivitäten wie z. B. Klatsch und Tratsch, Verabredung zu Treffen, Lästereien usw., die sich im traditionellen Gästebuch praktisch nicht finden. Da es bei diesen grundsätzlich öffentlichen elektronischen Gästebüchern anders als bei den privaten, „klassischen" Vertretern dieser Textsorte auch UserInnen gibt, die Gästebucheinträge vor allem lesen, nicht oder nur sehr selten selbst welche vornehmen, dienen sie den sog. „Lurkern" sowohl zur Information als auch zur Unterhaltung (Diekmannshenke 2000). Insbesondere das Gästebuch von Cem Özdemir liefert beredte Beispiele dafür, dass seine Website bis zu seinem Rücktritt auch (wenn auch nicht ausschließlich) unter diesem Aspekt besucht und rezipiert wurde. So werden immer wieder der Spaßfaktor beim Besuch der Seite, das gute und witzige Design und ähnliches mehr von den Gästebucheinträgern betont. Zwar dominieren auch in elektronischen Gästebüchern (genau wie in traditionellen) die lobenden Einträge, doch was im Zentrum des Lobs steht, gibt sicherlich wertvolle Hinweise darauf, was möglicherweise im Zentrum der Aufmerksamkeit der NutzerInnen dieser Internetseiten steht, und weswegen sie gerade diese Website aufsuchen.

Grüß Gottle,[12]
endlich ist sie da- deine neue Homepage. Gratulation!!!
Sie seiht cool aus und hat auch viel cooles zu bieten! Einfach nur Cool...
Bis in ein paar Wochen
See you, [Vorname]

gottchen, was die leute nicht alles für einen schwachsinn los werden zu müssen glauben...
der cem müsse sich an seine „muslimischen landsleute" wenden, diese dann am besten gleich alle in ein flugzeug packen und mit ihnen in die muslimische türkei fliegen
GACKER-KICHER-KREISCH
mann, so früh am morgen schon so gute unterhaltung, ist ja besser als fernsehen, dieses gästebuch, da verstehe ich auch, warum diese trottel mit ihren achso wichtigen beschwerden nicht gelöscht werde...darf man sich ja nicht entgehen lassen sowas...hehehe
...mehr davon, bitte, ruhig mal so richtig auf die kacke hauen!
[Vorname]
(beide Einträge aus dem elektronischen Gästebuch von Cem Özdemir)

Hallo Rezzo,
Sehr interessante Website.
Nicht nur Politik, sogar Unterhaltung und Gacks!
Das ist bei den hollandischen Politikern nicht moeglich.
Und sogar noch Nederlands op de blinde-kuhe page. Viel erfolg.
[Vorname Name]
(aus dem elektronischen Gästebuch von Rezzo Schlauch)

7. Fazit: Durch unterhaltsame Politik weg von der Politikverdrossenheit? Oder: Alles zu seiner Zeit.

Unterhaltung wurde in ihren verschiedenen Ausprägungen schon immer genutzt, um politische Meinungen eingängiger und nachhaltiger vermitteln zu können. Das Lachen über den politischen Gegner und seine politischen Vorstellungen wurde dabei mitunter als wirksamere Waffen angesehen als die argumentative Auseinandersetzung und Widerlegung gegnerischer Meinungen. Doch war dies

[12] Die Schreibung des Originals wurde einschließlich ihrer Fehler und schreibstilistischen Besonderheiten beibehalten.

stets nur ein (taktisches) Mittel, um ernsthafte politische Ziele zu erreichen. Zugleich beinhaltet das Lachen auch ein Moment des Widerständischen (de Certeau 1988, Bachtin 1990), ein bislang für die Analyse von politischer Kommunikation noch weitgehend unbeachtet gebliebenes Faktum (vgl. Winter und Klemm i.d.Bd.).

Mit der fortschreitenden Entwicklung des Fernsehens zum dominierenden Leitmedium des späten 20. Jahrhunderts und der verstärkten Nutzung des Internets für die öffentliche Kommunikation zeichnet sich eine neue Entwicklung ab. Neben die „unterhaltende Politik" tritt inzwischen immer stärker die „politische Unterhaltung" (Dörner 2001, 31 f.). Erweisen sich im Fernsehen vor allem die Polit-Talkshows als Motoren dieser Entwicklung, so ist es im neuen Medium Internet besonders dessen „Offenheit", d. h. seine noch weitgehend nicht konventionalisierten und nicht normierten Kommunikationsweisen, die auch der politischen Kommunikation neue Spielräume eröffnet. Es soll hier keine Vereinseitigung betrieben werden, doch scheint das Internet für viele NutzerInnen in hohem Maße als unterhaltsames Kommunikationsangebot verstanden zu werden, eine Auffassung, die offensichtlich auch die politischen Parteien und ihre PolitikerInnen nachhaltig zu befriedigen suchen. Websites mit ihrem bunten Mix aus Information, politischer Partizipation und Unterhaltung, Politik-Chats, Gästebücher einzelner PolitikerInnen, sie alle präsentieren einen kommunikativen Mix, der beständig zwischen politischer Information und Diskussion sowie Unterhaltung pendelt. Manche mögen dies alles vielleicht als einen „Verfall" der politischen Kommunikationskultur bedauern, andererseits scheint gerade dieser Mix auch den Reiz von Politikangeboten im Internet auszumachen. Die Befreiung von Zwängen stark ritualisierter Kommunikation in formellem Kontext erlaubt gerade auch die Befreiung von thematischen und stilistischen Zwängen im kommunikativen Austausch mit PolitikerInnen. Ob dies allerdings ein probates Mittel gegen die viel beklagte „Politikverdrossenheit" darstellt, bleibt abzuwarten.

Wie unterhaltsam darf Politik sein? Aus linguistischer Sicht kann diese Frage nicht beantwortet werden. So wie die Trennung zwischen E- und U-Musik immer weniger trennscharf und aussagekräftig geworden ist – was nichts über individuelle Vorlieben und Wertungen sagt –, so wird auch die Trennung zwischen Ernsthaftem und Unterhaltsamem in der Politik immer weniger deutlich erkennbar. Ob diese Entwicklung die von Holtz-Bacha so bezeichnete „Unterhaltungsmalaise" (Holtz-Bacha 1994) weiter verstärken wird, bleibt jedoch abzuwarten. Denn möglicherweise werden mit neuen Programmformaten auch ZuschauerInnen gewonnen, die durch die „Ernsthaftigkeit" politischer Sendungen nicht erreicht wurden. Zugleich wird auch weiterhin eine große Rolle spielen, wer was zu welchem Anlass in welcher Weise sagt. Das Thema Terrorismus verlangt in politischen Statements weiterhin Ernsthaftigkeit. Ein Politiker, der sich darüber auf seiner Website lustig machen würde, müsste sicher bald mit Rücktrittsforderungen rechnen – und nicht nur von „politischer" Seite. Aber eine Politikerdebatte über dieses Thema – sei es in einer Talkshow im Fernsehen, sei es in einem Politik-Chat – will von einer großen Zahl von RezipientInnen durchaus auch unterhaltsam präsentiert werden, im politischen Kabarett und in der Satire sowieso. „Die Mischung macht's" – so oder ähnlich würde ein Politmanager sicher sein Fazit ziehen und als Empfehlung an die politischen Akteure ausgeben.

Literatur

Bachtin, Michael M. (1990): *Literatur und Karneval. Zur Romantheorie und Lachkultur.* Frankfurt am Main: Fischer.

Beißwenger, Michael (2000): *Kommunikation in virtuellen Welten: Sprache, Text und Wirklichkeit. Eine Untersuchung zur Konzeptualität von Kommunikationsvollzügen und zur textuellen Konstruktion von Welt in synchroner Internet-Kommunikation, exemplifiziert am Beispiel eines Webchats.* Stuttgart: ibidem.

Beißwenger, Michael (Hrsg.) (2001): *Chat-Kommunikation. Sprache, Interaktion, Sozialität & Identität in synchroner computervermittelter Kommunikation. Perspektiven auf ein interdisziplinäres Forschungsfeld.* Stuttgart: ibidem.

Bosshart, Louis (1994): Überlegungen zu einer Theorie der Unterhaltung. In: Bosshart, Louis; Hoffmann-Riem, Wolfgang (Hrsg.): *Medienlust und Mediennutz. Unterhaltung als öffentliche Kommunikation.* München: Ölschläger, 28-40.

Certeau, Michel de (1988): *Kunst des Handelns.* Berlin: Merve.

Diekmannshenke, Hajo (1999): Elektronische Gästebücher. Wiederbelebung und Strukturwandel einer alten Textsorte. In: *ZfAL*, 31, 49-75.

Diekmannshenke, Hajo (2000): Die Spur des Internetflaneurs. Elektronische Gästebücher als neue Kommunikationsform. In: Thimm, Caja (Hrsg.): *Soziales im Netz. Sprache, Beziehungen und Kommunikationskulturen im Internet.* Opladen, Wiesbaden: Westdeutscher Verlag, 131-155.

Diekmannshenke, Hajo (2001a): EDV-gestützte Verstehens- und Akzeptanzanalysen zum politischen Sprachgebrauch. In: Panagl, Oswald; Stürmer, Horst (Hrsg.): *Politische Konzepte und verbale Strategien – brisante Wörter, Begriffsfelder, Sprachbilder.* Frankfurt/Main: Peter Lang, 129-147.

Diekmannshenke, Hajo (2001b): „Das ist aktive Politik, Danke und Tschüß Franz". Politiker im Chatroom. In: Beißwenger, Michael (Hrsg.): *Chat-Kommunikation. Sprache, Interaktion, Sozialität & Identität in synchroner computervermittelter Kommunikation. Perspektiven auf ein interdisziplinäres Forschungsfeld.* Stuttgart: ibidem, 227-254.

Diekmannshenke, Hajo (2002a): Internetwahlwerbung für Jungwähler – Mehr Unterhaltung als Information? In: *Der Deutschunterricht,* H. 5, 12-20.

Diekmannshenke, Hajo (2002b): Sprechen über Politik in den Medien. Linguistische Aspekte der Rezeption von politischer Kommunikation. In: Pohl, Inge (Hrsg.): *Semantische Aspekte öffentlicher Kommunikation.* Frankfurt/Main: Peter Lang, 304-328.

Dörner, Andreas (2000): *Politische Kultur und Medienunterhaltung. Zur Inszenierung politischer Identitäten in der amerikanischen Film- und Fernsehwelt.* Konstanz: UVK.

Dörner, Andreas (2001): *Politainment. Politik in der medialen Erlebnisgesellschaft.* Frankfurt/Main: Suhrkamp.

Dürscheid, Christa (2003): Medienkommunikation im Kontinuum von Mündlichkeit und Schriftlichkeit. Theoretische und empirische Probleme. In: *ZfAL,* 38, 37-56.

Geertz, Clifford (1987): *Dichte Beschreibung. Beiträge zum Verstehen kultureller System.* Frankfurt am Main: Suhrkamp.

Gellner, Winand & Strohmeier, Gerd (2002): Cyber-Kampagnen. In: Dörner, Andreas & Vogt, Ludgera (Hrsg.): *Wahl-Kämpfe. Betrachtungen über ein demokratisches Ritual.* Frankfurt am Main: Suhrkamp, 164-186.

Göttlich, Udo & Winter, Rainer (Hrsg.): *Politik des Vergnügens. Zur Diskussion der Populärkultur in den Cultural Studies.* Köln: Van Halem.

Grice, H. Paul (1979): Logik und Konversation, In: Meggle, Georg (Hrsg.): *Handlung, Kommunikation, Bedeutung.* Frankfurt am Main: Suhrkamp, 243-265.

Hartung, Klaus (1984): Der Protest, die Bewegung und ihre Formen. In: Che Schah Shit (Hrsg.): *Die sechziger Jahre zwischen Cocktail und Molotow.* Berlin: Elefanten Press, 175-178.

Hepp, Andreas & Winter, Rainer (Hrsg.) (1997): *Kultur – Medien – Macht. Cultural Studies und Medienanalyse.* Opladen: Westdeutscher Verlag.

Holly, Werner; Püschel, Ulrich & Bergmann, Jörg (Hrsg.) (2001): *Der sprechende Zuschauer. Wie wir uns Fernsehen kommunikativ aneignen.* Opladen: Westdeutscher Verlag.

Holly, Werner & Schwitalla, Johannes (1995): „Explosiv – Der heiße Stuhl!“ Streitkultur im kommerziellen Fernsehen. In: Müller-Doohm, Stefan & Neumann-Braun, Klaus (Hrsg.): *Kulturinszenierungen.* Frankfurt am Main: Suhrkamp, 59-88.

Holtz-Bacha, Christa (1989): Unterhaltung ernst nehmen. Warum sich Kommunikationswissenschaft um den Unterhaltungsjournalismus kümmern muß. In: *Media Perspektiven,* 4, 200-206.

Holtz-Bacha, Christa (1994): Massenmedien und Politikvermittlung – Ist die Videomalaise-Hypothese ein adäquates Konzept? In: Jäckel, Michael & Winterhoff-Spurk, Peter (Hrsg.): *Politik und Medien. Analysen zur Entwicklung der politischen Kommunikation.* Berlin: Vistas.

Kepplinger, Hans Mathias (1997): Politiker als Stars. In: Faulstich, Werner & Korte, Helmut (Hrsg.): *Der Star. Geschichte – Rezeption – Bedeutung.* München: Fink.

Klein, Josef (1996): Unterhaltung und Information. Kategorien und Sprechhandlungsebenen. Medienlinguistische Aspekte von TV-Akzeptanzanalysen mit dem Evaluationsrecorder. In: Hess-Lüttich, Ernest W.B.; Holly, Werner & Püschel, Ulrich (Hrsg.): *Textstrukturen im Medienwandel.* Franfurt am Main [u. a.]: Peter Lang, 107-119.

Klemm, Michael (2000): *Zuschauerkommunikation. Formen und Funktionen der alltäglichen kommunikativen Fernsehaneignung.* Frankfurt/Main [u. a.]: Peter Lang.

Koch, Peter & Österreicher, Wulf (1985): Sprache der Nähe – Sprache der Distanz. Mündlichkeit und Schriftlichkeit im Spannungsfeld von Sprachtheorie und Sprachgeschichte. In: *Romanistisches Jahrbuch,* 36, 15-43.

Koebner, Thomas (Hrsg.) (1998): *Filmklassiker. Beschreibungen und Kommentare.* Bd. 1: 1913-1946, 2., durchges. u. erw. Aufl., Stuttgart: Reclam.

Maase, Kaspar (2000): Spiel ohne Grenzen. Von der ‚Massenkultur' zur ‚Erlebnisgesellschaft': Wandel im Umgang mit populärer Unterhaltung. In: Göttlich, Udo & Winter, Rainer (Hrsg.): *Politik des Vergnügens. Zur Diskussion der Populärkultur in den Cultural Studies.* Köln: Van Halem, 75-102.

Peters, Birgit (1996): *Prominenz. Eine soziologische Analyse ihrer Entstehung und Wirkung.* Opladen: Westdeutscher Verlag.

Runkehl, Jens; Peter Schlobinski & Torsten Siever (1998): *Sprache und Kommunikation im Internet. Überblick und Analysen.* Opladen: Westdeutscher Verlag.

Schenk, Michael (1987): *Medienwirkungsforschung.* Tübingen: Mohr.

Schulz, Winfried (1997): *Politische Kommunikation. Theoretische Ansätze und Ergebnisse empirischer Forschung zur Rolle der Massenmedien in der Politik.* Opladen: Westdeutscher Verlag.

Ueding, Gert & Steinbrink, Bernd (1994): *Grundriß der Rhetorik. Geschichte, Technik, Methode.* 3., überarb. u. erw. Aufl., Stuttgart: Metzler.

Wegener, Claudia (2001): *Informationsvermittlung im Zeitalter der Unterhaltung. Eine Langzeitanalyse politischer Fernsehmagazine.* Wiesbaden: Westdeutscher Verlag.

Winterhoff-Spurk, Peter (1999a): Politiker in der Mediengesellschaft: Eine Annäherung aus medienpsychologischer Perspektive. In: Winterhoff-Spurk, Peter; Jäckel, Michael (Hrsg.): *Politische Eliten in der Mediengesellschaft. Rekrutierung – Darstellung – Wirkung.* München: Reinhard Fischer, 9-30.

Winterhoff-Spurk, Peter (1999b): Der Ekel vor dem Leichten – Unterhaltungsrezeption aus medienpsychologischer Perspektive. Vortrag beim 4. Forum Medienrezeption „Unterhaltung und Unterhaltungsrezeption" am 15.10.1999 in Düsseldorf. [unveröffentlichtes Typoskript]

Winterhoff-Spurk, Peter (1999c): *Medienpsychologie. Eine Einführung.* Stuttgart; Berlin; Köln: Kohlhammer.

Personalisierung als multimodale Strategie des *Infotainment* – Beobachtungen auf Magazin-Covers

Gudrun Held

Abstract

Personalisierung wird als komplexer Ausdruck des *Infotainments* angesehen, der heute auch die multimodale Vertextung von Printmedien weitgehend bestimmt. Der Beitrag versucht, nach einer Klärung der Funktionen von Personalisierung im Rahmen der modernen Erlebnisgesellschaft ihren vergnüglich-unterhaltenden Charakter herauszuarbeiten und in linguistischer Sicht anhand gängiger sprachlich-textueller Ausdrucksformen festzumachen. Die Thesen werden dann anhand verschiedener visuell-rhetorischer Verfahren auf Covers italienischer, französischer und österreichischer Nachrichtenmagazine veranschaulicht.

1. Einleitung

Für nichts interessiert sich der Mensch mehr als für seinesgleichen. Es ist deshalb nicht verwunderlich, dass das Phänomen der Personalisierung (P) zum Hauptcharakteristikum eines Journalismus geworden ist, der entsprechend den Bedürfnissen der Konsum- und Erlebnisgesellschaft von *Infotainment* geprägt ist (vgl. Nielsen i.d.Bd.). Im Zentrum der Informationsvermittlung stehen nicht etwa nur Tatbestände und Sachverhalte sowie deren Entwicklungen und Zusammenhänge, sondern die Akteure, die sie verursachen oder repräsentieren, die Protagonisten, die sie bestreiten und mit ihrem persönlichen Stil versehen, Täter und Opfer, Drahtzieher und Mitläufer, Zeugen, Mitwisser und Zuschauer, kurz: Menschen wie du und ich. Durch diese gleichsam omnipräsente „subjektive Konstruktion der Wirklichkeit" werden Informationen metonymisch exemplifiziert, komplexe Prozesse vereinfacht, objektive Geschehnisse emotional aufgeladen, wodurch das Verständnis einer Nachricht gefördert, die Rezipierbarkeit erleichtert und nicht zuletzt der Marktwert gesteigert wird.

P repräsentiert demnach *par excellence* den synthetischen Charakter des *Infotainment*, welches – entsprechend der begrifflichen Kontamination aus Information und Entertainment – einen mittlerweile völlig gängigen Sammel- und Fachbegriff für all jene geschickten Medienstrategien abgibt, die auf der Basis einer gezielten Verbindung von kognitiven und emotionalen Elementen eine vergnüglich-unterhaltende Wissensvermittlung gewährleisten. Dies scheint der einzige Weg zu sein, sich im steigenden *information overload* der heutigen Konsumgesellschaft überhaupt eine gewisse Aufmerksamkeit zu verschaffen und die gestressten Rezipienten zum Informationskonsum zu stimulieren. Indem sämtliche zur Verfügung stehenden Kanäle und Codes zum „Erlebnis" aufbereitet werden, wird Information zur konkurrierenden Ware auf einem übersatten Markt, wo emotionale Bewertung, schrille Verpackung und marktschreierische Darbietung mehr zählen als trockener Realitätsbezug, nackte Wahrheit, abstrakte Vorgänge und langweilige Objektivität von Daten und Fakten. Diese durchaus populistischen Tendenzen zu einer absatzorientierten Medienpolitik wird generell als Populärjournalismus bezeichnet (vgl. Renger 1999)[1], das heißt durch vergnügliche, leichte oder „seichte" Vermittlungsformen wird eine rezipientenfreundliche, augenfällige Textproduktion gefördert, die dem Geschmack eines breiten Publikums entgegenkommt und als solche von den Kulturkritikern unter anderem auch als schädlicher Boulevard-, als *fast-food-*, *trash-* oder *Mc*-Journalismus abgewertet wird.

Die folgenden Überlegungen versuchen, anhand der P als auffallendste Facette dieses spektakulären Medienverhaltens einige typische Mechanismen aufzuzeigen und dabei auf den hohen Aufwand an visuell-rhetorischen Mitteln zu verweisen, die – entgegen aller abwertenden Bedenken – gerade für derartige Vertextungsprozesse notwendig sind. Denn P ist – zumindest auf den ersten Blick – auch in den Printmedien nicht nur die offensichtlichste und damit frequenteste Ausformung dieser postmodernen Informationsvermarktung via *Infotainment*[2]– im dichten Angebot am Kiosk scheint es kaum ein Cover ohne menschliches Konterfei oder *human interest*-Darstellung zu geben –, sondern liefert auch eine gut greifbare Kategorie zur Beschreibung von dessen verschiedensten Ausdrucksformen und ihrer multimodalen Vertextung. Damit kann zum einen ein erster Beitrag zu jener systematischen Linguistik des *Infotainments* geleistet werden, die etwa Osthus (1998, 163) als dringend notwendig erachtet,

---

1 Zu den Konzepten Populär- bzw. Massenkultur siehe auch Winter i.d.Bd.

2 Zu einem derartigen Schluss kommt auch Diekmannshenke i.d.Bd. in Bezug auf Fernsehen.

aufgrund der Vielfältigkeit und Vagheit des Konzepts jedoch als noch kaum durchführbar ansieht[3]. Zum anderen wird ein ubiquitäres und funktional klar definierbares Phänomen wie die P, der bisher kaum mehr als populärwissenschaftliche – oder ideologische[4] – Aufmerksamkeit auf der Basis des inflationären Star- und Mythenkults der heutigen Mediengesellschaft zukam (vgl. Parr 1997), unter linguistischem Aspekt mit konkreteren Inhalten gefüllt und kann so medientheoretisch bzw. medienkritisch eher nutzbar gemacht werden.

In gezielter Verbindung von kultursoziologischen und publizistischen Rahmenüberlegungen mit sprachwissenschaftlichen Desideraten wird daher versucht, P in den Printmedien näher zu betrachten, wobei die folgenden Punkte zur Sprache kommen sollen:

1) Klärung von P als Phänomen medialer Unterhaltung und damit als Kristallisationsform des *Infotainments*;
2) Diskussion seiner verschiedenen Ausprägungen und Funktionen im Dienste des Populärjournalismus;
3) Auffindung der wichtigsten Ausdrucksformen in Bild und Sprache sowie deren Schnittstellen (*Interface*);
4) Exemplifikation der Thesen anhand von Daten aus der Textsorte „Magazin-Cover".

---

3 Auch Nielsen lanciert i.d.Bd. ein ähnliches Desiderat, sieht es aber, wie seine vorliegende Untersuchung beweist, eher metasprachlich, also an den verschiedenen Begriffen auf der Basis von *-tainment*, orientiert.

4 Das Phänomen der P ist zwar Thema der Massenkommunikationsforschung vor allem aus der Sicht der kritischen Theorie in den 70iger Jahren mit zunehmenden Aufkommen der populären, unterhaltend-entpolitisierenden Tendenzen des „bürgerlichen Journalismus", es wird aber nirgends vordergründig, systematisch oder gar anhand seiner verschiedenen inhaltlichen und formalen Erscheinungsformen behandelt. Eine gewisse Ausnahme ist Robling (1983), der sich der P in den SPIEGEL-Stories auf der Basis einer inhaltsanalytischen Untersuchung widmet. Die Kategorien der Studie – die mir erst kurz vor der Fertigstellung dieses Beitrags zugänglich war – lassen sich mit dem von mir erstellten Funktionskatalog und den identifizierten Formen vereinen: Auch Robling sieht den Kern der P in der Verbindung politischer und unterhaltender Information und schreibt der personalen Veranschaulichung bzw. Verlebendigung von Nachrichten rezeptionsfreundliche und immer auch bewertende Funktionen zu, die allerdings ideologische Verkürzung und Ablenkung von politischen Gegebenheiten bewirken. Die Wahl eines Nachrichten-Magazins zur empirischen Diskussion des Phänomens bestätigt meine diesbezüglichen Präferenzen als besonderes Einsatzforum von *Infotainment.*

2. Personalisierung als Form medialer Unterhaltung

Um von den *fun*-verwöhnten und erlebnishungrigen Konsumenten nicht nur wahrgenommen, sondern auch rezipiert oder gar memorisiert zu werden, müssen Nachrichten heute also einen hohen Unterhaltungswert haben (vgl. auch Nielsen, Diekmannshenke i.d.Bd.). Vergnüglicher Informationskonsum setzt Lust am Text (Barthes) voraus, welche durch Momente wie Spannung und Entspannung, durch Erheiterung und Evasion erzeugt wird und einer grenzenlosen Kreativität und Abwechslung bedarf. Ohne auf die dichte Problematik der Unterhaltung als anthropologisches Grundbedürfnis hier eingehen zu können, soll aber kurz die Frage gestellt werden, inwieweit gerade die P mit Unterhaltung bzw. Vergnügen in Beziehung steht bzw. sogar als deren Inbegriff angesehen werden kann.

Nach Stumm (1996, 111) lässt sich Unterhaltung als lustvolles, gefühlsintensives Miterleben medial vermittelter Als-Ob-Welten definieren. Dieses Unterhaltungs-Erleben sollte durch ein mediales Unterhaltungs-Angebot gewährleistet werden, das auf die gezielte Verbindung zweier komplementärer Komponenten achtet, der kreativen und der imitativen. Zur medialen Unterhaltung gehören daher die Inszenierung des Neuen und dessen ästhetischer, spannender und spielerischer Aktivitäten genauso wie die des Alltäglichen und Gewöhnlichen mit den Funktionen psychologischer Entlastung und Beruhigung sowie gefühlsmäßiger Partizipation. P lässt sich offensichtlich dem zweiten Bereich zuordnen und reflektiert in diesem Sinne gerade die populär-populistischen Tendenzen des Medien-Boulevards (vgl. auch Winter i.d.Bd.).

Während der erste Bereich kommunikationsstrategische Bedeutung hat und zahlreicher kreativer Zugmittel bedarf, die u. a. die Werbeforschung (z.B. Janich 2000) oder die Titulistik (z. B. Held 1998b, 1999) schon vielfach interessiert haben, scheint P als sozialpsychologische Gefühlskomponente, die sich aus der Nähe zum Alltag nährt, keinerlei spezifische Ausdruckformen zu forcieren und wird vielleicht auch deswegen von der Linguistik als kaum untersuchenswert empfunden. Ich bin allerdings der Meinung, dass P, wie sie in den heutigen Printmedien ständig vorkommt, durchaus spezifische Ausdrucksformen für sich bucht und zwar in Bild und Sprache, wobei zwei Ebenen gezielt verbunden werden: populistische Elemente wie Nähe, Intimität und Privatheit, die gerade über Bild und Sprache Zugehörigkeiten und Identifikationen schaffen, stehen neben ausgeklügelt voyeuristischen, anziehenden und gezielt wertenden Elementen, die emotional aufladen und subjektiv aktivierend wirken. Keine andere Kategorie repräsentiert demnach die Janusköpfigkeit von Unterhaltung besser: P betrifft die

Reproduktion des Alltäglichen einerseits und die Akzentuierung des Neuen, also die Aufmerksamkeitspolarisierung, andererseits und ist damit „Brot und Spiel" zugleich (vgl. Paus-Hasebrink 2002).

Die Suche nach konkreten Ausdrucksmitteln dieser beiden Facetten lässt sich an die Funktionen anbinden, die für mediale Unterhaltung generell identifiziert werden. Nach Klein (1996) wäre P insofern der Inbegriff von Unterhaltung[5], als sie allen 4 Funktionen exemplarisch gerecht wird: der Abwechslung (Vielheit der Personen, Vielfältigkeit einer Person), der Unbeschwertheit (Ablenkung), der Interessantheit (Stimulanz) und der Eingängigkeit (Verständnisförderung), wobei dies nicht nur inhaltlich eben über Selektion und Polarisierung auf eine Person und deren Persönlichkeit mit all ihren Facetten geschieht, sondern auch in Form der gewählten Darstellungsstrategien, d.h. in gezielter Inszenierung von Bild und Sprache. Für eine linguistische Umsetzung erweisen sich die Kategorien Kleins allerdings als schwammig und bedürfen einer weiteren Differenzierung, wie sie in Held (1998a, 108 f.) erarbeitet worden ist: P gilt dort als ein sprachliches bzw. semiotisches Mittel des *Infotainment;* die *-tainment*-Komponente wird in auffälligen Benennungs- und Charakterisierungsverfahren sowie in stilistischen Tendenzen gesehen, die Nähe und Intimisierung sowie gemeinsame emotionale Reize erzeugen. Beide Versuche, Unterhaltung empirisch und damit sprachlich festzumachen, vermischen allerdings die Sichtweisen und differenzieren nicht genau zwischen Unterhaltung als Produktion, als Produkt und als Wirkung bzw. Erleben nach dem Motto: Unterhaltung ist, was (tatsächlich) unterhält[6].

5 Die Kategorien Kleins werden auch bei Diekmannshenke, Monz und Androutsopoulos i. d. Bd. unterschiedlich kritisch diskutiert und geltend gemacht. Dies dürfte ein einschlägiger Hinweis darauf sein, dass tatsächlich keine weiteren bzw. differenzierteren Ansätze zur Operationalisierbarkeit von medialer Unterhaltung vorliegen.

6 In diese Kerbe schlägt auch Thiele i. d. Bd. mit der Etymologisierung von *unterhalten* und den daraus abgeleiteten Lesarten, die grundsätzlich um den ‚nutritiven' Aspekt zirkulieren. Zum Zusammenhang von Unterhaltung mit den Teilsynonymen Vergnügen, Humor, Spass und Lachen vgl. zu Thiele auch Androutsopoulos und Perrin i. d. Bd.

3. Personalisierung – Funktionen und Formen als Mittel des Populärjournalismus

Dem angedeuteten Dilemma kann sich auch eine produktionsorientierte Untersuchung nicht entziehen. Angesichts ihrer Omnipräsenz und Beliebtheit auch in den Printmedien stellt sich uns dennoch die Frage, was P grundsätzlich als eine Form von Nachrichtenvermittlung eigentlich leistet und warum ihr zweifellos Vergnüglichkeitscharakter zugesprochen werden kann. Es bietet sich an, diesen einfach mit Rezipientenausrichtung bzw. -freundlichkeit in Verbindung zu bringen. Aus der linguistischen Forschung zur Verwendung von Eigennamen (vgl. Eichler et. al. 1995, Held 1998c) lassen sich einige Funktionen ableiten, die den vergnüglichen Konsum personalisierter Nachrichten fördern bzw. auch steigern:

1) *die Repräsentations- oder Stellvertreter-Funktion*: Durch die Polarisierung bzw. Zentrierung auf bekannte Personen werden komplexe Tatbestände auf den ersten Blick sichtbar und auffallend gemacht, auf den zweiten Blick vereinfacht und reduziert, was psychologischen Ablenkungseffekt hat.
2) *die Identifikationsfunktion*: Das Erkennen von Personen macht Freude und erregt gefühlsmäßige Partizipation am Geschehen. Zusätzlich kann die Darstellung des Menschlichen bzw. Privaten ein hohes Nähe- und damit Vertrauenspotential schaffen, das Spiegelung ermöglicht bzw. über die Evokation des „Anfassenkönnens“ Akzeptanz und unmittelbares Hineinversetzen fördert (vgl. auch Monz i.d. Bd.).
3) *die Integrationsfunktion*: Die dargestellten Personen bewirken ein Gefühl von Gruppen-Zugehörigkeit und Teilhabe. Der Eindruck unmittelbaren „Mitten-Drin-Seins“ (Huh 1996) verstärkt damit wiederum die gefühlsmäßige Anteilnahme am Geschehen und wirkt aufnahmeaktivierend.
4) *die Bewertungsfunktion*: Personen stehen immer für ein Image, für Werte und Handlungen, die sie konnotativ ins Geschehen übertragen. Schon die Art ihrer Abbildung bzw. im Weiteren ihrer Darstellung färbt auf die Fakten ab, die sie repräsentieren oder polarisieren. Aufgrund ihrer ausschließlich emotionalen Aussagekraft sind Personen das wichtigste Instrument zur Evaluierung und Kommentierung von Tatbeständen im bipolaren Wertschema zwischen gut und böse, schwarz und weiß, Freund und Feind, Winner oder Loser, etc.

5) *die Aktivierungs- und Dramatisierungsfunktion*: Personen interpretieren nicht nur Handlungen und Tatbestände direkt, sie geben ihnen den Anstrich des unmittelbaren Geschehens. Personen dynamisieren statische Sachverhalte, sie verlebendigen diese (neuerdings geschieht dies durch den gezielten Einsatz bzw. die Inszenierung von „Testimonials“), was durch die Dominanz der Gefühlsschiene bis zur Dramatisierung und Spektakularisierung getrieben werden kann.

Welche der Funktionen jeweils als dominierend und spezifisch wirksam empfunden wird, hängt von vielen Faktoren ab, vor allem vom Medium und seinem politischen bzw. ideologischen Selbstverständnis sowie vom Kontext der Rezipienten und ihrer psychosozialen Disponibilität. Ohne wiederum die Frage stellen zu müssen, ob P nun tatsächlich ‚unterhält‘, lässt sich für P grundsätzlich sagen, dass allein das Faktum, dass Bilder von Personen gleichsam obligate Elemente im Text-Design von Printmedien darstellen, einen vergnüglicheren Konsum bereitet als dies Sach-Bilder oder gar öde schwarz-weiße Textseiten vermögen. Wir leben in einer bildgewohnten und damit bildbedürftigen Gesellschaft. Personen beleben allem voran bildhaft die Medien, die Nachrichten und sprechen so die Sinne der Rezipienten an.

Ausmaß und ideologischer Stellenwert der genannten Funktionen hängen weiters auch damit zusammen, welche Personen oder Personentypen im Zentrum der Informationsvermittlung stehen. So finden wir in der Presse:

- Menschen wie du und ich, d.h. bis dato anonyme Einzelne, die sich durch ihre Biographie oder ein besonderes Schicksal von der Alltäglichkeit ablösen und in positiver oder negativer Hinsicht zum Exemplum avancieren oder gezielt als ‚Verkörperung‘ kollektiver Geschehnisse und Meinungen eingesetzt werden;
- Stars, VIPs und andere Persönlichkeiten des öffentlichen Lebens, welche sowohl aus kontextuellen Bedingungen heraus, als auch aus dem ständigen Bedürfnis der Rezipienten nach Projektion und persönlicher „Verdoppelung“ zu einem wirksamen Produkt aus Magie und Realität hochgespielt werden;
- Typen und Mythen, welche gleichsam als überzeitliche Leitbilder bestimmte Maximen der Lebensführung repräsentieren, Ordnungen und Normen exemplarisch personifizieren oder modellhaft für ausgeprägte Trends stehen.

Grundsätzlich gilt, dass die Teilhabe am Anderen aus der eigenen Realität entführt und zu Träumen und Selbstflucht verführt. So wie die von den Medien selektierten und inszenierten Personen Rezipienten dazu dienen, sich in ihnen zu spiegeln, so sind sie auch immer Zeichen ihrer Zeit. Im Zeitalter der Vergnügungsgesellschaft avancieren sie daher gleich einem Markenzeichen zu einem gezielt erzeugten, öffentlichen Produkt, das nach dem Motto „Einer für alle, alle für einen" (Parr 1997, 83) gemanagt und ausgebeutet wird.

4. Ausdrucksformen der Personalisierung

Aus dem Vorspann ist deutlich geworden, dass P zweifellos ganz spezifische Ausdrucksformen hat und dass diese, je nach Funktion, sowohl in denotativer, als auch in konnotativer Hinsicht eingesetzt werden. Wenn im Zentrum der Personen-Vorstellung und Personen-Darstellung vor allem die Visualisierung, die Bildlichkeit steht, so löst das Abbild der Personen beim Rezipienten die stimulierende Funktion aus – je nachdem, ob realistisch oder fiktiv kreiert, ob als Photographie, Zeichnung, Karikatur oder in gezielter Montage, in Groß- oder Gesamtaufnahme (vgl. Seibold 1995) – Bilder fokussieren persönliche Physiognomien, Charakteristika, Aktivitäten und Kontexte. Personen werden darauf entweder einzeln oder in Gruppen dargestellt. Sie sind zum einen Selbstzweck, so dass P damit individuelle Identitäten schafft und Images lanciert oder Beziehungen kreiert. Zum anderen interpretieren Personen im Bild aber auch Sachverhalte, bilden deren Hintergrund bzw. die subjektive Brücke zu deren Verständnis. Gesichtsausdruck, Stellung, Verhalten und Kontexte werden zum Transport von (antizipierten) Wirkungen instrumentalisiert und können sich damit einer Bewertung niemals enthalten. Das Bild steht demnach nicht nur für den „Hinschauenseffekt", sondern seine diffuse Semantik wird gezielt benützt. Personen-Bilder symbolisieren und signalisieren zugleich und entfachen gerade durch Voyeurismus komplexe Bedeutungsprozesse, die erst durch die Sprache konkretisiert werden.

Auch die Sprache hat im Bereich der P damit eine entscheidende Funktion – nur auf den ersten Blick weniger augenfällig. In seltenen Fällen – und in Kontakttexten wie Covers (s. u.) nie – substituiert sie das Bild und muss dann buchstäblich die ‚bildhafte' Funktion selbst übernehmen; üblicherweise ergänzt Sprache aber das Bild und verdeutlicht bzw. trägt in gezielter, kohäsiver Bild-Text-Syntax die Gesamtaussage. Sprache ist somit im Zusammenhang mit P gleichsam

‚optisch', expressiv, sie fördert auf der sinnlich-emotionalen Ebene das subjektive Mit-Erleben. Im *Infotainment* wird diese Schiene allerdings noch potenziert, indem ein oder mehrere sprachliche Elemente zum ‚Köder' umfunktioniert werden und so eine attraktive Schnittstelle zwischen Bild und Text entsteht, die den rhematischen Teil der Informationen fokussiert. Damit wird die an sich schon unterhaltende P noch unterhaltender, vergnüglicher gestaltet, so dass quasi gilt: Unterhaltung mit oder durch Unterhaltung ... für die Linguistik tut sich eine wahre Fundgrube auf.

Um diese gerade im Dienste der Unterhaltung provozierte Ambivalenz von Sprache zu begreifen und dann exemplarisch belegen zu können, sollen die für P generell identifizierten, sprachlichen Ausdrucksformen kurz näher aufgeführt werden. Als Einteilungskriterium dienen die drei zentralen Einsatzbereiche von P in den Printmedien, nämlich die Benennungs-, die Charakterisierungs- und die Belebungs-Verfahren:

1. Das *Benennungsverfahren* wird zur Gänze von den Eigennamen getragen (vgl. dazu z. B. Paulikat 2001), welche – ganz im Sinne des Mythos vom Rumpelstilzchen – dazu dienen, dass Personen als individuelle Entität mit ihren persönlichen Eigenschaften und Handlungen identifiziert werden. Eigennamen haben kognitive und emotionale Funktionen, sie sind aber im Print-Journalismus gezielt nicht nur Denotate, sondern auch Konnotate. Im Spannungsfeld zwischen gesellschaftlichem Auftrag und kommerziellen Erfolgszwang gilt laut La Roche (1987, 100): „Namen geben Identität und Farbe, Namen befriedigen die persönliche Eitelkeit" und „Jeder gedruckte Name bedeutet drei verkaufte Exemplare". Das journalistische Prinzip „names make news" (Gyger 1995, 520) ist demnach die Hauptdomäne der P. Namen beherrschen das Phänomen quantitativ, sie sind je nach Art ihrer Selektion, je nach Kollokation und Aufmachung Quelle für Bewertung und Interpretation der vertretenen Information:

> „Sowohl in Verbindung mit realistischen als auch mit verfremdenden Mitteln der Personen-Charakterisierung nutzt man durch Verweisung mit Vor- oder Nachnamen, vorzugsweise unter Verzicht auf offizielle Funktionsbezeichnungen, die weitreichende semantische Kompatibilität des Personennamens. Psychologisierung, Intimisierung und Statusbetonung bzw. Informationen über persönliche Beziehungen und Eigenschaften sowie Familie und Besitzverhältnisse gelten als Mittel der realistischen Charakterisierung." (Gyger 1995, 521)

Die verfremdende Personen-Charakterisierung bedient sich des Spiels mit Eigennamen, d. h. sie beutet bestimmte Laut- und Klangkomponenten sowie Mehrdeutigkeiten (der ,sprechende' Namen) aus und schafft im Zusammenhang mit Bild und Kontext neue Semiosen (vgl. Held 1989b).

2. Die *Charakterisierungsverfahren* basieren vorrangig auf den verschiedenen Substitutions- oder Proformen der Eigennamen („une désignation paradénominative", Meyer & Dubucs 1987). Meist handelt es sich um *nomina agentis*, attributive Prädikationen sowie antonomastische Metaphern, kurz um sprachliche Mittel, die das Bild der Personen drastisch „malen" und schalen Sachverhalten nun tatsächlich Farbe geben. Daher ist rhetorische Aufladung durch wertende Begriffe, Hyperbolik, Alliterationen und andere augenfällige Stilelemente ein gängiges Begleitmittel.

Während es in diesen beiden Bereichen um die Personen selbst geht und die eingesetzten Mittel visuell-verbaler Rhetorik die Aufmerksamkeit auf die Personen, ihre Eigenschaften und ihr Tun lenken sollen, können Personen aber auch als Mittel zum Zweck gebraucht werden:

3. Diese *Belebungs- oder Dramatisierungs-Verfahren* von Ereignissen durch Personen benötigen zu den semantischen Mitteln auch noch andere: Zum einen geht es um die Evokation von Authentizität und – emotionaler – Unmittelbarkeit durch bewusstes Anlehnen an Formen der Nähesprache. In diesem Sinne forciert P die Tendenz zur Oralität (,Aura des Alltagsgesprächs'), ein zentrales Charakteristikum der aktuellen Mediensprache. Indem Personen sprechend agieren, ist personalisierter Journalismus voll von Formen direkter und erlebter Rede, wörtlichen Zitaten sowie pseudodialogischen Sprechhandlungen wie Allokutionen, Fragen, Exklamationen, Satzabbrüchen etc. und deren interpunktuelle Szenerie sowie die verschiedensten Indikatoren für Registerwechsel. Sie dienen sowohl zur sprachlichen Charakterisierung der Testimoniale als auch der Einbindung der Leser in die vertraute, bekannte Kommunikationsgemeinschaft[7].

   Zum anderen bedingt P bestimmte mediale Diskursformen, die sich nicht nur architektonisch auf das differenzierte, „verclusterte" Text-Design auswirken, sondern auch spezifische Text-Typen konstituieren: beliebt

---

[7] Vgl. zu den verschiedenen ,vergnüglichen' Funktionen der Oralisierung oder Konversationalisierung die Hinweise bei Perrin, Androutsopoulos, Fiedler und Monz i.d.Bd.

sind etwa Interviews, Umfragen, Stories, narrative Formen wie Reports, Schilderungen, Anekdoten, wo grundsätzlich subjektive Elemente und gleichsam szenische Ausschnitte im Vordergrund stehen, wobei auch Text- und Stilmix im Sinne von *bricolage* nicht selten vorkommt (vgl. Androutsopoulos i.d.Bd.).

Neben dem semantisch-textuellen Blickwinkel könnte auch der pragmatische von Bedeutung sein, wobei letzterer für die Beziehungskonstellation zwischen Produzent, Rezipient und behandelter Person zuständig ist, was hier nicht behandelt werden kann.

5. Exemplifizierung: Personalisierung auf den Covers von Nachrichtenmagazinen

Der bisher entwickelte semiotisch-sprachliche Rahmen soll schließlich noch kurz exemplifiziert werden. Ich konzentriere mich dabei auf eine Textsorte, die in ihrer primären Kontaktfunktion für den Verkauf und damit für den Markt- und Warenwert von Printmedien entscheidend verantwortlich ist: die Covers. Auch Covers haben – wie P – verwunderlicherweise in der aktuellen „Medienlinguistik" noch kaum Beachtung gefunden. Denn im Unterschied zur Titelseite der Tagespresse (zu „La Une" vgl. Große 1994), die wie die Covers ebenfalls Lesewerbung *par excellence* darstellen, haben Covers viele Eigenschaften mit den Einschaltungen zu Produkt- und Imagewerbung gemeinsam, sind aber gleichzeitig auch Schaufenster für den Inhalt der beworbenen Zeitschrift – d.h. sie haben die Funktion eines persuasiven Prätexts, der mit multimodalen, Neugier erweckenden Mitteln Folgetexte ankündigt und dabei gleichzeitig eine auch seitenarchitektonisch geschickt ‚designte' Gesamtbotschaft vermittelt. Im Zentrum von Covers steht in unserer visualisierten Gesellschaft natürlich das Bild und am Bild sind in den meisten Fällen Personen.[8] Solcherart Bilder erfüllen zwar nach Peirce jeweils klar bestimmbare ikonische, indexikalische und symbolische Funktionen, wobei jedoch die Verweisfunktion – und damit nach unseren Darstellungen die sog. Repräsentationsfunktion – am Cover die wichtigste ist.

[8] Eine kleine Stichprobe der vorgefundenen Nummern der Zeitschrift PANORAMA 2001 zeigt, dass von 44 Covers 34 Personen – in realistischer Form oder in Inszenierung durch gezielte Fotomontage – abbilden. Gerade bei PANORAMA fällt auf, dass für die beliebten Fotomontagen Testimonials eingesetzt werden, die in Kleindruck rechts unten am Cover namentlich identifiziert werden.

Als Corpus für diese erste Analyse von P dienen mir die Covers von Nachrichten-Magazinen: ich untersuche – soweit verfügbar und zugänglich – selektierte Covers von ESPRESSO und PANORAMA (Italien), von LE POINT, EXPRESS und LE NOUVEL OBSERVATEUR (Frankreich) sowie NEWS und PROFIL (Österreich) im Zeitraum zwischen 1996 und 2002. Die Wahl des Nachrichtenmagazins als Corpus für eine erste Untersuchung der P rechtfertigt sich darin, als dieses in Anlehnung an die tradierte Medienpolitik des amerikanischen TIME und in der Folge auch des deutschen SPIEGEL eine besonders ausgeprägte Form des *Infotainment* auf hohem kulturellen und intellektuellen Hintergrund vertritt (vgl. Held 1998a). In Ergänzung zur Tagespresse bereiten die Nachrichten-Magazine eine Vielfalt an Informationen für ein breites, erfahrungsgemäß aber bildungsmäßig und kulturell anspruchsvolles Publikum hintergründig auf. Es geht weniger um den Bericht, sondern hauptsächlich um eine differenzierte Kommentierung und Bewertung von politischen und soziopolitisch relevanten Ereignissen, wobei die Titel-Story das wichtigste Mittel ist (vgl. auch Robling 1983, 87 f.). Diese muss als Verkaufsschlager das Cover bestreiten und tut dies stets in Kompetition mit den anderen informationsschnelleren Medien, vor allem dem Fernsehen.

So ist es gerade die ‚Verpackung' dieser Mischform zwischen doch anspruchsvollem Informations- und seicht-amüsantem Boulevard-Journalismus, die Formen von P erwarten lässt, welche durch schrill-bunte, dynamische Aufmachung, ästhetische Gestaltung und zahlreiche verblüffende Code-Effekte gekennzeichnet ist. Sie bietet somit ein breites Spektrum von unterhaltenden Elementen visueller und verbaler Natur. Der Gesamteindruck der Analyse zeigt tatsächlich, dass – *nota bene* mit gewisser kultureller und medienpolitischer Differenzierung – die montierten Formen der P auf den Magazin-Covers überwiegen und damit durch gezielte Manipulation von Bild und Text eine Gesamtaussage erzielt wird, die für die Interpretation, Bewertung und Aktivierung von ansonsten trockenen, schwer verständlichen, weil komplexen Sachverhalten steht.

Zum Schluss meiner Darstellungen sollen einige konkrete Beispiele aufgezeigt werden, die die genannten Funktionen sowie Ausdrucksformen der P auf Magazin-Covers konkretisieren. Aus Platzgründen sollen nur einige jener Covers ausgewählt werden, bei denen durch die gezielte und sehr komplexe Bild-Text-Kombination ein gesteigerter Unterhaltungseffekt im Sinne von *delectare* und *movere* (zum Kauf und zur Lektüre) erfolgen könnte. Anhaltspunkt für die folgende Auswahl sind die zwei großen beschriebenen Gruppen, nämlich P durch Namen bzw. der gezielte Umgang mit der Identifikationsfunktion zum einen und P durch Typen bzw. namenlose Repräsentanten und somit die Interpretations- oder Verlebendigungsfunktion zum anderen.

5. 1. P mit Namen bzw. mit bekannten Personen

Während in vielen Fällen Abbildung und Namen denotativ für sich selbst stehen, bekommt die Benennungsfunktion dann zusätzlich unterhaltenden Wert, wenn die bewertende Aussage der *head-line* bildlich interpretiert bzw. pointiert wird. Solche Verfahren werden zur (De)Konstruktion von Personen-Images besonders wirksam eingesetzt. Die Beispiele 1 und 2 zeigen, wie Bild und Text bei der negativen Bewertung von Personen zusammenwirken können. In Anlehnung an die Methode des *picture-relation-type* nach Stöckl (1997) handelt es sich in beiden Fällen um gezielte visuelle Assoziation, d.h. das Bild bildet die Aussage direkt ab und erweckt durch die Ausnützung bestimmter Isotopien (*Teufel – zündeln*) und der zur Verfügung stehenden Codes wie Farben, Porträts des Besprochenen, Gesichtsausdruck, Montage des Kontexts, Position und explizierendem Text negative Emotionen, die gerade in der komplex inszenierten Verfremdung ‚unterhalten' sollen. In Beispiel 1 finden sich mit der *head-line* eng konnektierte, weiter verweisende Texte, die mit ihrer ‚offenen' elliptischen Syntax für Covers typisch sind. Beispiel 2 begnügt sich mit der emotionsgeladenen zentralen *headline*.

Abb. 1: ***Feindbild HAIDER*** *–*
Wie er doch an die Regierung will.
Die Demo: Wer gegen ihn auftritt –
Wie er jetzt weiter zündelt. (N 11.10.99)

Abb. 2: ***Le Pen c'est fini***
C'est la bonne nouvelle des
européennes. (NO 17.6.1999)

Besonderen Unterhaltungswert haben auch gezielt multimodal inszenierte Namensspiele: In Beispiel 3 macht die Polyvalenz des Eigennamens *Benigni* die semantische Antithese mit *maligni* möglich und repräsentiert sowie interpretiert – unterstützt durch visuelle Konnexion – damit kohärent den anzukündigenden Inhalt der Cover-Story, nämlich die umstrittene Aufnahme des Oscars für Benignis Film „La vita è bella". Dass sich der allen als Komiker bekannte Benigni über die unterschiedlichen Positionen (*discordia*) der Italiener lustig macht, dokumentiert seine Geste im Halbnah-Portrait.

Abb. 3: ***Benigni & maligni*** *–*
L'Oscar della discordia.
"La vita è bella" dal grande successo alla grande polemica: mai un film italiano aveva così lacerato il mondo.
(P 25.3.1999)

Abb. 4: ***HIGHders SOCIETY***
Die FPÖ versucht verzweifelt gesellschaftsfähig zu werden ... und ist dabei verdammt erfolgreich. (Prof 5.2.2001)

In Beispiel 4 wird die Homophonie der ersten Silbe von *Haider* zur unterhaltenden *head-line* stilisiert und durch visuelle Synekdoche vereindeutigt. Der Text expliziert die im Bild angedeutete Isotopie der feinen Gesellschaft nachhaltig.

Bei Personen, die der Zielgruppe bekannt sind, reicht meistens ihre Abbildung zur eindeutigen Identifikation aus. Daher wird gerade bei Karikaturen und Montagen, die visuell auf unterhaltende Charakterisierung angelegt sind, der Name weggelassen und der sprachliche Teil der P schließt sich dem Bild in pointierter Weise an. In den Beispielen 5 und 6 stellt die *head-line* auf der Basis eines wieder verwendeten festen Textmusters (vgl. Held 1999) ein belustigendes *Interface* zwischen Bild und Text her. In 5 geht es in visueller Analogie um die Tatsache, dass Romano Prodi und seine politische Gruppierung *Ulivo* die italienische Bevölkerung durch die hohen Steuern buchstäblich „ausdrücken" (*spremere*) – die multimodal inszenierten, verbindenden Assoziationen sind *Ulivo* – Frucht – gepresster Saft (*spremuta di X*) – Vampir (Bild). Der Sinn der Anspielung wird im Zusatztext kontextualisiert und mit kataphorischen Mitteln (*ecco perché*) zum Weiterlesen aufbereitet. In 6 hingegen zeigt die Cover-Montage Berlusconi als Dompteur der 101 Dalmatiner, die aus dem damals zeitgleich laufenden Disney-Film hinreichend bekannt sind. Der wörtlich übernommene Titel wird zwar in visueller Analogie konnotativ unterstützt, der verfremdete Kontext enthüllt zusammen mit dem knappen Erklärungstext aber die Anspielung auf die Eigenschaften einer wie Hunde abgerichteten Regierungsmannschaft.

Abb. 5: ***Spremuta d'Ulivo*** *–*
Un mare di tasse e pochissimi tagli:
ecco perché la finanziaria è sbagliata
e non convince nemmeno Fazio.
(P 10.10. 1996)

Abb. 6: ***La carica dei 121*** *–*
Fedelissimi, folgorati e riciclati.
Con loro Berlusconi vorrebbe
governare l'Italia.
(E 22.3.2001)

In den Beispielen 7 und 8 wird die *Interface*-Funktion der *head-line* durch fiktive Äußerungen aus der Alltagssprache bestritten, die den besprochenen Personen in den Mund gelegt wird. Sie sind damit nicht nur exemplarisch für die Oralisierung bzw. Konversationalisierung der Mediensprache, sondern evozieren gerade im assoziativen Konnex zwischen Bild und Text eine gewisse Komik:

*Abb. 7: Indagine sul futuro della Fiat - **Mamma, ho perso l'auto!** — La verità sull'alleanza tra Giovanni Agnelli e la General Motors. Che cosa cambia davvero per l'Italia.*

(P 23.3.2000)

*Abb. 8: **Ehi, vi serve un grande capo?** – Alla ricerca del leader. Gli italiani tra San Remo e le elezioni. (P 29.2.1998)*

In Beispiel 7 wird Gianni Agnellis Hilfeschrei in typisch umgangssprachlicher, ‚gesprochener' Form (Interjektion *Mamma*, bestimmter Artikel, Exklamation) zweifellos sofort mit FIAT in Verbindung gebracht; das ungewöhnliche Bild (Agnelli in Fahrerstellung durch die Luft fliegend) zeigt Störungen des Habituellen an, was mit Problemen des Automobilkonzerns und damit mit bedrohlichen wirtschaftlichen Konsequenzen assoziert wird. Beispiel 8 bestreitet der Fernsehmoderator Pippo Baudo, dessen Sendungen in Italien die höchsten Einschaltquoten verzeichnen, in Häuptlingsverkleidung mit einem ‚gesprochenen' und damit authentisch wirkenden Ausruf Cover und *head-line*. In dichter visueller Assoziation wird damit doppelbödig sowohl auf die aktuelle Suche nach dem Gewinner von San Remo, als auch auf die dringende Notwendigkeit einer politischen Führerfigur angespielt. Hinter der komplexen Bild-Text-Inszenierung steht gleichzeitig harte Kritik an der unpolitischen *Entertainment*-Sucht der Italiener.

5.2. P mit den Namenlosen bzw. mit Typen

Wenn Personen auf Covers Typen repräsentieren, so entsteht ein besonderer Unterhaltungseffekt durch die konkrete visuelle Abbildung der charakterisierenden Nominierungen in der *head-line*:

Abb. 9: ***Rimbambini***
Passioni e follie: Amano Harry Potter giocano a calcetto, esagerano con gli SMS, sequestrano la playstation dei figli...Inchiesta sugli adulti che vogliono tornare piccini. (P 17.1.2002)

Abb. 10: ***Sciupafemmine!***
Vizi (tanti) e virtù del nuovo macho italiano. (P 25.1.2001)

In Beispiel 9 geht die Cover-Thematik um das ‚Kind im Mann'. Diese wird durch die gelungene Okkasionalbildung *rimbambini* (*rimbambinare*: ‚verkindlichen') und das als visuelle Konnexion inszenierte Bild verdeutlicht. Der Zusatztext differenziert einzelne inhaltliche Aspekte näher und paraphrasiert gleichzeitig (*tornare piccini*) die zentrale Wortbildung. Der unterhaltsame Effekt wird aus der multimodalen mehrfachen Ausnützung der Isotopie erzielt. Beispiel 10 zeigt eine vergleichbare, mehrebenige Inszenierung des Cover-Themas ‚Macho': Die aufgrund eines gängigen Wortbildungsprogramms klar identifizierbare nominale *head-line sciupafemmine* (‚Frauenverbraucher', wobei auf die Konnotationen von *femmina* zu achten ist), wird szenisch im Bild umgesetzt und wirkt daher als visuelle Synekdoche besonders anschaulich. Der Gag beider Covers liegt in der antonomastischen Wortschöpfung der *head-line* und ihrer Interface-Funktion zwischen Bild und Text.

Das gerade auf Magazin-Covers beliebte und ‚eingängige' Faktum, dass Personen Sachverhalte bewertend umsetzen, damit verlebendigen und zugkräftig dramatisieren, wird in den italienischen Medien häufig durch den gezielten Einsatz der Frau bestritten. Wie die Beispiele 11 und 12 zeigen, werden durch ästhetisch-kreative Inszenierung oder Einbettung des Erotischen im multimodalen Gesamt-Design der Covers nicht nur die Attraktivität, sondern vermutlich (zumindest aus dem männlichen Blick) auch die Verkaufszahlen gesteigert.

Abb. 11: Mangiare sano
Bio o non Bio?*Non è vero che i cibi alternativi siano sempre migliori e più sicuri. Di certo sono più cari, no altri vantaggi (che è meglio conoscere) (P 5.7.2002)*

Abb. 12: ***Caro telefono***
Mi costi, ma quanto mi costi? Bollette roventi Rapporto sul mezzo di comunicazione più han-amato (e odiato) da gli italiani. (P 18.1.1998)

In Beispiel 11, wo es um das *life-style*-Thema ‚Gesunde Ernährung' geht, werden in visueller Analogie Hamlet-Frage und biblischer Eva-Mythos kombiniert: das Austauschen von Bestandteilen eines festen Textmusters, hier durch das moderne Reizwort BIO, sowie die direkte, allokutive Funktion der zitierten Entscheidungsfrage ergeben im Zusammenspiel mit den konnotationsträchtigen Symbolen ‚Apfel', sinnliche Frau und Kornfeld eine komplexe Botschaft. In Beispiel 12 schließlich interpretiert die Frau metonymisch die für Italien tragweite Tatsache der Beliebtheit und damit verbundenen Verteuerung des Telefons, was durch die Polysemie des Wortes *caro* in der *head-line* zum Ausdruck kommt und im Subtitel intertextuell gleichsam in Form einer Fortführung der (brieflichen) Anrede unterstützt wird. Titel und Untertitel wirken so gerade in der Anlehnung an das Gesprochene bzw. Dialogische wie tatsächliche Redeteile der verzweifelten Cover-Person, mit der sich sämtliche Leser identifizieren können. Der Zusatztext vereindeutigt in Einklang mit Gesichtsausdruck und Gestik des Halbporträts gleichsam metasprachlich die doppeldeutige Aussage: *amato ma costoso* und stimuliert so das Interesse der potentiellen Konsumenten zur weiteren Lektüre des betreffenden Artikels und damit zum Kauf des Blattes.

Anhand der aus Platzgründen sehr gering gehaltenen Beispiele dürfte dennoch die Vielfalt und Komplexität der P als aufmerksamkeitsstimulierendes und metatextuelles Verfahren auf den Covers von Nachrichten-Magazinen angedeutet worden sein. Wenngleich Einsatz und Gestaltungsweise vielfach auch an die jeweilige Kultur bzw. Medienkultur der Länder gebunden sind, so bestätigen doch Frequenz und komplexe Ausformungen des Phänomens die globale Gültigkeit der Anweisungen, die Rudolf Augstein bei der Gründung des SPIEGEL 1953 seinen Journalisten gab:

> Versuche, dem Zeitgenossen das Zeitgeschehen klarzumachen anhand der Personen, die es vorantreiben oder repräsentieren. Personen sind farbiger und erregen mehr Interesse als abstrakte Vorgänge. Personen machen eine Geschichte lebendig. Nichts ist interessanter für den Menschen als der Mensch. (...) Es kann gesagt werden, dass die aktuelle Nachricht ungleich mehr Interesse erregt, wenn es gelingt, sie in Beziehung zu setzen zu den Eigenarten von Persönlichkeiten.

Wenn diese an und für sich schon vergnügliche Form der Informationsvermittlung durch die gezielte rhetorische Inszenierung der verschiedenen visuellen und verbalen Codes noch gesteigert wird, dürfte P tatsächlich ein hohes und kreatives Unterhaltungspotential für sich buchen.

6. Verwendete Abkürzungen:

P (Panorama), E (Espresso); NO (Le Nouvel Observateur); N (News), Prof (Profil).

Literatur

Augstein, Rudolf (1953): Rede vor dem Rhein-Ruhr-Klub über den „Spiegel", 14.4. In: *Der Spiegel.* Sonderausgabe 1947-1997.

Bucher, Hans Jürgen (1996): Textdesign – Zaubermittel der Verständlichkeit? Die Tageszeitung auf dem Weg zum interaktiven Medium. In: Hess-Lüttich, Ernest W.B.; Holly, Werner & Püschel, Ulrich (Hrsg.): *Textstrukturen im Medienwandel.* Frankfurt/Main [u. a.]: Lang, 31-60.

Eichler, Ernst; Hilty, Gerold; Löffler, Heinrich; Steger, Hugo & Zgusta, Ladislav (Hrsg.) (1995): *Namenforschung. Ein internationales Handbuch zur Onomastik.* 1. Teilband. Berlin; New York: de Gruyter [HSK 11.1].

Große, Ernst Ulrich (1994): La vitrine des journaux: Sémiotique de la Une. In: Große, Ernst U. & Seibold, Ernst (Hrsg.): *Panorama de la presse parisienne.* Frankfurt: Lang, 15-31.

Gyger, Mathilde (1995): Namen in Printmedien. In: Eichler, Ernst et. al. (Hrsg.) (1995): *Namenforschung. Ein internationales Handbuch zur Onomastik.* 1. Teilband. Berlin; New York: de Gruyter [HSK 11.1], 520-525.

Held, Gudrun (1998a): Infotainment in der Mediensprache. Linguistische Überlegungen zu Trends in Titeln italienischer Nachrichten-Magazine. In: Helfrich, Uta & Klöden, Hildegard (Hrsg.): *Mediensprache in der Romania.* Wilhelmsfeld: Egert, 105-130.

Held, Gudrun (1998b): Eigennamen in Titeln. Beobachtungen zu journalistischen Spielformen in italienischen Nachrichten-Magazinen. In: Cordin, Patrizia; Iliescu, Maria & Siller-Runggaldier, Heidi

(Hrsg.): *Parallela 6. Italiano e tedesco in contatto e in confronto/Italienisch und Deutsch im Kontakt und im Vergleich.* Trento: Dipartimento di Scienze Filologiche e Storiche, 209-229.

Held, Gudrun (1998c): Der Titel als Leseerlebnis. Journalistische Spielarten in den Schlagzeilen italienischer Nachrichten-Magazine. In: Kettemann, Bernhard; Stegu, Martin & Stöckl, Hartmut (Hrsg.): *Mediendiskurse*. Frankfurt: Lang, 121-133.

Held, Gudrun (1999): Il titolo come strumento giornalistico: strutture, funzioni e modalità di un tipo di testo esemplificate sulle forme del riuso linguistico in chiave comparativa. In: Skytte, Gunver & Sabatini, Francesco (Hrsg.): *Linguistica Testuale Comparativa.* Copenhagen: Tusculanum, 173-191.

Hess-Lüttich, Ernest W.B.; Holly, Werner & Püschel, Ulrich (Hrsg.) (1996): *Textstrukturen im Medienwandel.* Frankfurt: Lang.

Huh, Michael (1996): *Bild-Schlagzeilen. Wie das Fernsehen Nachrichten erfolgreich vermarktet.* Konstanz: UKV Medien.

Janich, Nina (1999): *Werbesprache. Ein Arbeitsbuch.* Tübingen: Narr.

Klein, Josef (1996): Unterhaltung und Information: Kategorien und Sprechhandlungsebenen. Medienlinguistische Aspekte von TV-Akzeptanzanalysen mit dem Evaluationsrekorder. In: Hess-Lüttich, Ernest W.B.; Holly, Werner & Püschel, Ulrich (Hrsg.): *Textstrukturen im Medienwandel.* Frankfurt/Main [u. a.]: Lang, 107-120.

La Roche, Walther von (1987): *Einführung in den praktischen Journalismus.* München: List.

Meyer, Bernhard & Dubucs, Monique (1987): Antonomases du nom commun. In: *Linguisticae Investigationes,* 11, 49-80.

Osthus, Dietmar (1998): Metaphernspiele in Pressetexten. Ludischer Metapherneinsatz in französischen und deutschen Tageszeitungen. In: Gil, A. & Schmitt, C. (Hrsg.): *Kognitive und kommunikative Dimensionen der Metaphorik in den romanischen Sprachen.* Bonn: Romanistischer Verlag, 150-167.

Parr, Andrea (1997): *Mythen in Tüten. Der Deal mit den Stars.* München: dtv.

Paulikat, Frank (2001): *Eigennamen in Pressetexten. Studien zu Formen und Funktionen des Eigennamengebrauchs in der französischen Pressesprache.* Frankfurt: Lang.

Paus-Hasebrink, Ingrid (2002): Brot und Spiele. Audiovisuelle Medienunterhaltung als Bestandteil der Alltagskultur. Antrittsvorlesung gehalten an der Universität Salzburg, 10. Oktober.

Renger, Rudolf (1999): *Populärer Journalismus. Bedeutungsproduktion und -rezeption zwischen Information und Unterhaltung.* Salzburg, Habilitationsschrift.

Robling, Franz-Hubert (1983): *Personendarstellung im „Spiegel" erläutert an Titel-Stories aus der Zeit der großen Koalition.* Tübingen: Niemeyer.

Seibold, Ernst (1995): „Auf einen Blick" – Ansätze zur Klassifikation von Abbildungen in Tageszeitungen. In: Stauder, Thomas & Tischer, Peter (Hrsg.): *Grenzüberschreitungen.* Bonn, Romanistischer Verlag, 57-76.

Stöckl, Hartmut (1997): *Textstil und Semiotik englischsprachiger Anzeigenwerbung.* Frankfurt: Lang.

Stumm, Mascha Maria (1999): *Unterhaltungstheoreme bei Platon und Aristoteles.* Frankfurt: Athenäum.

Pointeninszenierung in Comedy-Shows
Didaktische Perspektiven einer linguistischen Medienanalyse

Rüdiger Vogt

Abstract[1]

Harald Schmidt und Stefan Raab vertreten mit ihren viermal wöchentlich gesendeten Comedy-Shows zwei ganz unterschiedliche Kulturen: Während Schmidt als Lehrmeister der „Generation Golf" eher die 35 bis 45-Jährigen anspricht, zählt Raab vornehmlich Jugendliche und junge Erwachsenen zu seinen Zuschauern. Dieser Aufsatz untersucht die Pointeninszenierungen der beiden Entertainer: Zunächst arbeitet er auf der textuellen Ebene die Verlaufsformen einer Pointe heraus, sodann beschäftigt er sich mit den prosodischen und nonverbalen Komponenten der Inszenierung. Abschließend wird zum einen die Bedeutung der Performanz für die Präsentation von Texten herausgearbeitet, zum anderen geht es um didaktische Perspektiven der Auseinandersetzung mit Inszenierungen.

1. Das Problem

Kulturpessimistisch klingt die im Feuilleton der überregionalen Tageszeitungen geübte aktuelle Kritik am Boom von Comedy-Shows im deutschen Fernsehen. Stefan Raab, der Moderator der Kult-Sendung *tv-total* auf „Pro 7", einer seiner Trendsetter, wurde beispielsweise in der Süddeutschen Zeitung vorgeworfen, er mache in seiner Sendung bloß kleine schmutzige Witze, die kein Ziel und keine Botschaft hätten; auch ein Etikett ist dafür gefunden: *trash*-Kultur, Lacher zum Wegwerfen sozusagen. Als positives Gegenbild dazu baut der Autor Holger Gertz den Altmeister des Genres auf, Harald Schmidt, der über acht Jahren lang in seiner Late-Night-Comedy-Show auf „SAT 1" Maßstäbe gesetzt habe: Obwohl zynisch und bösartig, sei er „ein Genie, ein Mann mit dem Schlüssel zur anderen

---

1 Der Aufsatz ist die überarbeitete Fassung eines Vortrags, den ich im Rahmen meines Habilitationsverfahrens am 28.6.2000 im Fachbereich Sprache, Literatur, Kultur der Justus-Liebig-Universität Gießen gehalten habe.

Welt". Wenn auch in der Defensive: Während Raab mit dem mittlerweile viermal wöchentlich ausgestrahltem Format *tv-total* durchschnittlich ca. 3 Mio. Zuschauer erreicht, kann, waren es bei der viermal wöchentlich gesendeten *Harald-Schmidt-Show* nur etwa 1 Million. Das belegen die Einschaltquoten, die immer mehr über Erfolg oder Misserfolg eines Sendeformats entscheiden.

Befragt man jedoch – wie das Nachrichtenmagazin „Focus" im März 2000 – Jugendliche zwischen 13 und 18 Jahren, erfährt man, dass sie Stefan Raab für *cool* halten, ja, dass sie ihn sogar als ein Idol ansehen, eine Wertschätzung, die sie Harald Schmidt nicht entgegenbringen. Diesen Unterschied erscheint als eine Variante des komplizierten Spiegelungsverhältnisses zwischen hegemonialer Kultur und den diese kritisierenden jugendlichen Sub- und Gegenkulturen: Grund genug also, sie zum Anlass zu nehmen, sich in didaktischer Absicht mit dem medialen Schauplatz des Geschehens zu befassen, den deutschen Comedy-Shows der Schmidts und der Raabs, und zu fragen, welche Qualitäten diese als mediale Plattformen haben, die jugendkulturelle Tendenzen sowohl aufgreifen als auch beeinflussen. Genauer: Wie wird in diesem Genre das hergestellt, was als Lebensgefühl die ausdifferenzierten heterogenen Jugendkulturen vereint: nämlich Spaß.

Im Folgenden sollen medien- bzw. textanalytische und didaktische Fragen beantwortet werden:

- Mit welchen Mitteln arbeiten die Entertainer, um ihre Fans und Zuschauer im Studio und zu Hause vor den Bildschirmen zum Lachen zu bringen?
- Wie bereiten sie diesen Effekt vor? Wie entwickeln und platzieren sie ihre Pointen?
- Wann und warum lacht bzw. klatscht das Studiopublikum?
- Wie werden Texte performativ inszeniert?
- Welche Teilfähigkeiten einer allgemeinen Mediennutzungskompetenz können Schüler und Schülerinnen entwickeln, die sich im unterrichtlichen Zusammenhang mit Comedy-Shows beschäftigen?

Die Fragen konzentrieren sich im Kontext des massenmedialen Kommunikationsprozesses auf das Verhältnis zwischen dem Produkt, der Sendung, und seiner Herstellung, ausgespart bleiben die Aneignungsprozesse der Zuschauer zuhause vor ihren Bildschirmen (vgl. dazu Ayaß und Klemm i.d.Bd.). Diese Perspektive macht – medienanalytisch – die methodische Entscheidung für sequentiell und qualitativ arbeitende Verfahren erforderlich, weil nur mikroanalytisch der Beitrag verbaler und non-verbaler Mittel für die Spaßerzeugung rekonstruierbar ist. Dabei knüpfe ich an die in der Tradition einer gesprächsanalytisch orientierten Medienforschung (Linke 1984, Holly et al. 1986 oder Weinrich 1992) entwickelten Analyseverfahren an.

Für die Medien-Analyse habe ich jeweils ein Exemplar der Comedyshows *tv-total* mit Stefan Raab und der *Harald-Schmidt-Show* ausgewählt, die allerdings aus den eben genannten Gründen nicht als ganze thematisiert, sondern lediglich in kleinen Ausschnitten serviert werden: Den in beiden Formaten obligatorischen Nonsense mit Gästen werde ich ignorieren und mich statt dessen auf die Analyse ausgewählter monologischer Pointenpräsentation beschränken.

Gegenstand sind zwei thematisch zusammengehörige Phasen, in der die Entertainer drei bzw. vier Pointen präsentieren. Im ersten Teil werde ich anhand der Textfassungen dieser Sequenzen die elementaren Komponenten von Pointen herausarbeiten, die sich auf Seiten der Rezipienten als Nachvollziehen einer durch den Entertainer geweckten Erwartung und deren Brechung in einer Inkongruenz darstellen. Im zweiten Teil zeige ich an einer die prosodischen und nonverbalen Phänomene erfassenden Transkription, welchen Beitrag diese für die Pointeninszenierung leisten. Schließlich folgt im dritten Teil zunächst eine methodologische Diskussion über die Frage der Inszenierung von Texten, sodann eine mediendidaktische Diskussion, in der für eine Auseinandersetzung mit diesem Gegenstand im Fach Deutsch plädiert wird mit dem Ziel, die medialen Aneignungspraktiken von Schülern auszudifferenzieren.

2. Pointen in Comedy-Shows

Die Sendeformate *tv-total* und *Harald-Schmidt-Show* gehören zum audiovisuellen Genre der *Comedy-Show*, das eine meist live aufgezeichnete Sendung bezeichnet, in der ein Entertainer z.T. unter Beteiligung von anderen Darstellern und/oder Gästen versucht, sowohl beim inneren Kommunikationskreis – dem Studiopublikum – als auch beim äußeren Kommunikationskreis – den Zuschauern vor ihren Bildschirmen – (um eine Unterscheidung von Linke 1984 aufzunehmen) Spaß zu erzeugen. Kurz: die Zuschauer sollen zum Lachen gebracht werden. Diese Sendeformate gehören zu den komisch unterhaltenen Genres, im engeren Sinne vergleichbar mit der sog. *Sitcom* – also Situationskomödie – oder *Gagshow* mit derben Scherzen wie z.B. in *Pleiten, Pech und Pannen*, im weiteren Sinne vergleichbar mit den aus der Theatertradition adaptierten Formen wie

Schwank, *Lustspiel* oder *Komödie*. Comedy-Shows haben derzeit Konjunktur: In einer *ad-hoc* für die dritte Juni-Woche 2000 angefertigten Übersicht wurden acht verschiedene Formate in sieben Programmen gezählt, die teilweise mehrfach in der Woche ausgestrahlt werden.

Wer sich eine Sendung dieses Genres ansieht, weiß, was ihn erwartet: denn für den Zeitraum der Ausstrahlung gilt jene Aneignungsanweisung, die Brock als Komikmaxime beschrieben hat: „Interpretiere das, was du rezipierst, als komisch" (Brock 1996, 43). Diese Anweisung gilt im besonderen Maße auch für das Studiopublikum, hat es sich doch freiwillig bereit gefunden, an der Produktion der Sendung mitzuwirken.

So etabliert das Zusammenspiel von Genre und Format bereits einen *Rahmen*, den ich in Anlehnung an den interaktionssoziologischen Ansatz Goffmans charakterisieren möchte als die Definition einer sozialen Situation durch die daran Beteiligten, die sie aufgrund ihrer Erfahrungen vornehmen. Diesen großen Rahmen erzeugen und spiegeln kleinere Rahmungen, also Methoden, mit denen die beteiligten Subjekte sich gegenseitig zeigen, welche Absichten ihre Handlungen leiten. Es rücken also die sich gegenseitig bedingenden Aktivitäten des inneren Kommunikationskreises in den Mittelpunkt des Interesses: Der Entertainer, der durch sprachliche Handlungen Spaß erzeugen, und das Publikum, das Spaß haben will und dies gelegentlich durch Lachen und Klatschen deutlich macht.

2.1. Raabs Pointen

Die Texte 1 und 2 sind bereinigte Lesefassungen der Pointen, d.h., sie enthalten noch keine Hinweise auf die mündliche Darbietung der Entertainer. In diesen Texten suchen wir zunächst nach den Publikumsreaktionen: Worüber wird also bei Raab und Schmidt gelacht?

1. Stefan Raab: „Angela Merkel" (*tv-total*, 3.4.2000)

1 *Raab*: Wir kommen jetzt zur großen Politik, meine Damen und Herren. Sie alle kennen Angela Merkel, ja, ganz groß im Kommen in der Politik. Und wer im Politikgeschäft so richtig Karriere machen will, der muss zwei Sachen haben: einen geschärften Sinn und große rhetorische Fähigkeiten. Und wer hat das? Natürlich Angela Merkel. Schauen Sie hier:
Merkel (O-Ton): „Es ist schon em glaub ich so dass man em manchmal auch ne also dass ich neben mir oder ist es so dass ich manchmal selbst ein bisschen neben mir stehe." (Lachen)

2 *Raab*: Ja genau, ich habe gestern in der „Bild am Sonntag“ gelesen, da hat sie ein Interview gegeben, und sie wollte sich wahrscheinlich bei den jungen Menschen ein bisschen einschleimen, und sie hat als ihren Lieblingskünstler genannt: Bruce Springsteen. Ja, Frau Merkel, bei Jugendlichen ist Bruce Springsteen im Moment tierisch angesagt. (Lachen) Sie kennt ihn noch von dem Lied „Born in the DDR I was“. (Lachen)
3 Da hab ich noch was Tolles, und da hat sie eigentlich mehr neben sich gesessen als neben sich gestanden: Hier ist ein Ausschnitt mit Wolfgang Schäuble. Und achten Sie mal darauf, wie Frau Merkel reagiert:
Schäuble (O-Ton): „Der CDU-Bundesvorstand hat seinerseits diese Bereitschaft von Angela Merkel in einem einstimmig gefassten Beschluss begrüßt.“ (Merkel wendet langsam ihren Kopf dem neben ihr sitzenden Schäuble zu). (Lachen, Klatschen)

In diesem Beispiel lacht das Publikum zunächst über die in einem audiovisuellen Zitat dokumentierten Formulierungsprobleme der Angela Merkel, die als erfolgreiche Politikerin über große rhetorische Fähigkeiten verfügen sollte. Im zweiten Teil bekundet es Einverständnis mit der von Raab ironisch vorgetragenen negativen Einschätzung der Politikerin, dass sie sich mit dem Musikgeschmack von Jugendlichen nicht auskenne. Und im dritten Teil erfreut es sich an einer langsamen, vielsagenden Kopfbewegung der Politikerin hin zu dem neben ihr sitzenden Wolfgang Schäuble.

Betrachten wir nun die textuelle Vorbereitung der drei Pointen genauer. Zunächst etabliert Raab den Rahmen durch Nennung von Bereich (Politik) und Person (*Angela Merkel*), entfaltet ihn mittels einer allgemeinen Aussage über jene Qualifikationen, über die ein erfolgreicher Politiker verfügen müsse. Mit der durch eine rhetorische Frage vorbereiteten ironischen Behauptung verzögert er nicht nur die Pointe, sondern lenkt die Erwartung der Zuschauer auf den folgenden Ausschnitt, dessen Inhalt wegen der darin dokumentierten Formulierungsprobleme dazu in Widerspruch steht. Indem sich das Studiopublikum dieser Inkongruenz bewusst wird, hat es einen Ansatz zum Lachen gefunden. Ähnlich wird die zweite Pointe vorbereitet, nur dass hier die Abfolge der Positionen etwas variiert. Der evaluative Ausdruck, Angela Merkel wolle sich bei der Jugend *einschleimen*, orientiert auf die Pointe, während die Rahmenentfaltung erst mit der Nennung des Namens *Bruce Springsteen* abschließt, einem Rockmusiker, der vor allem in den 80er Jahren erfolgreich war. In einer direkt an Frau Merkel adressierten Behauptung setzt Raab seine Pointe im Modus der Ironie – in der aktuellen Popmusik spielt Springsteen keine große Rolle. Im Anschluss daran verdeutlicht er seine Spitze mit einem verfremdeten Musik-Zitat – *Born in USA* war einer der größten Hits Springsteens. Für die dritte Pointe schließlich kündigt Raab eine Videoeinspielung an; zudem orientiert er die Aufmerksamkeit der Zuschauer auf die pointenrelevante Handlung. Entsprechend reagieren die Zuschauer mit einem Lachen, das in ein Klatschen übergeht. Damit honorieren sie die Leistung des Entertainers, der ihre Erwartungen erfüllt hat.

Die Detailuntersuchung hat gezeigt, dass Raab seinen Zuschauern am Videomaterial orientierte Rahmungen liefert, die dann durch die Einspielung selbst so kontrastiert werden, dass ein witziger Effekt entsteht.

2.2. Schmidts Pointen

Einen medialen Bezug haben auch die Pointen des Harald Schmidt, wenn auch in anderer Art und Weise. Wie evoziert er nun das Lachen seiner Zuschauer?

2. Harald Schmidt: „Hera Lind" (*Harald-Schmidt-Show*, 11.4.2000)

1 Eine Frau, wem sag ich das, hat gestern in Deutschland gezeigt, es geht auch anders. Seit gestern wissen es alle, die bisher eher konservativ gedacht haben: Ja, es ist möglich. Eine Frau hat es uns gezeigt, und Sie alle wissen natürlich: Ich spreche von Hera Lind. (Lachen)

2 Hera Lind ist neu verliebt, sie war bisher liiert, auch Kinder, aber wo die Liebe hinfällt, wen Amors Pfeile treffen. Sie liebt jetzt einen österreichischen Hotelier, sie hat sich noch mal völlig neu orientiert. Man muss fragen: Hat Hera das mit den Wechseljahren falsch verstanden? (Lachen, Klatschen)

3 Die beiden haben sich, laut Hera, in der Zeitung, in einer Kirche kennengelernt, bei gemeinsamen Arbeiten, sehr romantisch, und man muss sich das so vorstellen: Sie saßen irgendwie im Beichtstuhl, und plötzlich zieht der Pfarrer die Wand weg und sagt: „Das ist Ihr Herzblatt." (Lachen, Klatschen) Bald wird es wieder heißen: „Wir haben sie getrennt befragt, wir schicken sie mal mit dem Herzblatthubschrauber auf eine Alm."

4 Der neue Mann und Hera, ich zitiere, sagt: „Auf diesen Mann habe ich zweiundvierzig Jahre gewartet." Ja gut, es ist verständlich, denn er ist Österreicher. (Lachen, Klatschen)

In diesem Text lacht das Publikum zunächst über die Auflösung einer als Rätsel gestalteten umständlichen Vorstellung der Person, die zum Thema gemacht werden soll, die Autorin und Fernsehmoderatorin Hera Lind, dann über die Polysemie des Ausdrucks *Wechseljahre*. Die Verknüpfung der Situationsbeschreibung „Kennenlernen in einer Kirche" mit der Kontaktshow „Herzblatt" evoziert ebenso ein Lachen des Publikums wie Schmidts Anspielung auf das dem Österreicher zugeschriebene Stereotyp der Langsamkeit.

Die erste Pointe wird erzeugt durch die Enttäuschung der Rezipientenerwartung nach einer raschen Rahmenetablierung und -entfaltung: Schmidt zögert die Namensnennung seiner Protagonistin Hera Lind nach Art eines Rätsels bis zum Ende heraus. In der zweiten Pointe beschäftigt sich Schmidt mit der Vorbereitung einer ungewöhnlichen Lesart des Ausdrucks „Wechseljahre" im Sinne von ‚Jahre, in den eine Frau ihren Partner wechselt', die nunmehr wie ein Scharnier den Bezug zur standardsprachlichen Gebrauchsweise i.S.v. ‚weibliche Menopause' herstellt. An diesem Beispiel lässt sich, auch in Vorgriff auf die noch folgende Sichtung der prosodischen und nonverbalen Eigenschaften der Darbietung, eine weitere Komponente des Pointen-Vorlaufs zeigen: Mit dem Ausdruck *Hera Lind hat sich neu orientiert* ist der Rahmen für die Pointe vollständig etabliert. Für die auf den Ausdruck *Wechseljahre* hinführende Formulierung schlage ich die Bezeichnung Pointen-Prae vor; damit sind jene Formen gemeint, die unmittelbar die Pointe vorbereiten. Dem Lachen des Publikums folgt das anerkennende Klatschen. Für die dritte Pointe baut Schmidt zitierend die Rahmung „Sich in einer Kirche kennenlernen" auf. Indem er sie auf die Situation „Beichtstuhl" konkretisiert, die einen nur drei Personen zugänglichen Vorstellungsraum aufbaut, kann er nun den Rahmen aufbrechen, indem er den Pfarrer zum Moderator der ARD-Kontaktshow „Herzblatt" werden lässt, auch eine Anspielung auf Hera Linds Tätigkeit als Moderatorin der Sendung. Das Lachen und Klatschen des Publikums zeigt, dass dieser Rahmenbruch gelungen ist. Schmidt arbeitet anschließend weiter im „Herzblatt"-Rahmen, wenn er eine der sich wiederholenden Formulierungen aus dieser Sendung zitiert. Hier erfolgt allerdings keine Publikumsreaktion. Der Ausdruck *Alm* – der eine Gebirgsidylle konnotiert – bereitet bereits die vierte Pointe vor, denn diese wird erzeugt durch ein auf das nationale Stereotyp „Österreicher sind langsam" anspielenden Kommentar zu einem Zitat Hera Linds.

Rätsel, Polysemien, Anspielungen und der Rückgriff auf nationale Stereotype: Das textuelle Repertoire der Pointen des Harald Schmidt ist entschieden vielfältiger als das des Stefan Raab, dessen Orientierung an Einspielungen seiner Pointenproduktion doch enge Grenzen setzt.

2.3. Zusammenfassung

In beiden Beispielen entwickeln die Entertainer in der Vorbereitung der Pointe Erwartungen beim Publikum, den sie mithilfe eines inkongruenten Elements in eine andere Richtung lenken: Ein plötzlich eingeführter neuer Rahmen durchbricht also den zuvor etablierten. In sequentieller Sicht erscheint die Pointe als sprachlich (oder mimisch, gestisch) gestaltete überraschende, inkongruente Brechung eines etablierten Rahmens durch einen anderen, der ein Lachen des Publikums folgt. Die Pointe als Höhepunkt einer auf Spaß zielenden Darbietung hat einen Vorlauf, in dem der Rahmen nicht nur etabliert und entfaltet, sondern auch evaluiert wird; das Pointen-Prae schließt ihn ab. Sie hat darüber hinaus einen Nachlauf, der im gemeinsamen Lachen des Publikums besteht. Fakultativ tritt das Klatschen hinzu, mit dem die Zuschauer die Aktionen des Entertainers honorieren, dem es gelungen ist, ihre Erwartungen zu erfüllen. Damit weist die Pointengestaltung sequenzielle und strukturelle Ähnlichkeiten mit dem Witz, der Anekdote und dem Rätsel auf, die ebenfalls über einen entsprechend vorbereiteten Höhepunkt verfügen.

Mit der Bestimmung der Pointe bei unseren beiden Entertainern bleibt noch die Antwort auf die Frage zu ergänzen, welche Tendenz – i.S. Freuds (1902) – sie haben, denn sie können keinesfalls als harmlos gelten. Während Raab über sein Spott-Objekt Angela Merkel behauptet, sie sei rhetorisch unbedarft und ahnungslos, was die Vorlieben von Jugendlichen angeht, greift Schmidt Informationen aus der Boulevardpresse über Hera Lind auf und kommentiert diese. Raab belegt seinen Angriff mit etwas Okkasionellem, also einem zufällig während einer Live-Sendung entstandenen Formulierungsproblem, während Schmidt sein Objekt Hera Lind in seiner medialen Inszenierung angreift. So lassen sich zwei unterschiedliche Tendenzen konstatieren: Während Raabs Pointentechnik das Zufällige verallgemeinert, spießt die Schmidts das veröffentlichte Image seiner Protagonistin satirisch auf.

3. Die Inszenierung der Pointen

In diesem Abschnitt geht es um die Frage, wie die Entertainer das eben analysierte textuelle Material in den beiden Fernsehsendungen präsentieren. Die monologische Darbietung erscheint als das Ergebnis einer Inszenierung. Bezogen auf den inneren Kommunikationskreis Entertainer-Studiopublikum verstehe ich unter Inszenierung in Anlehnung an Fischer-Lichte (1998) die Gesamtheit unterschiedlicher Mittel, deren gemeinsamer Einsatz eine Darbietung konstituiert auf den Ebenen der Szenerie, der Bewegungen, der Stimme und des Textes. Bezogen auf den äußeren Kommunikationskreis treten noch diejenigen Mittel hinzu, welche sich aus der Perspektivität des Mediums ergeben, nämlich die durch Kameraposition, Achse und Einstellung deutlich werdende Wahl des gezeigten Ausschnitts, für den die Bildregie zuständig ist. Die so inszenierte Darbietung einer Comedy-Show in einem Fernsehstudio wird durch die übertragenen Kameras für das Medium adaptiert, es treten die spezifischen Rahmentransformationen auf, die die Perspektivität der Kameras erzeugen. Meist übernimmt die Kamera die Sichtweise eines gut platzierten Zuschauers, d.h. in der Regel ist der Entertainer während des Pointenvorlaufs entweder in einer halbnahen oder in einem Ausschnitt zu sehen, in langen Einstellungen, im Nachlauf werden fakultativ meist kurz im Publikum sitzende Personen gezeigt, die lachen und/oder applaudieren. Der durch die Kamera vermittelte Ausschnitt des Geschehens konzentriert sich also ganz auf die Darbietung des Entertainers. Diesen Punkt werde ich nicht weiter thematisieren, da in den ausgewählten Beispielen die Kamera im Wesentlichen in langen, halbnahen Einstellungen die Entertainer fokussiert, auch stimmen Handlungs- und Kameraachse überein, so dass wir uns auf die den Zuschauern vermittelte Darbietung im Studio konzentrieren können.

Da die Dimension des Textes bereits im vorangegangenen Abschnitt behandelt wurde, kommt zunächst die Szenerie in den Blick: Sie eröffnet die Aktionsräume der Entertainer. Wir sehen Stefan Raab hinter einem Schreibtisch sitzen, er trägt ein helles Sweat-Shirt: Freizeitkleidung. Die kurz geschnittenen blonden Haare mit den weit nach unten gezogenen Koteletten konturieren sein Gesicht ebenso wie der Oberlippen-Kinn-Bart. Harald Schmidt wirkt in seinem elegant-konventionellen Auftreten (Anzug und Krawatte) seriös, unnahbar. Er steht, groß und schlank, auf der Mittelachse der Bühne. Sein Gesicht wird weniger durch die kurzgeschnittenen, schon ergrauten Haare geprägt als durch seine kleine runde Brille.

Die Körperlichkeit der Präsentation, in deren Mittelpunkt der Text steht, macht die Untersuchung sowohl der Stimme als auch der Bewegungen erforderlich. Die Stimme gestaltet den Text prosodisch, die Bewegungen nonverbal. Die prosodischen Mittel lassen sich als jene Eigenschaften gesprochener Äußerungen charakterisieren, mit deren Hilfe Sprecher ihre Beiträge gestalten: Akzent, Intonation und Pausen usw. Die nonverbalen Mittel des Entertainers umfassen seine Mimik und Gestik: seine Arm- und Handbewegungen, Veränderungen in der Körperorientierung sowie Variationen seines Gesichtsausdrucks.

Welchen Beitrag leisten nun die prosodischen und nonverbalen Mittel für die Vorbereitung und Platzierung der Pointe? Im Folgenden werde ich die beiden oben besprochenen Textstellen anhand einer Transkription analysieren. Sie ist im Anhang dokumentiert.

3.1. Raabs Inszenierung

Für den Ausschnitt „Angela Merkel" lassen sich auf der prosodischen Ebene nur wenige Auffälligkeiten vermelden. Die sparsamen Akzente heben die Schlüsselwörter dieses Abschnitts hervor. Die Rhythmisierung durch kurze Pausen markieren die zentralen Aspekte der Erwartung, begleitet durch Taktschläge der rechten Hand. Stärker strukturieren Mimik und Gestik Raabs den Pointenvorlauf, etwa durch Verlagerungen der Körperachse. So wird auch sein Blick nach unten zu einem Gestaltungsmittel, das dem Zuschauer deutlich macht, dass noch ein bisschen Zeit bis zur Pointe ist. Die Ausrichtung des Körpers auf die Kameraachse (Fl. 3) und der angewinkelt aufgestützte linke Arm weisen den Zuschauer darauf hin, dass der Höhepunkt bald erreicht ist. Der rhythmisch schlagende rechte Arm und die mitzählenden beiden Finger (Fl. 5) leiten schließlich über zum ausgestreckten Arm, der die Aufmerksamkeit auf die Filmeinspielung konzentriert.

Abbildung 1: Stefan Raab – *tv-totl*

Mit ähnlichen Mitteln arbeitet Raab bei der folgenden Pointe. Prosodisch und paralinguistisch interessant ist hier die Ironiemarkierung (Fl. 14–16). Noch bevor er den Ausgangsrahmen vollständig etabliert hat, richtet er seinen Kopf nach vorne, der linke Arm gerade nach links unten ausgestreckt, der rechte aufgestützt.

Dem Akzent auf dem Künstlernamen Bruce Springsteen entspricht eine syntaktische Hervorhebung durch Rechtsherausstellung; er verbindet den Abschluss des Erwartungsrahmens mit der Pointe, die in der ironischen Behauptung besteht, Bruce Springsteen sei *tierisch angesagt*. Neben dem gehobenen Arm bei *tierisch* verdeutlicht das abschließende, steigend intonierte *ja* die Ironie ebenso wie das leicht verächtliche Lippenspiel in der anschließenden Pause – kein Wunder, dass das Publikum bei dieser eindeutigen Markierung seiner Lachpflicht nachkommt.

Und die dritte Pointe hat einen relativ kurzen Vorlauf, nur knapp unterstützt durch eine Handbewegung auf *achten Sie mal* (Fl. 21), und ein relativ ausgeprägtes Pointen-Prae. In die Einspielung hinein markiert Raab den Höhepunkt mit einem deutlich gesprochenen *Achtung* (Fl. 25) sowie einem angedeuteten Lacher.

Die Verstehensinstruktionen, die Raab seinen Zuschauern gibt, sind relativ eindeutig; kaum einem wird die vorbereitete Pointe entgehen. Hervorzuheben sind die Inkongruenzen in der suprasegmentalen Gestaltung des Beitrags, z.B. das Auseinanderfallen von Text und Gestik, sowie die Ironiemarkierungen, die einzelne Wörter hervorheben.

Interessant sind auch die Aktivitäten des Entertainers während der Klatschens: So nutzt Raab in zwei Anläufen diese Zeit, um den nächsten Themenbereich einzuführen.[2]

```
   >┌        +             !                               !
   SR│ /1/   wir kommen jetzt (3 sec) wir kommen jetzt zur großen
     │       wendet sich nach         blickt nach vorn
     └       links unten              Hr: erhob. Zeigefinger
   PB[ klatschen.......................................
1

   >┌   :   \
   SR│  Politik  meine Damen und Herren Sie kennen alle Angela
     └                                  Ko: nach unten
   PB[ ........
2
```

Der anerkennende Applaus nach der vorangegangenen Pointe veranlasst Raab dazu, seine Stimme zu heben. Gleichzeitig wendet er sich zur Seite: So erweckt er den Eindruck, er würde nach Papieren suchen. Der Akzent auf *jetzt* in Verbindung mit dem Formulierungsabbruch signalisieren dem Zuschauer, dass die

2 Die Legende für das Transkript findet sich im Anhang.

nächsten Pointen in Aussicht stehen. Die nun folgende längere Pause beendet Raab, indem er sich anders positioniert, die eigene Handlung wieder auf die Bildachse bezieht. Unterstützt wird diese Aufmerksamkeitslenkung durch den erhobenen Zeigefinger. Auch prosodisch markiert er seine Absicht, die Pointenpräsentation fortzusetzen: Der Akzent auf *groß* und die Vokaldehnung in *Politik* bewirken einen Abschluss des Klatschens, so dass er mit seiner Publikumsanrede den neuen thematischen Schwerpunkt entfalten kann.

Das Problem, das Raab hier bearbeitet, ist ein medienspezifisches: Wie soll sich ein im Bild gezeigter Entertainer verhalten, wenn das Publikum seine Pointen belacht und beklatscht? Alternativ wären einzelne oder mehrere Zuschauer im Publikum in Naheinstellungen bzw. Halbtotalen zu zeigen – auch dieses Mittel wird bei *tv-total* hin und wieder gewählt; in unserem Beispiel jedoch findet sich keine solche Publikumseinstellung. Die von Raab gewählte Technik ist vergleichbar mit der Kundgabe eines *turn*-Übernahmewunsches im Alltagsgespräch: Anfänge von Äußerungen, in turn-übergangsrelevanten Punkten platziert, die dann wiederholt werden, bis es gelingt, das gewählte Formulierungsmuster ganz einzubringen. So funktioniert es auch beim zweiten, sehr leisen Klatschen des Publikums (Fl. 10–11). Ein anderes Verhaltensmuster nutzt Raab im Nachlauf seiner dritten Pointe (Fl. 24 f.): Hier orientieren seine Aktivitäten nicht kataphorisch auf die weitere Thematisierung, sie dienen vielmehr anaphorisch der Verstärkung der gerade inszenierten Pointe, indem er die als witzig markierte Kopfbewegung Angela Merkels zweimal imitierend wiederholt. So sorgt er dafür, dass sich die Applauszeit verlängert. Erst dann macht mit dem Stoßen von Papierblättern seinem Publikum klar, dass es weitergehen kann. Entsprechend verebbt der relativ lange Applaus relativ rasch.

Auch in diesen Situationen der Nachlauf-Inszenierung erweist sich Stefan Raab mit seinem Repertoire als klar instruierender Dirigent seines Publikums, der den antizipierten Gang der Dinge sicher durchsetzen kann. Das Hantieren mit Papier oder auch die Verlagerung der Körperachse markieren kataphorisch den intendierten Wechsel des thematischen Schwerpunkts. Auch auf die zeitliche Dauer des Nachlaufs wirkt er ein: Während die Formulierungsabbrüche, Akzentsetzungen und Lautstärkemodulationen eine akzelerierende Funktion haben, hat die wiederholte Imitation eine retardierende.

3.2. Schmidts Inszenierung

Nun kommt die Inszenierungstechnik Harald Schmidts ins Spiel: Wie inszeniert er seine Pointen? Das zu Beginn beobachtbare Händereiben Schmidts signalisiert dem Zuschauer, dass die nun zu präsentierende *stand-up*-story alle seine Erwartungen erfüllen wird. Bei der Präsentation des Rätsels arbeitet Schmidt mit einer übertriebenen Akzentuierung, die fast jede betonte Silbe hervorhebt, intensiviert durch die rhythmisch parallel von oben nach unten geführten Arme – eine Artikulationsform, die in einem eigentümlichen Kontrast zur oben konstatierten textuellen Vagheit steht: Auf diese Weise wird der rätselhafte Text in der Inszenierung aufgeladen. Der Übergang zu einem anderen Bewegungsrhythmus fällt mit der unmittelbaren Pointenvorbereitung zusammen (Fl. 20–21): Schmidt führt die Hände über einen kurzen Halt an seiner legendären Brille nach oben und breitet die Arme aus. Die nach diesem Vorlauf mehr als überfällige Auflösung des Rätsels bereitet der nach vorn gestreckte rechte Arm vor; gleichzeitig akzentuiert und verzögert die steigenden Intonation auf *von* sowie der darauf folgenden Pause die Spannung. Das Lachen des Publikums zeigt, dass diese Darbietung erfolgreich ist. Schmidts Grinsen nach der Namensnennung vermittelt seine Gewissheit über den Erfolg dieser Pointe.

Abbildung 2: Harald Schmidt - *Die Harald Schmidt Show*

Bei der folgenden Pointe fallen die zahlreichen prosodischen Notationen vor allem im ersten Teil auf: Schmidt gestaltet das sprachliche Material sehr differenziert, wie die variantenreiche Kombination von Tempo, Akzent und Intonation zeigt. Das Klatschen bei *verliebt* (Fl. 22) akzentuiert das Schlüsselwort dieses Teils, während die kurz ausgebreiteten Arme während der Pause vor *wen Amors Pfeile treffen* (Fl. 23) eine gewisse Arglosigkeit demonstriert, die das anschließende Händereiben dementiert. Für das Pointen-Prae, die vorbereitende Evaluation, wählt Schmidt eine höhere Sprechgeschwindigkeit und die asymmetrisch erhobenen Arme. Die Zuschauer quittieren die Plazierung der Pointe mit Lachen und Klatschen. Ein sog. Fill-In der Musikkapelle bestätigt die Publikumsreaktionen und beschließt den Beifall.

In der dritten Pointe kommentiert die Daumen-Zeigefinger-Berührung das Gesagte, indem sie den paradoxen Anfang der Liebesaffäre „in einer Kirche" hervorhebt. Der nach unten gerichtete Kopf illustriert die Assoziation von Demut, die der Ausdruck *Beichtstuhl* hervorrufen kann. Die Pointe wird durch den nach vorn gestreckten Arm vorbereitet, der mit dem schnellen Zug nach hinten während der Pointe emblematisch die für die Herzblatt-Show charakteristische Bewegung des Vorhang-Aufziehens zitiert. Intonatorisch nutzt das Mittel des mimetischen Zitierens, wenn er einen holländischen Akzent nutzt (*und dasch ischt Ihr Herzblatt*), zweifellos eine Anspielung auf Rudi Carrell, der ebenfalls „Herzblatt"-Moderator war. Auch in der vierten Pointe markiert die Daumen-Zeigefinger-Berührung der rechten Hand die Besonderheit des Zitats. Die Pointe wird durch den linken Arm angedeutet, die nun den Raum öffnet.

Wie wird nun in der *Harald Schmidt Show* der Nachlauf der zweiten Pointe (*Wechseljahre*) gestaltet? Auch hier wird sowohl akzelerierend als auch und retardierend inszeniert.

```
   >┌ H \        >
   HS│  nein /10/ nein nein Moment /11/ Moment            Moment
     │                             zieht Mundwinkel nach oben
     │                            winkt ab       Ae: angewinkelt
     └                                            Zeigefinger
   PB[ lachen..... klatschen...............................
27
```

```
   >┌                 !   !                          >
   HS[                die beiden haben sich laut Hera in der
     └                    Hr: Daumen
   PB[ klatschen ......
   AS[   Trommelwirbel
28
```

Nach der Pointe wird zunächst eine lachende Zuschauerin in Nahaufnahme gezeigt, während Schmidt mit einem mehrfach wiederholten *nein* in erhöhtem Sprechtempo deutlich macht, dass er schnell weitermachen möchte, unterstützt von entsprechender Mimik und Gestik. Schließlich sorgt ein Trommelwirbel der Band dafür, dass die Zuschauer sich wieder auf den Entertainer konzentrieren. Neben dieser akzelerierenden Nachlaufgestaltung finden sich auch retardierende, wie z.B. nach der vierten Pointe (*Österreicher*) (Fl. 39/40): An dieser Nachlaufgestaltung fällt zunächst auf, dass Schmidt selbst das Signal zum Lachen gibt, indem er in erhöhter Lautstärke gespielt hämisch das mehrfach wiederholte *he* – eben nicht *ha* – in mehrfacher Wiederholung als Nachahmung des Lachens. So ist gar nicht ersichtlich, ob die Zuschauer über Schmidts Pointe oder aber über seinen satirischen Selbstkommentar lachen. In das Klatschen hinein, direkt nach einem Bildschnitt, zitiert er eine sehr höfliche, aber doch gestelzt wirkende männliche Begrüßungsfloskel einer Dame gegenüber. Die Lautstärke, der österreichische Akzent sowie die auffällige Dehnung und Hebung bei *Frau* machen diese Nachlaufgestaltung zu einem satirischen Kommentar über sein Witzobjekt.

Im Vergleich zu Stefan Raab zeigt sich Schmidt als variantenreicher Nachlaufgestalter, der die kommunikativen Bedingungen dieser Phase der Pointeninszenierung nutzt, um selbstreflexiv das eigene Handeln zu thematisieren. In seiner Darstellung weist er darauf hin, dass das, was er tut, inszeniert ist.

3.3. Zusammenfassung

Zusammenfassend lässt sich feststellen, dass für die Vermittlung von Pointen sowohl prosodische als auch nonverbale Mittel einen hervorragenden Platz einnehmen, da sie auf vielfältige Weise Verstehensinstruktionen vermitteln. Die Aufgabe der Redebegleitung nehmen beispielsweise die Hand- und Armbewegungen Schmidts ebenso wahr wie die angewinkelt, aufgestützten Arme Raabs. Die Aufgabe der Segmentierung lösen die Entertainer auf verschiedenen Ebenen durchaus anders: Es fällt auf, dass – vor allem in prozessualer Sicht – das Ende der Pointenvorbereitung auf den verschiedenen Ebenen unterschiedlich markiert werden kann. So zeigt Stefan Raabs Verlagerung der Körperachse, dass die in Aussicht stehende Einspielung kurz bevor steht, noch ehe die entsprechende Textpassage erreicht wird. Bei Harald Schmidt (in Pointe 2) akzentuiert sowohl die zum Stillstand gekommene Gestik als auch das erhöhte Sprechtempo das Pointen-Prae. Darüber hinaus werden für die Rahmung wichtige Wörter einzeln durch Akzent, kurze Handbewegungen oder ein Augenbrauen-Hochziehen hervorgehoben. Zur Veranschaulichung singt Raab das verfremdete Lied-Zitat. Wenn Schmidt mimetisch zitiert, erlaubt ihm das, den Rahmenbruch präzise intonatorisch zu setzen. Auch die genrespezifische Nachlaufinszenierung nutzen beide entsprechend ihres Selbstdarstellungskonzepts.

Im Vergleich zu Raab agiert Schmidt sowohl auf der prosodischen als auch auf der paralinguistischen Ebene sehr viel differenzierter – das hängt sicher auch damit zusammen, dass er frei vor seinem Publikum steht, während Raab hinter seinem Schreibtisch nur über einen begrenzten Aktionsradius verfügt.[3] Unterschiede bestehen auch im Gesamteindruck: Während Raab sich unbefangen, locker und humorbereit gibt, weist nahezu jede Aktivität Schmidts sich als inszeniert aus, weil er sie durchgängig übertrieben gestaltet.

4. Diskussion

In der nun abschließenden Diskussion möchte ich einen systematischen und einen anwendungsbezogenen Aspekt thematisieren: Zunächst werde ich dafür plädieren, den Ort der Inszenierung im Rahmen einer Texttheorie – genauer: einer Linguistik des Witzes – zu akzentuieren, und im Anschluss daran frage ich nach dem Potential, das der Gegenstand Comedy-Show im Deutschunterricht entfalten kann.

4.1. Inszenierung und Text

Ein Blick in die einschlägigen Veröffentlichungen über den Witz zeigt, dass der performative Aspekt überhaupt keine Berücksichtigung findet: Weder bei den Älteren (Freud und Bergson) noch bei den Jüngeren (Marfurt oder Berger) spielt die interaktive Inszenierung des Textes eine Rolle, denn auch beim Witz bedarf es ebenso wie bei der Pointe der Reaktion der Beteiligten. Dabei gehört es zur allgemeinen Lebenserfahrung, dass es gute und schlechte Witzerzähler gibt. Ein textuell überzeugender Witz, in einer sozialen Situation vorgetragen, kann demnach seine Qualitäten nicht entfalten, weil sein Erzähler die Pointe „vermasselt". Es könnte aber auch sein, dass die Zuhörer etwas nicht witzig finden, entweder weil sie selbst nicht über einen entsprechenden kulturellen Hintergrund verfügen, oder aber weil sie die Tendenz des Witzes ablehnen. Wie sind nun die Aspekte Text und Inszenierung zu gewichten? Das hängt von der sozialen Situation ab, könnte man behaupten, wenn man das folgende Zitat von Thomas Manns aus den „Buddenbrooks" liest:

> Er (Christian Buddenbrook, R.V.) erzählte bezwingend, hinreißend, in mühelosem Fluß, mit leicht klagender und schleppender Aussprache, burlesk und harmlos wie ein englischer Humorist. Er erzählte die Geschichte eines Hundes, der in einer Schachtel von Valparaiso

[3] Diese Differenzen lassen sich auch auf den unterschiedlichen Voraussetzungen der beiden Akteure zurückführen: Während Schmidts Präsentation eine Ausbildung als Schauspieler zugrunde liegt, ist Raab ein Autodidakt – er kann auf eine Ausbildung als Metzger zurückblicken.

> nach San Franzisko geschickt worden und obendrein räudig war. Gott weiß, worin eigentlich die Pointe der Anekdote bestand; aber in seinem Munde war sie von ungeheurer Komik. (Mann 1990, 249f.)

Man lacht offenbar auch über Geschichten, die textuell gesehen nicht witzig sind; ihr Erzähler weiß sie so zu gestalten, dass das soziale Ereignis des gemeinsamen Lachens eintritt. Die nahe liegende Frage, ob wir dann über den Erzähler lachen, kann in Hinblick auf die Entertainer in Comedyshows durchaus zustimmend beantwortet werde: Angesichts der bereits oben erwähnten Komik-Maxime, die durch das Arrangements im Studio noch intensiviert wird, ist anzunehmen, dass die Rezipienten solcher Shows bereitwillig den Verstehensinstruktionen der Entertainer folgen. Diese setzen die konventionellen Mittel der Redegestaltung gleichsam konzertiert ein. In Tabelle 1 sind die entsprechenden Formen und Funktionen der intonatorischen und nonverbalen Mittel bei den hier behandelten Entertainern zusammengestellt.

Funktionen	Mittel			
	Raab		Schmidt	
	Prosodie	Nonverbales Handeln	Prosodie	Nonverbales Handeln/
Redebegleitung	Akzente, Pausen, gefüllte Pausen (*eh*)	Arm- und Handbewegungen	Akzent	Auf und Ab der Hände
Segmentierung	Akzent	Verschiebungen der Körperachse		
Bedeutungsausdruck	Akzent, Handbewegungen	Lippenbewegungen	Akzent	kreisende Handbewegungen
Veranschaulichung	Singen (mimetisches Zitieren)		mimetisches Zitieren	Handlungszitate

Tabelle 1: Intonatorische und non-verbale Mittel der Pointeninszenierung

4.2. Mediendidaktische Perspektiven

Die abschließenden didaktischen Überlegungen fragen nach dem Potential, das der Gegenstand Comedy-Show im Deutschunterricht in den oberen Jahrgangsstufen der Sekundarstufe I sowie in der Sekundarstufe II entfalten kann.

1. Anknüpfen an die Interessen von Jugendlichen
Trotz aller in der Fachdidaktik vorgetragenen Bekenntnisse zur Anknüpfung an die lebensweltlichen Erfahrungen von Jugendlichen zeigt sich doch, dass der Unterricht nur selten auf diese Ressourcen zurückgreift. Das liegt unter anderem daran, dass viele Lehrer angesichts des Altersunterschieds den Bezug zu den Jugendkulturen verloren und nur wenig Interesse haben, ihn wieder herzustellen. Wenn eine Comedy-Show Gegenstand sein soll, dann zumindest mit den Werken Loriots, dessen Qualitäten schon verschiedene bekannte Stimmen gepriesen haben und dessen Werke in geschriebener Form immer zugänglich sind, Lehrer sich damit auf vertrautem medialen Terrain bewegen. In Genre-historischer Perspektive jedoch erweist sich das Loriotsche Format als Comedy-Kultur der Zielgruppe 45 plus, nicht aber als das des Jugendlichen heute – was nicht ausschließt, dass diese auch daran Gefallen finden. Das ist zweifellos tv-total oder Unter Ulmen auf MTV, während die Harald-Schmidt-Show sich an die Generation Golf der 25- bis 40-Jährigen wendet – so der Titel eines Buches von Florian Illies, in dem er Schmidt als „Erzieher dieser Generation“ preist. Wenn man sich nun, auch als älterer Lehrer, auf das Unternehmen Comedy-Show einlässt, heißt das nicht, dass man zum Connaisseur dieser Formate werden muss, vielmehr es gilt, den unterrichtlichen Raum zu schaffen, in den Schüler und Schülerinnen ihre Medienerfahrungen mit diesem Genre einbringen können, in einen Austausch mit dem Lehrer kommen, in dem die Beteiligten voneinander Neues erfahren können – der Blickwinkel des Jugendlichen bleibt sonst dem Älteren verschlossen.
2. Ausdifferenzierung der Aneignungspraktiken
Aus der qualitativen Rezeptionsforschung – etwa der Arbeit Hepps (1998) – wissen wir, dass Fernsehzuschauer bei ihrer Aneignung von emotionalisierenden Sequenzen versuchen, mit Äußerungen über die Art und Weise ihrer Präsentation Distanz herzustellen, um der Gefahr einer unerwünschten Identifikation zu entgehen. Die Analyse von Inszenierungspraktiken leistet also einen Beitrag zu einer Differenzierung der vielfältigen Produktionsaspekte einer Sendung, das *knowing-how* der Inszenierung. Die Konzentration auf die körperliche Darbietung des Entertainers schafft Raum für die Erkenntnis der Viel-Dimensionalität von kommunikativen Akten, nicht nur im Fernsehen. Ein Unterricht, der sich Zeit für Mikroanalysen nimmt – wie eben vorgeführt –, kann einen analytischen Rahmen schaffen, den die Schüler auch in ihren alltäglichen medialen Aneignungspraktiken übernehmen können – eine Ge-

wissheit darüber, dass sie das auch tun werden, werden wir jedoch nicht erlangen können.

3. Sensibilisierung für Inszenierungen
   Die dritte These hebt darauf ab, dass nicht nur Medienprodukte inszeniert sind, sondern dass der performative Aspekt sozialen Handelns einen immer größeren Stellenwert gewinnt, vor allem für Jugendliche. Man denke in diesem Zusammenhang an die Jugendkulturen, die sich durch Habitus und Stil, Kleidung, Musikvorlieben, sprachliche Codes usw. voneinander distinguieren. Man könnte dies in Anschluss an Willems (1998) darauf zurückführen, dass wir in einer Inszenierungsgesellschaft leben, die aufgrund ihrer Komplexität Formen, Spielräume und Zwänge von theatralem Handeln schafft. Wenn es aber den Zwang zur Selbstinszenierung auf den verschiedenen Bühnen unseres Alltagslebens gibt – und Schüler und Schülerinnen auf diesen auch aufzutreten wissen –, dann kann der Deutschunterricht dazu beitragen, durch Medienanalysen deren Bedingungen reflexiv zu erschließen. Dabei kommt jene Differenz zwischen medialen und alltäglichen Räumen zur Geltung: Indem Schüler und Schülerinnen sich die Theatralität von Medieninszenierungen bewusst machen, erarbeiten sie sich einen differenzierenden Begriffsrahmen, der auch geeignet ist, nicht nur die Auftritte von Anderen, sondern auch die eigenen in ihrer Mehrdimensionalität zu beobachten und zu beurteilen. Ein solches Konzept wahrt den Unterschied zwischen Unterricht und Alltagswelt, es erwartet von den Schülern und Schülerinnen keine Bekenntnisse zu ihrer Identität, sondern ermöglicht ihnen, mit den in Distanz erarbeiteten begrifflichen Rahmen das eigene Handeln reflexiv zu bearbeiten – selbst wenn sich daraus ein neues Fitnessprogramm für die Spaßgesellschaft entwickeln sollte.

Literatur

Bauer, Karl W. (1994): „Mediatisierung der Gesellschaft und Perspektiven schulischer Medienpädagogik".– In: *Diskussion Deutsch 140,* 365-373.

Berger, Peter L. (1998): *Erlösendes Lachen. Das Komische in der menschlichen Erfahrung*. Berlin; New York: de Gruyter

Brock, Alexander (1996): „Wissensmuster im humoristischen Diskurs. Ein Beitrag zur Inkongruenztheorie anhand von Monty Python's Flying Circus". In: Kotthoff, Helga (Hrsg.): *Scherzkommunikation. Beiträge aus der empirischen Gesprächsforschung*. Opladen: Westdeutscher Verlag, 21-48.

Fischer-Lichte, Erika (1998): „Inszenierung und Theatralität". In: Willems, Herbert; Jurga, Martin (Hrsg.): *Inszenierungsgesellschaft. Ein einführendes Handbuch.* Opladen, Wiesbaden: Westdeutscher Verlag, 81-92.

Freud, Siegmund (1905): *Der Witz und seine Beziehung zum Unbewußten.* Leipzig; Wien: Deuticke.

Gast, Wolfgang (1993): *Einführung in Begriffe und Methoden der Filmanalyse.* Frankfurt am Main: Diesterweg.

Goffman, Erving (1977): *Rahmen-Analyse. Ein Versuch über die Organisation von Alltagserfahrungen.* Frankfurt am Main: Suhrkamp.

Hepp, Andreas (1998): *Fernsehnutzung und Alltagsgespräche. Fernsehnutzung aus der Perspektive der Cultural Studies.* Opladen, Wiesbaden: Westdeutscher Verlag.

Holly, Werner; Kühn, Peter; Püschel, Ulrich (1986): *Politische Fernsehdiskussionen. Zur medienspezifischen Inszenierung von Propaganda als Diskussion.* Tübingen: Niemeyer.

Illies, Florian (2000): *Generation Golf. Eine Inspektion.* [5]Berlin: Argon.

Lambernd, Jochen (1998): *Scherz ist Trumpf: Humor im Fernsehen. Eine empirische Analyse am Beispiel der Comedy-Show „RTL Samstag Nacht".* Aachen: Shaker.

Linke, Angelika (1984): *Gespräche im Fernsehen. Eine gesprächsanalytische Untersuchung.* Bern: Lang.

Mann, Thomas (1990): *Buddenbrooks. Verfall einer Familie.* Berlin; Weimar: Aufbau.

Marfurt, Bernhard (1977): *Textsorte Witz. Möglichkeiten einer sprachwissenschaftlichen Textsorten-Bestimmung.* Tübingen: Niemeyer.

Weinrich, Lotte (1992): *Verbale und nonverbale Strategien in Fernsehgesprächen.* Tübingen: Niemeyer.

Willems, Herbert. (1998): „Inszenierungsgesellschaft? Zum Theater als Modell, zur Theatralität von Praxis". In: Willems, Herbert & Jurga, Martin (Hrsg.): *Inszenierungsgesellschaft. Ein einführendes Handbuch.* Opladen, Wiesbaden: Westdeutscher Verlag, 23-80.

Anhang: Transkripte

Zeichenerklärung für die Transkription

Sprachzeile		*Intonationszeile*		*Zeilen für non-verbale Aktivitäten*	
.	kurze Pause	>	schneller	*grinst*	Beschreibung von
...	längere Pause	<	langsamer	*hebt*	Gesten und mimischen
(1 sec)	Pause von ca. 1 Sek.	-	leiser		Ausdrucksformen
(gehört)	interpretativ erschlossen	-	leiser	*A) (e,l,r*	Arme (beide, links, rechts)
(...)	unverständl. Äußerung	*:*	Vokallänge	*Ab*	Augenbrauen
(lachen)	andere akustisch wahrnehmbare Aktivitäten	/	steigende Intonation	*H) (e,l,r)*	Hände (beide, links, rechts)
/1/	Nummerierung der Bildschnitte	*!*	Betonung einer Silbe	*Ko (v,l,r)*	Kopf (vorn, links, rechts)
	:	.	Intonationsbruch	*Kö*	Körper
		i.....i	ironisch		
		im....im	Imitation		

Transkripte

1. Stefan Raab: „Angela Merkel“ (tv-total (Pro Sieben), 3.4.00)

Sprechersiglen: *SR*: Stefan Raab, *PB*: Publikum, *AM*: Angela Merkel, *WS*: Wolfgang Schäuble.

Bildschnitt (Nr., Dauer in Sekunden, Inhalt, Einstellung, Perspektive, Position)

1	22“	Stefan Raab	amerikanisch	normal	Grundform II[4]
2	11“	Angela Merkel	amerikanisch	normal	Grundform II
3	38“	Stefan Raab	amerikanisch	normal	Grundform II
4	13“	Schäuble, Merkel	halbnah	normal	Grundform II
5	12“	Stefan Raab	amerikanisch	normal	Grundform II

```
  >┌         +              !                                 !
SR │ /1/    wir kommen jetzt (3 sec) wir kommen jetzt zur großen
   │        wendet sich nach          blickt nach vorn
   └        links unten               Hr: erhob. Zeigefinger
PB[ klatschen.............................................
```
1

```
  >┌    :    \
SR │  Politik  meine Damen und Herren Sie kennen alle Angela
   └                                     Ko: nach unten
PB[ ........
```
2

```
  >┌ :                                          .     !
SR │ Merkel ja ganz groß im Kommen in der Politik und wer im
   └                         Ko: vorne
```
3

```
SR ┌ Politikgeschäft so richtig Karriere machen will der muss
   │                                                   Hl: aufge-
   └                                                      stützt
```
4

```
  >┌                              !            .    .    .
SR │ zwei Sachen haben einen geschärften Sinn und große rhe-
   │ Ar: ausgestreckt        Hr: Daumen . . . . . .Zeigefin-
   └                         ausgestreckt
```
5

```
  >┌                    \ .      !
SR │ torische Fähigkeiten und wer hat das . natürlich Angela
   └ ger ausgestreckt                      Hr: Zeigefinger vorn
```
6

---

4 Parallelität von Handlungs- und Kamera-Achse; vgl. Gast (1993, 29f.).

```
 >┌          -
SR│ Merkel schaun Sie hier /2/
  └             Hr: am Mund
AM[                                      es is schon em glaub ich so
7

 >┌          :  :    >                          !                 >
AM└ dass man em ma manchmal noch ni also dass ich neben mir o-
8

 >┌ --
PB└ lachen
 >┌ -   . <+                                                        !
AM└ der  es ist so dass ich selbst ein bisschen neben mir stehe
9

 >┌            :\
SR│ /3/       ja    genau und ich hab gestern          ich hab
  │   Hl: aufstützt
  └   Hr: am Mund
 >┌                                             --
PB└          lachen .......................   klatschen
10

SR┌ gestern eh       ich hab gestern in der eh Bild am Sonn-
  │                  Hl: am Mund
  └                  Kö: Drehung
 >┌          --
PB└         klatschen
11

SR┌ tag gelesen da hat sie n Interview gegeben und sie woll-
  └                  Hl: dreht           Ko: rechts unten
12

SR[ te sich wahrscheinlich bei den jungen Menschen ein biss-
13

 >┌     h      +
SR│ chen einschleimen und eh hat als ihren Lieblingskünstler
  │                                 Ko: vorne
  │                                 Al: ausgestreckt zur Seite
  └                                 Ar: aufgestützt
14

 >┌       /  .  !      !          /.+          >
SR└ eh genannt Bruce Springsteen ja Frau Merkel bei Jugendli-
15
```

```
     >┌                          <!           /     /
     SR│ chen is Bruce Springsteen tierisch angesagt ja        be-
       └               Hr: nach oben                   Lippenbew.
     PB[                                                 lachen
16
     >┌                            /  >
     SR└ sonders hehe Bruce Springsteen sie ke sie kennt ihn noch
17
     >┌                singt                               : >
     SR│  von dem Lied "born in the DDR I was" he und em dann hab
       └                                                     Ko:
     >┌                                     --
     PB└                                    lachen
18
     SR┌ ich noch was Tolles und da hat sie eigentlich eher neben
       │ vorne
       └                                                      Ar
19
     SR┌  sich gesessen als neben sich gestanden und zwar eh hier
       │                 Kö: nach rechts
       └ : aufgestützt
20
     >┌                                          \ >
     SR│ ist ein Ausschnitt eh mit Wolfgang Schäuble und achten
       │                                              Zeigefinger
       └                                              ausgestreckt
21
     >┌          <
     SR│ Sie mal . wie eh pf Frau Merkel reagiert /4/
       └     Hr: heben
     WS[                                              Der CDU-Bun-
22
     WS[ desvorstand . hat seinerseits diese Bereitschaft von An-
23
     >┌                          !
     WS└ gela Merkel . in einem einstimmig gefassten Beschluss be-
24
     SR[         Achtung                              hö /5/
     PB[                                                 Lachen
     AM[wendet ihren Kopf langsam nach rechts
     WS[ grüßt
25
```

```
SR┌ da                                jaja
  [               Ko: langsam nach rechts  (2mal)
  └                                   auf dem Tisch
PB[ ...klatschen (11 sec)...............................
```
26

2. Harald Schmidt: „Hera Lind“ (Harald-Schmidt-Show (SAT 1), 10.4.00)

Sprechersiglen: *HS*: Harald Schmidt, *PB*: Publikum, *MK*: Musikkapelle, *ZU*: Zuschauer

Bildschnitt (Nr., Dauer in Sekunden, Inhalt, Einstellung, Perspektive, Position)

09	22“	Harald Schmidt	amerikanisch	normal	Grundform II
10	1“	Zuschauerin	nah	Aufsicht	Grundform I[5]
11	25“	Harald Schmidt	amerikanisch	normal	Grundform II
12	1“	Zuschauerin	nah	Aufsicht	Grundform I
13	1“	Zuschauerin	nah	Aufsicht	Grundform I
14	1“	Zuschauerin	nah	Aufsicht	Grundform I
15	17“	Harald Schmidt	amerikanisch	normal	Grundform II
16	2“	Zuschauer	nah	Aufsicht	Grundform I
17	48“	Harald Schmidt	amerikanisch	normal	Grundform II

```
 >┌            \    h+!                  >-          \
HS└ /9/ Damen und Herrn .  liebe Freunde unseres Kuschelsenders
```
16

```
 >┌ /!        .<  >-       \     +    !           !
HS│ eine Frau wem sag ich das . hat gestern in Deutschland ge-
  └ Ae: nach oben      Ae: parallel auf und nieder
```
17

```
 >┌  !        !      \.          !   !       !        !
HS└ zeigt es geht auch anders . seit gestern wissen es alle
```
18

```
 >┌                     !                           . !.!
HS│ die bisher eher konservativ gedacht haben ja es ist mög-
  └           Ko:re....vorn                                Ko:
```
19

```
 >┌   \  !          >                /   <   >
HS│ lich eine Frau hat es uns gezeigt und Sie alle wissen na-
  │ re...vorn
  └                     He: an der Brille     Ae: ausbreiten
```
20

5 Rechtwinkligkeit von Handlungs- und Kamera-Achse; vgl. Gast (1993, 28f.).

```
      >[                      /      !     !
      HS[ türlich ich spreche von . Hera Lind
                        Ko:re.......vorn
                   Al: unten               grinst
      [    Ar: nach vorn
      PB[                                       lachen
21

      >[  !         . ! .     \   >    !         <\    /    >
      HS[ Hera Lind ist neu verliebt sie war bisher eh liiert auch
                     Ko:re.....vorn
      [      H:klatschen         He:links oben             Ae:ausbrei-
22

      >[ .! \     >                 !    /                       !  \
      HS[ Kinder aber... wo die Liebe hinfällt wen Amors Pfeile tref-
      [ ten      He:reiben...................................
23

      >[                             \ .! /          \  :         /
      HS[ fen . sie liebt jetzt einen österreichischen eh Hotelier
      [ .......................                              Hr:oben,
24

      HS[sie hat sich nochmal völlig neu orientiert man muss sagn
      [ Hr:unten
25

      >[                                                         !  /
      HS[ hat Hera Lind das mit den Wechseljahren falsch verstanden
      PB[                                                        lachen
26

      >[ H \         >
      HS[  nein /10/ nein nein Moment /11/ Moment            Moment
S                                   zieht Mundwinkel nach oben
      [             winkt ab      Ae: angewinkelt   Zeigefinger
      PB[ ........... klatschen..............................
27

      >[                    !   !                          >
      HS[                  die beiden haben sich laut Hera in der
      [                       Hr: Daumen-
      PB[ klatschen ......
      MK[   Trommelwirbel
28

      >[                        <!    \    >
      HS[  Zeitung in einer Kirche . kennengelernt bei gemeinsamen
29
```

```
  >┌ .                         /
HS │ Arbeiten sehr romantisch und man muss sich das so vorstel-
   └                          Al:angewinkelt
30

  >┌ /                                      \  . /.
HS │ len sie saßen irgendwie im Beichtstuhl ja und plötzlich
   └           Ko:unten.....v     Al vorn
31

  >┌                                                 !    !
HS │ zieht der Pfarrer die Wand weg und sagt "und dasch isch
   └                                       Ar: schnell nach hinten
32

  >┌ !    !      !
HS └ Ihr Herschblatt"                              oh       (wi
PB [                   /12/ lachen /13/ klatschen /14/
MK [                                         Musik
33

  >┌                                                       i Rudi
HS │ dewaddeweidena)        oh   /15/ bald wird es heißen "wir
   └     He: an der Brille
PB [   klatschen........
34

  >┌  Carrell.........................................
HS │ haben schie getrennt befragt eh . wir schicke schie mal
   └                                    Hosentasche
35

  >┌ ............................../...........i
HS │ mit die Herschblatthubschrauber auf eine Alm" . der neue
   │           He: in der                    Hr: aus der Tasche
   └              Tasche                     Zeigefinger
36

  >┌ +!   !   !            >         <      !   !      !
HS │ der neue Mann und Hera ich zitiere sagt "auf diesen Mann
   └                Hr: Daumen-
37

  >┌  !  !    !    !     !      !                          \.
HS │ habe ich zweiundvierzig Jahre gewartet"                ja
   └                                   Ko:l.............
PB [                                            lachen
ZU [                                  lacht
38
```

```
    >┌ >                                              \ .++         \
    HS└ gut es ist verständlich denn er ist Österreicher he /16/
39

    >┌  H\   \  \                              +                    :/
    HS└ he he he he              ja /17/ küss die Hand gnädge Frau
    PB[          lachen, klatschen ..........................
    MK[                                 Trommelwirbel........
40
```

„Unser Willi Windsor – liebeslebentechnisch“. Zur vergnüglichen Inszenierung von Klatsch im Fernsehen

Andreas Monz

1 Einleitung[1]

Klatsch ist ein alltägliches Phänomen, das neben einer informativen und moralischen immer auch eine unterhaltende Funktion hat (vgl. Bergmann 1987, 21), die bei medialem Klatsch meist im Vordergrund steht. Seit einigen Jahren ist eine Ausbreitung von Formaten mit Klatschinhalten im Fernsehen zu beobachten. Neben Boulevardmagazinen[2] wie *Exclusiv* bei RTL oder *Leute Heute* beim ZDF ist das Format *Kaffeeklatsch* aufgefallen, da hier ein alltagsnahes Klatschgespräch als soziale Interaktion in eine mediale Situation übertragen wird.[3]

Bezogen auf das Format *Kaffeeklatsch* wird im Folgenden ausgeführt, wie Vergnügen stilistisch kontextualisiert wird. Das Stil-Konzept von Sandig (1986, 1995, 1996, 2001) und das Kontextualisierungs-Konzept nach Gumperz (1992) und Auer (1986, 1992) werden als theoretische Grundlagen herangezogen. Als Analysematerial dient ein Ausschnitt aus der Sendung *Kaffeeklatsch*, der den achtzehnten Geburtstag von Prince William of Wales, dem Enkel von Queen Elizabeth II von England, zum Inhalt hat.

Bei der Betrachtung wird der Fokus auf die mediale Inszenierung von Alltagsklatsch gerichtet. Dazu wird zunächst das Format *Kaffeeklatsch*, die untersuchte Sendung und das Sequenzmuster der Sendung beschrieben, bevor an kleineren Gesprächsausschnitten klatschtypische sprachliche Elemente vorgestellt werden. Den Abschluss bilden Überlegungen zu den gesellschaftlichen Implikationen von Fernsehklatsch.

---

[1] Für Hinweise zu einer früheren Fassung danke ich Michael Klemm, Eva-Maria Jakobs und Barbara Sandig.

[2] Boulevardmagazine dieser Art bieten vor allem eine audiovisuelle Übertragung der Inhalte der entsprechenden Regenbogenpresse (vgl. Foltin 2002, 2412).

[3] Vgl. u.a. Holly (1996) zu Mündlichkeit im Fernsehen und dessen besonderen Bedingungen.

2. Stil und Kontext

Der Definition Sandigs (1995, 28) folgend wird sprachlicher Stil in diesem Beitrag verstanden als „die sozial relevante Art der Durchführung einer Handlung mittels Text oder interaktiv als Gespräch". Stil dient dabei als komplexer Kontextualisierungshinweis (vgl. Sandig[4] 1986, 118), das heißt durch (Gattungs[5]-)Stile wird auf die jeweils relevanten Interpretationsrahmen verwiesen (vgl. Selting & Hinnenkamp[6] 1989, 6). Es wird von einem dynamischen Kontextbegriff ausgegangen: Kontext wird als jeweils interaktiv produziert angesehen (vgl. Auer 1986, 23). Ein gegebener Kontext definiert einen Stil vor, macht ihn erwartbar „aufgrund des kulturell verfügbaren Wissens über erwartbare Stile in Situationen und Kontexten" (Selting 1997, 12); umgekehrt definiert der Stil bzw. die Stilwahl den dynamischen Kontext, stellt ihn her oder verändert ihn (vgl. ebd.). „Das Bedingungsverhältnis von Sprache und Kontext ist bidirektional geworden" (Schmitt 1993, 332f.).

Das Format *Kaffeeklatsch* ist ein Zusammenspiel der Komponenten alltagsnahes Klatschgespräch und Moderation. Nach der Beschreibung des Formats *Kaffeeklatsch* und der untersuchten Sendung wird exemplarisch dargestellt, welche Elemente aus Alltagsklatschgesprächen sich in den ausgewählten Gesprächsausschnitten finden, wie diese von wem wozu umgesetzt sind und welche Wirkung dies haben könnte (vgl. Sandig 1986, 25 und 1995, 28). Es wird davon ausgegangen, dass sowohl auf der Ebene der (komplexeren) Gattungsstile als auch auf der Ebene der (kleinräumigeren) Stilverschiebungen und Stilmittel Unterhaltung kontextualisiert werden kann.

3. Kaffeeklatsch im ZDF

3.1 Das Format Kaffeeklatsch

Die Sendung *Kaffeeklatsch* ist von Oktober 1995 bis Dezember 2002 nahezu jeden Samstagnachmittag zur ‚besten Kaffeetrink-Zeit' um 15.30 Uhr im ZDF ausgestrahlt worden. Das deutsche Original-Format mit Live-Charakter dauert zwischen 30 und 45 Minuten. Drei bis vier aktuelle Boulevard-Themen werden

4 Vgl. dazu auch: Selting (1989 und 1995).

5 Vgl. u.a. Holly & Habscheid (2001); Günthner & Knoblauch (1997).

6 Vgl. dazu auch: Auer (1986).

in einer fröhlichen Klatschrunde jeweils ca. acht Minuten besprochen. Dazu trifft sich der Kölner Schauspieler und Moderator Ralph Morgenstern mit vier nichtprominenten Damen zu der prototypischsten Form der Gattung Klatsch: einer Kaffeeklatschrunde (vgl. Bergmann 1987, 99). Allerdings durchbricht der männliche und homosexuelle Moderator als ‚oberste Klatschbase' zugleich diesen Rahmen.

Den ‚vergnüglichen Rahmen' des Formats bilden „[e]ine liebevoll gedeckte Kaffeetafel, eine köstliche Torte, auf der die im Klatschgespräch thematisierten Prominenten in Marzipan nachgebildet sind, und ein farbenfrohes, kitschig verfremdetes Bühnenbild [...]" (www.zdf.de, gesehen am 13.01.2001). Das Porträt des jeweiligen Klatschobjekts ist in einem goldenen Rahmen im Hintergrund zu sehen. Ebenfalls im Hintergrund sitzt der Maskottchen-Teddy *Käthe Kensington*[7], der, kurzfristig eingeblendet und von Ralph Morgenstern thematisiert, die Zuschauerinnen[8] zum telefonischen Mitklatschen motiviert, denn:

> *unsere KÄ:the KENsington SITZT in LONdon am anrufbeantworter-* → *und hört alles mit und weiss über madonna* ← ←*ge:NAU be:SCHEId*→ >*und kennt da auch die jungen MÄnner A:lle SEHR gut*↑-< [Ralph dreht sich um, und schaut Käthe an] <*ne KÄ:the*↑> (007-013)

7 Die Zuschauerinnen konnten sich an der Namensgebung des Teddys beteiligen. Unter vielen Einsendungen wurde dann der Name *Käthe Kensington* ausgewählt.

8 Zielgruppe der Sendung sind nach Redakteurin Giovanna Pisacane, von der ein Großteil der hier aufgeführten Informationen zur Sendung stammen, „durch die Bank alle. Allerdings gibt es Tendenzen in Richtung Frauen, die älter als 40 sind."

Der auffällig-schrill-bunt gekleidete Moderator und Mitklatschende Ralph Morgenstern und vier elegant gekleidete Damen[9] sitzen an der Kaffeetafel, reden über den aktuellsten Prominentenklatsch und trinken währenddessen Kaffee und essen Kuchen, ebenso das Studiopublikum. Durch gelegentliche Kameraschwenks hin zum Publikum und vielmehr noch durch die halbkreisförmige, nach vorne zum Publikum und zum Bildschirm hin geöffnete Klatschrunde, werden die Zuschauerinnen eingeladen, ebenfalls Kaffee[10] zu trinken, Kuchen zu essen und mitzuklatschen. Explizit wird dies von Morgenstern in seiner Abmoderation (280-284) thematisiert

> *WIR essen noch en bißchen KA:ffee und KU:chen* [Ralph nimmt Teller mit Kuchen] → *ich HOffe sie zu hause AU:ch* ↑

Die Zusammensetzung der Klatschrunde wechselt wöchentlich. Die Damen werden kontrapunktisch ausgesucht; sie sollen verschiedene Temperamente verkörpern und unterschiedliche Einstellungen zu den Themen vertreten, wobei aber durchaus ein Grundkonsens[11] herrscht.

Bei der Auswahl der Themen orientiert sich das Redaktionsteam um Giovanna Pisacane und Georg Uecker an der Frage: Was könnte Frauen (über 40)

---

9 Die Kleiderwahl wird zuvor mit einer Kostümbildnerin abgesprochen. Eine Identifikation der Zuschauerinnen mit den Klatschenden ist so möglich. Die Redakteurin betont, dass das adrette Auftreten der Damen dazu beitragen soll, sich von anderen Talkshows etwa der privaten Sender positiv abzuheben.

10 Vgl. Merchandising-Produkte wie Kaffeegeschirr, das identisch ist mit dem Geschirr, das die Damen und Morgenstern in der Klatschrunde verwenden.

11 Vgl. dazu Keim (2001, 135) für Alltagsklatsch: „Unter den Beteiligten besteht von Beginn an ein unausgesprochener Konsens über die Beurteilung einzelner Informationen.“

interessieren? Die Themen werden von der Redaktion aufbereitet, indem die Regenbogenpresse ausgewertet und archiviert wird. Den vier Damen der Klatschrunde werden zwei Tage vor der Aufzeichnung der Sendung Informationen zu den Klatschthemen zugesandt. Sie erhalten die Themen mit den Informationen bewusst erst kurz vor der Sendung, damit die Möglichkeit einer zu intensiven Vorbereitung auf die Sendung minimiert wird; ein spontaner Klatschcharakter soll möglichst erhalten bleiben. Der Moderator und Mitklatschende Ralph Morgenstern erhält ein Briefing mit den Themen und Fragen, die bei der Gestaltung der Sendung hilfreich sein können. Die Themen werden aus verschiedenen Perspektiven beleuchtet, so dass bei deren Abhandlung ein breites Spektrum entsteht. Das Besondere an der Fernsehsendung *Kaffeeklatsch* ist für Ralph Morgenstern,

> „immer wieder Neues zu erfahren. Am Klatsch und Tratsch in der Sendung gefällt mir, dass er positiv[12] ist. Wir machen niemanden fertig, blamieren oder degradieren niemanden. Bei uns wird wirklich liebevoll geklatscht, und die Frauen kommen ja meist schnell auf ihre private Situation zu sprechen. Mir ist besonders wichtig, dass alles eine menschliche Seite behält, da ich glaube, dass dies den Erfolg von Kaffeeklatsch ausmacht. Es fallen natürlich auch mal böse Worte. Die Frauen sollen ja ihre Meinung sagen, auch wenn sie jemanden nicht leiden können. Trotzdem darf es nie verletzend sein, und sollte immer mit einem Augenzwinkern rüberkommen“ (www.eurogay.de, gesehen am 04.04.2001).

3.2 Die untersuchte Sendung

Die untersuchte Sendung ist am 18.03.2000 um 15.30 Uhr im ZDF ausgestrahlt worden und hat 45 Minuten gedauert. Links neben Ralph Morgenstern sitzen an der Kaffeetafel Karin Kny und Anna Choma-Träger, rechts von ihm Lou Sondermann und Waltraud Jordan; die vier Damen sind Hausfrauen. Es werden folgende Themen besprochen: ‚Peter Maffay und die Frauen', ‚Spicegirl Victoria Beckham und ihre angebliche Magersucht', ‚Farb- und Stilberatung mit Eva-Marie de Muro', ‚Popsängerin Madonna und ihr Kinderwunsch' sowie ‚Prinz Williams achtzehnter Geburtstag'. Die folgenden Ausführungen beziehen sich auf das letztgenannte Klatschthema.

---

[12] Bergmann (1987, 82) verweist darauf, „daß es eine Variationsbreite der Realisierung von Klatsch gibt, die vom gehässig-denunziatorischen bis zum freundlich-wohlwollenden Klatsch reicht.“

3.3 Sequenzmuster der Sendung

Das typische Sequenzmuster der Sendung *Kaffeeklatsch* lässt sich wie folgt beschreiben: Das Jingle der Sendung – akustisch als Titelmelodie, visuell als Vorspann – eröffnet die Klatschrunde. Ralph Morgenstern begrüßt das Publikum im Studio und die Zuschauer zu Hause, stellt die Interaktantinnen der Kaffeetafel vor, charakterisiert kurz die Themen der Klatschrunden und leitet zum ersten Klatschthema über. Ein kurzer Einspielfilm – unterlegt mit der leicht modifizierten Titelmelodie – gibt kurze, z.T. wertende Informationen über das direkt folgende Thema[13]. Nach dem Einspielfilm ergreift der Moderator Ralph Morgenstern das Wort, um zur Klatschrunde überzuleiten. Die Klatschrunde wird von Morgenstern abgerundet, bevor er zum nächsten Thema und nächsten Einspielfilm überleitet, nach der letzten Klatschrunde schließlich zur Verabschiedung.[14] Die Sendung endet mit einer Kameraeinstellung, die, während die Titelmelodie zu hören ist, die Klatschrunde mit den vier Damen und Ralph Morgenstern zeigt.

3.4 Globalparaphrase Willi Windsor

Morgenstern beendet das vorletzte Klatschthema ‚Madonna und ihr Kinderwunsch', indem er die Zuschauer auffordert, sich am Klatschen per Telefon zu beteiligen. Ein Einspielfilm stellt das folgende Thema ‚Willi Windsor und sein achtzehnter Geburtstag' vor. Im Einspielfilm[15] wird behauptet, dass er sowohl mit Britney Spears als auch mit Schwedens Prinzessin Madeleine geflirtet habe. Außerdem wird die Frage aufgeworfen, ob er und nicht sein Vater den englischen Thron in Kürze besteigen werde.

Morgenstern initiiert das Klatschgespräch, indem er die Thematik aufgreift und zunächst die Klatschrunde fragt, ob Willi *erFA:hrungen↑ JEtzt↑ LIE:beslebenTECH:nisch↑* (046-047) hat. Es folgt eine längere Passage, in der sich zunächst Karin, dann Waltraud in ihrer Rolle als Adelsexpertin und schließlich auch Anna und Lou in verschiedener Art und Weise und mit unterschiedlichen Meinungen zu dieser Thematik äußern. Weiter wird spekuliert,

---

13 Ein der Klatschrunde nicht angehörender professioneller Sprecher trägt aus dem Off einen Text vor, der durch passende Bilder, die als Fotos (vergleichbar einer Diashow) gezeigt werden, unterstützt wird.

14 In dieser Sendung ist abweichend vom typischen Sequenzmuster die Farb- und Stilberatung mit Expertin Eva-Marie de Muro zu nennen.

15 Die Klatscherzählung des spontanen Alltagsgesprächs wird hier also ersetzt durch einen Einspielfilm. Das Klatschgespräch im Fernsehen entspricht etwa der gemeinsamen interaktiven Verarbeitung, die sich im Alltagsklatschgespräch an die Klatscherzählung anschließt.

was Willi in seinem eigenen Appartement in London so treibt, ob er ein uneheliches Kind hat, ob er Drogen nimmt und wo er denn nun seinen achtzehnten Geburtstag feiern wird. Am Ende des Gesprächs moralisiert Anna sehr stark und lenkt die Aufmerksamkeit auf Willis Mutter, die *ja von O:ben zu* (261) kuckt. Morgenstern greift diese Wendung auf und leitet zur Abmoderation mit einer vertraut-persönlichen Verabschiedung über: *SCHÖ:NES WO:chen-ENDE ← IHR RA:lph MORgenstern ↓ TSCHÜSS ↑*

Bevor einzelne Gesprächsausschnitte dargestellt und analysiert werden, werden im folgenden Kapitel zum einen grundlegende Begriffe erläutert, die Klatschgespräche generell betreffen und die die mediale Situation berücksichtigen, zum anderen werden Motive für Prominentenklatsch aufgeführt.

4 Klatsch allgemein und Prominentenklatsch – am Beispiel der Fernsehsendung *Kaffeeklatsch* und des Themas *Willi Windsor*

Bei Klatschgesprächen generell geht es zum einen um Inhalte (z.B. Neuigkeiten über persönliche Angelegenheiten, Unarten, sozial nicht akzeptierte Verhaltensweisen, Verfehlungen, Anmaßungen, blamable Fehltritte etc., vgl. Bergmann 1987, 21) und zum anderen um das kommunikative Verfahren. „In der Bezeichnung ‚Klatsch' fällt also der Sachverhalt, dass eine Neuigkeit besonderer Art kommuniziert wird, mit der Art und Weise, wie dieser Sachverhalt kommuniziert wird, in eins zusammen" (ebd., 61).

Entscheidende Vermittlungsinstanz ist das soziale Beziehungsnetzwerk (vgl. Bergmann 1987, 63), das sich aufgrund gewisser Bekanntschaftsbeziehungen und vergleichbarer Sichtweisen als Gruppe konstituiert bzw. bestätigt. In der medialen Situation der Sendung *Kaffeeklatsch* kann man dieses Beziehungsnetzwerk, das sich im Verhältnis zum Alltagsklatsch eher locker und durchaus auch mit differierenden Einstellungen zusammensetzt, auf verschiedenen Ebenen beschreiben:

- Im inneren Kommunikationskreis (vgl. Burger 1990, 44) des Geschehens auf der Bühne besteht während des Klatschgesprächs eine gleichrangige Beziehung[16]. Die Interaktanten duzen sich und Morgenstern stellt die Damen am Anfang der Sendung mit Kosenamen vor, passend zum nahen Frühlingsbeginn: *[...] und meine fröhlichen frühlingsvorbotinnen heute sind die karin primel kny aus Essen, anna krokus choma-träger aus lübeck, lou [...] sondermann aus herzogenrath, die waltraud tulpe jordan aus erlangen.* Er schafft so eine Art Beziehung unter ihnen. Das Rederecht wird nicht ausschließlich vom Moderator vergeben, vielmehr müssen die Damen es für sich beanspruchen.
- Zwischen dem inneren und den äußeren Kommunikationskreisen (vgl. Burger 1990, 44) wird versucht über verschiedene Aktivitäten (Moderator, gemeinsam Kaffee trinken und Kuchen essen, Namensgebung Käthe Kensington, Einladung zum telefonischen Mitklatschen etc.) ebenfalls eine Beziehung zu etablieren.

Bergmann (1987, 73) nennt für Alltagsklatsch drei weitere konstitutive Merkmale: ‚Abwesenheit' und ‚Bekanntheit' des Klatschobjekts sowie ‚Privatheit' der Themen.

> „Klatsch bezieht einen wesentlichen Teil seiner Energie aus der Spannung zwischen dem, was eine Person öffentlich kundtut, und dem, was sie als ihre Privatangelegenheit abzuschirmen versucht" (ebd.).

Die Feier zum achtzehnten Geburtstag und erst recht die Enttabuisierung des Sexuallebens eines Thronfolgers mit den dazugehörigen Spekulationen um ein uneheliches Kind sind dem privaten und intimen Bereich zuzuordnen und klatschwürdig, weil interessant und spektakulär. Das Merkmal ‚Bekanntheit' erfährt im Vergleich zum alltäglichen Klatsch über Freunde und Bekannte eine Verschiebung: das Klatschobjekt ist zwar bekannt, „zwischen ihm und den Klatschakteuren [ist aber] das reziproke Verhältnis der Bekanntschaft nicht ge-

16 Eine Ausnahme ist Ralph Morgenstern, wenn er in der Rolle des Moderators agiert.

geben“ (ebd., 69). Für Prominenz und Prominentenklatsch ist diese einseitige Bekanntschaftsrelation „geradezu ein definitorisches Charakteristikum“ (ebd.). Allerdings schafft die Bekanntheit des Klatschobjekts eine „kommunikative Basis“ (Wengerzink 1997, 83) für die Klatschproduzenten bzw. -rezipienten. Es entsteht eine „Kommunikations-Diffusionsmembran“ (ebd.): Über das prominente Klatschobjekt werden private Informationen im Raum der Öffentlichkeit ausgetauscht, das prominente Klatschobjekt weiß zwar rudimentär, d.h. ohne genaue Inhalte, davon, greift aber in den seltensten Fällen ins Klatschgeschehen ein; und wenn, dann nicht direkt und unmittelbar. Wengerzink (1997, 83) nennt den Prominentenklatsch „Persönlicher Klatsch 2. Grades“.

Im Folgenden wird anhand einzelner Gesprächsausschnitte, aber immer auch mit Blick auf das gesamte Gespräch, beschrieben, wie Klatsch initiiert wird, wie die Rollen von Klatschproduzent und -rezipient (bezogen auf den inneren Kommunikationskreis) interaktiv ausgehandelt werden, welche klatschtypischen Mittel der Dramatisierung verwendet werden und wie – beruhend auf einem klatschtypischen Grundkonsens, hier verbunden mit einer grundsätzlich positiven Bewertung des Klatschobjekts – vor allem durch den Moderator Entrüstung inszeniert wird.

5. Analyse einzelner Gesprächsausschnitte

5.1 Klatschinitiierung oder: Prinz Williams erfahrungen JEtzt LIE:beslebenTECH:nisch –

Da Klatsch im Alltag nach Bergmann (1987, 113) als ‚sozial geächtete Praxis' gilt, bedarf es einer gewissen Initiierung des Klatschgesprächs. Hier muss einerseits das beziehungsstrukturelle, andererseits das moralisch-interaktive Problem gelöst werden (vgl. ebd., 113).

Dem moralisch-interaktiven Problem sind die Techniken der Klatscheinladung und des Klatschangebots zuzuordnen; mit ihnen wird sichergestellt, dass die sozial geächtete Praxis des Klatschens von allen Teilnehmern mitgetragen wird. Beide können sehr indirekt gestaltet sein und so das Gegenüber zum Klatsch einladen bzw. zum Nachfragen im Anschluss an ein Klatschangebot verleiten, sie können aber bei etablierten Klatschrunden auch unverhohlen und sehr direkt sein (vgl. ebd., 120-126). Bei medialem Klatsch kann davon ausgegangen werden, dass die soziale Ächtung weitestgehend ausgeblendet ist und die Klatschrunde explizit zum Zweck des Klatschens etabliert ist. Dennoch findet sich v.a. die Technik der Klatscheinladung in den Fragen des Moderators wieder, die ein Klatschthema wie z.B. ‚Prinz Williams erste erotische Erfahrungen' initiieren.

Beim beziehungsstrukturellen Problem muss geklärt werden, ob und wie das Klatschobjekt bekannt ist. Hier ist die interaktive Etablierung des Klatschobjekts interessant. Geschieht dies im Alltagsklatsch oft sehr ökonomisch über die Referenzierung auf die Person mittels Vor-, Familien- oder Spitzname (vgl. ebd., 116), muss bei medialem Klatsch mehr geleistet werden.

In seiner Anmoderation zum Klatschthema *Willi Windsor* führt Ralph Morgenstern das Klatschobjekt noch sehr unspezifisch als eigentlich *←DE:n JUNGgesellen eurROpas*→* (017) ein, *der jetzt grade in dat HEIratsfähige ALter kommt-*(018). Es folgt dann aber ein Einspielfilm, in dem Prinz William explizit eingeführt wird: *←PRINZ WILLiam SU:perstar→* der enkel von queen elisabeth lässt Mä:dchenherzen HÖher schla:gen* (020-022), *beLIE:bteste mitglied der windsor-familie im HEI:ratsfähigen Alter* (026-027), *DEM SCHÜchternen HERZENSbrecher* (028). Ebenso werden die potenziellen Klatschthemen eingeführt: *→denn sein achtzehnter geBU:rtstag rückt näher↓←** (025), *ein hei:sser FLIrt mit schwedens prinzessin madeLEINE↑* (030), *INsider verMUten-* dass O:ma lisbeth die krone NICHT an CHA:rles sondern an WILLiam weitergibt↓** (032-034).

Klatschobjekt und spezielle Themen der folgenden Klatschrunde werden also bereits evaluativ etabliert. Auf den Einspielfilm folgt diese Sequenz:

037	Ralph	*→U:Nser willi windsor wird ENDLICH← A:Chzehn →und zwar am*
		[Blick in die Kamera]
038		*EINundzwanzigsten JUni- meine DA:men und HE:rren- ←*
039		*←et is JA WI:rklich ein SE:HR SE:HR A:TTRAKTI:ver JU:nger*
040		*MANN↓→*
		[Blick zu den Interaktanten]
		[Zustimmung im Hintergrund]
041		*→und man kann ja verstehen← dat die FRAUen dem richtig hin-*
042		*terHE:r rennen↓*
043	mehrere Stimmen	*Ja*
		[zustimmendes Kopfnicken]
044	Ralph	*GLAU:bt ihr ←der HA:t* erFA:hrungen↑ JEtzt↑→*
045		*LIE:beslebenTECH:nisch↑*
		[Gestik unterstützt]

046		*KA:rin** ↑
		[Blick zu Karin]
047	Waltraud	*>das glaub ich nicht<*
048	Karin	*ALso er wär schö:n blö:d wenn er die erfah:rung nich hätte der is*
049		*der is aTTRAKti:v der hat alles was ma brauch- und die MÄ:del- der*
050		*is ja äh* aTTRAKTI:ver und und BEsser drau:f als so en POPsta:r* ↑
051		*und die MÄdels die rennen dem a:lle nach* ↑ *also ich DENKe DA:für*
052		*dass SO vie:l um ihn RUMgebaggert wird* ↑ *is der UN:HEImlich*
053		*NETT NORmal* ↓ *äh norMA:L* ↑ *geBLIE:ben* ↓ *UND*

Zunächst leitet Morgenstern in 037-038 vom Einspielfilm zum eigentlichen Klatschgespräch über. Er greift die Thematik des Einspielfilms (*Willi Windsor*) in wiederholender Art und Weise auf und spricht von dem bereits etablierten Klatschobjekt als *U:Nser willi windsor* (037). Damit bringt er einerseits zum Ausdruck, dass das Klatschobjekt allgemein bekannt ist, inszeniert andererseits aber auch (ironisch) Vertrautheit. Zudem wird durch die verschiedenen Bezeichnungen für das Klatschobjekt bereits vor den eigentlichen Klatschbeiträgen der Interaktanten eine Bewertung des Klatschobjekts hin zum Positiven abgegeben, ‚positiver' Klatsch wird initiiert. Durch das Nennen des konkreten Geburtsdatums (038) präsentiert Morgenstern sich als gut informiert, die Zuschauerinnen werden explizit angesprochen (038).

In 039 wechselt Morgenstern seinen Sprechstil. Er redet dialektal gefärbt (Kölsch), sehr betont und langsamer im Verhältnis zum sprachlichen Umfeld. Eine starke Bewertung[17] findet sich gleich zu Beginn mit *←et is JA WI:rklich ein SE:HR SE:HR A:TTRAKTI:ver JU:nger MANN↓→* (039-040). Die fallende Intonation und das schnelle Fortsetzen mit dem nächsten Beitrag lässt keine Folgebewertung zu, so dass die Interaktanten lediglich im Hintergrund ihre Zustimmung kundtun können. Ralph Morgenstern erklärt weiter sein Verständnis (*man kann ja verstehen* (041)) dafür *dat die FRAUen dem richtig hinterHE:r rennen* (041-042). Auch hier erneut zustimmendes Kopfnicken der Teilnehmerinnen. Eine gemeinsame Basis für das weitere Klatschgespräch ist hergestellt, Ralph Morgenstern hat durch evaluative Formulierungen und Verständnis zeigende Feststellungen seinen Gesprächspartnerinnen (und den Zuschauerinnen) gezeigt, dass er Wissen über das Klatschobjekt hat und mehr über die Hintergründe erfahren will (vgl. Bergmann 1987, 124: indirekte Klatscheinladung).

17 Vgl. Auer & Uhmann (1982, 5): Starke erste Bewertungen setzen Konsens voraus.

Die an alle Interaktanten gerichtete Frage (vgl. ebd., 126: unverhohlene Klatschaufforderung) *GLAU:bt ihr ←der Hat* erFA:hrungen Jetzt→ LIE:beslebenTECH:nisch↑* (044-045) fokussiert sehr konkret das folgende Klatschthema. Markiert ist hier *LIE:beslebenTECH:nisch* als unspezifische, neutrale Umschreibung für Sexualkontakt. Hier findet sich ein Gegensatz zu den von Bergmann (1987, 141) beobachteten Äußerungen im Alltagsklatsch, die eher der Vulgärsprache zuzuordnen sind und wo eher unzweideutig obszöne Ausdrücke verwendet werden. Der Moderator führt ein pikantes Thema durch eine ‚ungewöhnliche' Ad-hoc-Wortbildung lexikalisch markiert und vorsichtig ein und folgt somit eher seiner Moderatorenrolle und den damit verbundenen Konventionen. Karin hingegen antwortet recht deutlich mit einem pauschalen Urteil *er wär schö:n blö:d* (048) und einer evaluativen Begründung: zunächst eher unmarkiert mit *der is aTTRAKti:*v (048-049) und eher allgemein *der hat alles was ma brauch-* (049), dann aber gesteigert, indem sie Prinz William als *der is ja äh* aTTRAKTI:ver und und BEsser drau:f als so en POPsta:r↑* (049-050) (vgl. hier auch die Typisierung Prinz Williams im Einspielfilm als *SU:perstar*) charakterisiert. Der Popstar im Allgemeinen wird durch *so en* und die auf Prinz William bezogenen gesteigerten Formen *aTTRAKTI:ver* und *BEsser* abgewertet, Prinz William durch den Vergleich aufgewertet. Karin nimmt in der Folgeäußerung (051) direkt Bezug auf Morgensterns Aussage *dat die FRAUen dem richtig hinterHE:r rennen↓* (041-042) ersetzt allerdings *frauen* durch *mädels*[18]. Im Anschluss zeigt sie große Sympathie für Prinz William, weil er *UN:HEImlich NETT* (052) und *NORmal↓ äh norMA:L↑* (053) geblieben ist.

Im Folgenden (hier nicht als Transkript aufgeführt) erfragt Ralph Morgenstern eine zweite Meinung zu dem Thema Sexualkontakt mit *GLAU:bst DU:↑ >der hatte schon mal SEX↑<* (066-067). Morgenstern verwendet hier nicht mehr lexikalisch markiert *LIE:beslebenTECH:nisch*, bringt aber durch seine Mimik und Intonation zum Ausdruck, dass er den Begriff *SEX* lieber vermeiden würde und kontextualisiert so eine gewisse Scham. Waltraud kann als Mitklatschende, ähnlich wie zuvor Karin, ungenierter antworten mit *proBIE:RT hat er besTImmt schon ma:l* (069).

Im weiteren Verlauf des Gesprächs wird diese Thematik weiter bearbeitet. So wird etwa spekuliert, ob Prinz William zu *diszipliniert für sex* (120) sei. Auch

---

18 Karin nimmt hier eine Mutterperspektive ein, ähnlich wie später im Gespräch Anna, wenn sie ihre Angst darüber äußert, dass Prinz William bei jemandem mitfährt, der betrunken sein könnte und dann einen Unfall verursacht.

hier zeigt Karin erneut Verständnis für Prinz William und sein Sexualleben, äußert sich aber eher vulgär und anzüglich mit der Begründung *wenn im früh:ling die sä:fte SPRIE:ssen-* (151). Klatschtypisch findet sich bei den Klatschenden (vgl. aber oben Morgensterns vorsichtige Formulierungen in der Moderatorenrolle) eine alltägliche, ansatzweise vulgäre Sprache, die allerdings nie ins Zügellose ausufert (vgl. Bergmann 1987, 142), was sich im letztgenannten Beispiel an Waltrauds empörtem Zwischenruf *alsO: ↑* bidde ↑* (152) festmachen lässt.

5.2 Interaktive Aushandlung von Klatschproduzent und -rezipient[19] oder: Waltraud als gut informierte Adelsexpertin

Nach Bergmann (1987, 74-97) ist im Klatschgespräch zu unterscheiden zwischen Klatschproduzent und Klatschrezipient; der Klatschproduzent ist die zentrale Figur, da über ihn das gesamte Informationsmanagement organisiert wird, er „weiß einerseits etwas über die persönlichen Angelegenheiten eines abwesenden Dritten, und er übermittelt andererseits dieses Wissen an seinen anwesenden Gesprächspartner." Im Alltagsklatschgespräch werden Klatschproduzent und –rezipient durch „die Abklärung der Bekanntschaftsbeziehungen, des darin implizierten Wissens über Privates sowie des Neuigkeitscharakters von Informationen" (ebd., 118) lokal ausgehandelt. Bei medialem Klatsch fällt die Abklärung der Bekanntschaftsbeziehungen weg, dafür rückt das (medial erworbene) Wissen über das Klatschobjekt in den Vordergrund. Im untersuchten Material zeigt sich, dass einerseits Morgenstern in seiner Moderatorenrolle Waltraud explizit als Adelsexpertin einführt, andererseits sie sich selbst als Adelsexpertin durch ihre eher informativen Redebeiträge darstellt.

070	Ralph	*UNsere A:delsexPERtin <ich will naTÜR:lich wo:RAUF*
		[Applaus und Lachen auf der Bühne]
071		*hi:NAUS ↑>* →UNsere WALtraud kennt sich ja bei A:dels immer*
072		*besonders gut aus ↑←**
		[Blick in die Kamera]
073	Waltraud	*ich hätte da*
074	Ralph	*<wer könnte das denn ←geWE:sen SEIN ↑→>*
		[Blick zu Waltraud]
075	Waltraud	*→nein aber ich HÄTT da: eine für ihn die suber bassen würde die*

19 Die Ausführungen beziehen sich auf den inneren Kommunikationskreis des Klatschgeschehens auf der Bühne.

076		*madeLEINE von schwe:den↑←*
077		*die hat am dreiundzwanzigsten*
078	Ralph	*ja mit der hat er ja AU:ch schon↑*
079	Lou	*mit DER hat er beSTImmt keinen SEX gehabt*
080	Ralph	*→dat GLAU:b ich auch nich←*
081	Lou	*ja dat glaub ich nich*
082	Anna	*Nä*
083	Waltraud	*<JA: er hat jetzt er hat jetzt so ne KLEI:ne> LIEB:schaft mit der*
084		*HALBschwester von der FERgie* DIE schätzt er ja SEHR↓*
		[Anna nickt zustimmend]
085	Ralph	*aber ich GLAUbe nicht dat die der AL:ten QUEE:n int HAU:s*
086		*kommt↓ die sagt <WAT↑* ne SPEN:cer↑>**
087	Waltraud	*nä: aber die*
088	Ralph	*<RAU:S↑>*
		[Ralph streckt Arm und Zeigefinger nach horizontal rechts und symbolisiert Geste 'Raus', Blick wandert durch die Klatschrunde, lachen]

Morgenstern führt relativ zu Beginn des Klatschgesprächs über Prinz William Waltraud explizit als *UNsere A:delsexPERtin* (070) ein und paraphrasiert im Anschluss *→UNsere WALtraud kennt sich ja bei A:dels immer besonders gut aus↑←** (071-072) mit Steigerung durch *immer besonders gut*. Waltraud hat so neben Morgenstern in der auf Gleichheit ausgerichteten Runde in dieser Sequenz eine hervorgehobene Rolle als Expertin. Im Folgenden äußert sie sich – nachdem Morgenstern erneut nach der möglichen Sexualpartnerin Prinz Williams fragte – zunächst spekulativ, indem sie eine mögliche Partnerin präsentiert. Dabei stellt sie sich als Expertin dar (*ich hätte da* (073) *nein aber ich HÄTT da: eine* (075)), bewertet im voraus positiv (*eine für ihn die suber bassen würde* (075)) und erzeugt somit kurzfristig Spannung, bevor sie den Namen der möglichen Partnerin nennt (*madeLEINE von schwe:den* (076)).

Als dies jedoch – klatschtypisch durch unterbrechende Kommentierung – von Lou sehr deutlich (*mit DER hat er beSTImmt keinen SEX gehabt* (079)) und nachdrücklich (*ja dat glaub ich nich* (081)) bestritten wird, lenkt Waltraud die Aufmerksamkeit auf eine *KLEI:ne> LIEB:schaft mit der HALBschwester von der FERgie** (083-084). Hier weiß sie sogar von der Wertschätzung Prinz Williams (*DIE schätzt er ja SEHR↓*(084)) und scheint nicht zu spekulieren.

Morgenstern durchbricht die informierenden Äußerungen Waltrauds ebenfalls durch eine Kommentierung. Prinz Williams Großmutter wird als die *alte queen* (085) bezeichnet, gleichzeitig aber formelhaft von ihrem adligen Niveau heruntergesetzt, wenn er weiter sagt, dass Fergies Halbschwester nicht *der AL:ten QUEE:n int HAU:s kommt↓* (085-086). Klatschtypisch ist hier die Verwendung der direkten Rede, markiert durch *die sagt* (086) und nachdrückliche Betonung. Die Nachdrücklichkeit der Äußerung wird zudem unterstützt durch einen nach horizontal rechts gestreckten Arm und Zeigefinger, die die Geste ‚Raus' markieren. Morgenstern parodiert und setzt ein fiktionales Zitat in direkter Rede ein, was durchaus zu Gelächter führt (vgl. Kotthoff 1996, 160; 1998, 21-23).

Zitate haben im Rahmen der rekonstruktiven Darstellung von Ereignissen innerhalb von Klatschgesprächen vielfältige Funktionen (vgl. Bergmann 1987, 149-164): Sie dienen als Mittel der Lockerung von Zensurregeln und Ausdrucksrestriktionen, reanimieren die interaktive Dynamik und den affektiven Tonus des vergangenen Ereignisses, sind als Mittel der szenischen Dramatisierung für eine gewisse emotionale Färbung zuständig und dienen in Alltagsgesprächen als Authentizitätsmarkierungen; dieser Punkt fällt hier mit Sicherheit weg. Die Verwendung klatschtypischer Formen zeigt die Nähe zu Alltagsklatsch, betont in diesem Fall aber auch die Inszeniertheit, da frei erfundene Zitate eigentlich nur im Rahmen einer Faschingsveranstaltung oder launigen Geburtstagsrede erlaubt sind (vgl. ebd., 155). Hinzu kommt hier, dass nur ein Rezipient mit einem gewissen Klatschwissen die präsupponierte Wertung und die darauf aufbauende komische Wirkung von *FERgie* (084) und *ne SPEN:cer* (086) nachvollziehen kann[20].

Der Wechsel von Waltrauds informierenden Beiträgen und Morgensterns launigen Unterbrechungen und Kommentierungen setzt sich in der Folge fort. Im Rahmen der Selbstdarstellung als Adelsexpertin soll lediglich ein letzter Punkt hervorgehoben werden. Als der mögliche Drogenkonsum von Prinz William später im Gesprächsverlauf thematisiert wird und von dem Sohn von Christine von Kent die Rede ist, informiert Waltraud zunächst *AUch DIE:sen frEDERIK*[21] *hat ma erwischt* (233). In einer Art Parenthese betont sie dann aber *→dem hab ich übrigens schon← berSÖ:NLICH* die HAND geschüddelt- [...] in HEUsenstamm* (234-237). Durch scheinbar randseitige Details, die für den Fortgang der Geschichte unbedeutend sind, stellt sie ihre Rolle als Adelsexpertin und die damit verbundene klatschtypische Wissensautorisierung heraus (vgl. Bergmann 1987,

20 Es handelt sich hier um die – glaubt man der Boulevardpresse – von Queen Elizabeth nicht sehr geschätzten Schwiegertöchter Sarah Ferguson und Diana Spencer.

21 Lord Frederick Windsor, Sohn von Baroness Marie-Christine von Reibnitz und Prince Michael of Kent (Cousin der Queen).

144); zudem hat der persönliche Kontakt mit einem Adligen in diesem Rahmen durchaus spektakulären Gehalt.

5.3 Klatschtypischer Grundkonsens oder: Inszenierte Entrüstung[22]

Gegenstand von Klatsch sind u.a. Verfehlungen, blamable Fehltritte, Missgeschicke etc. (s. oben). Im Verlauf des Gesprächs lenkt Morgenstern die Aufmerksamkeit auf einen vermeintlichen Skandal: Prinz William soll ein uneheliches Kind haben. Den bisherigen positiven Charakterisierungen Prinz Williams folgend, thematisieren die Damen nicht diesen moralischen Fehltritt, sondern nehmen Prinz William bzgl. dieser Spekulationen in Schutz.

179	Ralph	*jetzt HEI:ßt et a:ber*
180	Lou	*[...]*
181	Ralph	*→ich HAb et ja geLEsen ←anGE:blich hat ja eine davon*
		[Ralph lehnt sich vor]
182		*→jetz en UNeheliches KIND↓←**
		[Ralph lehnt sich zurück, Kinn auf Hand gestützt]
183	Anna	*DU:* das hat die in die welt gesetzt*
184		*um beRÜH:mt zu WE:rden-*
185	Waltraud	*also das schreiben die SCHMIER:finken*
186	Anna	*das glAUb ich nich das glAUB ich nich*
187		*[alle durcheinander]*
188	Ralph	*das glAUB ich auch NICH↑ALso dat GLAUB wa nich-*
189	Anna	*das macht der nich*
190	Karin	*DIE: hat DEM wo:hl so en brie:f geschrieben*
191	Waltraud	*JA:↑*
192	Karin	*und der is zenSIErt worden-*
193	Waltraud	*das GLAUB ich NET↑*
194	Karin	*und ich MEIN mit so BRIEfen das is so ne sAche*
		[abwinkende Gestik]
195	Waltraud	*mm↑*
196	Karin	*→ich WÜRD das auch net GLAU:ben↓←*
197		*[alle durcheinander]*
198	Ralph	*<AL:so ich GLAU:b es auch ICH GLAU:b es auch nicht> meine*
199		*damen und he/*

22 Vgl. dazu auch: Christmann & Günthner (1999).

[Blick in die Kamera]
200 *[alle durcheinander]*
201 Ralph *<←NICH UN:ser WILLI:→>*
[Blick in die Kamera] [Studiopublikum lacht]

Morgenstern beginnt das Gespräch über Prinz Williams möglichen Fehltritt mit einer Wissensautorisierung. Er nennt zunächst vage die Quelle bzw. Art der Rezeption (*→ich HAb et ja geLEsen←* (181)), schwächt dann aber gleich durch ein *anGE:blich* (181) die Richtigkeit der folgenden Äußerung wieder ab. Dass Prinz William ein uneheliches Kind haben könnte, ist für die Damen undenkbar. Das bisher sehr positive Bild, das in der Klatschrunde über Prinz William gezeichnet wurde, setzt sich hier fort. Anna sucht die Schuldige in der potenziellen Mutter, die das behauptet *um beRÜH:mt zu WE:rden* (184) (vgl. Lust am Spekulieren). Ebenso verwendet Waltraud klatschtypisch eine negative Typisierung: *das schreiben die SCHMIER:finken* (185), um das positive Image von Prinz William zu wahren und ihrer Entrüstung Ausdruck zu verleihen. Die Interaktanten bestätigen diese Entrüstung und es folgt über mehrere Beiträge fast aller Interaktanten ein unterschiedlich dargebrachtes *das glaub ich nich* (186, 188, 193, 196, 198) und *das macht der nicht* (189) von Anna. Karin weiß noch von einem Brief zu berichten, der zensiert wurde, stimmt dann aber ebenso ein mit *ich WÜRD das auch net GLAU:ben* (196). In einem allgemeinen interaktiven Durcheinander greift Morgenstern die Äußerung zunächst lauter und betonter auf, spricht mit *meine damen und he/* (198-199) und mit Blick in die Kamera direkt das Publikum an, akzentuiert dann langsamer, mit Dehnung und Blick in die Kamera den Höhepunkt mit der nachdrücklichen Feststellung *<←NICH UN:ser WILLI:→>* (201). Auf amüsante – das Studiopublikum lacht – und für Klatsch durchaus typisch ironische Weise beendet Morgenstern so diese von allgemeinem Konsens geprägte Phase.

Nach der Deskription der Sendung und der Analyse einzelner Gesprächsauschnitte stellt sich abschließend die Frage nach den gesellschaftlichen Implikationen medialen Klatsches.

6. Fernsehklatsch als ‚Bühne des kleinen Mannes'

Alltagsklatsch wird von Bergmann (1987, 210) als Sozialform der diskreten Indiskretion bezeichnet, in der die sozialen Elemente der Moral, der Gruppe und der Information vereint sind. Die Diskretheit und die damit verbundene (teilweise) soziale Ächtung werden bei medialem Klatsch aber gerade aufgehoben.[23] Die gesellschaftliche Relevanz bleibt bei der medialen Inszenierung hingegen durchaus erhalten. Der Einsatz von Laien als Protagonisten ermöglicht einerseits eine gewisse Identifikation der Zuschauer mit der Runde, ihr Auftreten als ‚Klatsch-Experten' mit hohem Sachwissen erhebt sie zugleich aus ihrer eher unscheinbaren Alltagsrolle.

Prominente werden wie Nachbarn und Bekannte zum Klatschobjekt. In der Konkretheit der Klatschgeschichte kann das prominente Klatschobjekt dabei gewissermaßen überindividualisiert und enttypisiert werden; „es wird – in Großaufnahme und ohne Weichzeichner – in seiner kruden Existenz gezeigt, fragmentarisiert, auf seine nackte Individualität reduziert und damit – zumindest tendenziell – seines Status, seiner Selbsttypisierung entkleidet" (Bergmann 1987, 177). Prominente werden so auf eine Stufe mit den Klatschakteuren und dem Publikum gestellt, werden zum Teil des eigenen meist unscheinbaren Lebens.

Die Klatschakteure (und ihre Zuschauer) können sich sogar – moralisch – über die Klatschobjekte stellen. Klemm (2000, 189) stellt eine subversive Funktion von Klatsch während der Medienrezeption fest: „Unbeobachtet, in der Sicherheit der eigenen vier Wände haben die ‚kleinen Leute' die Möglichkeit, sich über die Reichen und Einflussreichen zu mokieren, sie ins Lächerliche zu ziehen; eine typische ‚lokale Taktik' im täglichen Kampf gegen die Strategien der Mächtigen" (vgl. auch Klemm i.d.Bd.) Auch dem öffentlichen Prominentenklatsch im Format *Kaffeeklatsch* kann eine subversive Funktion zugesprochen werden, die moralische[24] Kontrolle erfolgt nun sozusagen medial (vgl. Winter i.d.B.), die Beteiligten klatschen stellvertretend fürs Publikum. Dabei bleibt auch im vorliegenden Format die schillernd-widersprüchliche Qualität (vgl. Bergmann 1987, 206) von Klatsch erhalten: „[…] Entrüstung über Fehlverhalten paart sich mit Ergötzen, Empörung mit Mitleid; Missbilligung mit Verständnis; […] schamhaftes Sich-Zieren und Kokettieren wechseln ab mit schamloser Direktheit […]."

Allerdings sollte hier auch berücksichtigt werden, dass nicht zuletzt ein Motiv für Prominentenklatsch die Hoffnung darauf ist, dass „der Klatschproduzent damit rechnen [darf], dass doch etwas von dem ‚Ruhm' des Klatschobjekts, als dessen ‚Vertrauter' er sich mit seiner Klatschinformation zu erkennen

23 Vgl. dazu bereits Bergmann (1987, 211f.).

24 Im Gegensatz zum Alltagsklatsch allerdings weniger folgenreich für die Klatschobjekte.

gibt, auf ihn abfärbt“ (Bergmann 1987, 208). Zudem ist zu berücksichtigen, dass einige Prominente die Boulevardpresse für ihre Imagepflege nutzen und u.a. Verlage ihre wirtschaftlichen Interessen mit Klatsch verbinden.

7. Fazit

Unterhaltung ist eine Rezipientenkategorie (vgl. Klein 1997, 177), entscheidend ist also auch die Stilwirkung[25], hier bezogen auf den erwartbaren Adressatenkreis. Die vorliegende Produktanalyse konnte aus dem Kaleidoskop stilistisch relevanter Momente bei medialem Klatsch nur einzelne Bilder fokussieren. Im Zentrum stand dabei die mediale Inszenierung eines alltagsnahen Klatschgesprächs. Unterhaltendes Potenzial[26] im Format *Kaffeeklatsch* findet sich in allen Bereichen und auf allen Ebenen[27]:

- im außersprachlichen Bereich mit Bühnenbild, Dekoration, Kleiderwahl Sitzordnung etc.,
- im übergeordneten Bereich des Phänomens Klatsch an sich und seiner medialen Umsetzung, Spiel mit Klischees (Klatschweiber, homosexueller Moderator), Themenwahl, Be- und Verhandlung gemeinsamer Werte und Normen etc.
- im rein sprachlichen Bereich auf der globalen Ebene der Gattungen und Gattungsstile Klatsch und Moderation, der gelungenen Mischung beider Gattungen in einzelnen Sequenzen durch Ralph Morgenstern, dem alltagsnahen Klatschgespräch in einer medialen Situation,

---

25 Vgl. Sandig (1986, 25): „Es ist zu unterscheiden zwischen stilistischer Textstruktur und stilistischen Funktionen. Die stilistischen Funktionen sind zu unterteilen in stilistischen Sinn (als ‚Bedeutung' der stilistischen Textstruktur) und Stilwirkung (als Wirkung des durch die stilistische Textstruktur vermittelten stilistischen Sinnes).“

26 Vgl. Winterhoff-Spurk (2000, 96): „Fernsehen wird […] den Zuschauer dann unterhalten, wenn es durch neuartige Botschaften allgemeine Erregung evoziert, angenehme Stimmungen, Hintergrundemotionen oder leichte Gefühle erzeugt, hinsichtlich der lebensweltlichen Ziele und Bewältigungsfähigkeit des Zuschauers eher relevant ist und mit dessen Normen und Einstellungen weitgehend übereinstimmt.“ Vgl. auch Klein (1997, 184), der von den konstitutiven Unterhaltungskategorien Abwechslung, Unbeschwertheit, Interessantheit und Eingängigkeit spricht.

27 Es kann von einer prototypischen Form einer Unterhaltungssendung gesprochen werden; m.E. lassen sich nicht bei allen Unterhaltungsformaten eine derartige Fülle an potenziell unterhaltsamen Elementen nachweisen.

- auf der kleinräumigeren Ebene der Stilverschiebungen mit emotionalem Stil, informierendem Stil und Durchbrechung durch amüsante Kommentare (vgl. v.a. Kap. 5.2), ambivalenter Kontextualisierung von Moral (vgl. v.a. Kap. 5.1 und Ayaß i.d.B.), inszenierter Entrüstungen (vgl. v.a. Kap. 5.3), inszenierter Vertrautheit wie *unser willi windsor* oder *oma lisbeth* etc.
- auf der Ebene der Stilmittel[28] einzelner prosodischer, lexiko-semantischer etc. Einheiten wie *liebeslebentechnisch* und dem Spiel mit einem tabuisierten Thema, Typisierungen wie *superstar* und *schmierfinken*, unterschiedliche Benennungen von *willi windsor* aber auch Übertreibungen und Parodien, fiktiven Zitatwiedergaben etc.

Anhang: Verzeichnis der Transkriptionszeichen

soll ich das verstehen ja der macht das nich	simultane Äußerungen stehen über einander und sind unterstrichen
*	kurze Pause
aber find/	Wortabbruch
ne käthe↑	steigende Intonation
rückt näher↓	fallende Intonation
heiratsfähige alter kommt-	schwebende Intonation
MANN	auffällige Betonung
da:men	auffällige Dehnung
←prinz william superstar→	langsamer (relativ zum sprachlichen Umfeld)
→und hört alles mit←	schneller (relativ zum sprachlichen Umfeld)
>glaub ich nich<	leiser (relativ zum sprachlichen Umfeld)
<ich will natürlich worauf hinaus>	lauter (relativ zum sprachlichen Umfeld)
[Blick in die Kamera]	nonverbale Zeichen
[...]	Auslassung im Transkript (unverständlich)

[28] Vgl. Selting (1997, 14): „Mit Hilfe dieser Stilmittel werden Sprechstile hergestellt, die Rezipienten i.d.R. als holistische, d.h. ganzheitliche, Gestalten intuitiv wahrnehmen und funktional im Sinne nahegelegter Interpretationsrahmen interpretieren." Dazu auch: Sandig (1986; 1995, 41-49; sowie 2001).

Literatur/ Quellen

Auer, J.C.P. & Uhmann, Susanne (1982). Aspekte der konversationellen Organisation von Bewertungen. In: *Deutsche Sprache* 10/1982, 1-32.

Auer, Peter (1986). Kontextualisierung. In: *Studium Linguistik* 19/1986, 22-47.

Auer, Peter (1992). Introduction: John Gumperz' Approach to Contextualization. In: Auer, Peter & Di Luzio, Aldo (Hrsg.), *The Contextualization of Language*. Amsterdam, Philadelphia: Benjamins, 1-37.

Bergmann, Jörg R. (1987). *Klatsch. Zur Sozialform der diskreten Indiskretion*. Berlin, New York: de Gruyter.

Burger, Harald (1990). *Sprache der Massenmedien*. 2., durchges. u. erw. Aufl. Berlin, New York: de Gruyter.

Christmann, Gabriela B. & Günthner, Susanne (1999). Entrüstung: Moral mit Affekt. In: Bergmann, Jörg & Luckmann, Thomas (Hrsg.): *Kommunikative Konstruktion von Moral*. Band 2: Von der Moral zu den Moralen. Opladen/Wiesbaden: Westdeutscher Verlag, 242-274.

Foltin, Hans Friedrich (2002): Fernsehen als Unterhaltung. In: Leonhardt, Joachim-Felix & Ludwig, Hans-Werner & Schwarze, Dietrich & Straßner, Erich (Hrsg.): *Medienwissenschaft. Ein Handbuch zur Entwicklung der Medien und Kommunikationsformen*. 3. Halbband. Berlin, New York: de Gruyter.

Gumperz, John J. (1992). Contextualization Revisited. In: Auer, Peter & Di Luzio, Aldo (Hrsg.): *The Contextualization of Language*. Amsterdam, Philadelphia: Benjamins, 39-53.

Günthner, Susanne & Knoblauch, Hubert A. (1997): Gattungsanalyse. In: Hitzler, Ronald & Honer, Anne (Hrsg.): *Sozialwissenschaftliche Hermeneutik*. VERLAG?? , 281-308.

Holly, Werrner (1996): Mündlichkeit im Fernsehen. In: Biere, Bernd Ulrich & Hoberg, Rudolf (Hrsg.): *Mündlichkeit und Schriftlichkeit im Fernsehen*. Tübingen: Narr, 29-40.

Holly, Werner & Habscheid, Stephan (2001): Gattungen als soziale Muster der Fernsehkommunikation. Zur Vermittlung von Massen- und Individualkommunikation. In: Sutter, Tilmann & Charlton, Michael (Hrsg.): *Massenkommunikation, Interaktion und soziales Handeln*. Wiesbaden: Westdeutscher Verlag, 214-233.

Keim, Inken (2001). Klatsch und Tratsch als lustvolles Gruppenerlebnis. Eine ethnographisch-soziolinguistische Studie. In: Iványi, Zsuzsanna & Kertész, András (Hrsg.), *Gesprächsforschung: Tendenzen und Perspektiven*. Frankfurt a.M. u.a.: Lang, 131-153.

Klein, Josef (1997): Kategorien der Unterhaltsamkeit. Grundlagen einer Theorie der Unterhaltung mit kritischem Rückgriff auf Grice. In: Rolf, Eckhard (Hrsg.). Pragmatik. Implikaturen und Sprechakte. Opladen: Westdeutscher Verlag. 176 – 188.

Klemm, Michael (2000): *Zuschauerkommunikation. Formen und Funktionen der alltäglichen kommunikativen Fernsehaneignung*. Frankfurt am Main u.a.: Lang.

Kotthoff, Helga (1996). Witzige Darbietungen als Talk-Shows. Zur konversationellen Konstruktion eines sozialen Milieus. In: Kotthoff, Helga (Hrsg.): *Scherzkommunikation. Beiträge aus der empirischen Gesprächsforschung*. Opladen: Westdeutscher Verlag, 145-191.

Kotthoff, Helga (1998). *Spaß Verstehen. Zur Pragmatik von konversationellem Humor*. Tübingen: Niemeyer.

Rollik, David (o.J.). *Plaudertasche Ralph Morgenstern. „Haste schon gehört...?“* Im Gespräch mit eurogay.net-Redakteur David Rollik. [Online-Dokument] URL: http://eurogay.de/artikel/promi_morgenstern3.html, gesehen am 04.04.2001.

Sandig, Barbara (1986). *Stilistik der deutschen Sprache*. Berlin, New York: de Gruyter.

Sandig, Barbara (1995). Tendenzen der linguistischen Stilforschung. In: Stickel, Gerhard (Hrsg.): *Stilfragen*. Berlin, New York: de Gruyter, 27-61.

Sandig, Barbara (1996). Stilwandel und ganzheitliche Analyse. In: Fix, Ulla & Lerchner, Gotthard (Hrsg.): *Stil und Stilwandel*: Bernhard Sowinski zum 65. Geburtstag gewidmet. Frankfurt a.M., Berlin, Bern, New York, Paris, Wien: Lang, 359-394.

Sandig, Barbara (1997). Formulieren und Textmuster. Am Beispiel von Wissenschaftstexten. In: Jakobs, Eva-Maria & Knorr, Dagmar (Hrsg.): *Schreiben in den Wissenschaften*. Frankfurt a.M., Berlin, Bern: Lang, 25-44.

Sandig, Barbara (2001). Stil ist relational! Versuch eines kognitiven Zugangs. In: Jakobs, Eva-Maria & Rothkegel, Annely (Hrsg.): *Perspektiven auf Stil*. Tübingen: Niemeyer, 21-34.

Schmitt, Reinhold (1993). Kontextualisierung und Konversationsanalyse. In: *Deutsche Sprache* 1/1993, 326-354.

Selting, Margret (1989). Konstitution und Veränderung von Sprechstilen als Kontextualisierungsverfahren: Die Rolle von Sprachvariation und Prosodie. In: Hinnenkamp, Volker & Selting, Margret (Hrsg.): *Stil und Stilisierung. Arbeiten zur interpretativen Soziolinguistik*. Tübingen: Niemeyer, 203-225.

Selting, Margret (1995). Sprechstile als Kontextualisierungshinweise. Die sprechstilistische Kontextualisierung konversationeller Aktivitäten am Beispiel mündlicher Erzählungen in Gesprächen. In: Stickel, Gerhard (Hrsg.): *Stilfragen*. Berlin, New York: de Gruyter, 225-256.

Selting, Margret (1997). Interaktionale Stilistik: Methodologische Aspekte der Analyse von Sprechstilen. In: Sandig, Barbara & Selting, Margret (Hrsg.): *Sprech- und Gesprächsstile*. Berlin, New York: de Gruyter, 9-43.

Selting, Margret & Hinnenkamp, Volker (1989). Einleitung: Stil und Stilisierung in der interpretativen Soziolinguistik. In: Hinnenkamp, Volker & Selting Margret (Hrsg.): *Stil und Stilisierung. Arbeiten zur interpretativen Soziolinguistik*. Tübingen: Niemeyer, 1-23.

Wengerzink, Monika (1997). *Klatsch als Kommunikationsphänomen in Literatur und Presse*. Frankfurt a.M., Berlin, Bern, New York, Paris, Wien: Lang.

Winterhoff-Spurk, Peter (2000): Der Ekel vor dem Leichten. Unterhaltungsrezeption aus medienpsychologischer Sicht. In: Roters, Gunnar & Klingler, Walter & Gerhards, Maria (Hrsg.): *Unterhaltung und Unterhaltungsrezeption*. Baden-Baden: Nomos, 77-98.

ZDF (Hrsg.) (1999). *Presse extra ZDF. Kaffeeklatsch-Infomaterial*. Mainz.

ZDF.online (2001). Homepage Kaffeeklatsch. [Online-Dokument] URL: http://www.zdf.de/unterhaltung/kaffeeklatsch/index.html, gesehen am 13.01.2001.

Ludische Kommunikation in und um Comics. Eine Analyse zur Sprache der Comic-Zeitschrift MOSAIK und ihrer Fans[1]

Sabine Fiedler

1. Zu den Untersuchungsgegenständen Comic und ludische Kommunikation

Ich verstehe den Comic als eine Textsorte, die durch die Merkmale narrative Struktur, Bildreihung und (in Sprechblasen angeordneter) Text beschrieben werden kann (vgl. Grünewald 2000, 4; Kock 1999, 25 f.). Charakteristisch ist ihre semiotische Komplexität (Spillner 1995), das Zusammenwirken von Wort und Bild, welches vom Rezipienten eine spezifische Lese- und Interpretationsarbeit erfordert. Die Bezeichnung 'Comic' ist als allgemeiner Sammelbegriff aufzufassen, da sich die einzelnen Textsortenvarianten und Exemplare hinsichtlich ihrer Funktionen und Inhalte stark unterscheiden. Das funktionale Spektrum reicht von reiner Unterhaltung bis zu subversiver Systemkritik. Es gibt religiöse Comics wie auch Werbe- und Ratgebercomics. Hinsichtlich der Thematik werden historische Ereignisse ebenso verarbeitet wie Fantasy- oder Esoterik-Stoffe (vgl. Munier 2000, 10 f.). Große Unterschiede lassen sich außerdem hinsichtlich der Textanteile sowie der Verwendung spezifischer Gestaltungsmittel (Sprechblasenanordnung, visuelle Indices, Montageformen, Onomatopoetika) feststellen.

Die Verteilung von Comics erfolgt hauptsächlich über Massenprintmedien wie Zeitung, Hefte und Bücher. Comics erfreuen sich vor allem in der Gegenwart großer Beliebtheit: Sie liegen nicht mehr nur am Kiosk, sondern in seriösen Buchhandlungen aus, sind Gegenstand von Fachveranstaltungen und Ausstellungen, werden zu Schwerpunktthemen von Buchmessen gemacht. Ihrer Popularität, insbesondere bei jüngeren Lesern, steht jedoch gesamtgesellschaftlich eine nur geringe kulturelle Akzeptanz gegenüber. Comics werden als Trivial- oder Populärkultur und damit a priori als etwas Minderwertiges betrachtet. Die Ursachen dafür liegen neben ihrer massenhaften Produktion und der oben erwähnten the-

[1] Ich bedanke mich für wertvolle Hinweise und Anregungen für die Überarbeitung dieses Artikels bei den Herausgebern sowie Alexander Brock.

matischen und funktionalen Vielfalt in der aus dem semiotisch komplexen Charakter resultierenden Schwierigkeit einer klaren Zuordnung zur bildenden Kunst oder zur Literatur (vgl. Grünewald 2000, 79), vor allem aber in den Nachwirkungen der sog. Schund- und Schmutzdiskussion, die ausgehend von Kritiken in den USA in den 50er und 60er Jahren in Ost- und Westdeutschland zu einer pauschalen Abqualifizierung von Comics als Lektüre für Analphabeten, „intellektuell Zurückgebliebene und potentielle Kriminelle“ (Dolle-Weinkauf 1990, 96 ff.) führte. Obwohl schon in den 70er Jahren eine Phase der Enttabuisierung von Comics begann (vgl. Lettkemann & Scholz 1994, 59), ist doch die Gleichsetzung von Comics mit primitiver Sprache noch unterschwellig lebendig.[2]

Grundlage meiner Untersuchung ist die Comic-Zeitschrift MOSAIK, die mit monatlich rund 120000 Exemplaren beim „MOSAIK Steinchen für Steinchen Verlag“ erscheint und damit nach Verlagsangaben den auflagenstärksten in Deutschland produzierten Comic darstellt. Sie kann auf eine relativ lange Erscheinungsdauer zurückblicken. Das erste Heft des „MOSAIK von Hannes Hegen“ wurde im Dezember 1955 verkauft und entwickelte sich rasch zu einem nur schwer zu bekommenden DDR-Kultcomik.[3] Die Popularität änderte sich auch nicht, als die drei Helden Dig, Dag und Digedag 1976 durch die Abrafaxe (Abrax, Brabax und Califax) abgelöst wurden. Diese besitzen die Fähigkeit, durch Raum und Zeit zu reisen, und sie waren seit ihrer Entstehung nicht nur in vielen Ländern der Erde, sondern auch quer durch die Menschheitsgeschichte unterwegs: z.B. im antiken Griechenland, im alten Ägypten, mittels Orientexpress zwischen London und Konstantinopel, in den USA zur Zeit der Prohibition. Durch diese relativ lange Geschichte besitzt das MOSAIK einen altersmäßig außerordentlich heterogenen Leserkreis. Dem Linguisten bietet die lange Erscheinungsdauer die Möglichkeit, Sprachgebrauch im Comic über fast ein halbes Jahrhundert hinweg vergleichend zu betrachten.

Der Beitrag beschäftigt sich mit ludischer Kommunikation im Comic. Dieser Terminus soll als Sammelbezeichnung für die verschiedenen Arten spielerischen Umgangs mit Sprache verwendet werden. Das Ludische im Dienste des Vergnüglichen und Komischen (der Name „Comic“ sagt es bereits) gehört zu den

---

2 Anlässlich der Leipziger Buchmesse 2001 berichtete die *Leipziger Volkszeitung*: „Die grellbunten Bildergeschichten sind Kult, darin sind sich Jüngere total einig. Auch Ältere haben den Schock der *Simpelsprache* in den Comic-Blasen längst überwunden, akzeptieren die eigene Form.“ (Hervorhebung S.F.)

3 Die Bezeichnung „Comic“ war in der DDR allerdings nicht üblich. Im Impressum des MOSAIKs steht bis 1990 „Bilderzeitschrift“.

Wesensmerkmalen der Textsorte, wobei sich sehr viele unterschiedliche Erscheinungsformen differenzieren lassen. Diese sollen im Folgenden klassifiziert und exemplarisch vorgestellt werden.

2. Zu den Erscheinungsformen ludischer Kommunikation im MOSAIK

Es lassen sich in der Literatur verschiedene Möglichkeiten finden, Typen sprachspielerischen Gebrauchs zu klassifizieren. Grassegger (1985, 33) nimmt eine grundsätzliche Gliederung nach der semantischen Akzentuiertheit in Sinn- und Klangspiele vor und grenzt so Spiele mit der Mehrdeutigkeit sprachlicher Zeichen gegenüber dem einfachen Spiel mit dem lautlichen Gleichklang ab, in dem die Ebene der Semantik für die Erzielung des ludischen Effekts irrelevant ist. Eine weitere mögliche Unterteilung stellt eine Typologie nach sprachlichen Ebenen dar, wie sie z. B. von Schifko (1987) und Alexander (1997) vorgenommen wird. Die darin unterschiedenen Spielarten lassen sich auch für das MOSAIK belegen:

- Spiele auf der Graphemebene: *Sibylladabistujaendlichichrettedich!* (1/95: 45); *QUIIIIIIIETSCH* (11/00: 16)
- Spiele auf der Lautebene: *Im Namen des **Khans**! Anhalten! – Wegen eurem morschen **Kahn** halten wir nicht an!* (1/91: 9); *Haltet diesen Irrsinnigen auf, er hat gerade den **Sextanten** getroffen! – **Sechs Tanten**! Alle Wetter, das war mein bester Schuß bisher!* (8/97: 49)
- Spiele auf der morphologischen Ebene: *(...) wir sind nicht zum ersten Mal im Urwald. Wir sind sozusagen **Ur-Waldmeister**.* (5/60: 3); *Nach mehreren Flugminuten **wasserten** sie in einem Waldsee.* (3/93: 35)
- Spiele auf der lexikalisch-semantischen Ebene (Mehrdeutigkeitsspiele): *Der Vizekönig ist **gestürzt**!* (74, 1/63: 14); *Geklaut! Das ist ja so gut wie ein **Geständnis**. – Was? Ich habe gar nichts **gestanden**! – Das ändert aber nichts daran, dass du bald **sitzen** wirst!* (4/02: 43)
- Spiele auf der syntaktischen (und semantischen) Ebene, wie z.B. zeugmatische Konstruktionen: *Sie stechen in die Kähne und dann in See.* (10/76: 18); *Hast du auch die Handbremse angezogen? – Nein, die Badehose.* (4/59: 4)

- Spiele auf der Text- und Stilebene: *Kutscher, bringe Er mich in die Schweiz!* (8/80: 16); *Seid gegrüßt, wackere Hüter des Tores! Wir heischen Einlaß, damit uns Erquickung werde von der köstlichen Blume Alexandria an des Niles kühlen Fluten.* (9/60: 3)
- Spiele auf der pragmatischen Ebene/mit außersprachlichen Wissensbeständen: *Bei diesem Sultan ist aber auch überhaupt nichts mehr erlaubt!* (9/74: 8; 1973 hatte E. Honecker W. Ulbricht nach dessen Tod auch offiziell abgelöst); *Das gibt es doch eigentlich nur im Märchen! Eine Bedienung, die sofort kommt.* (1/75: 12)

Ergänzen ließe sich auf der Grundlage des MOSAIK-Korpus eine metakommunikative Ebene, wenn die Helden z. B. äußern: *Ich fliege schon wieder. Irgendetwas läuft in dieser Geschichte schief.* (8/98: 10) oder *Ich bitte Sie, machen Sie die Jacke wieder zu, das Heft wird auch von Frauen und Kindern gelesen.* (8/99: 43). Hier wird mit dem Textmusterwissen des Lesers gespielt, indem das übliche Paradigma des Comics (direkte Rede zwischen den Figuren in Sprechblasen als eine Kommunikationsebene und Erzählertext im eckigen Kasten als eine zweite Kommunikationsebene) kurzzeitig gestört wird. Die fiktive Comic-Kommunikation wird unterbrochen und selbst zum Kommunikationsgegenstand, die Fiktion wird offen gelegt. Die Erwartung des Lesers auf eine unterhaltsam-amüsante Comic-Lektüre wird zunächst enttäuscht, um danach auf einer Meta-Ebene erfüllt zu werden.

Die vorliegende Untersuchung ist nicht auf eine Weiterentwicklung von Wortspieltypologien ausgerichtet. Da sie auf einem umfangreichen Belegkorpus beruht, das sämtliche Hefte des MOSAIKs (1955 bis Nr. 320, 8/2002) berücksichtigt, ist es möglich, die verschiedenen Typen ludischer Kommunikation auch hinsichtlich ihrer Relevanz in diesem Comic zu beurteilen. Die Frequenz der verschiedenen Verfahren bildet daher den Ausgangspunkt der Gliederung, wobei die Zuordnung zu sprachlichen Ebenen jedoch berücksichtigt wird. Im Folgenden sollen mit den Namenspielen, den phraseologischen Spielen und den intertextuellen Spielen (Anspielungen) die drei wichtigsten Spielarten im MOSAIK behandelt werden.

2.1 Namenspiele

Wenn wir an international bekannte Comics denken, wie z. B. die Asterix- oder Walt-Disney-Comics, so sind die sog. redenden Namen wohl eines ihrer markantesten Stilmerkmale. Dies ist zumeist auch in den Übersetzungen noch spürbar:

Asterix

Panoramix	*Miraculix*
Assurancetourix	*Troubadix*
Zebigbos	*Sebigbos*
O'torinolaringolix	*O'fünfuhrteefix*
MacAnotérapix	*MacTeefürzweifix*
Jolitorax	*Telefax*
Idéfix	*Idefix*

Walt Disney

Scrooge McDuck	*Onkel Dagobert*
Gladstone Gander	*Gustav Gans*
Beagle Boys	*Panzerknacker*
Gyro Gearloose	*Daniel Düsentrieb*
Junior Woodchucks	*Fähnlein Fieselschweif*
Magica de Spell	*Gundel Gaukely*
Duckburg	*Entenhausen*

Es verwundert daher nicht, dass redende Namen als ein Wesensmerkmal des Comics auch im MOSAIK zu finden sind, wie eine Auswahl verdeutlichen soll:

> *Vash Lap* (1/59: 9); *Graf von Altentrott* (3/78: 9); *Marquis de la Vermotte-Toupet* (7/78: 7); Hofdichter *Zitatis Fersis* (2/85: 14); *Ben Beef* (9/62: 7); *Nimh Alesh* (3/86: 6; Steuereintreiber in *Penunsien*); *Raffamoneti* (6/77: 12); Hypnotiseur *Gugmorin Tipupileh* (3/86:14); *Detective Kent C. Bludd* (1/01: 50; vgl. *Can't see blood*); *Matt Kaudisiis* (11/01: 17; finnischer Schlachthofbesitzer, vgl. *mad cow disease* – Rinderwahnsinn)

Durch ihre sprachliche Form, den Kontrast zu üblichen Namen erzielen diese redenden Namen auch ohne Kontext komische Wirkung. Poetische Techniken wie Lautmalerei, Alliteration, skurrile Versprachlichung von Metaphorik, Dialekt und stereotypisierte Volkszugehörigkeit verstärken die Expressivität. Ihre volle Wirkung erzielen sie jedoch erst im Text, wobei ihr symbolischer und indexikalischer Charakter zum Aufbau komplexer Spiele genutzt wird (vgl. Heibert 1993, 52). So kann ein Name wegen seiner Ausdrucksähnlichkeit mit willkürlichem

Symbolcharakter unterlegt werden (1), oder ein für uns heute rein indexikalischer Name wird ins Verhältnis zu seiner erschließbaren Symbolbedeutung gestellt (2):

(1) *Mein Name ist Ismail. – Hat er „iss mal Öl" gesagt? Andere Länder, andere Sitten.* (9/00: 4)
(2) *Freud. – Freud mich.* (11/99: 47)

Anhand von zwei Beispielen soll gezeigt werden, in welch hohem Maße Namenskomik zur Textkonstituierung beitragen kann und dabei zum dominierenden Merkmal gesamter Hefte bzw. Geschichten wird. Im Mittelpunkt von Heft 4/72 stehen die Gouverneurswahlen in Buffalo Springs, in die die Digedags aktiv eingreifen. Der Charakterisierung der Kandidaten – der eine ein Befürworter der Sklaverei, reicher als sein Kontrahent und als „alles andere als zukunftsweisend" (S. 3) beschrieben, und der andere, Gegner der Sklaverei und Verbündeter Abraham Lincolns, der „die Verwirklichung neuer Ideen verspricht" (S. 9) – spiegelt sich in ihrer Namensgebung wider: *Goldner* und *Betterman*. Beachtenswert ist dabei auch die vom Autor angestrebte kulturelle Authentizität. Beide Figuren werden durch die Verwendung des als Initial abgekürzten *middle name* (*Jerry A. Goldner* und *Charles R. Betterman*) als Vertreter der wohlhabenden Schichten ausgewiesen und den übrigen Personen des Heftes (z. B. *Dan Botcher*, *Miß Mary*, *Al Toddy*) gegenübergestellt. Zahlreiche Wahlplakate nehmen spielend Bezug auf diese redenden Namen:

GOLDNER BRINGS GOLDEN DAYS (S. 3)
GOLDNER HAS A GOLDEN HEART (S. 3)
BETTERMAN IS THE BEST! (S. 5)
BETTERMAN BRINGS BETTER DAYS (S. 21).

Die redenden Namen werden damit zu einem entscheidenden Element der erzählten Geschichte. Als (natürlich durch die tatkräftige Unterstützung der Digedags) der „bessere Mann" *Betterman* erwartungsgemäß gewinnt, sehen wir zwei der *Golden*-Plakate noch einmal, wobei der Name des Kandidaten jedoch jeweils sichtbar durchgestrichen und mit *Betterman* überschrieben wurde.

Mit dem zweiten Beispiel begeben wir uns ins antike Griechenland, zu den Freunden der Abrafaxe *Choleron*, *Phlegmatos* und *Sanguinos*. Die gewählten Namen finden auch beim Leser im Kindesalter Anklang, da sie – wie mir in Befragungen gesagt wurde – „griechisch klingen" und „alle so ähnlich sind", der erwachsene Leser jedoch erkennt zusätzlich den Bezug zu den klassischen Temperamentstypen und hat nicht minder Freude daran, wenn diese Figuren sich im Verlauf der Handlung entsprechend verhalten, wie z. B. folgende Dialoge zeigen:

(3) *Ihr streitet euch ganz schön oft, Sanguinos!*
Naja, wir haben eben unterschiedliche Vorstellungen von der Welt (...) (11/94: 14)

(4) *Phlegmatos!!! Ich habe dir dreimal befohlen, das Boot loszumachen.*
Wenn du es ernst meinst, befiehlst du es fünfmal. (1/95: 13)

Der gebildete Leser weiß aber außerdem, dass noch der vierte Temperamentstyp fehlt und erkennt diesen sofort am Namen des Wirtes (ebenso wie natürlich der Schlaumeier Brabax, der sagt: *Melanchos!? Lernen wir endlich euren vierten Bruder kennen?*). Der spöttische Hinweis auf die Spezialität *Trauerklöße in Weinsoße* in dessen Gasthaus *Zur trüben Tasse* wird daraufhin als kleiner sprachspielerischer Zusatz goutiert. Das Beispiel verdeutlicht, dass Namenskomik bestimmend zur Zeichnung von Personen wie ganzer Handlungsstränge werden kann. Es macht außerdem deutlich, wie es den Autoren gelingt, dem heterogenen Leserkreis mit seinen unterschiedlichen Verstehensvoraussetzungen gerecht zu werden.

2.2 Phraseologische Spiele

Insgesamt können im Korpus drei Formen spielerischen Phraseologiegebrauchs unterschieden werden. Das sind erstens die expressive Häufung von Einheiten (z. B. in 10/73: 2: *Man soll den Spatzen in der Hand behalten, bevor man die Katze aus dem Sack lässt. Dann kann man sich auch die Taube auf dem Dach getrost als Extrawurst braten.*), zweitens die Modifikation von Phraseologismen (z. B. in 4/66: 7: *Wer wird denn gleich die Armbrust ins Korn werfen!* oder in 10/98: 48: *An den Mast mit ihm. Und die drei anderen auch – die stecken doch alle unter einem Seesack!*) und drittens das Spiel mittels wörtlicher und übertragener Bedeutung einer Einheit. Auf diese dritte Form, die Polysemantisierung, möchte ich näher eingehen, da sie besonders Comic-relevant ist. Im Zusammenspiel von Bild und Text ergeben sich besonders vielfältige Möglichkeiten der Ambiguisierung. Es lassen sich z.B. zunächst verschiedene Möglichkeiten der Bild-Beteiligung unterscheiden. So gibt es auch im Comic rein verbale Polysemantisierungen durch den unmittelbaren sprachlichen Kontext. Die zweite Lesart des Phraseologismus wird dabei zumeist durch lexikalische Einheiten aus dem semantischen Feld einer phraseologischen Konstituente aktiviert. So wird in (5) durch den Verweis auf *Bad* ein situativer Kontext geschaffen, der Anschluss an eine neue

Isotopieebene ermöglicht, und (6) wird mit der Darstellung der (zugegebenermaßen etwas merkwürdigen) *Rechnung* eine einzelne phraseologische Konstituente akzentuiert:

(5) *Na, was ist, Balibi? Wo bleibt meine Braut?*
Sie meldet sich nicht. Da ist bloß so ein komisches Rauschen in der Kajüte ...
Nimmt sie etwa erst ein Bad?! Na, der wasche ich den Kopf! (7/88: 12)

(6) *Jeder von uns Vieren bekommt zwei Hälften (...)*
Mr. Drake macht uns gerade einen Strich durch die Rechnung. (11/98: 40)

In den meisten Fällen erfolgt die Polysemantisierung jedoch mittels Bild, wie in folgenden Beispielen:

(7) *Ist unsere Aktion nicht wunderbar ins Rollen gekommen?* (1/55: 4; Rollende Fässer schlagen die Steuereintreiber in die Flucht)

(8) *Lass mich jetzt bloß nicht hängen!* (2/02: 16; Abrax zieht Frank in den bereits fahrenden Zug)

Die Realisierbarkeit der im Phraseologismus ausgedrückten Handlung ist in den Comics nur bedingt ein Kriterium für derartige Darstellungen. Das Korpus schließt äußerst skurrile Verbildlichungen ein, so etwa *sitzt* man tatsächlich *in der Tinte* (7/68: 4), *schwimmt im Geld* (12/98: 7) oder *hat Dreck am Stecken* (10/96: 14), in der Gestalt Wido Wexelgelts *sitzt* jemandem wahrhaftig *der Schalk im Nacken* (9/97: 8) und in Heft 262 (10/97: 49) gar *steckt sich* jemand eine Kanone *an den Hut*.

In einer dritten Gruppe von Belegen sind Bild und Text gemeinsam an der Aktualisierung des Phraseologismus beteiligt. Nicht selten steht diese Form – wie in Bsp. (10) – im Dienste der Slapstick-Komik, des Klamauks, bei dem Personen (hier der Pikenier Fiorino Flizzi) oder Gegenstände auf merkwürdige Weise durch die Gegend fliegen und zumeist recht unsanft landen.

(9) *Die Rohre! – Heiliges Kanonenrohr!* (4/01: 50; Das Bild zeigt Rohre, die sich über den Personen vom Kranhaken lösen)

(10) *Ich habe von der Pike auf mit der Pike als Pikenier gedient, aber dieser Verwendungszweck ist mir neu.* (2/76: 17)

Beliebt ist auch das Verfahren, die Figuren übertragene Wendungen falsch verstehen zu lassen. Schäfer (1996, 117) spricht vom Schieflaufen von Sprechakten.

Gemeint ist ein Aneinandervorbeireden, das sich ausgehend von einer wörtlich genommenen Redensart über längere Textpassagen mit mehreren Sprecherrollenwechseln erstrecken kann, wie in (11), einem Dialog zwischen den Digedags und Polizisten am Rande einer Theateraufführung:

(11) *Wir brauchen eure Hilfe. Wir müssen unbedingt wissen,* ***was hier gespielt wird.***
Das steht ja auf dem Programm.
Wir vermuten, daß eine böse Tat geplant ist.
Ihr seid wohl zum ersten Mal im Theater? Das hat sich der Dichter so ausgedacht.
Versteht ihr denn nicht? Das sind keine Schauspieler, sondern Seeräuber!
Was redet ihr da. Man kann doch nicht jeden schlechten Schauspieler gleich als Seeräuber bezeichnen. (8/58: 17 f.)

In zahlreichen Fällen ist zum Erkennen und Verstehen der Doppelbödigkeit beim Rezipienten außer sprachlichem auch pragmatisches Wissen erforderlich:

(12) *Medicus, gib ihm Rizinus. Das bringt ihn wieder auf die Beine.* (3/76: 20)
(13) *Rinderhirnwurst. Es gibt Leute, die sind ganz verrückt danach.* (3/01: 49)

Abschließend soll eine comic-spezifische Form der Polysemantisierung erwähnt werden, die vollständig auf verbale Mittel verzichtet. Gemeint ist die bildlich-symbolische Darstellung von Phraseologismen im Panel, zumeist in Sprechblasen. Im MOSAIK sind dabei *jemandem geht ein Licht auf* (als Kerze oder Glühlampe), *tropft der Zahn*, *bricht das Herz*, *fällt ein Stein vom Herzen* und natürlich *Sterne sehen* belegt.

Insgesamt ist der Phraseologiegebrauch im MOSAIK außerordentlich vielschichtig. Er umfasst die kindgemäß-erläuternde Einführung von phraseologischen Einheiten, für die Comics durch die Bild-Text-Einheit hervorragende Bedingungen bieten, ebenso wie das in diesem Kapitel beschriebene Spiel mit den beiden Bedeutungsebenen des Phraseologismus, dessen Dekodierung den Rezipienten nicht selten zum Nachdenken über das Phänomen Sprache veranlasst. Zuschriften an die Redaktion zeigen, dass diese Mehrfachadressiertheit der MOSAIK-Sprache, die sich im Phraseologiegebrauch ebenso zeigt wie bei den Namenspielen und den im folgenden Kapitel zu erörternden Anspielungen, von den Lesern wahrgenommen und geschätzt wird.[4]

---

4 Vgl. folgende Auszüge aus Leserbriefen: „Der Witz – ich muß es noch mal sagen – ist einfach genial. So hat das große Kind auch ne Menge zu entdecken.“ (3/99: 23); „Eure kleinen Gags (...)

2.3 Anspielungen

Im Bereich der Anspielungen sollen auf der Grundlage des Korpusmaterials zwei Typen unterschieden werden, die textuellen und/oder visuellen Bezugnahmen auf konkrete Prätexte und solche auf formulierbare Wissensbestände (vgl. Kotthoff 1998, 80 f.). Beide Erscheinungsformen besitzen im MOSAIK eine lange Tradition. Beginnen wir mit dem Textuellen. Dass intertextuelle Anspielungen als bewusstes Stilmittel eingesetzt werden, zeigt sich z. B. in einem Preisausschreiben in Heft 6/76. Hier heißt es auf S. 17: *Habe ich's nicht gesagt, Leutnant? Durch diese hohle Gasse mussten sie unweigerlich kommen!* Am Ende des Heftes finden wir folgende Aufforderung: „Liebe Leser! In diesem Heft ist eine Anspielung auf ein Zitat eines berühmten Dichters enthalten. Wie heißt der Dichter und wie das Stück, aus dem es stammt? Als Preise für die richtige Lösung sind drei Originalzeichnungen von Hauptfiguren ausgesetzt." Das Spektrum der gewählten Prätexte ist dabei außerordentlich breit. Es reicht von Helge Schneiders „Katzeklo" über die griechische Mythologie bis hin zu Shakespeare, wobei seit Mitte der 90iger Jahre eine neuere Entwicklungstendenz deutlich wird. Als Anspielungsbasen dienen in zunehmendem Maße auch gefährlich zeitgebundene Werbeslogans (*Das sind ja gleich drei Fragen auf einmal* – 6/98: 49), Fernsehsendungen (*Harry, fahr schon mal das Kamel vor* – 9/00: 48) oder Filme (*[...] die Eier stammen von einem Fisch namens Wanda* – 12/99: 9). Bezüglich dieser Entwicklungen lassen sich aus Leserbriefen durchaus kritische Stimmen vernehmen.[5] Die Macher des MOSAIKs scheinen mit derartigen Anspielungen jedoch dem modernen Sprachgebrauch zu entsprechen. Ähnliche Tendenzen lassen sich gegenwärtig neben der Werbung auch im journalistischen Sprachgebrauch, in Satire und Komik und nicht zuletzt in jugendkulturellen Textsorten (vgl. Androutsopoulus 1997) nachweisen.

Neben den Bezugnahmen auf konkrete Einzeltexte finden wir auch Textmusterreferenzen, in denen das Textsortenwissen des Lesers angesprochen wird

---

fand ich super. Das habe ich aber erst nach dem zweiten Lesen bemerkt." (3/99: 23); „Was für eine Überraschung: Monty Python im MOSAIK! 'Nobody expects the Spanish Inquisition' in the MOSAIK! Was zeigt, daß MOSAIK keine reine Kinderzeitschrift ist und auch Anspielungen bietet, mit denen nicht jeder was anfangen kann (…)" (10/97: 21 f.)

5 Vgl. folgenden Brief in Heft 10/00 (S. 23): „(...) Was mir überhaupt nicht gefällt ist die Sprache. Sie sollte zu der Zeit passen, in der die Handlung spielt und nicht aktuelle Redewendungen enthalten. (...) Die teilweise enthaltenen, wahrscheinlich lustig gemeinten Anspielungen auf Ereignisse oder auch Filme der Gegenwart sind primitiv. Werden die Hefte später einmal gelesen, so werden diese Dinge überhaupt nicht verstanden werden, da der zurzeit aktuelle Bezug nicht mehr gegenwärtig ist."

und darüber hinaus nicht selten außersprachliches Wissen eine Rolle spielt. In Heft 2/99 (S. 4) steht das formale Muster „Etikett auf Gebrauchsgütern“ im Mittelpunkt. Die Abrafaxe befinden sich hier im Jahre 1597 gemeinsam mit Francis Drake an der kalifornischen Küste. Als ein Topf unter einen Tisch fällt, hat der Leser für einen Moment die Möglichkeit, den Tisch von unten zu betrachten. Man sieht ein auf dem Kopf stehendes Etikett: *VEB Möbelwerk Hellerau Mooreiche Imitat.* Als weitere Beispiele dieser Art lassen sich der im Wirtshaus „Zum Wilden Mann“ (5/78: 7) zu findende Aushang *Es ist den Kindern das Saufen verboten* anführen, welcher die in allen DDR-Gaststätten aushängende „Verordnung zum Schutze von Kindern und Jugendlichen“ wachruft, oder auch an der Wand einer indischen Schenke die Urkunde *Bestes Fischerkollektiv 1234* (8/86: 10). Durch die Darstellung der angeführten Dokumente, Hinweistafeln usw. in einem lokal und temporal völlig unpassenden Bezugsrahmen wird nicht nur komische Wirkung erzeugt, durch den neuen Zusammenhang wird auch der Nutzen der angeführten Texte in Frage gestellt. Im Beispiel (14) auf der folgenden Seite (1/80: 6) wird diese Kritik durch den ironischen Kommentar *Diese Tafel hier deutet auf ein sehr hohes Niveau hin* explizit gemacht.

Anspielungen auf Wissensbestände lassen sich bereits in frühen Heften antreffen. So wird in Nr. 5/59 der Erfinder Sinus Tangentus Direktor eines sterbenslangweiligen Elektrizitätswerkes, was nach Lothar Dräger (Lettkemann 1990, 111), dem damaligen Autor des MOSAIKs, eine Anspielung auf eine politische Entscheidung der Sowjetunion in der damaligen Zeit war, die Genossen Bulganin, Malenkow, Kaganowitsch und andere zu Direktoren von sibirischen Kraftwerken und Zementfabriken zu machen, nachdem man sie entmachtet hatte. Vergleichbare Bezugnahmen auf Kulturspezifika der DDR-Zeit durchziehen die gesamte MOSAIK-Geschichte:

(14) (1/80: 6)

(15) *Dieser Monopoles ist ein unangenehmer Geselle. Aber was soll man machen? Handwerker sind knapp, vor allem die Klempner.* (9/60: 6)

(16) *Hier wird alles unter dem Ladentisch verschoben, sogar die Pferde.* (7/70: 10)

(17) *Hier traf gerade eine Sendung der erlesensten Leckerbissen aus aller Welt ein, die der Sultan gleich nach der Wiedererlangung seines Schatzes für die Hoftafel bestellt hatte. Für harte Taler, Kronen, Pfunde, Franken und Rubel konnte er sich reichlich mit russischem Kaviar, französischem Champagner, neapolitanischen Austern, Prager Schinken und Schweizer Schokolade eindecken.* (10/74: 13)

(18) *Das ist unser Lager. Unser erlauchter Pascha ist ein großer Freund der Jagd und liebt das einfache Leben im Zelt.* (6/76: 7; Ironie – im Zelt auf einem Diwan liegt der Pascha und lässt sich einen Mokka bringen)

(19) (Eule beim Überfliegen des riesigen Trichters nach der Sprengung der venezianischen Zwingburg) *Nanu, wer hat denn mein gemütliches Nest abgerissen und diesen Riesenneubau dafür hingesetzt?* (4/77: 2)

(20) *So, da wären wir! In Paris! Hättest du dir das jemals träumen lassen, Brabax? Warum nicht? Träumen kann man doch, soviel man will.* (7/80: 18)

(21) *Ich hab's ja gewusst! Die Achsen, die Lager – alles ist verrottet! Und die Ersatzteilfrage ist auch wieder einmal ungelöst!* (11/87: 9)

Das Gelingen der Kommunikation hängt bei Anspielungen dieser Art entscheidend von außertextlichen Verstehensbedingungen, vom kulturellen Wissen des Rezipienten ab. Rodi (1975, 129 f.) nennt Virulenz und Resonanz als entscheidende Bedingungen für erfolgreiches Anspielen. Die Virulenz, d. h. die Bedeutsamkeit des Gegenstandes für die Kommunikationsteilnehmer ergibt sich in den genannten Beispielen m. E. vor allem aus ihrer besonderen Brisanz, dem Tabucharakter, einer versteckten Kritik an offensichtlichen Missständen (Versorgungsmängel; marode Bausubstanz, die abgerissen wurde anstatt zu sanieren; Mängel im Dienstleistungssektor; Privilegierung; fehlende Reisefreiheit). Hier zeigt sich das Potential ludischer Textelemente. Es erschöpft sich nicht im Komisch-Unterhaltsamen. Die Anspielungen, von der Zensur übersehen, wurden von den Lesern in besonderem Maße geschätzt, weil sie Ausdruck des Mutes und Geschicks waren, mit dem es Johannes Hegenbarth (Hannes Hegen) und Lothar Dräger als Texter verstanden, Sozialkritik zu üben (vgl. auch Winter und Klemm i.d.Bd. zum „widerständigen Vergnügen"). MOSAIK war es stets gelungen, den Forderungen nach offener sozialistischer Propaganda zu widerstehen, wodurch die Zeitschrift eine Sonderstellung im System der Kinder- und Jugendpresse der DDR innehatte.[6] Die Resonanz der Anspielungen lässt sich u. a. am hohen Erinnerungswert dieser Belege bei MOSAIK-Lesern sowie an der Beschäftigung mit diesem Gegenstand im Rahmen der Fan-Kommunikation ablesen.[7]

Die Anspielung auf Zeitgeschehen ist aber auch nach 1990 ein charakteristisches Merkmal des MOSAIKs geblieben, wie die folgenden Beispiele zeigen:

(22) *Okay! Das Geld überweise ich dann wie immer auf Ihr ganz persönliches Spendenkonto, einverstanden?* (2/01: 3)

---

6 Zur Rolle des MOSAIKs, seiner Geschichte zwischen Anpassung und Widerstand s. Lettkemann/ Scholz (1994) sowie Kock (1999).

7 Vgl. die zahlreichen Artikel in den Fanzines zu diesem Thema sowie die Fan-Bücher von Thomas Kramer (1993; 1994).

(23) (Trinkfreudiger Wirt in Gestalt Boris Jelzins) *Ach, das kommt von meinem Rum. Aber sonst ist er sehr bekömmlich.* (9/98: 50)

(24) *Ich bin inoffizieller Mitarbeiter der Bundespolizei von New York! (...) Glaubt ihr mir etwa nicht? Im Saum meines linken Hosenbeins ist die Verpflichtungserklärung eingenäht! Ihr braucht nur nachzugucken!* (11/01: 6)

(25) *In Nashville verlor er kurzzeitig Valentes Spur, als Gruppen von Country-Musikern plötzlich die Wagen stürmten; und in Kansas City stoppte die Wahlkampfveranstaltung eines gewissen Mr. Goldner jun. – der in Wirklichkeit schon ein greiser Senior war – kurzzeitig seinen Weg zum nächsten Umsteigegleis.* (5/02: 35)

Mit diesem letzten Beispiel mit seiner doppelten Anspielung (auf den gegenwärtigen Präsidenten George W. Bush und auf die Figur des *Mr. Goldner* aus Heft 4/72 – vgl. 2.1) soll auf eine Tatsache hingewiesen werden, die durch die Platzbeschränkung dieses Aufsatzes jedoch nicht weiter verfolgt werden kann: Das MOSAIK hat trotz unterschiedlicher Autoren, Helden und vor allem Entstehungsbedingungen seine eigene homogene Comic-Geschichte aufzuweisen, die von der Fan-Gemeinschaft tradiert wird, die deren Identität konstituiert und die damit auch als Anspielungspotential für eine eigenständige Intertextualität zur Verfügung steht. So wurde der spielerische Bezug auf *Mr. Goldner* in der neuen Amerika-Serie – nach exakt 30 Jahren – von den MOSAIK-Fans als besonderer Gag mit Behagen registriert.

3. Ludische Elemente in der Fan-Kommunikation

Eine Fan-Gemeinschaft ist eine interessenbezogene soziale Gruppe als Teilbereich der Gesellschaft, die spezifische Wert- und Normenstrukturen sowie kognitive Deutungsmuster und Ausdrucksformen besitzt (vgl. Bahrdt 2000, 93). Grundlage der Zugehörigkeit ist ein freiwilliger Anschluss an die Gemeinschaft, in der sich ausgehend vom gemeinsamen Interesse und dem Wissen über den Gegenstand ein Gefühl der Gruppenidentität und Solidarität entwickelt. An anderer Stelle (Fiedler 2002) wurde eine Beschreibung der MOSAIK-Fan-Gemeinschaft (im Vergleich zu anderen Fan-Gemeinschaften) vorgenommen. Die dabei herausgearbeiteten Merkmale im Bereich von Organisationsstrukturen, Kommunikationsformen und Charakteristika von Mitgliedern scheinen auf Fan-Gemeinschaften insgesamt zuzutreffen. Als eine Besonderheit sollte jedoch die relativ große Nähe erwähnt werde, die zwischen den MOSAIK-Fans und ihrem Bezugsobjekt, d. h. dem Comic und seinen Produzenten, besteht. So wirken einzelne Fans regelmäßig an Verlagspublikationen mit[8]. Darüber hinaus traten herausragende Mitglieder von Fan-Clubs bereits als Comic-Gestalten in Heften auf (z. B. 6/93: 8; 6/02: 37).

Grundlage der folgenden Analyse von Fan-Kommunikation sind einige MOSAIK-Online-Chats, die regelmäßig (1998-2001 wöchentlich, gegenwärtig monatlich) zeitsynchron stattfinden, sowie Comic-Foren (das Digedags-Forum und MOSAIK-Forum), bei denen MOSAIK-Fans bestimmte Themen erstellen, auf die zeitversetzt reagiert wird. Vertreter der Verlage sind an beiden Veranstaltungstypen beteiligt. Die Foren werden moderiert, sind jedoch frei zugänglich. Einzelne sprachliche Belege wurden auch den von MOSAIK-Fans gestalteten und wöchentlich aktualisierten Homepages entnommen. Eine Analyse dieser Kommunikation offenbart unterschiedliche Formen ludischer Elemente. Eine erste Gruppe umfasst sprachliche Erscheinungen, die charakteristisch für computervermittelte Kommunikation insgesamt sind (vgl. Runkehl u. a. 1998; Kilian 2001; Androutsopoulos i.d.Bd.), wie graphostilistische Mittel (Emoticons und Smileys), dialektale Einschübe oder Verbstämme zum Ausdruck von Gefühlen und Gesten (*schluchz*; *winsel*). Diese wurden bereits an anderer Stelle für die MOSAIK-Fan-Gemeinschaft beschrieben (vgl. Fiedler 2003). Der vorliegende Aufsatz soll sich auf eine zweite Gruppe ludischer Elemente beschränken, die aus der engen Verbindung zum Comic selbst entsteht. Ein solcher Bezug lässt sich z. B. hinsichtlich der Namensgebung feststellen. So wählt ein Großteil der Chat- und Forenteilnehmer als Pseudonym (Nickname) den Namen einer MOSAIK-Figur, wie etwa *Tangentus*, *Don Ferrando*, *Pierrot*. Dabei wird mit diesen und anderen Namen nicht selten in ähnlicher Weise gespielt wie in den gezeigten Comic-Texten:

(26) A (Wido Wexelgelt): *Hast du eigentlich Califax schon mal im Knäcke brot gesehen?*[9]
B: *Vor 'ner halben stunde in der SB-HALLE Leipzig knäcke mit Califax aufm motorrad gekauft.*
B: *Hi wido! Ich habe sogar wexelgelt bekommen! Hi hi!* (Chat 15.1.01)

---

8 Dies gilt z.B. für Sammelbände, mit deren Herausgabe im Jahr 2001 begonnen wurde, auch um ältere Hefte leichter zugänglich zu machen. Erwähnenswert ist in diesem Zusammenhang, dass sich die Fan-Gemeinschaft als Reaktion auf einen nicht sehr geschätzten Jubiläumsband ein von Fans gestaltetes Fan-Buch „erstritt" (vgl. Schleiter 2002).

9 Es wird hier nach Aufklebern mit MOSAIK-Figuren gefragt.

A: *HaHa.*

(27) C: *Phönix meint mit dem 2. Posting das nachträgliche Text verbessern. Auf „Edit" klicken und dann erscheint das Geschriebene noch mal zur Bearbeitung!*

D: *(...) daß laß mal nicht Herrn Hegen hören ... auf Edit(h) klicken und so (...) (sic)*[10]

Auch Mischwörter (*blends*), wie *nachträgerische*[11], sowie Abkürzungsspiele (*MIR – Alian gesichtet*)[12] gehören in diese Gruppe. Das Unterhaltsam-Komische findet seinen Ausdruck außerdem in text- und situationsbezogen modifizierten Werbeslogans (28), geflügelten Worten (29) und Sprichwörtern (30) in Chat-, Foren- und Homepage-Texten:

(28) *... ich bin sprachlos, Klasse Cover! (frei nach Harald Schmidt)* (letzter Satz einer Homepage-Heftkritik, 5.9.02)

(29) *BERLINER MOSAIKSAMMLER VEREINIGT EUCH* (26.8.01)

(30) *Phasenweise war die Story OK, aber nie mehr. Daß zeitweise jeder der drei seinen eigenen Weg ging widerspricht aber der Mosaikschen Philosophie völlig (kaum ist die Lona-Katze weg, tanzen die Autorenmäuse auf den Tischen ...)* (Forumkritik zur Amerikaserie, 24.8.02)[13]

Zum Abschluss sollen zwei Beispiele aus dem Bereich der intertextuellen Anspielungen vorgestellt werden. In (31) finden wir die Einladungskarte der BMC (Berliner Mosaik-Connection) zu einem Treffen am 1.12.2001, die einer Szene im Heft 20 (7/58) nachempfunden wurde. Hier wie auch im nächsten Beispiel sind sowohl der modifizierte Text als auch das Bild Träger der Anspielung.

---

10 Die Frau von Hannes Hegen heißt Edith.

11 Zu verstehen als „nachträglich", aber mit Anspielung auf den langjährigen Autor Lothar Dräger.

12 Es handelt sich bei diesem Beispiel um die Überschrift einer Homepage, mit der auf die Darstellung eines Außerirdischen im aktuellen Heft Bezug genommen wird. Das Spiel basiert auf der Doppeldeutigkeit von *MIR* als Raumstation und als Abkürzung des Namens eines MOSAIK-Fanclubs (*Mosaik-Initiative Rostock*).

13 Bezug auf die langjährige Zeichnerin Lona Rietschel.

(31) (Heft 20, 7/58: 23)[14]

Mit (32) informiert ein MOSAIK-Fan über seine veränderte Adresse. Dieser Beleg dürfte der Fan-Gemeinschaft besonderes Vergnügen bereitet haben, da als Prätext ein Heft mit besonderem Stellen- und damit Erinnerungswert für den Leser diente, die Nr. 223 (6/75), das letzte Heft von Hannes Hegen, in dem die Digedags Abschied nehmen. Der Originaltext lautet:

> Eine Weile blieben die Digedags noch Gäste des Stammes. Dann aber erschien eines Tages über dem fernen Wüstenhorizont die verlockende Fata Morgana einer märchenhaften Stadt

[14] Vgl. Jubiläumskassette „45 Jahre MOSAIK" Buchverlag Junge Welt (2000).

und plötzlich wussten sie, daß dies ein Zeichen war, das ihnen galt. Sie ließen sich durch keine Bitten zurückhalten und machten sich auf, diese Stadt der Märchen und der Träume zu suchen. Ihr Reich, aus dem sie vor langer Zeit gekommen waren und in das sie eines Tages heimkehren mussten. Als die Digedags ihren Gastgebern ein letztes Lebewohl zuwinkten, da wussten sie, daß dies auch ein Abschied für alle war, die sie kannten und die sie liebten. So zogen sie in die geheimnisvolle Ferne und einige Beduinen schworen, sie hätten gesehen, wie die drei geradewegs in dem Traumbild verschwanden, das daraufhin verblasste und zerfiel. Die Digedags waren daheim.

Eines Tages bemerkten die Digedags, dass der Internetprovider Friendfactory beschlossen hatte, seinen Dienst einzustellen. Deshalb mussten sie auf einen neuen Webhorst umziehen.
Für alle Besucher, die über die offizielle Adresse www.hemutmy.de gekommen waren, sollte sich nichts ändern. Wer jedoch als Einstieg members.friendfactory.com/helmutmy gewählt hatte, würde fortan nur die große, weite WWWüste vorfinden.
Mit einem Mausklick können alle Verirrten wieder in das Land der Märchen und Träume zurückfinden, aus dem sie vor langer Zeit gekommen sind...

(32)

Die zahlreichen erklärenden Kommentare im Text oder in Anmerkungen zu den Beispielen der Fan-Kommunikation verdeutlichen, in welchem Maße soziokulturelles Hintergrundwissen (Kenntnisse über die MOSAIK-Geschichte, über Autoren und Zeichner) für das Verständnis erforderlich ist. Fan-Kommunikation ist In-Group-Kommunikation. Der Einsatz der verschiedensten ludischen Techniken verdeutlicht nicht nur die Freude am Umgang mit Sprache, sondern ist auch Bestandteil eines eigenen Sprachstils. Dessen Verstehen und Anwendung fördert die Gruppenzugehörigkeit. So wirkt ludischer Sprachgebrauch als Ausdruck von Komplizenschaft identitätsstabilisierend und solidarisierend.

4. Schlussbemerkungen

Die Analyse der MOSAIK-Texte hat gezeigt, dass ludische Kommunikation zu den Wesensmerkmalen des Comics gehört und in entscheidendem Maße das Vergnügen an dieser Textsorte ausmacht. Die dabei eingesetzten sprachspielerischen Verfahren sind außerordentlich vielgestaltig und lassen sich auf allen Ebenen des Sprachsystems nachweisen. Zum Verständnis zahlreicher Beispiele war darüber hinaus außersprachliches Wissen erforderlich. Die drei etwas ausführlicher vorgestellten, besonders häufigen Techniken – das Spiel mit den Namen, mit Phraseologismen und die Anspielungen – haben verdeutlicht, dass sowohl der sprachliche als auch der visuelle Kode an der Erzeugung von Komik beteiligt sind. Die semiotisch komplexe Textsorte Comic bietet besonders günstige Voraussetzungen für humoristische Ambiguisierungen. Die durch das Spiel mit der Sprache evozierte Komik basiert auf Inkongruenz, auf der Diskrepanz zwischen für eine bestimmte Kommunikationssituation erwartbarem und tatsächlichem Sprachgebrauch. Der Rezipient wird durch die Abweichung von der sprachlichen Norm aber gleichzeitig zur Auseinandersetzung mit dieser veranlasst. Ludisch-kreative Sprachverwendungen im Comic können somit metasprachliches Denken anregen. Wenn es in Heft 12/98 in einem Leserbrief heißt

> Die Abenteuer der Abrafaxe lehren, bewegen und unterhalten, und entsprechen so den Anforderungen eines guten Textes: docere, movere et declare. Sie sollten, neben Goethe und Schiller, auf die Lektüreliste des Germanistikstudiums gesetzt werden (S. 22).

so ist dies wohl eine pointierte Überspitzung. Anhand der gezeigten Beispiele sollte aber doch zum Ausdruck gekommen sein, dass die Sprache des Comics (zumindest in Gestalt der hier untersuchten MOSAIK-Texte) besser ist als ihr Ruf.

Der Exkurs in die Comic-Fan-Kommunikation hat veranschaulicht, dass innovativ-spielerischer Sprachgebrauch auch hier einen hohen Stellenwert besitzt. Es ist dabei nicht auszuschließen, dass Mitglieder der Fan-Gemeinschaft durch Comic-Lektüre zu eigener Sprachkreativität angeregt werden, zumal sie sich der Akzeptanz dieses Sprachstils beim Comic-begeisterten Publikum sicher sein können. Es wäre jedoch wohl kaum zu belegen, würde man behaupten, dass sich dieser Einfluss quasi automatisch im eigenen produktiven Sprachgebrauch auswirkt. Vielmehr weisen die gezeigten Beispiele aus der Fan-Kommunikation auf Parallelen zu Merkmalen der Jugendsprache. Der spielerische Umgang mit Sprache hat dabei weniger die Funktion der Abgrenzung von anderen als die Erprobung der eigenen diskursiven Kompetenz (vgl. Schlobinski & Heins 1998). Sprachwitz, Spontaneität und Kreativität stehen im Mittelpunkt, ebenso wie der Collagestil, das Zusammenbauen von sprachlichen Versatzstücken, sei es aus den stets präsenten massenmedialen Ressourcen oder – wie bei unseren intertextuellen Belegen gezeigt – aus der eigenen Comic-Kultur.

Literatur

Alexander, Richard J. (1997): *Aspects of Verbal Humour in English*. Tübingen: Narr.

Androutsopoulos, Jannis K. (1997): Intertextualität in jugendkulturellen Textsorten. In: Klein, Josef; Fix, Ulla (Hrsg.): *Textbeziehungen*. Tübingen: Stauffenburg, 339-372.

Bahrdt, Hans Paul (2000): *Schlüsselbegriffe der Soziologie*. 8. Auflage. München: Ch. Beck.

Dolle-Weinkauf, Bernd (1990): *Comics. Geschichte einer populären Literaturform in Deutschland seit 1945*. Weinheim, Basel.

Fiedler, Sabine (2002):„Comics, Esperanto der Analphabeten" – einige Gedanken zu einem 1958 erschienenen Artikel. In: Detlev Blanke (Hrsg.):*Plansprachen und ihre Gemeinschaften – ideengeschichtliche und aktuelle Aspekte*. Berlin: Gesellschaft für Interlinguistik [Interlinguistische Informationen. Beiheft 8], 68-75.

Fiedler, Sabine (2003; i.V.): Merkmale computervermittelter Kommunikation (dargestellt am Beispiel einer Comic-Fan-Gemeinschaft) (Vortrag auf der 12. Jahrestagung der Gesellschaft für Interlinguistik in Berlin im Dezember 2002). In: Blanke, Detlev (Hrsg.): *Plansprachen und neue Medien* [Interlinguistische Informationen Beiheft 9].

Grassegger, Hans (1985): *Sprachspiel und Übersetzung. Eine Studie anhand der Comic-Serie ASTERIX*. Tübingen: Stauffenburg.

Grünewald, Dietrich (2000): *Comics*. Tübingen: Niemeyer.

Heibert, Frank (1993): *Das Wortspiel als Stilmittel und seine Übersetzung*. Tübingen: Narr.

Kilian, Jörg (2001): T@stentöne. Geschriebene Umgangssprache in computervermittelter Kommunikation. Historisch-kritische Ergänzungen zu einem neuen Feld der linguistischen Forschung. In: Beißwenger, Michael (Hrsg.): *Chat-Kommunikation*. Stuttgart: ibidem, 55-78.

Kock, Petra (1999): *Das Mosaik von Hannes Hegen: Entstehung und Charakteristika einer ostdeutschen Bildgeschichte*. Berlin: Logos.

Kotthoff, Helga (1998): *Spaß verstehen*. Tübingen: Niemeyer.

Kramer, Thomas (1993): *Das Mosaik-Fan-Buch. Die ersten 89 Hefte des „MOSAIK von Hannes Hegen"*. Berlin: Dietz.

Kramer, Thomas (1994): *Das MOSAIK FanBuch. Zweiter Teil. Die Hefte 90 bis 223 des „MOSAIK von Hannes Hegen" sowie unveröffentlichte Textgrundlagen*. Berlin: Dietz.

Lettkemann, Gerd (1990): 35 Jahre Mosaik, 35 Jahre Comics in der DDR. Ein Interview mit Lothar Dräger. In: *Comic Jahrbuch 90*. Hamburg, 98-113.

Lettkemann, Gerd; Scholz, Michael F. (1994): *„Schuldig ist schließlich jeder ..." Comics in der DDR – Die Geschichte eines ungeliebten Mediums (1945/49-1990)*. Berlin: MOSAIK Steinchen für Steinchen Verlag.

Munier, Gerald (2000): *Geschichte im Comic. Aufklärung durch Fiktion? Über Möglichkeiten und Grenzen des historisierenden Autorencomic der Gegenwart*. Hannover: Unser Verlag.

Rodi, Fritjof (1975): Anspielungen. Zur Theorie der kulturellen Kommunikationseinheiten. In: *Poetica*, 7/1975, 115-134.

Runkehl, Jens; Schlobinski, Peter; Siever, Torsten (1998): *Sprache und Kommunikation im Internet. Überblick und Analyse*. Opladen: Westdeutscher Verlag.

Schäfer, Susanne (1996): *Komik in Kultur und Kontext*. München: iudicium.

Schifko, Peter (1987): Sprachspiel und Didaktik der Linguistik. In: *Zeitschrift für romanistische Philologie*, 103, 1-2/1987, 68-87.

Schleiter, Klaus D. (2002): *Auf den Spuren der Abrafaxe. Ein Buch von Fans für Fans*. Berlin: MOSAIK Steinchen für Steinchen Verlag.

Schlobinski, Peter; Heins, Niels-Christian (1998): *Jugendliche und „ihre" Sprache. Sprachregister, Jugendkulturen und Wertesysteme. Empirische Studien*. Opladen: Westdeutscher Verlag.

Spillner, Bernd (1995): Stilsemiotik. In: Stickel, Gerhard (Hrsg.): *Stilfragen*. Berlin; New York: de Gruyter, 62-93.

Wienhöfer, Friederike (1979): *Untersuchungen zur semiotischen Ästhetik des Comic-Strip unter der besonderen Berücksichtigung von Onomatopoese und Typographie. Zur Grundlage einer Comic-Didakstik*. (Dissertation). Dortmund: Universität.

„... weil ich dachte, es sei lustig“. Strategien des Inszenierens von Vergnügen im journalistischen Schreibprozess

Daniel Perrin

Abstract

Wie kommt das Vergnügen in den Text? – Dieser Beitrag beschreibt Strategien, mit denen Journalistinnen und Journalisten darauf zielen, ihre Schreibprozesse und ihre Textprodukte vergnüglicher zu gestalten. Er stützt sich auf empirische Daten eines nationalen Forschungsprojekts, die er einer Zweitauswertung unterzieht. Der Beitrag gliedert sich in fünf Teile. Teil 1 stellt scharf auf die Forschungsfrage: Was tun Journalistinnen und Journalisten beim Schreiben für ihr eigenes Vergnügen und das Vergnügen des Publikums? Teil 2 fasst den Forschungsstand zusammen; Normatives aus Praxis und Wissenschaftsdisziplinen ist vorhanden, kaum aber empirische Studien. Teil 3 beschreibt die angewandte Methode zur Datenerhebung am journalistischen Arbeitsplatz und umreißt das untersuchte Sample. Teil 4 zeigt Befunde aus einzelnen Fallstudien und fasst die Faktoren zusammen, die dort vergnügliches Schreiben ausmachen. Teil 5 interpretiert die vorliegenden Daten und unterscheidet fünf Typen von Schreibern, die auf Vergnügen zielen: den Beobachter, den Vorführer, den Verkäufer, den Halbsager und den Märchenerzähler.

1. Forschungsfrage: Blickrichtung wechseln

Lustige Leserbriefe zu lustigen Kolumnen, eine Karikatur journalistischer Unterhaltung von Res Strehle und der Redaktion der Satirezeitschrift „Titanic“ (2002), eine medienethische Kritik journalistischer Satire von Achim Baum (2002) ... – während ich diesen Beitrag schreibe, bekomme ich laufend Texte zugeschickt, die das Vergnügen in und an den Medien einschätzen, nachzeichnen, überzeichnen. Darüber, was vergnüglich ist, sein soll, sein darf, führt die Fachwelt angeregte und oft sogar vergnügliche Debatten. Um all diese Einschätzungen von Arbeiten anderer geht es hier aber nicht, sondern darum:

> Einfach einmal mit einer Idee anfangen, weil sie den Anfang des Erlebten betrifft und „weil ich dachte, es sei lustig".

So erklärt ein Redakteur der Schweizer „Weltwoche" seinen Textanfang. Um eine solche Sicht von innen geht es hier. Der Beitrag fragt aus der Blickrichtung der Kommunikator- und der Schreibprozessforschung: Was tun Journalistinnen und Journalisten beim Schreiben für ihr eigenes Vergnügen und das Vergnügen des Publikums? Zu erschließen sind also das Vergnügen der Schreibenden im Schreibprozess, ihr Vergnügen am eigenen fertigen Text sowie ihre Vorstellung vom Vergnügen des Publikums beim Lesen dieses Texts. Aber was ist Vergnügen (1.1)? Was bedeuten die übrigen Kernbegriffe des Titels: Journalist (1.2), Inszenieren (1.3), Schreibprozess (1.4), Schreibstrategie (1.5)? – Vor der Empirie wäre ein Berg Theorie zu meistern. Ansätze zur Begriffsklärung müssen hier reichen.

1.1 Was heißt Vergnügen?

„Vergnügen" ist ein alltagssprachlicher Begriff. Zuständig für die Bedeutungsbeschreibung sind Wörterbücher, etwa der Duden, der das Wort zurückführt auf das mittelhochdeutsche „vergenüegen", Bezahlung, Zufriedenstellung, und in der heutigen Bedeutung umreißt als „inneres Wohlbehagen, das jemandem ein Tun, eine Beschäftigung, ein Anblick verschafft". Ein Tun löst ein Gefühl aus, und zwar ein positiv bewertetes. *„Vergnügen" definiere ich für den Handlungszusammenhang der Textverarbeitung als positive momentane Emotion, ausgelöst durch das Schreiben oder das Lesen eines Textes.* Damit sind zu klären: Emotion, positive Emotion, momentane Emotion (vgl. auch Thiele i.d.Bd.).

Brand (1989, 57f.) unterscheidet in ihrer Arbeit über Emotionen beim Schreiben die zeitübergreifenden und die momentgebundenen Emotionen. Die zeitübergreifenden, zum Beispiel Optimismus, gehören zum Charakter einer Person und sind hier nicht gemeint. Die momentgebundenen dagegen werden durch Handlungen ausgelöst. „They […] occur within specific points in time and have identifiable beginnings, middles, and ends." Als positive momentgebundene Emotionen im Zusammenhang mit Schreiben nennt sie (69) „adventurous, affectionate, excited, happy, inspired, interested, relieved, satisfied, surprised".

Was eine „positive momentane Emotion" sein kann, illustrieren auch Arbeiten zum gegenwärtig stark beforschten prototypischen Vertreter, dem Glücksgefühl. Klein (2002) „enträtselt das große Geheimnis Glück". Kotthoff (1998) fragt nach pragmatischen Mitteln, die „Humor" zur Sprache bringen und damit „Spaß" erzeugen. Andere positive momentane Emotionen beschreibt die Medienforschung dort, wo sie ihre Frage nach der Gratifikation von Mediennutzung beantwortet: Was bekommt jemand dafür, dass sie oder er Medien nutzt? Jörg Räwel (2005) etwa entwickelt ein systemtheoretisches Konzept von Humor generell, auch von Humor in journalistischen Medien, wobei er aber scharf stellt auf die Werbung, nicht den redaktionellen Teil.

1.2 Was heißt Journalist/in?

Wenn „Vergnügen" aus dem Blickwinkel Schreibender untersucht werden soll – wer sind diese Schreibenden? „Journalisten" verstehe ich hier als *medienwirtschaftlich organisierte Akteure, die Themen aufspüren und dramaturgisch aufbereiten, von denen sie vermuten, ihr Publikum interessiere sich dafür und/oder sie seien von öffentlichem Interesse.* Dabei handelt eine Journalistin, ein Journalist nicht völlig unabhängig von anderen, sondern eingebunden in soziale Zusammenhänge: Kollegen, Mitarbeiter, Vorgesetzte, Quellen, Kunden, Publika zum Beispiel. Wenn immer Journalisten entscheiden, beziehen sie ihre Vorstellungen von den Zielen dieser Mitakteure mit ein. Journalisten arbeiten in synchroner und diachroner Abhängigkeit.

Ein Grundmuster synchroner Abhängigkeit ist das Produktionsumfeld: Journalistische Beiträge für Massenmedien entstehen in Teams und institutionellen Hierarchien. Dabei vertreten die Mitspieler unterschiedliche Interessen. Ein Medienmanager etwa zielt auf Marktakzeptanz, ein Produzent auf Zusammenspiel aller Beiträge, ein Kollege auf Achtung der Ressortgrenzen. Wyss (2002) zeigt, dass sich Journalisten stark nach Arbeiten ihrer Kollegen richten sowie nach dem „publizistischen Selbstverständnis der Redaktion". Meier (2002) und Quandt (2002) beschreiben Abhängigkeiten in Produktionsteams detailliert; synchrone, aber auch diachrone.

Ein Grundmuster diachroner Abhängigkeit ist das Textreproduktionsnetz: Jede Journalistin, jeder Journalist arbeitet als Knoten in einem Netz, an dessen sämtlichen Knoten Texte reproduziert werden: Was Quellen aussagen und vielleicht selbst im Internet publizieren, greifen Korrespondenten auf, dann, nacheinander oder parallel oder zyklisch, Nachrichtenagenturen, Medienredaktionen, Lobbyisten, Rechtsinstanzen, Publika. Bell (1991) oder Luginbühl u.a. (2002) beschreiben, wie Texte Ketten und Netze von Produktionsinstanzen durchlaufen und sich dabei verändern.

1.3 Was heißt Inszenieren?

Die journalistische Hauptarbeit besteht im mediendramaturgischen Inszenieren. *Unter journalistischem „Inszenieren" verstehe ich den Handlungskomplex des Auswählens, Gewichtens und Verbindens von Themen, Schauplätzen, Akteuren, Aussagen, Blickwinkeln, Brennschärfen und Moderationsmitteln im Hinblick auf die dramaturgische Gestaltung eines Beitrags.* Jede noch so sachbezogene, scheinbar objektive Berichterstattung ist das Ergebnis dramaturgischer Überlegungen, subjektiver dramaturgischer Entscheide, wie Häusermann (2001) zeigt. Da in diesem Beitrag die Perspektive der Textproduzenten interessiert, fragt es sich nun, wen eine Journalistin als eingebetteten Textproduzenten auf die Bühne ihres neuen Beitrags holt und warum sie dies tut.

Die Frage nach dem Wen beantwortet Wagner (1978) in seiner „Vermittlungsverfassung": Journalisten bieten Repräsentanten öffentlich relevanter Interessen Sprechplätze auf der Textbühne an, sie holen Akteure als Stellvertreter von Teilöffentlichkeiten auf das Podium eines zu schreibenden journalistischen Beitrags und vermitteln zwischen deren Voten und den vermuteten Ansprüchen des Publikums. Als Schreibende re-produzieren sie Texte dieser Akteure in ihrem eigenen Text. Aus dramaturgischer Sicht erweist sich journalistische Textproduktion damit erst recht als Text*re*produktion. Ähnliches gilt übrigens auch für andere Domänen: Jakobs (2003) etwa belegt vergleichbare dramaturgische Mechanismen in der akademischen Textproduktion.

Die Frage nach dem Warum ist mit dem Hinweis auf politische Repräsentanten aber erst zum Teil beantwortet. Andere Akteure zur Sprache bringen und deren Rede vermitteln – dieses dramaturgische Mittel eignet sich vorzüglich, einen Sachverhalt indirekt zu kommentieren und einen Text indirekt zu emotionalisieren, etwa positive Emotionen zu programmieren. Langenbucher (1996, 7f.) beispielsweise beobachtet, dass immer mehr Dritte in journalistischen Texten als Kommunikatoren mediendramaturgisch eingebunden werden, und Saxer & Märki-Koepp (1992, 59) stellen fest, dass Zeitschriftentexte Emotionen erzeugen über Akteure, die in den Texten auftreten.

1.4 Was heißt Schreibprozess?

Zum journalistischen Schreiben gehört aber mehr als dramaturgisches Gestalten. Unter „Schreibprozess" verstehe ich einen schriftgerichteten Textproduktionsprozess, von der ersten Idee bis zur letzten Revision. Ein Schreibprozess beginnt mit dem Entschluss, einen neuen Text zu schreiben. Abgeschlossen ist er, wenn eine Autorin, ein Autor den Text an die nächste Produktionsinstanz im Medienbetrieb weiterreicht, etwa an eine Nachrichtensprecherin, oder wenn sie ihn selbst publiziert, etwa im Internet. Näher zu betrachten sind die Übergänge vom so definierten „Schreibprozess" zum Denken und zum Sprechen.

Am Übergang von Schreiben und Denken steht das „epistemische Schreiben", wie es etwa Molitor-Lübbert (2002) diskutiert: Man kann schreiben, um etwas mitzuteilen, kann aber auch schreiben, um das eigene Denken zu unterstützen, um, mit Ortner (2002) gesprochen, „Einfälle [zu] fördern", indem man, in der Terminologie von Wrobel (2002), „mentale Prätexte" veräußert und fixiert. Was da an Schrifttext entsteht, ist nicht zum Mitteilen gedacht, sondern zuerst zum Ausprobieren, Inspirieren, Zeitspielen, Ablenken. Übergeordnetes Ziel bleibt aber die Publikation. Epistemisches Schreiben innerhalb von Publikationsprojekten gehört deshalb mit zum journalistischen Schreibprozess und – weniger selbstverständlich – führt der Schreibforschung explizite Prozesse der Entscheidfindung vor.

Auch der Übergang vom Schreiben zum Sprechen ist näher zu betrachten. Journalistisches Schreiben erzeugt Texte zum Lesen *und* zum Sprechen, und es bindet schriftliche *und* mündliche Quellentexte ein. Mit verschriftlichten, ehemals mündlichen Textteilen kann eine Autorin, ein Autor den Eindruck von Mündlichkeit erzeugen wollen: Ein Textabschnitt soll beim Lesen oder Hören nach gesprochener Sprache klingen. Dürscheid (2002) etwa spricht in diesem Fall von „konzeptueller inszenierter Oralität". Was ein Journalist damit erreichen will, kann in Richtung Lesevergnügen weisen.

1.5 Was heißt Strategien?

„Lesevergnügen erzeugen" ist nur eine von unzähligen Absichten – wer beruflich schreibt, will damit Ziele erreichen, handelt strategisch. *„Schreibstrategie" definiere ich als die verfestigte, bewusste und damit benennbare Vorstellung davon, wie Entscheide beim Schreiben zu fällen sind, damit der Schreibprozess bzw. das Textprodukt mit höherer Wahrscheinlichkeit die zielgemäße Gestalt annimmt und die zielgemäße Funktion erfüllt.* Eine Schreibstrategie hat demnach das Grundformat „X tun, um Y zu erreichen", sie ist entweder auf den Schreibprozess oder auf das Textprodukt ausgerichtet, und sie kann, bei widersprüchlichen Y, mit anderen Schreibstrategien der gleichen Person in Konflikt geraten.

Die Einteilung in prozess- und produktgerichtete Strategien ist begründet in Perrin (2001, 19f.). Näher unterschieden sind prozessgerichtete Strategien zur Zielfindung, zur Prozessplanung, zur Prozesssteuerung und zur Prozesskontrolle sowie produktgerichtete Strategien zur Gestaltung von Textfunktion, Textbedeutung, Textstruktur und Texttyp. Diesem analytischen Ansatz gegenüber steht der synthetische von Ortner (2000). Ortner unterscheidet zehn globale Strategien des Schreibens, Grundmuster, die er selbst in die Nähe von „Schreibertypen" rückt, etwa das „Schreiben in einem Zug" des „Flow-Schreibers" oder das „Schreiben von Produktsegmenten" des „Teiltextschreibers". Im synthetischen Verständnis wendet ein Autor also eine einzige Schreibstrategie an, im analytischen Verständnis ein Bündel von Strategien aus einem individuellen Repertoire.

Mindestens im analytischen Verständnis eignet sich der Strategiebegriff zum Erfassen von Konflikten beim Schreiben. Schon ein Autor selbst kann Ziele ansteuern, die nicht zusammenpassen. Dazu kommen die Ziele anderer, die den Schreibprozess mitbestimmen, etwa Ziele der Quellen oder der Vorgesetzten. Aus den Zielkonflikten ergeben sich Strategiekonflikte, wie Ruhmann und Perrin (2002, 119f.) aufzeigen. Wer in einem Essay etwa mit hohem stilistischen Anspruch arbeitet und versucht, besonders humorvolle Wendungen zu finden, läuft Gefahr, zugunsten dieser angestrebten Ästhetik die vorgegebenen Fristen zu verpassen.

1.6 Zwischenbilanz

Die Forschungsfrage lautete alltagssprachlich: Was tun Journalistinnen und Journalisten beim Schreiben für ihr eigenes Vergnügen und das Vergnügen des Publikums? Mit den schärfer umrissenen Begriffen stellt sie sich präziser: Mit welchen Strategien zielen Journalisten darauf, ihren Schreibprozess so anzulegen und ihren Gegenstand im Text so zu inszenieren, dass das Schreiben bei ihnen selbst positive Emotionen auslöst (und negative vermeidet) und/oder dass das Lesen des Produkts bei ihnen selbst positive Emotionen auslöst (und negative vermeidet) und/oder sie annehmen können, das Lesen oder Hören löse auch beim Publikum positive Emotionen aus (und vermeide negative)?

2. Forschungsstand: Wenig Empirie

Beim Aufarbeiten des Forschungsstands sind zwei Felder zu prüfen. Erstens ist zu recherchieren, ob es empirische Untersuchungen gibt zu Strategien, mit denen Journalisten auf positive Emotionen beim Schreibprozess zielen. Zweitens ist herauszufinden, ob empirische Untersuchungen vorliegen zu Strategien, mit denen Journalisten auf positive Emotionen beim Lesen oder Hören ihrer Texte zielen. Die Antwort ist: Nein, für beide Felder. Es gibt aber prozessgerichtete (2.1) und produktgerichtete (2.2) Ansätze, wenn auch kaum empirisch belegte, für andere Domänen als den Journalismus.

2.1 Prozessgerichtete Ansätze

Zu Emotionen bei der Produktion schriftlicher Texte gibt es vorwiegend Laborstudien aus der sprachpsychologischen Forschung und programmatische Forderungen und Thesen. Elbow (1989, i) beispielsweise vermutet, Emotionen würden beim Schreiben Entscheide auf allen Ebenen mitprägen: „choices about language, discourse, genre, structure, voice, tone, [...] matters of pausing, audience awareness – and all the rest of the acts and decisions that every writer must make in the act of writing."

Brand (1989, 199) leistete die breiteste mir bekannte Untersuchung von Emotionen beim Schreiben. Die Probanden, unerfahrene und erfahrene Schreibende, schrieben in Experimentalsituationen und füllten vor und nach dem Schreiben Fragebögen aus, auf denen sie aus vorgegebenen Bezeichnungen für Emotionen diejenigen auswählten, die für sie zu ihrer gegenwärtigen Verfassung passten. Befund: Laut Brand (28ff.) sind im prozeduralen Wissen Schreibender auch Emotionen abgelegt, Bewertungen bisheriger Textproduktionserfahrungen. Diese Emotionen werden bei einem neuen Produktionsprozess aktiviert und prägen ihn mit. So beginnt zum Beispiel gern zu schreiben, wer sich bisher über einen gelungenen Text freuen konnte.

Bisher gar nicht untersucht wurden indes Emotionen von *Journalisten* beim Schreiben oder gar journalistische Schreibstrategien, die auf positive Emotionen, auf Vergnügen im und am Schreibprozess zielen. Dagegen gibt es Ratgeberliteratur, die auf Arbeitssituationen im Journalistenalltag überträgt, was für andere Domänen aus der Kreativitätsforschung abgeleitet wurde. Überblick, Zusammenfassung und Handlungsanleitung zugleich bieten Held und Lampert (2001).

2.2 Produktgerichtete Ansätze

Für journalistische Texte hat sich so etwas wie eine Gattungsspezifik und Stilistik des Vergnüglichen entwickelt. Zu den Textsorten und Stilmitteln, die auf Rezeptionsvergnügen angelegt sind, zählen etwa Feature, Glosse oder Kolumne, zählen anschauliche Beispiele oder induktiver Textaufbau.

Auf der Ebene einzelner Medieninstitutionen halten Redaktionsleitbilder und -handbücher häufig ausdrücklich fest, was wie vergnüglich sein soll. Passagen daraus lassen sich lesen als normative produktgerichtete Ansätze, als Stilistik des Vergnüglichen in einem konkreten Medienprodukt. So distanziert sich etwa das redaktionelle Leitbild des Schweizer „Tages-Anzeigers" für die ganze Zeitung von „Häme" und „künstliche[r] Emotionalisierung", und die Redaktion

Kultur will mit ihren Beiträgen „verführen: durch ihren Stil, durch Pointen, Überraschungen, Anekdoten, einen Aufbau, der hineinzieht". Die Funktion dieses Handbuchs im Sprachdiskurs der Redaktion ist beschrieben in Perrin (2003b, 331f.).

Gattungs- und Stilkonzepte, wie sie zur Verallgemeinerung oder Normierung festgehalten werden, sind hier aber nur mittelbar Gegenstand der Untersuchung – dann, wenn sich Schreibende in ihren Strategien beziehen auf ihre eigenen Vorstellungen von solchen Konzepten und Normen. Hier interessieren, auf der Ebene der Textprodukte, die subjektiven Konzepte der Autorinnen und Autoren: Welche Strategien wendet ein Journalist an, um Teile seines Texts so zu gestalten, dass er sie für geeignet hält, positive Emotionen auszulösen?

2.3 Zwischenbilanz

Wie das Vergnügen tatsächlich in journalistische Texte kommt, dazu gibt es also keine systematischen Untersuchungen. Dies könnte an methodischen Mühseligkeiten liegen: Schreiben am Arbeitsplatz war bisher kaum präzise erfassbar, weil eine Datenerhebung mit herkömmlichen Verfahren die Situation gestört und damit die Ergebnisse verzerrt hätte.

3. Methode: Strategien erfassen, wo sie wirken

Um empirisch feststellen zu können, wie das Vergnügen in den Text kommt, ist eine Methodik notwendig, die das Wesentliche eines natürlichen Schreibprozesses zuverlässig erfasst, ohne den natürlichen Verlauf des Schreibens zu stören. Weiter ist eine Sprache erforderlich, mit der sich Schreibprozesse intersubjektiv nachvollziehbar beschreiben lassen. Diese Forderungen erfüllt die „Progressionsanalyse" (Perrin 2003a, 907ff.), entwickelt im Rahmen eines nationalen Forschungsprojekts zu journalistischen Schreibstrategien. Daten erfasst sie auf drei Ebenen: Arbeitssituation (3.1), Schreibbewegung (3.2), Schreibstrategien (3.3). Ich skizziere die Methode am Fallbeispiel „Weltwoche" (Perrin 2001, 74ff.).

3.1 Arbeitssituation

Auf einer ersten Ebene hält die Progressionsanalyse in Interviews und Beobachtung fest, in welcher Umgebung jemand schreibt und auf welche Entwicklungsgeschichte sie oder er dabei baut. Wichtige Faktoren sind die Berufssozialisation und ökonomische, institutionelle und technologische Faktoren am Arbeitsplatz.

Weiter spielt etwa die Schreibaufgabe eine Rolle. Für das Beispiel „Weltwoche" lautet ein Ausschnitt aus der Situationsanalyse:

Die „Weltwoche" ist die führende Schweizer Wochenzeitung, eine Autorenzeitung. Sie richtet sich laut Redakteur RS „an eine anspruchsvolle Leserschaft; Infotainment wird abgelehnt". – Die programmatische Aussage kontrastiert stark mit den textfunktionsgerichteten Schreibstrategien des Redakteurs, wie zu zeigen sein wird.

3.2 Schreibbewegung

Ein Schreibprozess beginnt mit ersten vagen Ideen und endet dann, wenn die Verfasserin oder der Verfasser den fertigen Text weiterreicht; dazwischen liegt ein Ringen mit Schreibaufgabe und Schreibgerät, mit Quellentexten und überholten Textfassungen, mit eigenen Ansprüchen und den vermuteten oder manifesten Erwartungen anderer. Damit kämpft der Redakteur RS in der Fallstudie „Weltwoche" bereits im ersten Satz. Dies belegt der kurze Einblick in die Entstehung seiner Reportage über eine Snowboard-Weltmeisterschaft.

Der erste Satz entsteht in fünf Revisionsschritten: Im ersten Anlauf schreibt RS bloß ‹NA›. In Revisionsschritt 1 löscht er das ‹A› und zieht durch bis ‚Teutsch_'. In Schritt 2 löscht er den Leerschlag und schreibt ‚Teutsch-Pils,'. In Schritt 3 verschwindet das Komma zugunsten eines ‚_und'. In den Schritten 4 und 5 wird aus dem ‚Race office' ein ‚Race office Zelt', dann schreibt RS den Satz zu Ende.

0 NA
1 Nach dem Rennen hängen sie alle im dick verrauchten Race office herum, kippen Tee oder ein Teutsch_
2 […] Race office herum, kippen Tee oder ein Teutsch-Pils,
3 […] Race office herum, kippen Tee oder ein Teutsch-Pils und
4 […] Race office Zektherum, kippen Tee oder ein Teutsch-Pils und
5 […] Race office Zelt herum, kippen Tee oder ein Teutsch-Pils und telefonieren mit dem Handy.

Einheitlich darstellbar sind diese Schritte in S-Notation, entwickelt von Kollberg und Severinson Eklundh (2001, 92): Wo jemand seinen Schreibfluss unterbricht, um etwas zu löschen oder einzufügen, setzt die S-Notation das Break-Zeichen $|_n$ in den Text. Gelöschte Stellen stehen in ^{n}[eckigen Klammern]^n, nachträgliche Einfügungen in ^{n}{geschweiften Klammern}^{n}. Die Zahlen^n zeigen die Reihenfolge der Schritte. Die ersten elf Schritte aus RS' Schreibprozess:

^{7}[ghghghdghggh gfgfgfgbgzf↵↵↵]^{7}|$_{8}$ ^{8}{Die rote^{9}[S|$_{9}$]^{9,10}[o|$_{10}$]^{10} Sonne verkriecht sich hinter dem Berg, }^{8}|$_{11}$ ^{11}[ ]^{11,6}{↵↵↵}^{6}|$_{7}$
N^{1}[A|$_{1}$]^{1}ach dem Rennen hängen sie alle im dick verrauchten Race office ^{4}{Ze^{5}[kt|$_{5}$]^{5}lt }^{4}herum, kippen Tee oder ein Teutsch^{2}[|$_{2}$]^{2}-Pils^{3}[,|$_{3}$]^{3} und |^{4} telefonieren mit dem Handy.|$_{6}$

Diese Notation ist präzis, aber umständlich zu lesen. Anschaulicher wirkt die Progressionsgrafik: Sie zeigt, wie sich jemand mit der Schreibmarke durch den entstehenden Text bewegt hat. Von links nach rechts läuft die Zeit, von oben nach unten die Textlänge. Ein Strich von oben links nach unten rechts steht für einen *linearen* Schreibprozess ohne Rücksprünge im Text. Schaut die Progressionsgrafik dagegen aus wie eine Fieberkurve, zeigt sie einen *fragmentierten* Schreibprozess mit vielem Hin- und Herspringen am Bildschirm. – RS' erste elf Schritte als Progressionsgrafik:

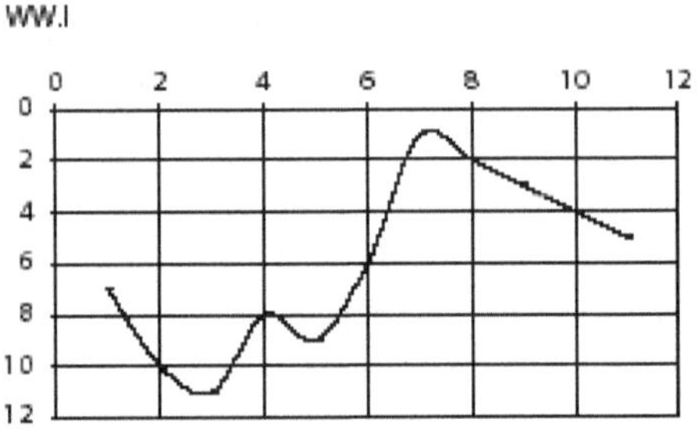

Abb. 1: Progressionsgrafik zum Textanfang des Redakteurs RS.

Die Grafik führt vor Augen, wie sich RS mit den ersten Schreibbewegungen durch den entstehenden Text bewegt hat: das Textende schreiben, den ersten Teil des Textendes überarbeiten, dann den Anfang schreiben.

3.3 Schreibstrategien

Während des Schreibens zeichnet der Computer jeden Arbeitsschritt auf. Nach dem Schreiben können sich die Autorinnen und Autoren ihren Schreibprozess wie einen Film anschauen, in Echtzeit oder gerafft. In Datenerhebungen mit der Progressionsanalyse sagen sie dabei laufend, was sie beim Schreiben getan haben und warum sie es getan haben. Ein Tonband zeichnet dieses Verbalprotokoll auf. – So kommentiert RS zwei seiner Revisionen:

„Jetzt schiebe ich etwas herum. Ich mache immer Abschnitte und Blöcke, das kommt dann später noch deutlicher. Und dann mache ich immer Zwischenräume und so. Und dann gibt es so Klötze, die werden dann später vielleicht noch herumgeschoben. Oh, den habe ich jetzt auch etwas hinuntergeschoben, weil ich wusste, dass er zuunterst bleibt." WW(I).6

„Jetzt hatte ich einmal eine Idee und dachte, ich fange mal mit der roten Sonne an. Ah, das ist ja das, das dann im Blatt hinausgekommen ist. Die rote Sonne. Das ist, weil es auch am Abend angefangen hat. Ich dachte, es sei lustig, mit der Sonne anzufangen, die verschwindet." WW(I).8

RS arbeitet in diesen Auszügen mit einer Strategie, die auf die Planung des Schreibprozesses zielt: Er schiebt Textteile herum, skizziert damit am Bildschirm mögliche Textordnungsmuster, nähert sich entdeckend seiner Textordnung (WW(I).6). Weiter arbeitet RS mit einer Strategie, die auf den Fluss des Schreibprozesses zielt: Ein Textanfang fällt ihm zu, und er beschließt, mit dem Schreibprozess hier fortzufahren (WW(I).8). In propositionaler Reduktion (s.o., 1.5) lauten die Strategien: „Einzelne ‚Klötze' festhalten, die man ‚später vielleicht herumschieben' kann", und „Einfach einmal mit einer Idee anfangen, weil [...]".

Diese dritte Stufe der Progressionsanalyse öffnet ein Fenster in den Kopf der schreibenden Person. Die Frage ist bloß, was man durch dieses Fenster erkennen kann: sicher nicht die Menge aller und nur der Überlegungen, die der Autor tatsächlich angestellt *hat*. Vielmehr wird offengelegt, was ein Autor oder eine Autorin sich prinzipiell überlegt haben *könnte* – ein wesentlicher Ausschnitt aus dem Repertoire der Schreibstrategien. Diese Überlegungen setzt die Progressionsanalyse in Beziehung zu Aussagen aus der Situationsanalyse und zu den Spuren des tatsächlichen Schreibhandelns.

Ein Blick auf RS' Repertoire verbalisierter Strategien offenbart nun einen scharfen Kontrast zu RS' programmatischer Äußerung vor dem Schreibprozess, Infotainment werde abgelehnt (s.o., 3.1). Im Schreibprozess – mit Strategien zu Schreibplanung und Schreibfluss – will RS um „einen Schwerpunkt ringen" und daran seine eigene Ordnung festmachen, statt etwa die natürliche Abfolge der Ereignisse oder den Standard einer Textsorte als Textordnung zu übernehmen. RS legt seinen Schreibprozess über vier Tage so an, dass er laufend Einfälle zur dramaturgischen Inszenierung umsetzen kann.

Strategien zur Schreibplanung

- Einzelne „Klötze" festhalten, die man „später vielleicht herumschieben" kann (WW(I).6.a)
- Auf der Suche nach einem Ablauf die Notizen absuchen, sortieren und abschreiben (WW(II).c)

- „Um einen Schwerpunkt ringen“, an dem man „die Geschichte festmachen kann“ (WW(II).g)
- Zuerst „sogar das Kleinste“ festhalten, später vieles „hinauskippen“ (WW(II).j)
- Die „Bilder im Kopf“ sofort niederschreiben (WW(II).d)

Strategien zur Schreibsteuerung

- Einfach einmal mit einer Idee anfangen, weil sie den Anfang des Erlebten betrifft und „weil ich dachte, es sei lustig“ (WW(I).8.b)
- Lücken in Szenen vorerst mit Platzhaltern füllen, mit „Pünktlein“ (WW(II).h)
- Mit dem Schreiben einer neuen Szene für den Einstieg beginnen, wenn der vorangehende Versuch „nicht so erfolgreich abgelaufen war“ (WW(II).f)

Wie weit RS mit dem Inszenieren geht, dokumentieren die verbalisierten Strategien zum Textprodukt, zu Funktion, Struktur und Typ des Texts. Mit „Szenen“ und „Perspektiven“ spannt RS „Kontraste“ auf. Die aufgezeichneten Aussagen seiner Akteure braucht er als Rohmaterial zur dramaturgischen Bearbeitung. Teile der Aussagen im Text sind gar „erfunden“. Information wird der Dramaturgie untergeordnet. Infotainment wird nicht etwa „abgelehnt“, sondern zelebriert.

Strategien zur Textfunktion

- „Kontrast[e]“ aufspannen, mit und in Szenen, als „tragende […] Ideen“ im Text (WW(II).k)
- Nebenschauplätze „integrieren“ oder weglassen (WW(II).n)
- Einer Akteurin Aussagen in den Mund legen (WW(IV).259.o)
- Jemanden etwas „sagen lasse[n]“, obwohl „es erfunden […] ist“; etwas, was diese Person „hier hätte sagen können oder auch nicht“ (WW(IV).274.p)
- Aussagen komprimieren, „den Leuten die Sachen verdichten“ (WW(IV).355.q)
- Abwägen, ob „man es jetzt die Leute selber sagen“ lässt oder ob „man es selber“ sagt (WW(VIII).81.s)

Strategien zur Textstruktur

- Die Geschichte nicht im Ablauf der Recherche erzählen, sondern an einer Schlüsselszene „festmachen“ (WW(II).m)

- Szenen und Perspektiven gegeneinander setzen, „wie wenn man einen Film dreht“ (WW(II).e)
- Die „Hauptperson, mit der ich gesprochen habe“, im Text „einführen“ mit einer „Szene, wo sie vorkommt und was macht“ (WW(II).l)

Strategie zum Texttyp

- Zitate so formulieren, „dass es auch nach gesprochener Rede tönt“ (WW(VIII).81.r)

3.4 Zwischenbilanz

Die Progressionsanalyse liefert Daten auf drei Ebenen. Ein Quervergleich der Daten kann Widersprüche aufdecken etwa zwischen Absichten und Handlungen einer schreibenden Person. So zeigt sich im Fallbeispiel „Weltwoche“: Der Autor lehnt Infotainment im Vorgespräch strikt ab – und strebt es im Schreibprozess an. Mit solchen Befunden liefert die Progressionsanalyse ein vielschichtiges Bild der Schreibwirklichkeit. Das methodenpluralistische Vorgehen erscheint geeigneter als ein monomethodisches, um nachzuzeichnen, wie das Vergnügen in die Texte kommt.

4. Befunde: Strategien, Prozesse in 17 Fallstudien

Das Schweizer Bundesamt für Kommunikation (Bakom) gab 1997 den Auftrag, in Fallstudien zu erforschen, was Journalisten in Print, Radio, TV und Online tun, wenn sie schreiben. Mit Assistierenden und Studierenden des Instituts für Medienwissenschaft der Universität Bern erhob ich Daten an 40 Arbeitsplätzen. In Folgeprojekten am Institut für Angewandte Medienwissenschaft der Zürcher Hochschule Winterthur wertete ich 17 Fallstudien weiter aus (Perrin 2001). Daten aus diesem engeren Korpus belegen Strategien, die zielen auf positive Emotionen beim Schreiben (4.1) und beim Lesen oder Hören des Textprodukts (4.2).

4.1 Positive Emotionen beim Schreibprozess

Mit welchen Strategien zielen Autorinnen und Autoren auf positive Emotionen beim Schreiben? – Die Frage ist hier nur mit Existenzaussagen zu beantworten: „Es gibt Schreibende, die arbeiten in Situation A, zeigen die Arbeitshandlungen B und erklären ihr Handeln mit Strategie C.“ Die genannten Strategien ordne ich in vier theoretisch abgeleitete Kategorien (Perrin 2001, 19f.): Strategien zu Zielfindung (4.1.1), Planung (4.1.2), Steuerung (4.1.3) und Kontrolle (4.1.4), wobei jede Strategie zielen kann auf den übergeordneten Arbeitsprozess, den darin eingebetteten Schreibprozess oder einzelne Phasen davon. Die folgenden Abschnitte stellen je einen prototypischen Vertreter aus den Fallstudien vor.

4.1.1 Schreibziel: Der Fall „WochenZeitung"

VM schreibt als Inlandredakteurin der linken „WochenZeitung" eine Analyse, einen Hintergrundbeitrag zur Schweizer Genschutz-Initiative. Sie setzt dafür zwei Tage ein: Am ersten studiert sie schriftliche Quellen und versucht vergeblich, mögliche Quellen am Telefon zu erreichen. Am zweiten Tag schreibt sie zu Hause, fährt dann ins Büro, erledigt die Recherchetelefonate und schreibt zwischen 10 und 14:30 Uhr den Text zu Ende. Dabei zielt sie auf Reize im Textprodukt, die ihr im Arbeitsprozess keinen Ärger einbringen: Sie arbeitet entlarvende Quellenaussagen so ein, dass die Quelle kein Recht hat, die Aussage zurückzuziehen. Aus dem Repertoire von VM:

- Beim Zitieren „möglichst viel indirekte Rede" anwenden, damit die Quelle „nicht alles zurückzieht" (WOZ(II).253.m)
- Eine Quelle sich selber bloßstellen lassen, statt zu kommentieren, „dass der naiv ist" (WOZ(II).388.n)

4.1.2 Schreibplanung: Der Fall „Echo der Zeit"

JS ist Redakteur der politischen Hintergrundsendung „Echo der Zeit" des Schweizer Radios DRS. Die Redaktion versteht sich laut JS als „Bollwerk" gegen die Tendenz zum Unterhaltungsjournalismus. In der Fallstudie schreibt JS einen atmosphärisch gestalteten Bericht über einen Wahlkampf in Österreich. Schon vorbereitet hat er drei Minuten „O-Töne": Bandaufnahmen von Schauplätzen in Österreich, Klangdokumente von „Atmosphäre" und „Provinzstimmung". Mit diesen O-Tönen steckt JS den Aufbau des Beitrags ab; er plant den Text entlang dem Vergnüglichen. Dazwischen schiebt er Hintergrundinformation, in einem Schreibprozess mit eingeplanten spielerischen Phasen. Aus seinem Repertoire:

- Am Bildschirm „üben", ausprobieren, bis der erste Satz „einem dann irgendwie gefällt" (SR-echo.1.c)
- Trotz der Kürze „Atmosphäre reinbringen, so Stimmung, Provinzstimmung" (SR-echo.45.e)
- Mit dem O-Ton eines „radebrechend[en]" Politikers, mit Stimmung vom Schauplatz „unterhalten", nicht nur „knallharte Information" bieten (SR-echo.53.h)

4.1.3 Schreibsteuerung: Der Fall „Basler Zeitung"

PW, routinierter Wirtschaftsredakteur der „Basler Zeitung", besucht eine Medienkonferenz, fährt mit der Straßenbahn in die Redaktion zurück und überlegt sich dabei die Stoßrichtung und den Aufbau seines Textes. Im Büro schreibt er einen Text von 5778 Zeichen in 80 Minuten nieder, praktisch linear, ohne Rücksprünge. Da PW den Textaufbau schon vor dem Schreiben festgelegt hat, muss er jetzt nur noch Formulierungsprobleme lösen. Dies tut er bei jedem Problem sofort. Stößt er an, unterbricht er den Schreibfluss, prüft Varianten und fährt erst fort, wenn er eine Variante gefunden hat, die ihm selbst gefällt. Aus seinem Repertoire:

- An Formulierungen „kniffeln", bis man als Autor keine „Probleme" mehr damit hat (BAZ.112.a)
- Die korrekte Amtsbezeichnung durch eine sinngemäße kürzere ersetzen, weil die „für die Leser [...] verständlicher ist" (BAZ.180.b)

4.1.4 Schreibkontrolle: Der Fall „Blick"

AH arbeitet als Gesellschaftsreporter der Schweizer Boulevardzeitung „Blick". Während des Automobilsalons berichtet er jeden Tag von den Auftritten prominenter Besucher. Er sendet Text und Fotos vom Laptop in die Redaktion. Dort werden seine Texte umgeschrieben. Einen Text von 1504 Zeichen tippt er nach dem Messebesuch in 11 Minuten, von oben nach unten, ohne jeden Rücksprung. Namen und Zahlen schaut er in seinem Notizbuch nach. Für alles Weitere verlässt er sich auf sein Gedächtnis – und auf seine Vorstellung vom Publikum. Erinnerungsvermögen und Bauchgefühl sind seine Kontrollinstanzen im Schreibprozess. Aus dem Repertoire von AH:

- Sich [...] aufs Gedächtnis verlassen, denn „was ich nicht im Kopf habe, ist auch nicht interessant" (BLI.4.d)
- Beim Schreiben „merken, wenn die Leute genug haben" (BLI.25.g)

4.1.5 Rundschau zu den prozessgerichteten Strategien

Schon in vier Fallstudien zeigen sich ganz unterschiedliche Vorstellungen, wie ein Schreibprozess zu gestalten ist, damit er positive Emotionen auslöst, und was zu vermeiden ist, wenn er keine negativen Emotionen auslösen soll: Weit oben in der Zielhierarchie im Arbeitsprozess steht die Unabhängigkeit von unangenehmen Machtmitteln der Quelle (WOZ); Vergnügliches bestimmt die Planung von Arbeits- und Schreibprozess (SR-echo); Nichtgefallen bremst den Fluss des Weiterschreibens (BAZ); ein Autor nutzt als Kontrollinstanzen beim Schreiben sein

Gespür für Emotionen des Publikums und seine Erinnerung an das, was er „interessant" findet (BLI).

4.2 Positive Emotionen beim Lesen und Hören des Textprodukts

Mit welchen Strategien zielen Autorinnen und Autoren auf positive Emotionen beim Nutzen des Textprodukts; bei sich selbst oder beim Leser, bei der Hörerin? – Wieder ist die Frage hier nur mit Existenzaussagen zu beantworten. Die genannten Strategien ordne ich in vier theoretisch abgeleitete Kategorien (Perrin 2001, 19f.): Strategien zur Gestaltung von Funktion (4.2.1), Bedeutung (4.2.2), Struktur (4.2.3) und Typ (4.2.4) eines Texts, wobei die Strategien zielen können auf den Text im Zusammenhang mit anderen Texten, auf einen ganzen Text an sich oder auf einzelne Textteile. Wiederum stellen die folgenden Abschnitte je einen prototypischen Vertreter aus den Fallstudien vor.

4.2.1 Textfunktion: Der Fall „Neue Luzerner Zeitung"

SW arbeitet als Wirtschaftsredakteur der „Neuen Luzerner Zeitung". Laut SW setzt sich die Redaktion zum Ziel, nicht nur „trocken" Zahlen und Fakten zu liefern, sondern auch Hintergrundinformationen über einen Betrieb oder ein Produkt. In der Fallstudie porträtiert SW einen Kaffee-Importeur der Region. Nach ausgiebigen Recherchen schreibt er seinen Text von 2712 Zeichen in 35 Minuten linear nieder. Während ein Kollege den Text liest, skizziert SW das Layout. Dann überarbeitet er den Textanfang und einige Übergänge, alles in der Leserichtung. SW legt Wert auf den Textzusammenhang – und darauf, dass sein Text „lustig" ist, in Titel, Vorspann und Lauftext. Aus seinem Repertoire:

- Den Text mit einem „lustigen" Zitat anfangen, damit man „gerade reinkommt" (NLZ.l.f)
- In den Vorspann „etwas Regionales" hineinbringen, wie der Vorspann „die Leute hereinziehen soll" (NLZ.63.m)
- Lustig schreiben, „das Spezielle" betonen (NLZ.61.l)

4.2.2 Textbedeutung: Der Fall „Radio 32"

MB ist Nachrichtenredakteur und -sprecher des privaten Regionalsenders „Radio 32". Er nennt sich einen „Exhibitionisten", er liebe den Auftritt am Mikrofon. In der Fallstudie kommt er um 05:20 Uhr ins Büro, liest 57 Agenturmeldungen ab Fax durch, schreibt einen Nachrichtenblock von sieben Kurzmeldungen mit je vier bis fünf Sätzen und liest den Text um 06:00 Uhr über den Sender. Die Zeit nutzt er zu je einem Drittel für Auswahl, Schreiben und Lesetraining. Beim Schreiben lässt er Informationen der Quellentexte weg, von denen er vermutet, dass sie beim Hören stören und negative Emotionen auslösen. Aus seinem Repertoire:

- Informationen weglassen, weil sie „es anstrengend machen zum Hören“ (R32.172.j)
- Eine vermutlich unbekannte Ortsbezeichnung weglassen, damit das Radio die „Aufmerksamkeit der Hörer“ nicht verliert (R.32.103.g)
- Wörter nicht wiederholen, weil „das doof klingt im Radio“ (R32.58.e)

4.2.3 Textstruktur: Der Fall „TeleZüri“

SB ist Nachrichtenredakteur des privaten Regionalfernsehens „TeleZüri“. Mit wenig Erfahrung als Printjournalist eines Fachmagazins ist er hier als Aushilfstelefonist ein- und nach drei Monaten zum Nachrichtenredakteur aufgestiegen. In der Fallstudie schreibt er ab 14:00 Uhr den Text zu sechs bereits ausgewählten Kurznachrichten, den die Sprecherin um 16:00 Uhr über den Sender lesen wird. Er übersetzt den schriftsprachlichen Quellentext in Dialekt zum Hören und stimmt ihn auf Archivbilder des Senders ab. Dabei zielt er auf emotionale Wirkung des Sprechtexts und der Text-Bild-Struktur. Aus seinem Repertoire:

- Den Text so zuspitzen, dass er mit dem „gfürchigen“ Bild zusammen noch „dramatischer“ wird (TZ.texas.9.j)
- Details in den Text aufnehmen, weil sie „kurios“ und damit „interessant“ sind (TZ.korea.2.j)

4.2.4 Texttyp, Stil: Der Fall „Solothurner Zeitung“

PE ist verantwortlich für die Seite vermischter Meldungen und für Beilagen der regionalen „Solothurner Zeitung“. Sie wäre gerne „beim Fernsehen eingestiegen“, fand ihre Redaktionsstellen aber bei einer Wohnzeitschrift und dann der „Solothurner Zeitung“. In der Fallstudie bereitet sie eine Agenturnachricht auf, die nach Redaktionsschluss des politischen Teils eingetroffen ist und deshalb auf die „Mix“-Seite zu stehen kommt. PE kippt einen fertigen Beitrag, um Platz zu schaffen. Um den frei gewordenen Platz zu füllen, muss PE den neuen Beitrag um 15 Zeilen „strecken“. Dabei achtet sie vor allem darauf, dass die Textgestalt ihren ästhetischen Normen entspricht. Aus ihrem Repertoire:

- Zwischentitel setzen, damit der Spaltenumbruch schöner läuft (SZ.12.c)
- Text wegkürzen, damit der nächste Zwischentitel nicht „optisch schlecht kommt“ (SZ.16.d)
- In Titel und Untertitel nicht das gleiche Wort verwenden, weil das „nicht schön“ ist (SZ.67.g)

4.2.5 Rundschau zu den produktgerichteten Strategien

In vier Fallstudien zeigen sich ganz unterschiedliche Vorstellungen davon, wie ein Text zu gestalten ist, damit er positive Emotionen auslöst und negative Emotionen nicht auslöst: Wirkt er lustig, weckt er Interesse (NLZ); wäre er in seiner Bedeutung zu ausführlich, würde er anstrengen (R32); Text-Bild-Strukturen steigern seine Dramatik (TZ); entspricht er im Umbruch einem Idealtyp, gefällt er optisch (SZ).

4.3 Zwischenbilanz

Die hier dargestellten Befunde führen vor, wie Journalisten beim Schreiben darauf zielen, positive Emotionen zu erzeugen und negative zu vermeiden. Die Ausschnitte aus acht Fallstudien belegen: Das Streben nach Vergnügen beeinflusst den Schreibprozess und das Textprodukt in allen Feldern des Analyserasters – Zielfindung, Planung, Steuerung und Kontrolle im Schreibprozess; Funktion, Bedeutung, Struktur und Stil im Textprodukt. Überdies benennen einzelne Strategien situative Zusammenhänge zwischen Vergnügen und Schreibphasen, Textsorten, Stil, Intentionen, Instanzen und Authentizität. Das weckt Vermutungen.

5. Interpretation: Grundmuster vergnüglichen Schreibens

Wie kommt nun der Spaß in den Text? – Die Progressionsanalyse ermöglicht Interpretationen dreier Grade. Eine Interpretation ersten Grades verknüpft Merkmale einer Kategorie (s.o., 4.1 und 4.2) untereinander und sucht nach Fokussierungen im Repertoire, etwa unter den subjektiven Konzepten vergnüglichen Stils (5.1). Eine Interpretation zweiten Grades verknüpft Kategorien innerhalb einer Analyseebene, etwa subjektive Konzepte von Stil mit subjektiven Konzepten von Instanzen (5.2). Eine Interpretation dritten Grades schließlich verknüpft die Ebenen der Progressionsanalyse, etwa die Schreibstrategien, die auf Vergnügen gerichtet sind, mit dem tatsächlichen Schreibhandeln unter der journalistischen Maxime der Authentizität (5.3).

5.1 Fokus

Was verstehen die untersuchten Journalistinnen und Journalisten unter vergnüglichem Stil? – Eine Zusammenstellung der subjektiven Konzepte zu Sprach- und Textmerkmalen, die positive Emotionen fördern und negative vermeiden sollen, offenbart: Innerhalb des Repertoires einer Autorin, eines Autors sind die Strategien gebündelt; die Repertoires sind fokussiert auf wenige Kategorien. Vergnügliche Texte oder Textteile sind „lustig“, „regional“ und „speziell“ im Fall NLZ; „dramatisch“, „kurios“ und „interessant“ im Fall TZ; „schön“, nicht „nicht schön“ und nicht „optisch schlecht“ im Fall SZ; nicht „anstrengend“, nicht „doof“ und nicht „unbekannt“ im Fall R32.

Der Fokus in einem individuellen Repertoire liegt also, je nach Fall, auf dem Speziellen (NLZ), dem Sonderbaren (TZ), dem Gefälligen (SZ), dem Leichten (R32). Was ein vergnüglicher journalistischer Text ist, davon haben alle Untersuchten in den Fallstudien ihre eigenen subjektiven Konzepte. Die Vermutung liegt nahe, dass erfolgreicher vergnüglich schreibt, wer den Fokus seines Repertoires nach der Aufgabe ausrichten kann – wer also über ein weites Repertoire von Strategien vergnüglichen Schreibens verfügt. *Der Spaß kommt in die Texte über ein prinzipiell weites und situativ fokussierbares Repertoire von Strategien*, lautet die Antwort auf die Untersuchungsfrage nach einer Interpretation ersten Grades.

5.2 Instanz

Wer aber entscheidet, ob ein Stilmerkmal geeignet ist, positive Emotionen beim Publikum auszulösen, und wer beurteilt, ob ein Textteil nun dieses Merkmal trägt? – Viele der Untersuchten berufen sich in ihren Strategien vorwiegend auf absolute Werte, sie nennen keine Instanz, sondern gehen davon aus, dass man es so macht. Andere beziehen sich in ihren Strategien durchwegs entweder auf eigene Maßstäbe oder auf Vorstellungen von Maßstäben bei Quellen, Publikum, Kollegen, Vorgesetzten oder der Medieninstitution. Wieder andere schließlich beziehen sich in ihren Strategien auf unterschiedliche Instanzen, sie verfügen über ein differenziertes Repertoire an Instanzen für ihre subjektiven Konzepte vergnüglichen Stils.

Die Instanz in einem individuellen Repertoire ist also, je nach Fall, vorwiegend unreflektiert (TZ), pauschal zugeordnet (R32) oder differenziert ausgewählt (BAZ). Die Vermutung liegt nahe, dass erfolgreich vergnüglich schreibt, wer sich situativ nach den maßgeblichen Mitspielern in der journalistischen Kommunikation richten kann. *Der Spaß kommt in die Texte über eine differenziert ausgearbeitete Vorstellung möglicher Instanzen und über situativ passende Verknüpfungen von Handlung und Instanz in den Strategien*, lautet die Antwort auf die Untersuchungsfrage nach einer Interpretation zweiten Grades.

5.3 Authentizität

Wie steht ein vergnüglicher Text zur Welt, die er beschreibt? – Nicht Vergnügen legitimiert Journalismus, sondern das Bemühen um Relevanz und Authentizität: Journalismus trägt zum Funktionieren der Demokratie bei, wenn er die öffentlich wichtigen Zusammenhänge klärt und so dem Publikum zuverlässige Grundlagen für politische Entscheidungen liefert. Diese Maxime ist in vielen journalistischen Berufskodizes festgehalten, und sie beeinflusst die Rechtspraxis in demokratischen Ländern. In der journalistischen Praxis bedeutet sie beispielsweise, Zitate korrekt wiederzugeben. Die Untersuchung zeigt aber: Authentizität und Vergnügen streiten gern; die Schreibenden lösen den Konflikt unterschiedlich.

Vergnügliches wird beispielsweise strategisch abgesichert (WOZ), hervorgehoben (NLZ) oder systematisch eingebaut (SR-echo), ohne die Authentizität zu verletzen. Vergnügliches wird aber auch verstärkt (TZ), zum alleinigen Maßstab genommen (BLI) oder gar vorsätzlich erfunden (WW), und Unvergnügliches wird umformuliert (BAZ) oder weggelassen (R32) – zu Lasten der Authentizität. Ein erfundener vergnüglicher Text ist indes kein vergnüglicher journalistischer Text. *Der journalistische Spaß kommt in die Texte über subjektive Konfliktlösungen, die Vergnüglichkeit und Authentizität zusammenbringen*, lautet die Antwort auf die Untersuchungsfrage nach einer Interpretation dritten Grades.

5.4 Typologie

Nach drei abgestuften Interpretationen der Befunde erscheint das Vergnügen am journalistischen Schreiben abhängig von flexiblen Repertoires, passenden Verknüpfungen, gewissenhaftem Konfliktmanagement. Nahaufnahmen zeigen, wie Schreibsituation, -handeln und -strategien zusammenhängen. Damit ist der Gegenstand zerlegt – und der Witz ist weg. Weil synthetische Konstruktionen spaßiger klingen als analytische, skizziere ich zum Abschluss fünf Schreibertypen, die auf Vergnügen hin arbeiten. Sie zeichnen sich in den untersuchten Fällen als mögliche Prototypen ab. Ob sie Prototypen sind, müsste in einer breit angelegten Erhebung untersucht werden.

Der Beobachter

Er arbeitet die Komik aktueller Wirklichkeit heraus. Im Alltäglichen erkennt er das Besondere, Einmalige, Vergnügliche, das vielleicht ungewollt Komische. Er bringt es als eigene Ebene in seine Beiträge ein, setzt damit Kontrapunkte zum Ernst des Themas. Wie er zwischen den Ebenen wechselt, wie er die Aufmerksamkeit des Publikums lenkt – damit inszeniert er. Dazu nutzt er ein flexibles Repertoire, ein ausgebildetes Gespür für Instanzen und deren Stilempfinden.

Authentizität und Vergnügen kann er vereinen. Nie brächte er zur Sprache, was er nicht als Teil des zu vermittelnden Weltausschnitts erlebt hat. Dem Typ „Beobachter“ nahe kommt der Autor im Fall „Echo der Zeit“.

Der Vorführer
Er gibt seinen Akteuren die Plattform, sich selber lächerlich zu machen. Wer über die Medien in die Öffentlichkeit drängt, ist bei ihm gern gesehen und schlecht aufgehoben. Der Vorführer lässt sich nichts anmerken und rechtlich nichts vorwerfen, wenn er eine Aussage der Quelle aufgreift und in scharfen Kontrast zu den Erwartungen des Publikums setzt, wenn er Widersprüche ziseliert, Geschwätz ausstellt. Dazu nutzt er ein elaboriertes Repertoire zum Vermitteln von Rede und ein feines Gespür fürs Feixen des Publikums. Was in seinen Texten steht, hat sich zugetragen, was er hervorhebt aber, das sah vorher keiner so, am wenigsten der Betroffene. Dem Typ „Vorführer“ nahe kommt die Autorin im Fall „WochenZeitung“.

Der Verkäufer
Er sagt das Lustige dort, wo das Publikum hinhört und hinschaut. Unterhalten hält er für seine journalistische Pflicht, immer findet er ein paar Vergnüglichkeiten, und er verkauft sie prominent. Seine Überraschungen, seine Wortspiele, seine Gefühlsmotörchen platziert er am Anfang, auf dass das Publikum merkt: Hier wird es lustig. Damit der Text nicht arg enttäuscht, behält er nach Möglichkeit ein Ass im Ärmel und spielt es später aus, oder er hält sich mit einem Running Gag schadlos. Sein Repertoire ist solid, Instanz des Vergnüglichen ist oft er selbst. Seine Späßchen sind authentisch, aber nicht zwingend relevant. Dem Typ „Verkäufer“ nahe kommt der Autor im Fall „Neue Luzerner Zeitung“.

Der Halbsager
Er lässt weg, was wider das Vergnügen wirken könnte. Was langweilt beim Hören, was sich sträubt beim Lesen, hat in seinen Texten nichts verloren. Stößt der Halbsager auf Verdächtiges, fackelt er nicht lange: Weg damit, das Tagesgeschäft drängt. Mit Umschreiben verlöre man nur seine Zeit. Das Repertoire des Halbsagers ist auf die Aussageform fokussiert. Instanz ist ihm seine Vorstellung vom Publikum oder eine nicht näher zugeordnete Vorstellung dessen, was man eben tut im Job. Authentizität? Etwas sagen, was gar nicht stimmt, das geht nicht. Aber etwas weglassen, was formal nicht passt, das ist ja nicht gelogen. Dem Typ „Halbsager“ nahe kommt der Autor im Fall „Radio 32“.

Der Märchenerzähler

Er gewichtet und dichtet zugunsten seiner Spaßdramaturgie. Die Geschichte muss stimmen – als Geschichte, als dramaturgisches Konstrukt. Plausibilität ist wichtig; so, wie der Märchenerzähler die Geschichte beschreibt, hätte sie sich zutragen können. Und vieles davon hat sich zugetragen, vielleicht früher, vielleicht später, vielleicht anderswo, wer weiß schon. Die Stoßrichtung jedenfalls wirkt gut und ist neu; so hat das noch keiner gebracht. Der Märchenerzähler nutzt ein weites Repertoire dramaturgischer Inszenierung, eine präzise Vorstellung vom Publikum und künstlerische Freiheit vom Zwang zur Authentizität. Dem Typ „Märchenerzähler" nahe kommt der Autor im Fall „Weltwoche".

5.5 Fazit

„... weil ich dachte, es sei lustig" – Die fünf Typen waren die Kür, der Rest ist die Pflicht. Die lässt sich so zusammenfassen: Wenig wurde bisher unternommen, um die Arbeitsstrategien zu untersuchen, mit denen Schreibende auf Vergnügen in Schreibprozess und Textprodukt zielen. Wie das Vergnügen in die Texte kommt, ist aber messbar. Dazu eignet sich ein methodenpluralistisches Vorgehen wie die Progressionsanalyse, weil es komplexe Interpretationen ermöglicht. So schienen in nur acht Fallstudien Regularitäten auf, die näher zu untersuchen auch der Forscherin, dem Forscher Vergnügen verspricht.

Literatur

Baum, Achim (2002): „Ist doch alles nur Spaß". *Message* 3/2002, 80-81.

Bell, Allan (1991): The Language of News Media. Oxford: Blackwell (=Language in Society 17).

Brand, Alice G. (Hrsg.) (1989): *The psychology of writing. The affective experience.* New York: Greenwood Press (= Contributions in Psychology 13).

Dürscheid, Christa (2002): *Einführung in die Schriftlinguistik.* Wiesbaden: Westdeutscher Verlag (= Studienbücher zur Linguistik 8).

Elbow, Peter (1989): Foreword. In: Brand, Alice G. (Hrsg.): *The psychology of writing. The affective experience.* New York: Greenwood Press (= Contributions in Psychology 13).

Häusermann, Jürg (2001): *Journalistisches Texten. Sprachliche Grundlagen für professionelles Informieren.* Konstanz: UVK.

Held, Monika & Lampert, Marie (2001): Kreatives Schreiben. Journalisten-Werkstatt. In: *Medium-Magazin* XXX.

Jakobs, Eva-Maria (2003). Reproductive writing – writing from sources. In: *Journal of Pragmatics*, 35(6), 893 -906.

Klein, Stefan (2002): *Die Glücksformel. Oder wie die guten Gefühle entstehen.* Reinbek: Rowohlt.

Kollberg, Py & Severinson Eklundh, Kerstin (2001). Studying Writers' Revision Patterns with S-notation Analysis. In: Olive, Thierry & Levy, C. Michael (Hrsg.): *Studies in Writing: Contempo-*

rary Tools and Techniques for Studying Writing. Dordrecht, Boston, London: Kluwer Academic Publishers, 89-104.

Kotthoff, Helga (1998): *Spaß verstehen. Zur Pragmatik von konversationellem Humor*. Tübingen: Niemeyer (= Germanistische Linguistik 214).

Langenbucher, Wolfgang R. (1996): Auf der Suche nach den unbekannten Kommunikatoren. Scheuklappen der Journalismusforschung. In: *Aviso* 17.

Luginbühl, Martin & Baumberger, Thomas & Schwab, Kathrine & Burger, Harald (2002): *Medientexte zwischen Autor und Publikum. Intertextualität in Presse, Radio und Fernsehen*. Zürich: Seismo.

Meier, Klaus (2002): *Ressort, Sparte, Team. Wahrnehmungsstrukturen und Redaktionsorganisation im Zeitungsjournalismus*. Konstanz: UVK (= Forschungsfeld Kommunikation 14).

Molitor-Lübbert, Sylvie (2002): Schreiben und Denken. Kognitive Grundlagen des Schreibens. In: Perrin, Daniel & Boettcher, Ingrid & Kruse, Otto & Wrobel, Arne (Hrsg.): *Schreiben. Von intuitiven zu professionellen Schreibstrategien*. Wiesbaden: Westdeutscher Verlag, 33-46.

Ortner, Hanspeter (2002): Schreiben und Wissen. Einfälle fördern und Aufmerksamkeit staffeln. In: Perrin, Daniel & Boettcher, Ingrid & Kruse, Otto & Wrobel, Arne (Hrsg.): *Schreiben. Von intuitiven zu professionellen Schreibstrategien*. Wiesbaden: Westdeutscher Verlag, 63-81.

Ortner, Hanspeter (2000): *Schreiben und Denken*. Tübingen: Niemeyer.

Perrin, Daniel (2001): *Wie Journalisten schreiben. Ergebnisse angewandter Schreibprozessforschung*. Konstanz: UVK [Journalismus 40].

Perrin, Daniel (2003a): Progression Analysis (PA). Investigating writing strategies at the workplace. In: *Journal of Pragmatics*, Special Issue 35/6, 825-828.

Perrin, Daniel (2003b): Schreiben als Konfliktmanagement. Qualitätssicherung im Printjournalismus. In: Bucher, Hans-Jürgen & Altmeppen, Dieter (Hrsg.): *Qualität im Journalismus*. Grundlagen – Dimensionen – Praxismodelle. Wiesbaden: Westdeutscher Verlag, 327-343.

Perrin, Daniel (2006): *Medienlinguistik*. Konstanz: UVK [UTB 2503].

Quandt, Thorsten (2002): Virtueller Journalismus im Netz? Eine strukturationstheoretische Annäherung an das Handeln in Online-Redaktionen. In: Baum, Achim & Schmidt, Siegfried (Hrsg.): *Fakten und Fiktionen. Über den Umgang mit Medienwirklichkeiten*. Konstanz: UVK, 233-253.

Räwel, Jörg (2005): *Reflexion des Humors*. Konstanz: UVK [Wissen und Studium19].

Ruhmann, Gabriela & Perrin, Daniel (2002): Schreibstrategien in Balance. Was Wissenschaftler von Journalistinnen lernen können. In: Perrin, Daniel & Boettcher, Ingrid & Kruse, Otto & Wrobel, Arne (Hrsg.): *Schreiben. Von intuitiven zu professionellen Schreibstrategien*. Wiesbaden: Westdeutscher Verlag, 129-137.

Saxer, Ulrich & Märki-Koepp, Martina (1992). *Medien-Gefühlskultur. Zielgruppenspezifische Gefühlsdramaturgie als journalistische Produktionsroutine*. München: Ölschläger.

Strehle, Res (2002): Freundliche Übernahme. In: *Das Magazin / Tages-Anzeiger*, Sonderausgabe „Titanic", 39/2002 (3).

Wagner, Hans (1978): *Kommunikation und Gesellschaft*. München: Olzog.

Wrobel, Arne (2002): Schreiben und Formulieren. Prätext als Problemindikator und Lösung. In: Perrin, Daniel & Boettcher, Ingrid & Kruse, Otto & Wrobel, Arne (Hrsg.): *Schreiben. Von intuitiven zu professionellen Schreibstrategien*. Wiesbaden: Westdeutscher Verlag, 83-96.

Wyss, Vinzenz (2002). Redaktionelles Qualitätsmanagement: Ziele, Normen, Ressourcen. Konstanz: UVK.

Spaß und Stil im Netz: eine ethnografisch-textanalytische Perspektive

Jannis Androutsopoulos

1. Einleitung

Der öffentliche Diskurs kann schnell zum Schluss führen, im Internet gehe es hauptsächlich um Spaß. Vor allem die Werbekommunikation der Provider stilisiert Spaß beim Surfen als zentrales Motiv der Online-Nutzung. Die in den 1990er Jahren allseits proklamierte und beklagte „Spaßgesellschaft" (Linke 2003) scheint in der wichtigsten sozial-technologischen Innovation desselben Zeitraums ihre passende Diskurspraxis zu finden. Doch empirisch fundierte Erkenntnisse über Spaß im Netz sind derzeit noch Mangelware. In der Literatur über persönliche Homepages gilt nicht die Unterhaltung, sondern die Konstruktion sozialer Identität und der Kontakt zu Gleichgesinnten als zentrales Motiv der Online-Nutzung (Döring 2001). Auch der Nutzungszweck von Chats und Newsgroups kann je nach Gattung und Nutzerprofil auch Unterhaltung umfassen, muss sich aber nicht darin erschöpfen. Spaß im Netz ist eines dieser Phänomene, über die man viel spricht, aber noch sehr wenig weiß.

Wenn hier von Spaß die Rede ist, so im Sinne eines Oberbegriffs für Phänomene des Nicht-Ernsten in allen Formen von Kommunikation (Kotthoff 1998, 46). Spaß ist also äquivalent zu unterhaltsamer bzw. Scherzkommunikation zu verstehen und vom vergnüglichen Empfinden zu unterscheiden (vgl. auch Perrin, i.d.Bd.). Vergnügliches Empfinden in der Produktion oder Rezeption von Online-Kommunikation – beispielsweise der intellektuelle Genuss beim Lesen im Forum, das amüsierte Stöbern auf Spaßseiten wie *autsch.de*, die Antizipation rezipientenseitiger Reaktionen beim Basteln am eigenen Webangebot – kann zwar durch Interviews, Befragungen oder Experimente dokumentiert, aber mit linguistischen, gesprächs- oder inhaltsanalytischen Methoden nicht erforscht werden. Im Folgenden geht es vielmehr um Spaß als Interaktionsphänomen sowie um Spaß-Ressourcen, also potentiell unterhaltsame Eigenschaften von Medientexten oder -gesprächen.

Das Stichwort „ethnografisch-textanalytisch" im Titel dieses Beitrags bezeichnet ein methodisches Verfahren, das im Rahmen des Forschungsprojekts „jugendkulturelle mediale Stile"[1] entwickelt wird und auf eine systematische Verbindung von subjektiven und objektiven Daten in der Analyse von Online-Kommunikation abzielt. Die ethnografische Komponente orientiert sich an der Online-Ethnografie (vgl. Danet 2001, Hine 2000) und kombiniert die kontinuierliche Beobachtung von jugendkulturellen Webangeboten mit halbstrukturierten Interviews mit Betreibern persönlicher Homepages, Webmastern und Mitgliedern von Online-Gemeinschaften. Auf dieser Basis werden die Strukturen des jugendkulturellen Online-Feldes rekonstruiert und die Motivationen, Praktiken, Sprach- und Stilbewusstheit der Beteiligten untersucht (Androutsopoulos i.Dr. b). Auf der textanalytischen Seite werden Exemplare verschiedener Kommunikationsformen (Homepages, Gästebücher, Foren) mit Verfahren der Textsorten-, Variations- und Interaktionsanalyse untersucht. Meine Grundannahme ist, dass die ethnografische Rahmung der linguistischen Analyse schriftlicher Medienkommunikation wertvolle Information für die Kontextbildung und funktionale Interpretation beobachtbarer Sprachmuster liefern kann. Insofern ist das Verfahren durchaus parallel zur ethnografischen Gesprächsanalyse (Deppermann 2000) anzusehen. Die Ethnografie trägt zum Verständnis des konkreten Textgeschehens bei und weist auf für die Beteiligten relevante Phänomene hin, die als Ausgangspunkt für Sprach- und Textanalysen dienen können. Umgekehrt wird das Sprach- und Stilwissen der Beteiligten anhand der objektiven Daten überprüft, wodurch gleichzeitig auch seine Grenzen sichtbar gemacht werden.

Dieser Beitrag beschreibt Spaß im Netz als Aspekt der *produktiven* Beteiligung an Online-Kommunikation. Darunter sind sowohl die Bereitstellung eigener Webangebote (z.B. einer persönlichen Homepage) als auch die Teilnahme an Online-Interaktionen (z.B. in Chats oder Foren) zu verstehen (vgl. Androutsopoulos i.Dr. a; i.Dr. b). Während die Tradition der qualitativen Medienanalyse der Medienrezeption eine vorrangige Stellung einräumt (vgl. Charlton & Schneider 1997) und die Medienproduktion als eine korporativ geregelte, dem professionellen Handeln vorenthaltene Sphäre betrachtet, gehört die Demokratisierung des Publizierens zu den wesentlichen Differenzen zwischen Netz und herkömmlichen Massenmedien (Döring 2001). Die strukturelle Distinktion zwischen Pro-

1 Das unter der Leitung von Werner Kallmeyer durchgeführte Projekt ist Teil der DFG-Forschergruppe „Sprachvariation als kommunikative Praxis" (vgl. Androutsopoulos & Kallmeyer 2000, Androutsopoulos 2003, i.Dr. a und b).

duktion und Rezeption wird im Netz tendenziell verwischt. Ganz im Sinne von Brechts Radiotheorie (vgl. Häusermann 1998, 51f.) ermöglicht das Netz ein neues Szenario des sozialen Mediengebrauchs, in dem alle Beteiligten Produzenten wie Rezipienten sind und das Medium zur Massenkommunikation wie zur interpersonalen Interaktion nutzen. Selbst eine kleine persönliche Homepage verwirklicht dieses Szenario, sofern sie neben den vom Betreiber betreuten Inhalten über ein Gästebuch verfügt, auf dem Online-Interaktionen stattfinden. Grenzziehungen der herkömmlichen Massenmedien werden also im Internet tendenziell verwischt, gleichzeitig werden neue Grenzen durch unterschiedliche Schreibstile konstruiert. Bestimmte Online-Kontexte eignen sich für unterhaltsame Kommunikation mehr als andere, verschiedene Komponenten eines Webangebots nehmen unterschiedliche Stellungen auf dem „Spaß/Ernst-Kontinuum" an.

Im Rahmen des Projekts ist Spaß keine „etische", vom Analytiker an die Daten herangetragene Kategorie, sondern vielmehr eine „emische" Analysekategorie, die im Verlauf der Forschungsprozesses zunehmend sichtbar geworden ist. Das Verhältnis von Spaß und Ernst wurde von mehreren Interviewpartnern spontan thematisiert, um sprachliche Unterschiede in jugendkulturellen Webangeboten zu erklären. Die nachfolgend untersuchten Online-Texte und -Gespräche wurden als besonders ergiebige Beispiele aus dem Gesamtkorpus ausgesucht und exemplarisch analysiert. Ihre Auswahl und Auswertung wird von ethnografisch gewonnenen Einsichten in die Wahrnehmungen und Einstellungen der Beteiligten geleitet. Was als Spaß im Netz gilt, wird im Wechselspiel beider Zugänge rekonstruiert und als Teil situierter Kommunikationspraktiken beschrieben.

2. Zum Umgang mit Spaß in der Linguistik

Kennzeichnend für den gegenwärtigen Stand der linguistischen Online-Forschung ist der Rückgriff auf Ansätze der empirischen Sprachwissenschaft, die medienspezifischen Besonderheiten angepasst werden. Daher stelle ich im Folgenden drei Ansätze, die sich mit Spaß aus linguistischer Warte beschäftigen, stichwortartig vor. Der erste und traditionellere Ansatz untersucht Strukturen des unterhaltsamen Sprachgebrauchs in Bereichen der „professional linguistic deviance" (Crystal 1998) wie Journalismus, Werbung und Comics.[2] Dittgen (1989), die unter dem Motto *Regeln für Abweichungen* eine der umfassendsten Beschrei-

---

[2] Vgl. Kotthoff (1998, 84ff.), Crystal (1998), Dittgen (1990), Janich (2001) sowie Fiedler und Held i.d.Bd.

bungen sprachspielerischer Phänomene in der schriftlichen Massenkommunikation liefert, unterscheidet sechs Regeltypen – Inkompatibilitäten, Verdichtungen, Mehrdeutigkeiten, Zusammenziehungen, phraseologische Abwandlungen, Laut-Verschriftungen – und arbeitet ihre vielfältige Kombinatorik heraus. Eines der Hauptmotive ihrer Anwendung in Schlagzeilen, Slogans, Titeln usw. sieht sie darin, „den Text witzig, pfiffig, originell zu machen" (19). Diese Verfahren finden Einsatz nicht nur in Texten, die konventionell als Unterhaltungsangebote produziert und rezipiert werden, sondern auch in ganz anderen Texten, etwa Nachrichtensendungen, die im Zuge des Infotainment bzw. der Boulevardisierung (Klein 1998) eine Unterhaltungskomponente erhalten sollen. Eine Grundannahme systemlinguistischer Sprachspielanalysen ist das (intrinsische) Unterhaltungspotenzial der untersuchten Verfahren für einen idealen Leser/Rezipienten, den letztlich der Linguist, die Linguistin selbst verkörpert.[3] Mit dem Kommunikationsmodell von Stuart Hall gesprochen wird hier eine „präferierte" Lesart adoptiert: Der geneigte Leser, der die Sprachkreationen des Senders versteht und akzeptiert.[4] In Wirklichkeit aber gibt es auch „ausgehandelte" und „oppositionelle" Lesarten (vgl. Winter, Ayaß und Klemm i.d.Bd.), wie beispielsweise Fälle misslungener Werbekommunikation deutlich machen. Solche Fälle müssen mit Rückgriff auf den Kontext und die Kulturspezifik der fraglichen Kommunikation interpretiert werden und sind daher von einem rein systemlinguistischen Ansatz nicht erfassbar. Aus der Perspektive einer inklusiven Medienforschung (Keppler 2001) wäre die Analyse potenziell unterhaltsamer Sprachmuster in den Medienprodukten durch Evidenz für den Umgang der Produzenten bzw. Rezipienten mit diesen Sprachmustern zu ergänzen.

Grundlagen einer pragmatisch fundierten Theorie von (massenmedialer) Unterhaltungskommunikation stellt der viel beachtete Ansatz von Klein (1997, 1998) vor, der von der Unterscheidung zwischen *Information* und *Unterhaltung* als zentralen psychosozialen Bedürfnissen ausgeht. Kleins Konzept ist auf hoch komplexe massenmediale Formate ausgerichtet, die von Produzententeams nach strategischen Richtlinien realisiert werden. Analog zu den Grice'schen „Informationskategorien" stellt Klein vier Prinzipien der Unterhaltung auf: *Abwechslung, Unbeschwertheit, Interessantheit, Eingängigkeit.* Allerdings wird die Operationalisierung der vier „U-Kategorien" nur angedeutet (vgl. auch Held i.d.Bd.). Als

---

3 „Die ungewöhnliche sprachliche Form ist daher unabhängig von der individuellen Wirkung stets (zusätzlicher) Lese-Anreiz, ein Spiel mit den Möglichkeiten und Grenzen des Sprachsystems auf Produzenten- und Rezipientenseite." (Dittgen 1989, 10).

4 Vgl. Hall (1980), Hepp (1999), Chandler (2002), Winter und Klemm i.d.B.

Merkmale der Abwechslung nennt Klein die Kürze der Beiträge, das Tempo, schnelle Schnitte sowie „sprachstilistisches Switching zwischen unterschiedlichen Stilebenen und Jargons“ (1998, 110); Unbeschwertheit macht er an der Thematik der Unterhaltungsangebote und an der Art des Adressatenbezugs fest; Eingängigkeit bezieht er auf die „informelle Selbstpräsentation“ und die „(scheinbar) alltagsnahe Sprachverwendung“ in Unterhaltungsformaten (ebd.). Klein konstatiert für Kulturmagazine der öffentlich-rechtlichen Sender eine „Zunahme von Merkmalen, die zu den Unterhaltungskategorien gehören“ (ebd.), ohne jedoch konkrete Kriterien oder Auswertungen zu liefern.

Gesprächs- und interaktionsanalytische Ansätze konzipieren Spaß als eine Modalität der Interaktion, die *in situ* konstituiert und durch spezifische Phänomene kenntlich gemacht wird.[5] Kotthoff unterscheidet zwischen Gattungen und Aktivitätstypen der Scherzkommunikation (wie Frotzeln, Necken, Parodie) und Verfahren, „die an der Erzeugung von konversationeller Komik beteiligt sind“ (1998, 193). Dazu gehören Lachpartikeln, Stilwechsel, Über- und Untertreibungen, Elemente die einen Rahmenwechsel anzeigen, lokale Kontraste auf mehreren Ebenen (stilistisch, prosodisch, semantisch) sowie Aspekte der Mimik und Gestik. Mehrere dieser Verfahren finden sich in der Klassifizierung von Deppermann und Schmidt (2001) wieder, die in Auseinandersetzung mit klassischen Höflichkeitskonzepten entwickelt wird (Tabelle 1): Nonverbales, Elemente der Syntax, Lautung und Lexik, thematische Orientierungen und Gattungen wirken zusammen in Situationen, die von den Beteiligten (und den Analytikern) als unterhaltsam erlebt werden. Festzustellen sind Überschneidungen mit dem Modell der konzeptionellen Mündlichkeit und Schriftlichkeit (Koch & Oesterreicher 1994). Mehrere Merkmale unterhaltsamer Kommunikation sind zugleich „konzeptionell mündlich“ und umgekehrt.

Kategorie	unterhaltsam	nicht unterhaltsam
Redebeiträge	kurz und knapp	lang
Syntax	reduziert, Parataxe	schriftsprachlich, Hypotaxe
Phonologie	expressiv, variantenreich	monoton, sachlich
Lexik	Neubildungen, Tabuwörter	Hochsprache
Stilistik	Hyperbolik	Präzision, Litotes

[5] Kotthoff (1998, 165ff. und im Ersch.) spricht von Scherzkommunikation und spaßiger Interaktionsmodalität, Deppermann und Schmidt (2001) von unterhaltsamer Kommunikation.

Inhalte	situationsgebunden, Tabubrüche	abstrakte, ernste Themen
Kohärenz	assoziative Übergänge	argumentative Übergänge
Genres	Necken, Frotzeln, groteske / absurde Fiktionen	Diskutieren, Klärungsaktivitäten
Beziehung	Informalität, Vertrautheit	Distanz, Höflichkeit und Takt
Nonverbales	mehrere Aufmerksamkeitsfoki, expressive Körperlichkeit	Konzentration auf das Gespräch, Körperkontrolle

Tabelle 1: Unterhaltsame und nicht-unterhaltsame Phänomene der Kommunikation nach Deppermann und Schmidt (2001, 37; leicht gekürzt)

Alle drei Ansätze sind für die Analyse von Spaß im Netz prinzipiell von Belang, je nachdem, welche Form der Online-Kommunikation untersucht wird. Während z.B. bei der Homepage-Gestaltung Ausprägungen der Unterhaltungskategorien sowie Sprachspiel-Analysen eine Rolle spielen, sind bei der Analyse von Online-Interaktionen auch gesprächsanalytische Ansätze heranzuziehen. Den wichtigsten Bezugspunkt der unten vorgestellten Auswertungen stellt der Merkmalskatalog von Deppermann und Schmidt (2001) dar. Ihre gesprächsanalytisch entwickelten Kategorien lassen sich auf die informelle digitale Schriftlichkeit anwenden, stellenweise mit einschlägigen Anpassungen, beispielsweise von der Phonologie in entsprechende Verfahren der Graphemik (Schreibweise).

3. Spaß-Ressourcen in der Online-Kommunikation

In einem ersten Schritt sollen zentrale Ressourcen der unterhaltsamen Kommunikation im Netz eingeführt werden, deren Relevanz durch Rekurrenz in den Texten wie durch Aussagen der Beteiligten nachgewiesen wird.

Simulationen von Lachen und Lächeln: Ich unterscheide zwischen:
(a) *Emoticons*, also typografischen Repräsentationen stilisierter Gesichtsausdrücke;
(b) Abkürzungen die *Lachen/Lächeln* denotieren, wie *lol*, **g** und **fg**;
(c) *Verbstämmen* (oft in Sternchen eingeschlossen) wie **lach**;
(d) *Grafik-Emoticons*, wie sie neuerdings in vielen Foren Einsatz finden.

Während diese Ressourcen an sich gut dokumentiert sind (z.B. Runkehl et al. 1998), mangelt es noch an detaillierten Analysen ihrer Pragmatik. Ähnlich wie in jeder Analyse verbaler Interaktion kann Lachen – hier nur noch als symbolische, von der Körperlichkeit losgelöste Aktivität (Kotthoff 1998, 105) – als heuristisches Mittel genutzt werden, um spaßige Interaktionsmodalitäten zu identifizieren. Allerdings kann nicht einfach angenommen werden, dass jedes Emoticon einfach „Freude“ bedeutet, oft werden Emoticons auch als Ironie-Hinweise eingesetzt (vgl. Abschnitt 5).

Multimodalität von Online-Texten: Sprache ist nicht die einzige Ressource für Spaß im Web.[6] Während Online-Interaktionen im Grunde mit dem verbalen Text auskommen und diesen gelegentlich durch grafische Simulationen para- und nonverbaler Merkmale anreichern, verfügen persönliche Homepages über reichhaltigere Spaß-Ressourcen. Dazu gehören statische oder bewegte Bilder, die mit oder ohne Bezug auf einen verbalen Text funktionieren (vgl. Abschnitt 4), oder auch der Klangteppich eines Webangebots, genauer gesagt die spezifische Auswahl an Sounds, die dem Besucher angeboten wird.[7] Generell gilt: Je mehr die Beteiligten die Möglichkeiten des Mediums ausreizen, desto weniger reicht eine unimodale, auf Sprache eingeschränkte Analyse von Spaß-Ressourcen aus.

Bricolage: Darunter verstehe ich die kreative, oft unkonventionelle Verdichtung unterschiedlicher Ressourcen zu kontextspezifischen Schreibstilen (vgl. Schlobinski 1989, Chandler 1998; Runkehl et al. (1998, 115) sprechen von *Stilmix*). Das Bricolage-Prinzip betrifft den Umgang mit sprachlicher Variation wie mit Textmustern. Merkmale konzeptioneller Mündlichkeit, Elemente verschiedener Sprachen und Sprachvarietäten, Simulationen para- und nonverbaler Phänomene, intertextuelle Referenzen und andere Ausdrucksmittel werden im informellen Online-Austausch vielfach spielerisch kombiniert, das Ergebnis kann je nach Kontext für Schreiber und Leser sehr wohl unterhaltsam wirken. Bei der Zusammensetzung einer Homepage oder einer virtuellen Identität in Foren werden solche Schreibstile mit Elementen verschiedener Textmuster, Bildern und Tönen in eine neue Gesamtheit verflochten (Chandler 1998). Dabei können konventionelle Texthandlungen ungewöhnlich realisiert, Textsortenkonventionen spielerisch

---

6 Generell ist Unterhaltungskommunikation in hohem Maße multimodal kodiert. Im Fernsehen gehören z.B. schnelle Schnitte zu den Merkmalen der Abwechslung (Klein 1998), in Printmedien entsteht Komik oft erst durch die Text-Bild-Beziehung (vgl. Fiedler und Held, i.d.B.), Para- und Nonverbales spielt eine wichtige Rolle für die Erzeugung von Komik in der Interaktion (Kotthoff 1998).

7 Witzig ist es für mich z.B., wenn ein Online-Magazin für Technomusik (*klangterroristen.de*) neben den erwartbaren Technosounds auch kubanische und thailändische Musik als Klangteppich anbietet. Die witzige Wirkung entsteht durch den Kontrast dieser Optionen zur erwartbaren, unmarkierten Option bzw. zum Thema des Angebots.

verfremdet werden. Als Beispiel hierfür führe ich zwei Textpassagen aus privaten Homepages an (Text 1).[8]

Text (1): Kontaktangaben auf zwei Homepages

(1.1) www.omaboy.de (Mai 2001)

Scans, Verbesserungsvorschläge, Kontakt, Nacktbilder von den weiblichen Besuchern, Fragen bezüglich der Inhalte, Infos, Lob, Grüße und Einschmeicheleien bitte an mich. Destruktive Kritik, Morddrohungen, Nacktbilder der männlichen Besucher und anderen Schwachsinn bitte zum Papierkorb@t-online.de schicken.

(1.2) www.aufnahmezustand.de (Juni 2002)

Für Kinderwünsche, mailt bitte MIT Foto an ichwilleinkindvon@aufnahmezustand.de
Falls Ihr nur auf einen One-night Stand aus seit, bitte mailt man *NAME*-vom@aufnahmezustand.de
Mehr Infos zu diesem Thema findet Ihr auch in unserem FORUM

Diese Kontaktangaben sind Teil der Begrüßung oder Selbstdarstellung der Betreiber, wie sie auf der Startseite ihres Webangebots erscheint. Sie stellen einen temporären Übergang von einem grundsätzlich ernsten Diskurs hin zu einer witzigen Modalität dar, in welcher der Wahrheitsanspruch des Gesagten reduziert ist. Im Fall *Omaboy* (1.1) ist der Kontrast zwischen Ernst und Witz Teil der Kontaktäußerung selbst: Bis zum Wort „Kontakt“ ist die Welt noch in Ordnung, das nächste nominale Element (*Nacktbilder weiblicher Besucher*) ist offensichtlich hyperbolisch, obwohl nicht als solches markiert. Im zweiten Teil der Kontaktäußerung sind es das Paar-Element *Nacktbilder männlicher Besucher*, außerdem die Ausdrücke *Morddrohungen* und *anderen Schwachsinn*, die den ernsten Rahmen überschreiten. Die Konstruktion solcher Äußerungen macht den Produzenten vermutlich Spaß, das Ergebnis ist wohl als *potenzielle* Spaßquelle für die Rezipienten zu betrachten. Durch Kontaktangaben dieser Art inszenieren sich die Autoren als Personen, die sich des Feedbacks sicher oder sogar begehrt und umworben sind. Die Star-Allüren von Nachwuchsmusikern sind eben das Stereotyp, das in (1.2.) aufs Korn genommen wird. In beiden Fällen ist eine Konstruktion geschlechtsspezifischer Identitäten mit im Spiel, sind es doch männliche Autoren,

8 Text (1.1) stammt aus einer näher untersuchten Homepage (vgl. Abschn. 4.1), (1.2) aus dem Webangebot einer Rap-Gruppe. In beiden Fällen wurden Interviews mit den Produzenten durchgeführt. Die URLs der Homepages werden mit Erlaubnis ihrer Autoren angegeben, die wirklichen Personennamen anonymisiert.

die hier einen latent sexistischen Witz für überwiegend männliche Rezipienten ausgestalten. Die Beispiele zeigen schließlich eine für das Medium spezifische Spaß-Ressource: das Format der Email-Adresse. In (1.1) wird eine nicht existierende, in (1.2) eine funktionierende, aber äußerst unübliche Adresse angegeben.

Humor wird „von unterschiedlichen Gruppen der Gesellschaft nicht auf gleiche Weise praktiziert" (Kotthoff 2003). Man kann dies auch in Bezug auf das Netz behaupten: Was Autoren und Surfer zum Lachen bringt, ist zu einem guten Teil kulturspezifisch differenziert. Ähnlich wie Kotthoff meine ich damit nicht Nationalkulturen, sondern international verbreitete Subkulturen und Fan-Gemeinschaften (Androutsopoulos 2001b). Auch in der Netzkommunikation baut die Inkongruenz, auf der viele Witze beruhen, auf gruppen- und kulturspezifischem Wissen auf. Im Diskurs der HipHop-Kultur z.B. kann eine Schreibung wie *Gängschda* (für das englische Wort *Gangsta*) nur auf der Basis bestimmter Wissensbestände als Inkongruenz auslösendes Element erkannt werden und damit potenziell witzig wirken: Die Figur des afroamerikanischen *Gangsta* und ihre Bedeutung im HipHop-Diskurs, die Art und Weise der Aneignung von HipHop in Deutschland sowie die mit Dialekt verbundenen soziolinguistischen Stereotype wirken zusammen in der Einstufung der als *Gängschda* bezeichneten Person als Karikatur der *Gangsta*-Figur. Dass Scherz auch als Mittel der Sozialkritik genutzt wird, ist eine bekannte Prämisse der Humorforschung und wird z.B. im Fall der Parodie offensichtlich. In Scherzinteraktionen werden Probleme „andeutungsweise kommuniziert" oder es findet „oft implizit eine Verständigung über Haltungen und Werte statt" (Kotthoff 2003). Wichtig für die Online-Forschung ist es meines Erachtens, zu zeigen, wie diese Funktion von Scherz *kulturspezifisch* und *situiert* im Netz erfüllt wird – in anderen Worten: welche Probleme welcher Gemeinschaften durch (welche Varianten von) Scherzkommunikation behandelt werden. Die Dialektik von Ernst und Spaß, Ernst und Kritik aus der Sicht der Beteiligten zu rekonstruieren, ist eines der zentralen Anliegen der nachfolgenden Fallanalysen.

4. Spaß-Ressourcen auf der persönlichen Homepage

Ausschlaggebend für die Verteilung unterhaltsamer Elemente auf persönlichen Homepages ist die bereits angesprochene Unterscheidung zwischen redaktionell betreuten Inhalten und Formen virtueller Interaktion. Erstere stellen die Betreiber und ihre Interessen in Wort, Bild und vielleicht auch Sound vor, letztere bieten eine Kontaktmöglichkeit zwischen Betreibern und Besuchern an. Die zentrale Interaktionskomponente der persönlichen Homepage ist das Gästebuch. Bekanntlich enthalten Online-Gästebücher nicht nur Kommentare der Gäste, sondern dienen als Plattform für verschiedene kommunikative Handlungen wie z.B. Verabredungen, Klatsch und Tratsch (Diekmannshenke 2000). Auf dieser Basis kann das Gästebuch den jeweiligen Nutzungsbedingungen angepasst und bisweilen als Plattform für den Austausch in der lokalen Clique genutzt werden (Androutsopoulos 2003). Auf den untersuchten persönlichen Homepages sind die Inhaltskomponenten eher dem „Ernst des Lebens“ (Klein 1997, 183f.), die Interaktionskomponenten eher dem Spaß gewidmet. Freilich ist die Wirklichkeit komplexer: Auch in den Inhaltskomponenten gibt es spaßige „Lichtblicke“, in den Interaktionsbereichen auch ernste Momente. Die nachfolgenden Fallbeispiele veranschaulichen diese geordnete Koexistenz von Ernst und Spaß.

4.1 Sodele, here we go once again...

Omaboy, Student in den frühen Zwanzigern, unterhält seit 1999 eine persönliche Homepage mit Spezialisierung auf den deutschsprachigen Punkrock (Abb.1). Bands wie *Die Ärzte, WISO* und *Abstürzende Brieftauben* werden hier mit ausführlicher Bio- und Diskografie sowie Fotos geehrt. *Omaboy*, der selbst Musiker und Plattensammler ist, hält außerdem Tipps für den Plattenkauf bereit und pflegt ein Tauschforum. Auf einer extra Seite (*Ich über mich*) präsentiert er sich mit Lebenslauf und Fotos.

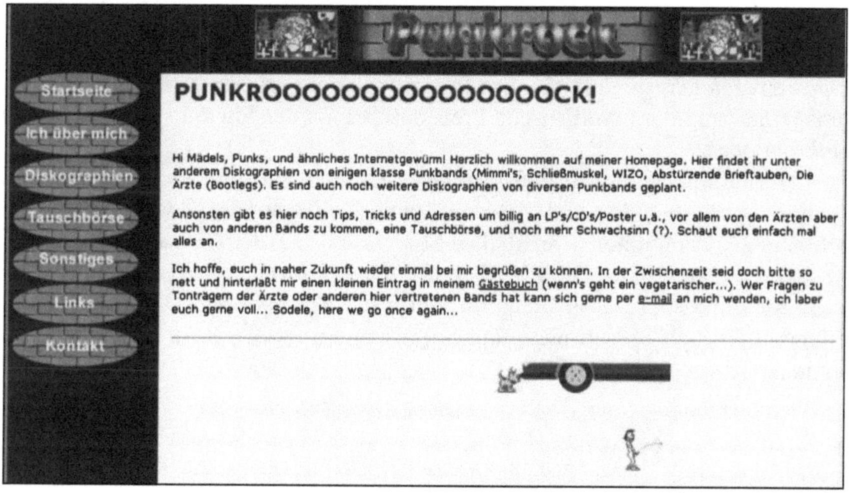

Abbildung 1: Startseite der Homepage von Omaboy

Am Beispiel dieser Homepage lassen sich inhaltliche, visuelle und sprachliche Unterhaltungselemente unterscheiden. Die visuellen Spaß-Ressourcen auf der Startseite (Abb. 1) sind das Bild eines verkaterten Nikolaus auf der Kopfleiste sowie zwei sich von links nach rechts bewegende GIF-Animationen unter dem Begrüßungstext: ein daher laufendes Hündchen wird von einem Bus überfahren; ein halbnacktes Männlein läuft ein paar Schritte, zieht seine Hose runter und pinkelt eine imaginäre Wand an, den Kopf zum Besucher gedreht. Die beiden Animationen haben keine thematische oder semantische Verbindung zum Text, sondern sind rein dekorative Elemente, die der Betreiber nach eigenen Angaben (Interview) von anderen Homepages übernommen hat – ein Beispiel für die weit verbreitete Praxis des gegenseitigen Kopierens im Web (Chandler 1998, Döring 2001). Als unterhaltsam konzipierte Rubriken der Homepage sind erreichbar über den Menüpunkt „Sonstiges“, die beim Anklicken sechs Rubriken eröffnet. Drei davon sind Parodien. Unter *Schwanzvergleich* findet sich der lapidare Spruch: *Keiner ist kleiner als meiner, aber keiner ist feiner als meiner.* Unter *Nacktbilder* sieht man Kneipenbilder, unter *Awards* liegt eine fiktive Auszeichnung der Homepage vor. Der Webmaster bezeichnet im Interview diese Rubriken als *Verarschung*. Spaß entsteht für ihn bei der Antizipation der Rezipientenerwartungen: *ich freu mich schon wenn ich dran denke dass er auf schwanzvergleich klickt und denkt 'da kommt er mit seinem schwanz' und dann kommt gar nix, 'nee son scheiß' und dann wieder zurückgehen.* Diese Spaß-Momente sind mit kleinen Demonstrationen von Fan-Kompetenz versehen. Der Spruch bei *Schwanzvergleich*, so stellt sich im Interview heraus, ist ein Zitat der Lieblingsband *WISO*, und der parodistische Preis bescheinigt der Site *86 von 125 Punkten Punkroooooock.*

Der Sprachgebrauch von *Omaboy* ist funktional differenziert. Seiten mit Musikinformation (*Tips und Adressen zum Tonträgerkauf*) legen einen recht sachlichen, konzeptionell schriftlichen Stil an den Tag, der Autor sagt dazu: *ganz normales Deutsch ohne Dialekt ohne nix, pure Information.* Komponenten mit kontaktiver und expressiver Funktion (Startseite, *Ich über mich*, *Dank und Grüsse*) enthalten auch Sprachspiele und Stilmischungen wie z.B. die Ein- und Ausrahmung auf der Startseite (Text 2):

Text (2): Anfang und Ende des Begrüßungstextes von *Omaboy*

[Überschrift]	*PUNKROOOOOOOOOOOOOOOCK!*
[Einrahmung]	*Hi Mädels, Punks, und ähnliches Internetgewürm!* *Herzlich willkommen auf meiner Homepage.* [...]
[Ausrahmung]	*Sodele, here we go once again...*

Die Überschrift ist typografisch auffallender als der restliche Text. Semantisch bietet sie eine Art Selbstkategorisierung der Site. Die grafische Ausgestaltung weist typische expressive Merkmale auf: Großschreibung für lautes Sprechen, Buchstabenwiederholung als Abbild der Lautdehnung. Die Einrahmung inszeniert durch ein informelles Grußwort (*Hi*), lebensweltliche Kategorisierungen der erwünschten Besucher (*Mädels, Punks*) und eine Art rituelle Beschimpfung (*Internetgewürm*) einen lockeren, kumpelhaften Ton. Die Fortsetzung des Begrüßungstextes ist sachlich gehalten und setzt klassische Höflichkeitsformeln ein (*Herzlich willkommen ...; Ich hoffe, euch ... begrüßen zu können*). Die Ausrahmung ist ein gutes Beispiel für *Bricolage.* Sie kombiniert konzeptionelle Mündlichkeit in Gestalt der Gliederungspartikel *sodele – es ist meine Sprache* sagt *Omaboy*, der tatsächlich stark regional gefärbt spricht – mit einem englischen Songzitat, das einerseits diskurspragmatisch sinnvoll platziert ist (diese Stelle bildet bei einer linearen, der Reihenfolge der Navigationsleiste folgenden Rezeption den Auftakt), andererseits die Funktion der kulturellen Verortung erfüllt. Sich musikkulturell zu verorten ist bei *Omaboy* ein Spaß und Ernst übergreifendes Motiv, das an mehreren Stellen der Homepage seine Spuren hinterlässt.

4.2 ...und dann geht es ab

Den Stellenwert des Gästebuchs als Arena für Spaßkommunikation möchte ich am Beispiel der Homepage von *Anita*, einer 15-jährigen Schülerin, die ich zusammen mit ihrem guten Freund *Tim* interviewt habe, darstellen. *Anita* und *Tim* verbringen mehrere Stunden täglich online. Ihre Hauptnutzung ist ICQ[9], außerdem besuchen sie die persönlichen Homepages von durch ICQ kontaktierten Jugendlichen sowie die Homepages von Freunden und Bekannten. *Anita* unterhält seit Anfang 2001eine eigene Homepage mit mehr oder weniger üblichen Komponenten: Selbstvorstellung, Fotos von Freunden mit Kurzbeschreibung, News, Grüße, Links, Songtexte und ein stark frequentiertes Gästebuch mit mehr als 1.500 Einträgen zur Zeitpunkt des Interviews. Die „Webmistress" (Selbstbezeichnung) bezeichnet es im Interview als *Treffpunkt für die Clique* und schätzt die Zusammensetzung der Einträge auf *90% Clique, 10% Gäste* (d.h. persönlich nicht bekannte Besucher) ein.

Text (3): Schreibproben von *Anita* auf ihrer Homepage

(3.1) Eintrag im Gästebuch (28.07.2002)

HEYYYY!!!
Ja musste mal wieder sein!
Mein Urlaub war brutal geil! aber näheres erzähl ich dir lieba unta vier augen =)
Wie war deina? Wie gehts Stefan? Was gibts neues...?

(3.2) Eintrag im Forum (19.05.2002)

Jeden regt es auf zu sehen das die eigenen Eltern abreiten, steuern zahlen und man dann die Leute sieht die nicht arbeiten, keine Steuern zahlen, Geld vom Staat kriegen und im Endeffekt sich nicht bei uns oder beim Staat bedanken sondern mucken unangenehm auffallen. Leute, das hat nichts mehr mit LINKS ODER RECHTS zu tun, denn VIELE DEUTSCHE MACHEN DAS AUCH! Es sind nicht immer die Ausländer!

Auch bei *Anitas* Homepage sind funktionale Differenzierungen des Sprachgebrauchs deutlich, wobei ich den Kontrast zwischen Gästebuch und Forum fokussieren möchte (Text 3). Während das Gästebuch Musterbeispiele für konzeptionelle Mündlichkeit bei Jugendlichen liefert (3.1), ist ein Forum, das *Anita* auf ihrer Homepage ebenfalls unterhält, sehr wenig besucht, und die einzelnen Beiträge sind deutlich schriftlicher konzipiert (3.2). Im Interview (Text 4) erklä-

---

9 Die Software ICQ (www.icq.com) und andere so genannte „instant messenger" ermöglichen Echtzeit-Dialoge zwischen einzelnen Online-Nutzern.

ren die Jugendlichen den Unterschied zwischen Forum und Gästebuch durch Rückgriff auf Kategorien der unterhaltsamen Kommunikation (vgl. Abschnitt 2.).

Text (4): Auszug aus dem Interview mit *Anita* und *Tim* (August 2002)[10]

1.	Jannis	warum ziehen die leute das gästebuch vor?
2.	Anita	weil es kurz ist weil * man geht dahin=
3.	Jannis	[weil es kurz ist
4.	Tim	[weils aktueller ist
5.	Anita	=ja * aktuell
6.	Tim	=ja genau ist viel schneller und das das ich bin halt faul ich geh auch nicht ins forum=
7.	Anita	((lacht))
8.	Tim	=ich hab da gar nicht so die lust da großartig was zu schreiben
9.	Jannis	fühlst du dich verpflichtet im forum mehr zu schreiben weil es forum ist?
10.	Tim	ja genau * dass man da * ja dass man ins forum schreibt wenn man das ernst gemeinter nimmt * also es ist ernster so dass man auch sachlicher bleiben soll dann irgendwie nicht so totalen blödsinn schreiben soll * und im gästebuch kann man irgendwie schreiben so och keine ahnung irgendwas lustiges
11.	Anita	abspasten
12.	Tim	er ist grad vom fahrrad gefallen oder was weiß ich, keine ahnung
13.	Anita	ja oder wenn jemand so was schreibt * „oh mir ist voll langweilig“ dann kommt der nächste „ja mir auch“ ((Anita und Tim lachen)) der nächste kommt „ja gehen wir ins schwimmbad“ der nächste kommt „schwimmbad ist doof“ ((lacht)) und dann geht es ab „ja habt ihr den und den gesehen, habt ihr das und das gesehen, habt ihr das gehört“, und * ja: „habt ihr das heute im unterricht mal mitgekriegt“ und so

Als wesentliche Eigenschaften des Forums nennen sie *ernst gemeint*, *sachlich* (Beitrag 10) und *großartig was schreiben* (8), was Länge und Ausbau der Einträge impliziert. Merkmale des Gästebuchs sind *kurz* (2), *aktuell* (3, 5) *schnell* (6), *lustig* (10) und *abspasten* (11) – ein Verb, das unkontrolliertes Benehmen, unvorhersehbare Stimmungswechsel und Expressivität suggeriert, also mehrere Merkmale unterhaltsamer Kommunikation quasi zusammenfasst. Die thematische Freiheit bzw. Trivialität des Gästebuchs beschreibt Tim mit dem Ausdruck *totalen blödsinn* (10) und das Beispiel *er ist grad vom fahrrad gefallen* (12). Der darauf folgende Beitrag von *Anita* (13) repräsentiert Gästebuch-Kommunikation durch einen Austausch fingierter Zitate, die ebenfalls Merkmale von Unterhal-

[10] Für die Transkription wird ein vereinfachtes DIDA-System mit folgenden Konventionen verwendet: * kurze Pause, = direkter Anschluss, [Überlappung, ((…)) Kommentar, „…“ direkte Rede.

tungskommunikation andeuten: Kurze Äußerungen, alltägliche Themen, schnelle Abwechslung, Expressivität (*dann geht es ab*). Gleichzeitig ist *Anitas* Darstellung an sich unterhaltsam, sie wird von Lachen der beiden Jugendlichen begleitet. Später im Interview greift *Anita* die Opposition von Ernst und Spaß wieder auf, um die redaktionellen Teile der Homepage (*richtig ernst*) vom Gästebuch (*lustiger*) abzugrenzen. Als wesentliches Gästebuch-Merkmal nennt sie wieder die Freiheit, *mitten im text abzuspasten*, und illustriert dies durch ein Quasizitat (Text 5):

Text (5): Auszug aus dem Interview mit *Anita* und *Tim*

Anita: diese homepage, die ist richtig ernst bei mir würd ich sagen, ich spaste nicht irgendwann mitten im text ab so * leute irgendwie heute ist alles so voll fürn arsch oder so so was schreibe ich nicht ((lachen)) ins gästebuch ja weil ich weiß nicht das gästebuch * das ist halt nur für meine freunde die wissen schon bescheid, aber ich denke wenn jemand auf die homepage kommt und dann liest der tag ist fürn arsch oder so das kommt irgendwie kacke * ich will immer dass die sich das angucken oder so und dann dass die merken dass es mir ernst ist

Die Autorin nutzt ein triviales Thema und Umgangssprache (*voll fürn arsch*), um die Modalität des „Abspastens" zu repräsentieren, die sie im gleichen Zug als unangemessen für den redaktionellen Teil ihrer Homepage einstuft (*so was schreibe ich nicht*). Anschließend wird die Netz-Öffentlichkeit in zwei Teile aufgespalten: Das Gästebuch gilt einer „kleinen", aktiven Öffentlichkeit, die expressive und spaßige Interaktion für sich gestaltet. Die Homepage gilt der unspezifischen und passiven Öffentlichkeit, die mitunter auch die Eltern und interessierte Lehrer einschließt. *Anitas* „Gesicht" mit dem Anspruch, ernst genommen zu werden, ist der redaktionelle Teil der Homepage; für das Geschehen im Gästebuch ist ihre Verantwortung geringer.

5. Spaß und Kulturkritik

Der skizzierte Kontrast zwischen Gästebuch und Forum bedeutet nicht, dass in Foren keine Scherzkommunikation stattfindet. Wie alle Online-Dienste lassen auch Foren unterschiedliche situierte Realisierungen zu, die Position eines Forums auf dem „Ernst-Spaß-Kontinuum" variiert je nach den lokalen Nutzungsbedingungen. Gleichzeitig ist Forenkommunikation sachzentriert. Sie hat einen thematischen Rahmen sowie spezifische Anlässe, die in einzelnen Diskussionsfolgen (Threads) interaktiv entwickelt werden, wobei Moderatoren für das Einhalten der thematischen und stilistischen Richtlinien sorgen. Daher sind Foren generell weniger für Unterhaltungskommunikation geeignet als Gästebücher oder Chats. Spaßmomente sind zwar nicht ausgeschlossen, jedoch stets vom eigentlichen Diskussionsthema abhängig. Aufgrund ihres sachzentrierten Charakters sind Foren wichtige Kristallisationspunkte für subkulturelle Diskurse. Hier zeigt sich, was eine Szene oder Fangemeinschaft bewegt. In Foren lässt sich also beobachten, welche Rolle eine spaßige Modalität in der Bewältigung kulturspezifischer Anliegen spielt (vgl. Abschnitt 5.1). Der Rückgriff auf Spaß als Mittel der Kritik (vgl. Kotthoff 1998, 178ff) findet einen Höhepunkt in der *Parodie-Homepage*. Solche Webangebote werden von privat erstellt, wobei ihre Urheber oft anonym bleiben, und ihre Adressen werden durch Mailinglisten und Foren verbreitet. Eine typische Zielscheibe von Parodie-Homepages ist die zunehmende Popularisierung des Webs, oft im Zusammenhang mit der Popularisierung bestimmter sozialer Stile (Abschnitt 5.2).

5.1 „ich glaub mein dick explodiert"

Jede jugendliche Subkultur ist früher oder später Gegenstand institutioneller und kommerzieller Integration (Hebdige 1979). Ihre materiellen und symbolischen Stilmittel werden durch die massenmediale Berichterstattung trivialisiert und allmählich in die Strukturen der Unterhaltungsindustrie aufgenommen. Ein relevantes Moment in diesem Prozess ist die Aufnahme ursprünglich subkultureller Musikstile in die Massenmedien der Jugendkultur (Androutsopoulos 2001a). Auf *mzee.com*, einem der größten deutschsprachigen HipHop-Foren, ist die Berichterstattung über HipHop in den Massenmedien ein oft gesehenes Thema. Einschlägige Diskussionen beginnen typischerweise mit der Ankündigung einer neuen szenefremden Publikation über HipHop, oft belegt durch Links bzw. Zitate. Die hier besprochene Diskussion (Text 6) hat einen Bericht der Jugendzeitschrift „Bravo" über HipHop zum Anlass. Die zahlreichen Reaktionen dokumentieren die Empörung der Fans, die eine recht oberflächliche und teils fehlerhafte Darstellung ihrer Kultur sehen müssen. Der Ernst wird jedoch systematisch aufgelockert. Zum einen sind viele ernste Äußerungen expressiv bzw. hyperbolisch ausgestaltet, werden also dadurch unterhaltsam. Zum anderen gibt es viele ironische Äußerungen, wobei die ironische Lesart durch Emoticons und äquivalente Mittel (z.B. die Abkürzung *LOL*) kontextualisiert werden.

Die Mischung aus Ernst und Spaß lässt sich im abgedruckten Auszug detailliert verfolgen (Text 6). Nur drei Stunden seit Eröffnung des Threads liegt schon der 38. Beitrag vor. *Andi* [1] stellt Ausschnitte aus dem Bravo-Bericht vor und kommentiert sie durch eine ironische Übertreibung, eine expressive Interjektionen und ein Inflektiv (*hüstel*). Anschließend wechselt er in eine ernste, aber hyperbolische Modalität. Er verlangt die *Todesstrafe* für die Redakteure und entschuldigt sich für die Wiederholung des Zitats. *Ben* [2] setzt durch die vorangestellten Smileys die spaßige Modalität des Vorgängers fort, inhaltlich greift er die Bewertung der Redakteure auf und stellt eine Vermutung an, welche der Behauptung *Andis* widerspricht. *Carl* [3] greift die negative Wertung der Redakteure auf, er beschimpft sie als *Toys* – im Graffit-Jargon: Anfänger – und den Bericht als *beschissen*. Die erneute Meldung von *Andi* [4] weicht vom Diskussionsthema ab, indem sie die expressive Einleitung von *Carls* Beitrag aufgreift. Durch die Repetition, die begleitenden Smileys sowie die explizite Bewertung macht *Andi* deutlich, wie sehr ihm der Spruch gefallen hat. Anschließend konstruiert er ein Gebrauchsszenario, in dem der Spruch an die Lehrerin adressiert wird. Diese Inszenierung von Rebellion ist ein Tabubruch (vgl. Deppermann / Schmidt 2001), der das Unterhaltungspotenzial des Beitrags steigert. *Dan* [5] setzt den metasprachlichen Fokus *Andis* fort und wirft den Bravo-Redakteuren stilistische Unangemessenheit vor. Der Ausdruck *ein auf HipHop tun* hebt das Nichtauthentische, die Nachahmung des Szene-Stils hervor. Den Anreiz bietet der Satz *Ferris musste im Knast abhängen.*[11] *Abhängen* bedeutet ‚Zeit vertreiben', sein kollokatorisches Spektrum umfasst Orte der Freizeitgestaltung, man kann z.B. in der Kneipe, im Plattenladen, zuhause abhängen (Androutsopoulos 1998, 626). Der Kollokator *Knast* gehört offensichtlich nicht zu diesem Spektrum. Vermutlich ist diese Formulierung das Ergebnis der Bemühungen der Bravo-Redakteure, mit Szenewörtern wie *abhängen* unterhaltsam umzugehen, indem sie auf Dittgens (1989) Strategie der Inkompatibilität zurückgreifen. Doch die Rezipienten aus der Szene weisen dies zurück. Die Reaktion von *Dan* ist eine ironische Übertreibung durch eine noch größere Inkompatibilität: *war im Knast chillen.*[12] In dieser Abwechslung von Modalitäten kehrt Beitrag [6] zum heiteren Pol zurück: Es ist die metakommunikative Perspektive des Initiators, der sich über den Erfolg seines Themas freut.

---

11 Er entstammt einem Passus, der mit der Überschrift *U wie U-Haft* versehen ist und über eine Verhaftung des Rappers Ferris MC berichtet.

12 Auch in einem anderen Eintrag wird dieselbe Formulierung ironisiert, die Reaktion dort lautet: *Stimmt ich häng auch gerne im Knast rum.*

Text (6): Auszug aus dem Thread „Hip Hop Schule by Bravo“
(URL: http://www.mzee.com/forum/ showthread.php?threadid=26223)

[1] *Geschrieben von Andi am DATUM um 21:59:*
God is a DJ! Sein Name: DJ Tomekk! Jeder MC will mit ihm einen Track machen (natürlich, die reissen sich richtig drum) D wie DJ: Unverzichtbar im Hip Hop! Die Plattenteller-Dreher sind für fette Beats und coole Samples zuständig. Absoluter King unter den Turntable-Spezialisten: DJ Tomekk (*hüstel* *hüstel*)! Niemand hat so geile Connections wie der Berliner (AAAHHHHHHHHHHH). Selbst USA-Rapstars wie GZA, KRS One oder Grand-master Flash geben sich bei DJ Tomekk die Mics in die Hand. Andere derbe DJ's: Plattenpapzt, DJ Friction, DJ Mad, DJ Emilio.
Verdammt schade das die Todesstrafe nicht mehr Erlaubt ist aber für dieses Statement hätten die Scheiss Redakteure die wirklich verdient, **** wie dumm sind die eigentlich!!??!
OOOPPPSSS ich sehe das hat schon vorher jemand gepostet, naja egal...

[2] *Geschrieben von Ben am DATUM um 22:09:*
Der Artikel hat den Bravo-Redakteuren bestimmt Spass gemacht beim schreiben.

[3] *Geschrieben von Carl am DATUM um 22:16:*
ich glaub mein dick explodiert das kann doch nicht ernst gemeint sein solche toys von bravo de glauben tatsächlich sei könnten hip hop definieren bzw in so einem beschissenen alphabetischen a- z artikel zusammenfassen

[4] *Geschrieben von Andi am DATUM um 22:31:*
ich glaub mein dick explodiert
Ich glaub mein dick explodiert
Das ist ja wohl der geilste Spruch den ich jeh gehört hab
ICh glaub das werde ich morgen mal zu meinem Lehrern sagen wenn die mich stressen....
"Frau B. ich glaub mein dick explodiert" *totlach*

[5] *Geschrieben von Dan am DATUM um 22:33:*
Und dann wollen die noch ein auf HipHop tun!
"Ferris musste im Knast abhängen"
Warum sagen sie nicht gleich "Ferris war im Knast chillen"

[6] *Geschrieben von Emil am DATUM um 22:38:*
Ich wusste doch das das Thema binnen weniger Stunden es im Forum zum Thema Nr.1 machen wird...

Man sieht, wie in diesem Auszug „Ernst“ und „Spaß“ für die Positionierung der Rezipienten gegenüber den Produzenten relevant gemacht werden. Entscheidend ist letztlich die Bewusstheit der Bravo-Redakteure bezüglich der Aufrichtigkeit ihres Berichts. Glauben sie selbst daran, nehmen sie also ihr Produkt als Information wahr – vgl. *ernst gemeint, glauben tatsächlich* in [3] –, so sind sie als ignorant oder *dumm* [1] abzulehnen. Die Unterstellung, es habe ihnen *Spaß* gemacht [2], impliziert jedoch, dass sie den Zwängen des kommerziellen Mediums unterworfen sind und lediglich schreiben, was sie schreiben müssen, was letztlich einer Abkopplung der individuellen Autoren von der Medieninstitution gleichkommt.

5.2 Peter der MC

Betreiber von privaten Webangeboten nutzen große Gästebücher standardmäßig zur Eigenwerbung, denn dies garantiert die Sichtbarkeit des Angebots in der Szenenöffentlichkeit. Die Adresse der hier vorgestellten Homepage (Abb. 2) wurde im Frühjahr 2002 auf dem Gästebuch eines großen deutschsprachigen HipHop-Portals publiziert. Mit Kotthoff (1998, 178 ff) kann man von einer Personenparodie, die in einer Gattungsparodie eingebettet ist, sprechen. Parodiert wird ein für die gegenwärtige HipHop-Kultur in Deutschland relevanter sozialer Typus: der inkompetente Nachahmer, der sich durch seine Homepage als Aktivist darzustellen versucht. Die Makrostruktur der Homepage umfasst Rubriken zu den üblichen kulturellen Aktivitäten des HipHop (*Grafitti, Raptexte, Skraschen*) sowie Musik im Digitalformat (*mp3's*) und eine Selbstdarstellung (*Ich*). Gattungskonventionen entsprechend wird die Parodie multimodal aufgebaut. Ein Teil des Witzes entsteht durch die Anti-Ästhetik der visuellen Aufmachung: Die Qualität der Fotos, der Seitenhintergrund, die vorgestellten Skizzen (*Grafitti*) und Songs (*mp3's*) konnotieren Inkompetenz und schlechten Geschmack. Der Rest wird erzielt durch die sprachliche Stilisierung[13], die anhand des Begrüßungstextes (7) genauer betrachtet werden soll.

---

[13] Unter Stilisierung verstehe ich die Arbeit mit soziolinguistischen Stereotypen, um in Texten und Gesprächen bestimmte soziale Typen zu konstruieren (Coupland 2001).

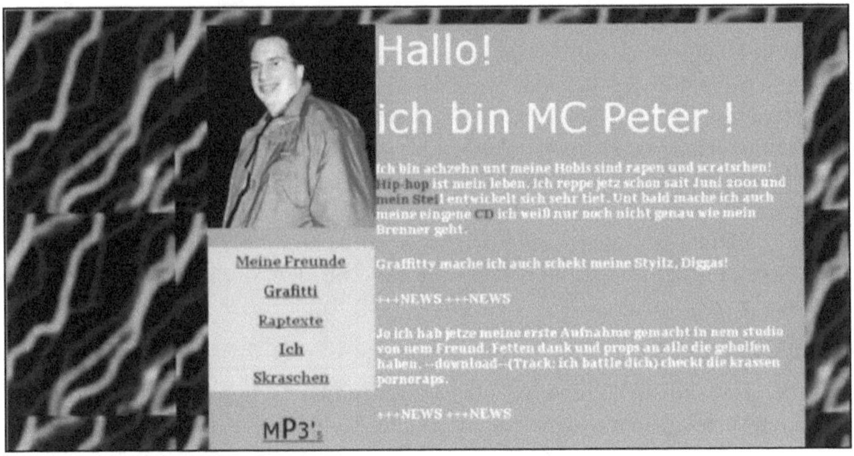

Abbildung 2: Startseite der Parodie-Homepage von MC Peter

Text (7): Begrüßungstext von „MC Peter" (Nummerierung hinzugefügt)

(1) Hallo! (2) ich bin MC Peter! (3) Ich bin achzehn (4) unt meine Hobis sind rapen und scratschen! (5) Hip-hop ist mein leben. (6) Ich reppe jetz schon sait Juni 2001 (7) und mein Steil entwickelt sich sehr tiet. (8) Unt bald mache ich auch meine eingene CD (9) ich weiß nur noch nicht genau wie mein Brenner geht. (10) Graffitty mache ich auch (11) schekt meine Styilz, Diggas!

Die Parodiefigur präsentiert sich durch die Bezeichnung „MC" (Master of Ceremony) als Rapper und verwendet die im HipHop üblichen Bezeichnungen für kulturspezifische Aktivitäten und Konzepte (*rappen, Graffiti, Styles*) sowie Elemente aus dem *HipHop-Slang* wie die Anrede *Diggas*, die appellative Formel *checkt meine Styles* und das Plural-*z* bei englischen Wörtern. Die Parodie setzt bereits auf der Inhaltsebene an: Peter bezeichnet HipHop als *Hobby*, was aus Sicht der Szene einer Degradierung oder Verharmlosung gleichkommt (man spricht vielmehr von einer *Leidenschaft*); er outet sich als Anhänger der letzten Stunde (Satz 6) und als sachlich inkompetent (9).[14]

Das wichtigste formale Mittel der Parodie sind die zahlreichen Schreibvarianten, die sich in zwei Gruppen einteilen lassen. Erstens *Interlingualschreibungen*, d.h. Repräsentation von Fremdwörtern nach dem Schreibsystem

[14] Die Texte enthalten mehrere Sachfehler, beispielsweise wird der berühmte Rapper Tupac als *Lieblings-DJ* genannt.

der Nehmersprache, z.B. *Steil* (normalerweise *Style*), *scratschen* (*scratchen*), *repppen* (*rappen*), *scheckt* (*checkt*). Derlei phonetische Schreibungen fallen sofort auf, weil sie in den Medien der deutschsprachigen HipHop-Kultur unüblich sind. Im journalistischen Diskurs haben „Laut-Verschriftungen" dieser Art verschiedene Funktionen (Dittgen 1989, 134ff.). In jugendkulturellen Kontexten dienen sie mitunter dazu, Ignoranz zu kontextualisieren. Die eingedeutschte Schreibung symbolisiert ein eingeschränktes Verständnis der fraglichen Sache oder Kultur (Androutsopoulos 2000). Wenn im authentischen Szenediskurs die englischen Originalschreibungen den Normalfall darstellen, kann die eingedeutschte Schreibung Unechtheit markieren. Durch weitere Tipp- und Rechtschreibfehler (u.a. *unt, Hobis, tiet,*[15] *eingene* etc.) sowie durch inkonsistente Schreibung derselben Wörter wird die Parodiefigur zusätzlich abgewertet. Dennoch darf die Distanz der Parodie von normalen privaten Homepages desselben kulturellen Feldes nicht überschätzt werden. Sowohl die Inhaltsgliederung als auch mehrere lexikalische Elemente sind durchaus auch im nichtironischen Modus geläufig. Es ist vielmehr die Übertreibung auf inhaltlicher *und* formaler Seite, welche die Parodie als solche kennzeichnet.

Das Gästebuch der Parodie-Site besteht aus teils amüsierten, teils beleidigenden Kommentaren zum Angebot.[16] Der Witz vieler Kommentare besteht darin, dass sie die Parodie als solche nicht thematisieren, sondern ihren Duktus fortsetzen, also den Prätext inhaltlich und stilistisch *echoen* (vgl. Kotthoff 1998, 168ff.). Das Beispiel (8) zeigt einen der ersten (April 2002) und einen späteren (November 2002) Eintrag.

Text (8): Einträge im Gästebuch von „MC Peter"

(8.1) yo digger, derbe probz von meiner seite yo! mach mal weider so :-))))) PEACE

(8.2) Bob der Baumeister
Hey Pete!!!!! Wann machste denn ein featcha mit P. Diddy oder Dr. Dre? Bist total cool man.......

Eintrag (8.1) ist ein Beispiel dafür, wie die stilisierte Szenesprache der Parodie von den Rezipienten fortgesetzt wird. Auffallend ist die doppelte Verwendung von *yo* – Diskurspartikel afroamerikanischer Herkunft und eines der wichtigsten

15 Die Form *tiet* lässt sich als Tippfehler von 'tief' oder als falsche Wiedergabe von engl. 'tight' deuten.

16 Paradoxerweise ist das Gästebuch der Parodiesite viel näher zum Gattungsprototyp als manche tatsächliche Realisierung, wie z.B. auf der Homepage von *Anita* (vgl. Abschnitt 4.2).

Stereotype für HipHop-Sprache weltweit –, das die rituelle Begrüßung rahmt, und die ebenso rituelle Gratulation *derbe probz.*[17] Der anschließende, mehrfach iterierte Smiley indiziert die spaßige Modalität, die Bewusstheit, Teil der Parodie zu sein. Das nachgestellte *PEACE* – an sich die üblichste Ausrahmung in Foren und Gästebüchern im HipHop-Feld – hat mindestens zwei Lesarten: Fortsetzung der Stilisierung oder aber eine Art Metakommentar dafür, dass der Schreiber einfach nur Spaß macht und niemandem feindlich gesinnt ist. Der Eintrag (8.2) bleibt im Rahmen der Parodie, indem er „Peter" Kooperationen mit namhaften US-Rappern nahe legt. Was hier die Parodiesite echot und damit Ironie kontextualisiert, ist die Schreibung *featcha*, die wohl von der Homepage übernommen wird,[18] sowie das gewählte Pseudonym: *Bob der Baumeister*, Hauptfigur einer (auch in Deutschland ausgestrahlten) Animationsserie für Kinder, parallelisiert formal den Namen des fiktiven Homepage-Besitzers – dieser nennt sich *Peter der MC* auf der Kopfleiste des Browsers – und degradiert diesen durch Assoziation mit einem Tätigkeitsbereich und einer Rezipientengruppe, die das absolute Gegenteil von Kunst und Jugendkultur darstellen.

6. Schluss

Ich habe versucht, die kontextuelle, formale und funktionale Bandbreite von „Spaß im Netz" anhand einiger Fallbeispiele zu umreißen (vgl. Abb. 3). Spaß im Netz ist relativ zu verschiedenen Online-Aktivitäten zu differenzieren. Die übergreifende Unterscheidung zwischen monologisch-redaktionellen und interaktiven Komponenten (Androutsopoulos, i.Dr. a) schlägt sich hier als Unterscheidung zwischen Unterhaltungsangeboten und Scherzkommunikation nieder. Evidenz hierfür bieten die deutlich unterschiedlichen Schreibstile und Wahrnehmungen der Beteiligten.

Die redaktionellen Komponenten einer persönlichen Homepage sind eher für den „Ernst des Lebens" (Klein 1997) reserviert, was jedoch gelegentliche Modalitätswechsel und den gezielten Einbau von Spaß-Ressourcen in die Eigen-

---

17 Die Schreibweise *probz* (statt 'props') besteht einmal aus der Modifikation <p> > <b>, die als Abbildung der Lenisierung und damit als regionalsprachliches Merkmal verstanden werden kann, und einmal aus der Variante <s> > <z>, die ein übliches Stilmittel der Kommunikation im HipHop ist (Androutsopoulos & Kallmeyer 2000).

18 Eine internationale Google-Suche ergab lediglich 13 Vorkommen der Form *featcha* (alle im Zusammenhang mit HipHop), davon stellt die Parodie-Site das einzige deutschsprachige Vorkommen dar.

produktionen nicht ausschließt. Unterhaltungselemente ergänzen die „ernste“ Seite des Betreibers und tragen dadurch zur gesamten Selbstdarstellung bei. Spielerische Elemente auf persönlichen Homepages sind grundsätzlich multimodal und kommen durch Bricolage-Prozesse zustande.

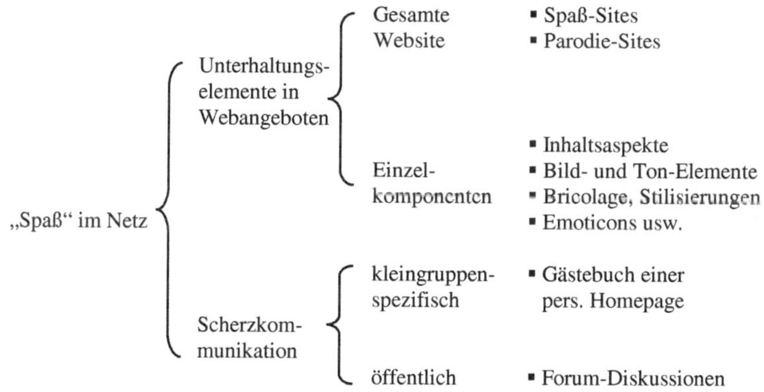

Abb. 3. Überblick über die besprochenen Erscheinungsformen von Spaß

Demgegenüber ermöglicht das Gästebuch eine Annäherung an die direkte Scherzkommunikation in der Clique. Foren (und Newsgroups) bilden hingegen größere virtuelle Öffentlichkeiten, in denen kulturspezifische Schlüsselthemen verarbeitet werden. Ausgehend von einer ernsten Grundlinie wechseln die Beteiligten immer wieder in eine spielerische Modalität, die einerseits der Entlastung dient und andererseits einer Kulturkritik, die insbesondere mit Techniken der Ironie und Übertreibung arbeitet. Die Verflechtung von Spaß und Kulturkritik wird am Beispiel der Parodie-Homepage am deutlichsten. Sie ist gleichzeitig ein Unterhaltungsangebot *und* ein Kommentar zur Popularisierung der eigenen Musikkultur.

Die Untersuchung von Spaß im Netz darf nicht von einer einheitlichen, „präferierten“ Lesart der medialen Unterhaltungsangebote ausgehen, sondern muss die uneinheitliche Bewertung solcher Angebote als Einstieg in die Analyse von Mediendiskursen nutzbar machen. Am Beispiel der Forendiskussion haben wir gesehen, wie als spielerisch-unterhaltsam intendierte Formulierungen von einer bestimmten Rezipientengruppe abgelehnt werden.[19] Die Art und Weise, wie

[19] Auch die Bewertung der dargestellten Parodie-Site in den Gästebucheinträgen ist uneinheitlich. Besucher, welche die Page als Parodie (*fake*) erkennen und im Gästebuch *Respekt an die Ma-*

hier ein Medienprodukt und die Reaktionen der Rezipienten in einem öffentlich zugänglichen intertextuellen Kreislauf miteinander verflochten werden, macht die Besonderheit des Internets gegenüber den klassischen Massenmedien deutlich.

Literatur

Androutsopoulos, Jannis K. (1998): *Deutsche Jugendsprache: Untersuchungen zu ihren Strukturen und Funktionen*. Frankfurt a.M.: Lang.

Androutsopoulos, Jannis K. (2000): Non-standard spellings in media texts: the case of German fanzines.In: *Journal of Sociolinguistics*, 4:4, 514-533.

Androutsopoulos, Jannis (2001a): 'selbst, wenn es in der Bravo steht': Medien über Medien in der Jugendkultur. In: *Medien + Erziehung*, 2, 86-94.

Androutsopoulos, Jannis (2001b): Textsorten und Fankulturen. In: Klein, Josef & Habscheid, Stephan & Fix, Ulla (Hrsg.): *Kulturspezifik von Textsorten*. Tübingen: Stauffenburg, 33-50.

Androutsopoulos, Jannis (2003): Jugendliche Schreibstile in der Netzkommunikation: zwei Gästebücher im Vergleich. In: Neuland, Eva (Hrsg.): *Jugendsprachen – Spiegel der Zeit*. Frankfurt a.M.: Lang, 307-322.

Androutsopoulos, Jannis (im Druck a): HipHop im Web: Zur Stilanalyse jugendkultureller Websites. In Fix, Ulla & Habscheid, Stephan (Hrsg.): *Gruppenstile: Zur sprachlichen Inszenierung sozialer Zugehörigkeit*. Tübingen: Stauffenburg.

Androutsopoulos, Jannis (im Druck b): Musikszenen im Netz: Felder, Nutzer, Codes. In: Mertens, Hans & Zinnecker, Jürgen (Hrsg.): *Jahrbuch Jugendforschung*, 3. Opladen: Leske + Budrich.

Androutsopoulos, Jannis K. & Werner Kallmeyer (2000): Was geht'n? Newz von der Szene. In: *Sprachreport*, 4, 2-8.

Chandler, Daniel (1998): Personal Home Pages and the Construction of Identities on the Web. Online-Dokument. URL: <http://www.aber.ac.uk/media/Documents/short/ webident.html> (letzter Zugriff: 17.01.2003):

Chandler, Daniel (2002): *Semiotics: the Basics*. London: Routledge.

Charlton, Michael & Schneider, Silvia (Hg.): (1997): *Rezeptionsforschung*. Opladen: Westdeutscher Verlag.

Coupland, Nikolas (2001): Dialect stylization in radio talk. In: *Language in Society*, 30, 345-375.

Crystal, David (1998): *Language Play*. London: Penguin.

Danet, Brenda (2001): *Cyberpl@y. Communicating Online*. Oxford, New York: Berg.

Deppermann, Arnulf (2000): Ethnographische Gesprächsanalyse. In: *Gesprächsforschung*, 1:2000, 96-124. (http://www.gespraechsforschung-ozs.de):

Deppermann, Arnulf & Axel Schmidt (2001): Hauptsache Spaß. Zur Eigenart der Unterhaltungskultur Jugendlicher. In: *Der Deutschunterricht*, 6, 27-37.

---

cher richten, repräsentieren die präferierte Lesart. Besucher mit einer davon abweichenden Lesart kritisieren die Site, als wäre sie ein ernst gemeintes Angebot. Dies veranlasst die „idealen Leser“ zu Kommentaren wie: *die ganzen hiphop spacken blicken es einfach nicht =).* Kulturkritik gilt also nicht nur der Parodiefigur, sondern auch denjenigen Fans, die die Homepage nicht als *Unterhaltungsangebot* wahr-, sondern *ernst* nehmen.

Diekmannshenke, Hajo (2000): Die Spur des Internetflaneurs – Elektronische Gästebücher als neue Kommunikationsform. In: Thimm, Caja (Hrsg.): *Soziales im Netz*. Wiesbaden: Westdeutscher Verlag, 131-155.

Dittgen, Andrea Maria (1989): *Regeln für Abweichungen. Funktionale sprachspielerische Abweichungen in Zeitungsüberschriften, Werbeschlsagzeilen, Werbeslogans, Wandsprüchen und Titeln*. Frankfurt a.M.: Lang.

Döring, Nicola (2001): Persönliche Homepages im WWW. Ein kritischer Überblick über den Forschungsstand. In: *Medien & Kommunikationswissenschaft*, 49 (3): 325-349.

Hall, Stuart (1980): Encoding/Decoding. In: Hall, Stuart et al. (Hrsg.): *Culture, Media, Language*. London: Hutchinson.

Häusermann, Jürg (1998): *Radio*. Tübingen: Niemeyer.

Hebdige, Dick (1979): *Subculture. The meaning of style*. London: Methuen.

Hepp, Andreas (1999): *Cultural Studies und Medienanalyse*. Wiesbaden: Westdeutscher Verlag.

Hine, Christine (2000): *Virtual Ethnography*. London: Sage.

Janich, Nina (2001): We kehr for you – Werbeslogans und Schlagzeilen als Beitrag zur Sprachkultivierung. In: *ZfAL*, 34, 63-81.

Keppler, Angela (2001): Mediales Produkt und sozialer Gebrauch. Stichworte zu einer inklusiven Medienforschung. In: Sutter, Tilmann & Charlton, Michael (Hrsg): *Massenkommunikation, Interaktion und soziales Handeln*. Wiesbaden: Westdeutscher Verlag, 125-145.

Klein, Josef (1997): Kategorien der Unterhaltsamkeit. Grundlagen einer Theorie der Unterhaltung mit kritischem Rückgriff auf Grice. In: Rolf, Eckard (Hrsg.): *Pragmatik*, 176-188. (Linguistische Berichte Sonderheft 8)

Klein, Josef (1998): Boulevardisierung in TV-Kulturmagazinen. In: Holly Werner & Biere, Bernd U. (Hrsg.): *Medien im Wandel*. Wiesbaden: Westdeutscher Verlag, 102-111.

Koch, Peter & Oesterreicher, Wulf (1994): Schriftlichkeit und Sprache. In: Günther, Hartmut / Ludwig, Otto (Hrsg.): *Schrift und Schriftlichkeit*. Bd. 1. Berlin, New York: de Gruyter (HSK): 588-604.

Kotthoff, Helga (1998): *Spaß verstehen. Zur Pragmatik von konversationellem Humor*. Tübingen: Niemeyer.

Kotthoff, Helga (2003): Lachkulturen heute: Humor in Gesprächen. In: Klingler, Walter, Roters, Gunnar & Gerhards, Maria (Hrsg.): *Humor in den Medien*. Baden-Baden: Nomos.

Linke, Angelika (2003): Spaß haben. Ein Zeitgefühl. In: Androutsopoulos, Jannis & Ziegler, Evelyn (Hg.): *„Standardfragen"*. Frankfurt a.M.: Lang, 63-79.

Runkehl, Jens & Schlobinski, Peter & Siever, Torsten (1998): *Sprache und Kommunikation im Internet*. Opladen: Westdeutscher Verlag.

Schlobinski, Peter (1989): 'Frau Meier hat Aids, Herr Tropfmann hat Herpes, was wollen Sie einsetzen?' Exemplarische Analyse eines Sprechstils. In: *Osnabrücker Beiträge zur Sprachtheorie*, 41 (1989), 1-34.

Die feinen Nadelstiche des Vergnügens. Fallstudien zur „widerständigen“ Medienaneignung.

Michael Klemm

1. Ausgangspunkt: Vergnügen als produktive Leistung der Mediennutzer

In der Forschung wird das Vergnügen der Zuschauer, Leser oder User meist als Effekt der zu Grunde liegen Medientexte aufgefasst: Der Mediennutzer w i r d unterhalten, mal mehr, mal weniger gelungen. Hier wird der aktive Part des Rezipienten unterschätzt: Eine Comedy-Sendung, eine Internet-Parodie oder eine Zeitungsglosse mögen ja selbst bereits auf Unterhaltung angelegt sein, das Vergnügen bleibt dennoch eine Erfahrung der Zuschauer. Schon Roland Barthes (1974, 34) hat betont, dass Freude und Lust bei der Medienrezeption nicht Bestandteil der Texte, sondern eine Leistung der Rezipienten sind.

Übersehen wird vor allem, dass die Rezipienten selbst aktiv zu ihrer Unterhaltung beitragen können, indem sie den Umgang mit (vielleicht gar nicht komischen) Medientexten durch witzige Kommentare und andere Aneignungsformen erst zu einer geselligen Veranstaltung machen (vgl. Klemm 2000, 187), unabhängig davon, ob sie so genannte Informations- oder Unterhaltungsangebote nutzen. Scherzkommunikation ist einfach ein wesentlicher Bestandteil unserer alltäglichen Kommunikationspraxis, warum sollte das während der Medienrezeption anders sein?[1]

Fernsehzuschauer beispielsweise – so haben empirische Studien gezeigt (vgl. Holly / Püschel / Bergmann 2001) – vergnügen sich auf vielfältige Weise und mit sehr unterschiedlichen kommunikativen Mustern (ausführlich Klemm 2000, 187-201). Sie lästern, machen Scherze, parodieren Fernsehakteure, antwor-

---

1 Vgl. dazu die Einschätzung von Kotthoff (1996, 7): „Wir würzen unsere tagtägliche Interaktionen mit verschiedensten Arten von Witz und Humor. Wir erzählen spaßige Geschichten, wir necken und frotzeln die uns Nahestehenden, wir imitieren karikierend die Leute, über die wir reden – und vieles mehr. Ernste und scherzhafte Rede fließen häufig untrennbar ineinander. [...] Wer sich mit mündlichen Interaktionen beschäftigt, merkt schnell, dass sie durchsetzt sind von Lachen und Kontextualisierungen des Spaßigen.“

ten spielerisch auf (ungestellte) Fragen von Fernsehfiguren oder erfinden eigene Pointen hinzu, erzählen sich Geschichten, die mit dem Fernsehtext gar nichts zu tun haben müssen, raten beworbene Produkte oder singen Musikstücke und Werbejingles mit, ... Wenn sich solche vergnüglichen Formen häufen, wird die Rezeption selbst von den Zuschauern als soziales Ereignis, als Erlebnis in Szene gesetzt.

Das Fernsehgeschehen ist in der Regel ausreichend unverbindlich und für den Einzelnen nicht existenziell relevant, so dass man von einer Metaebene aus seine Scherze und Spielereien machen und die Fernsehtexte kreativ für eigene und eigenwillige ihre Zwecke umfunktionieren kann. Allerdings wird die unernste Rezeptionshaltung selten durchgängig beibehalten, denn typisch ist gerade ein Schwanken zwischen Spaß und Ernst, ein unvermittelter Wechsel der Aneignungsmodalitäten. Mit den Fernsehinhalten haben viele der vergnüglichen Aneignungsformen kaum noch etwas zu tun. Die Rezipienten nutzen den Fernsehtext eher als „Modelliermasse" zur Etablierung und Stabilisierung einer positiven Grundstimmung, die sich bis zum ungehemmten Blödeln steigern kann.

Nach Simmel (1917/1984, 53) ist für solche gesellige Beisammensein konstitutiv, dass „die Geselligkeit in ihren reinen Gestaltungen keinen sachlichen Zweck hat, keinen Inhalt und kein Resultat, das sozusagen außerhalb des geselligen Augenblicks als solchen läge."[2] Damit unterschätzt er aber möglicherweise die Relevanz solcher Interaktionen. Zum einen spielen diese „phatischen Kommunionen" (Malinowski) auf der Beziehungsebene und für die Prozesse der Vergemeinschaftung, etwa in einer Familie oder im Freundeskreis, eine große Rolle – in ihrer Summe, nicht so sehr die einzelne Interaktion. Zum anderen können spaßige Kommentare durchaus einen ernsten Kern besitzen.

2. Becker, Babs und die alte Jungfer – ein einleitendes Fallbeispiel

Betrachten wir dazu ein typisches Beispiel aus einer Zuschauerkommunikation. Wir befinden uns im Wohnzimmer der Familie Paul, anwesend sind die Studentin Sabine Paul und ihr Freund Daniel, ebenfalls Student. Es laufen gerade die Kurz-

[2] Die entspannte Atmosphäre sei laut Simmel gewährleistet „durch den Wegfall einerseits des ganz Persönlichen, andererseits des ganz Sachlichen" (57). „So also bietet [...] die Geselligkeit den vielleicht einzigen Fall, in dem das Reden legitimer Selbstzweck ist" (63).

nachrichten der Tagesthemen, konkret ein Bericht über das Wimbledon-Halbfinale zwischen Boris Becker und Andre Agassi:[3]

Beispiel 1: Die alte Jungfer

01	**Daniel**	((stöhnt))
02	**Sabine**	((stöhnt)) andre geh gassi
⌈ 03	**Daniel**	das schlimme is der hat/
⌊ 04	**Sabine**	der verbrennt sich jetz immer seine glatze •
05		weil er mit tuch spielt oder is das nur wieder ne neue macke
06	**Daniel**	das is nur ne neue macke • aber im gegensatz zum becker is er noch
07		sympathisch [...]
08	**Sabine**	wer is'n das¿
09	**Daniel**	is das ne [nicht] brooke shields¿
10	**Sabine**	ach sin die wohl zusamm¿ die alte jungfer
11	**Daniel**	he¿
12	**Sabine**	die wurd doch von ihrer mutter so bewacht immer
13	**Daniel**	ach so
14	**Sabine**	durfte nie'n freund habm
15	**Daniel**	ja
16	**Sabine**	die war grad hier zu sehn • ach hier is de babs [Beckers Frau] [...]

Daniel zeigt seine Abneigung gegen Boris Becker durch ein kurzes Stöhnen und initiiert dadurch eine Grundhaltung für die Rezeption dieser Meldung. Sabine schließt sich dem an, bezieht ihre Ablehnung aber auf Beckers Gegner Agassi, dessen Namen sie verballhornt („*andre geh gassi*“). Anschließend macht sie sich über Agassis schwindende Haarpracht lustig („*der verbrennt sich immer seine glatze*“), die sie als Grund dafür vermutet, dass der Tennisspieler ein Kopftuch trägt. Daniel hält dies hingegen eher für „*eine neue macke*“ des extrovertierten Agassi, den er aber immerhin noch „sympathischer“ als Becker findet. Im Bild sieht man kurz darauf die Angehörigen der beiden Spieler. Sabine nutzt die Gelegenheit, um aus der Vergangenheit von Agassis damaliger Lebensgefährtin, der Schauspielerin Brooke Shields („*die alte jungfer*“) zu plaudern: Sie habe unter ständiger Kontrolle ihrer Mutter gestanden. Als Beckers Frau Barbara („*de babs*“) ins Bild kommt, geht der Klatsch weiter.

[3] Sämtliche Daten, die im Beitrag analysiert werden, stammen aus dem Korpus des DFG-Forschungsprojekts „Über Fernsehen sprechen“ (1995 – 1997) (vgl. dazu Holly, Püschel & Bergmann 2001) sowie aus begleitenden Seminaren, die zwischen 1993 und 1999 stattfanden. Die Namen der Beteiligten sind anonymisiert. Die Transkriptionskonventionen werden im Anhang erklärt.

Das Klatschen und Lästern dient hier sicher zunächst dem spontanen Vergnügen und der Geselligkeit der Zuschauer. Dabei gleichen sie aber auch fast nebenbei ihre Bewertungen und Meinungen ab, was für ein Paar ja nicht unwichtig ist und durchaus Folgen haben kann. In diesem Falle teilen sie die Abneigung gegen die Tennisspieler, bei anderen Gelegenheiten führt Lästern oder Scherzen hingegen zu Konflikten, wenn die Auffassungen divergieren („*darüber würd ich jetzt ne grade nen Scherz machen*").

Das Beispiel zeigt auch, dass die Bewertungen durch die sozial entlastete Rezeptionssituation drastischer ausfallen können („*macke*", „*alte jungfer*"), als sie in Face-to-Face-Kommunikation möglich wären:[4] „Hier können wir uns geradezu hemmungslos unserem Drang hingeben, über andere Schlechtes zu sagen" (Faber 1995, 203).[5] Zudem fällt auf, dass auf die Fernsehfiguren hier in sehr lockerem Ton referiert wird („*andre*", „*de babs*"; im Kontrast aber „*zum becker*"). Man könnte solche Kommentare und die gesamte Aneignungsform auch als subversiv interpretieren, als widerständig, als Ausdruck einer Gegenkultur: Unbeobachtet, in der Sicherheit der eigenen vier Wände haben die „kleinen Leute" die Möglichkeit, sich über die Reichen und Einflussreichen zu mokieren, sie ins Lächerliche zu ziehen.

3. Politik des Vergnügens: Die ernste Seite der heiteren Medienaneignung

Insbesondere die Vertreter der Cultural Studies haben immer wieder – ausgehend von Barthes (1974) oder de Certeau (1988) – das Subversive und Politische der vergnüglichen Medienaneignung und der Populärkultur betont (z.B. Fiske 1987, 1989b) und von der „Politik des Vergnügens" (Göttlich & Winter 2000, Winter

---

4 Dies betrifft im Übrigen auch sehr ernsthafte Stellungnahmen, die „im Schoße der Familie" kompromissloser geäußert werden als vermutlich in der Öffentlichkeit. So kommentiert Sabine einen Bericht über den Prozess gegen den japanischen Sektenführer Asahara, der für den Giftgasanschlag auf die Tokioter U-Bahn verantwortlich war, kurz und bündig: „*na den solln se abknalln*" (vgl. dazu Klemm 2000).

5 Ein drastisches Beispiel schildert Hepp (1995): Vier Studentinnen freuen sich während der Rezeption einer „Lindenstraße"-Folge lautstark und mit viel Häme über den Tod einer von allen gehassten Serienfigur, des Alkoholikers Schildknecht, („Juhu, der ist tot!"). Freilich darf man ein solches Verhalten nicht überbewerten: „Natürlich sind die emotional wertenden Reaktionen auf die Figuren meist spielerisch und nicht ohne ironische Brechungen" (Holly 1995, 127).

i.d.Bd.) gesprochen.[6] Das Lästern über Prominente, Politiker oder Wirtschaftskapitäne wird im Sinne de Certeaus als typische „lokale Taktik" im täglichen Kampf gegen die Strategien der Mächtigen betrachtet. Kultur sei „a constant site of struggle between those with and those without power" (Fiske 1992, 292). Medienaneignung wird deshalb ganzheitlich analysiert, also in ihrem kulturellen, politischen und sozioökonomischen Kontext. De Certeau (1988) beschreibt die alltäglichen „Praktiken", mit denen wir uns Konsumgüter und auch massenmediale Produkte und Botschaften zu eigen machen, also in unsere jeweiligen Lebenswelten einpassen. Erst die „Kunst" des alltäglichen symbolischen Handelns der Leser, Hörer, Zuschauer, User verleihe den Medientexten ihre kulturellen Bedeutungen, die für die unterschiedlichen Nutzer von Relevanz sind.

De Certeau beschreibt – wie auch Eco (1967/1985) – die Medienaneignung als „Kampf um Bedeutungen", als semiotischen „Guerillakrieg" der „kleinen Leute" gegen die herrschende Ideologie. Die einzelnen Mediennutzer könnten den globalen Strategien der Mächtigen nur ihre lokalen Taktiken entgegensetzen. Sie können die Strategien selbst nicht ändern, aber immerhin subversiv Widerstand leisten, indem sie abweichende Interpretationen und Handlungsweisen entwickeln und sich auf diese Weise eigene „Räume" der Aneignung und Auslebung von Kultur schaffen. Die Medienaneignung wird so zum permanenten Aushandlungsprozess zwischen den offerierten Lesarten der Medientexte und dem lebensweltlich positionierten „Leser".[7] John Fiske (1987) hat mit seinem von Barthes inspirierten „reader as writer"-Ansatz das Konzept vom aktiven Zuschauer radikalisiert, indem er behauptet, dass es weder einen Fernsehtext, noch ein Publikum an sich gebe, sondern nur den jeweiligen Rezeptionsprozess:

> „The textuality of television, the intertextuality of the process of making sense and pleasure from it, can only occur when people bring their different histories and subjectivities to the viewing process. *There is no text, there is no audience, there are only the processes of*

[6] Der Begriff wurde ursprünglich von Dick Hebdige (1988) im Rahmen von ethnografischen Studien zu jugendkulturellen Inszenierungen von Vergnügen maßgeblich geprägt.

[7] Hall unterscheidet in seinem „Encoding/decoding"-Modell drei prototypische Interpretationsweisen des Zuschauers: die Vorzugslesart („dominant-hegemonic position"), die mit der im Fernsehtext manifestierten herrschenden Ideologie konform geht, die ausgehandelte Lesart („negotiated code or position"), bei der die Ideologie zwar akzeptiert, aber um persönliche Einstellungen ergänzt und abgewandelt wird, und die oppositionelle Lesart („oppositional code"), bei der man die ideologische Position zwar erkennt, aber ablehnt und somit Widerstand leistet (vgl. Hall 1980, 136-138).

> *viewing* – that variety of cultural activities that take place in front of the screen which constitute the object of study that I am proposing" (Fiske 1989a, 57; Herv. durch M.K.).

Die Ansicht, dass allein der Akt der Rezeption bestimme, welche Bedeutung einem Medientext zukomme, hat Fiske harsche Kritik eingebracht. Ihm wurde vorgeworfen, die Textbedeutung in postmoderne Beliebigkeit und einen „neuen Dogmatismus" (Kellner 1995, 171) aufzulösen und die ungleiche Machtverteilung zwischen Fernsehmachern und Rezipienten zu ignorieren. David Morley, selbst Vertreter der Cultural Studies, wirft Fiske vor, widerständige Lesarten des Zuschauers zu „romantisieren":

> „Die Macht von Fernsehnutzern, Bedeutungen zu konstruieren, ist kaum gleichwertig zu der von zentralisierten Medieninstitutionen, Texte zu konstruieren, die der Leser dann interpretiert. Natürlich sollten wir nicht darauf zurückfallen anzunehmen, daß der Text die Interpretation festlegt. Nichtsdestotrotz sollten wir aber auch die naive Vorstellung von einer vollständigen Offenheit von Texten vermeiden" (Morley 1996, 47).

Fiske geht allerdings auch nicht davon aus, dass die interpretative Freiheit des Zuschauers grenzenlos und damit die Textdeutung beliebig sei. Fernsehtexte legten präferierte Lesarten nahe, die allerdings stets mit der Lebenssituation der Zuschauer vermittelt würden. Fiskes Betonung des Vergnügens während der Medienaneignung zeugt auch nicht von einer unpolitischen Haltung, sondern betont gerade die politische Dimension des scheinbar so belanglosen Vergnügens.[8] Allerdings genügt es nicht, das Widerständige in der Theorie zu postulieren. Erst die Analyse authentischer Rezeptionsweisen zeigt, „ob mit oder über oder sogar gegen den Text gelacht wird" (Ayaß 2000, 159).

In diesem Beitrag soll daher – auf der breiten empirischen Basis eines Forschungsprojekts zur Zuschauerkommunikation (Klemm 2000, Holly / Bergmann / Püschel 2001) – gezeigt werden, wie und wozu die Fernsehzuschauer selbst durch Scherzen, Lästern, Fantasieren, Parodieren und ähnliche Muster

---

8 Vgl. dazu folgende Ansicht Fiskes (1992, 318f.; Herv. im Original): „The mass-produced text is produced and circulated by capitalist institutions for economic gain and is therefore imprinted with capitalist ideology. But the mass-produced text can only be made into a *popular* text by the people, and this transformation occurs when the various subcultures can activate sets of meanings and insert those meanings into their daily cultural experience. [...] This use of television as a cultural enabler, a means of participating in the circulation of meanings, is only just becoming clear, and gossip and talk about television is no longer seen as the end in itself (as it was in the 'uses and gratification' approach), but rather as a way of participating actively in that process of the production and circulation of meanings that constitutes culture."

„widerständige“ Lesarten entwickeln bzw. ausdrücken, die im Sinne einer „Politik des Vergnügens“ gedeutet werden können und somit gegen die Folgenlosigkeit des Geselligen, wie es von Simmel postuliert wurde, sprechen. Im gegebenen Rahmen kann dies nur anhand von wenigen Fallbeispielen demonstriert werden, die aber exemplarisch für das untersuchte Korpus stehen (vgl. ausführlich Klemm 2000).

4. Fallbeispiele zum „widerständigen“ Vergnügen

4.1 Der Umgang mit Prominenten

Wie schon im ersten Beispiel gesehen, gehen Zuschauer mit Prominenten oft nicht zimperlich um. Die Akteure im Fernsehen eignen sich als Klatsch- und Lästerobjekte noch besser als reale Personen im Alltag, da man ohne jedes Risiko über nicht persönlich bekannte Menschen oder gar fiktive Filmfiguren herziehen kann – hier offenbaren sich mithin die Vorzüge der einseitigen Fernsehkommunikation. Man lästert über die Schwächen der Stars und Sternchen, tratscht über neue Medienberichte voller Skandale, amüsiert sich über das Äußere – und reduziert die Prominenten auf diese Weise auf „Normalmaß“ (vgl. auch Monz i.d.Bd.), wodurch man sich zugleich über die „Mächtigen“ etwas erheben kann. Indiz dafür ist bereits die Art der Referenz auf die Person. So werden Prominente häufig kumpelhaft angesprochen: *„ach hier is de babs“*, *„mensch herbert“* (Grönemeyer), selbst Politiker werden nicht verschont (*„der oskar“*, *„ach joschka“*). Während solche informellen Anredeformen im Alltag eher für Nähe und Sympathie stehen, sind sie vor dem Fernseher fast immer ironisch markiert und „accounts“ für eine kritisch-spöttische Aneignung.

Eine solche Grundhaltung kann zu einem „Läster-Wettstreit“ ausarten, in dem eine abfällige Bemerkung die andere übertreffen soll, wie im nächsten Beispiel, in dem eine Gruppe von Studentinnen über einen Videoclip der Pop-Gruppe Depeche Mode „herfällt“:

Beispiel 2: Voll der Macho

01	**Katrin**	ooh das is soo bescheuert
02	**Simone**	öh • der ánzug
03	**Monika**	voll der macho
04	**Simone**	die haare

05	**Katrin**	hässlich
06	**Simone**	[zustimmend] hm
07	**Katrin**	sehn richtig drógnabhängig aus
08	**Monika**	((lacht)) sín se ja auch
09	**Simone**	ham mir früher besser gefalln
10	**Monika**	naja
11	**Katrin**	((äfft Sänger nach))
12	**Monika**	voll macho
13	**Simone**	[zustimmend] hm
14	**Katrin**	na naja klár die spíeln das bloß • aber trótzdem
15	**Simone**	der wird schon so sein
16	**Monika**	das siehste
17	**Simone**	glaub ich auch • das néue video is genauso abartig
18	**Monika**	echt¿
19	**Katrin**	die fresse die der zieht • ooh ich kann den ne ánsehn
20		((alle lachen))
21	**Monika**	die óhrn was der für ríesn ohrn hat
22	**Simone**	[zustimmend] hm
23	**Monika**	vor allem • die fraun • die sin alle viel größer als er
24	**Kathrin**	kann der kann der seine delle haardelle noch so hoch machn • seine
25		haarlocke
26	**Monika**	hätte auch keen sinn
27	**Kathrin**	kannst ja och am auf de eens schaltn vielleicht is dá was is da nach-richtn [...]

Die Zuschauerkommunikation besteht hier fast ausschließlich aus kurzen abfälligen Kommentaren. Den Auftakt bildet typischerweise eine vernichtende Bewertung des Videos an sich („*ooh das is soo bescheuert*"), wodurch gewissermaßen der Interaktionsmodus der folgenden Sequenz festgelegt wird. Die Mitzuschauerinnen könnten zwar gegen diesen Generalverriss opponieren, sind aber offensichtlich derselben Meinung. Kathrin, Monika und Simone bilden eine eingeschworene (Läster-)Gemeinschaft, so dass sie in schnellem Wechsel und mit sehr kompakten Ausdrucksformaten die verschiedensten Aspekte des Videos und vor allem der Sänger negativ bewerten: das Aussehen („*die haare*" oder „*was der für ríesn ohrn hat*"), die Kleidung („*der anzug*"), Charaktereigenschaften („*voll der macho*"), den Lebenswandel („*sehn richtig drógnabhängig aus*" | „*((lacht)) sín se ja auch*"), ein anderer Clip der Gruppe („*das néue video is genauso abartig*"), die Mimik des Sängers („*die fresse die der zieht • ooh ich kann den ne ánsehn*") und dessen Größe („*die fraun • die sin alle viel größer als er | kann der seine delle haardelle noch so hoch machen*"). Zwar hat Kathrin kurz Zweifel, ob man einfach vom Auftreten im Videoclip auf die Personen selbst schließen sollte („*naja klár die spíeln das bloß*"), aber diese Bedenken werden von den anderen schnell zerstreut („*der wird schon so sein*“ I „*das siehste*“), was nachträglich durch den gleichen Eindruck von einem neuen Depeche-Mode-Video begründet wird („*das néue video is genauso abartig*“). Das durch Lachen und Nachäffen flankierte Herziehen über die von allen gleichermaßen verabscheuten Musiker (nur Kathrin bemerkt zaghaft, dass die Gruppe ihr „*früher besser gefalln*“ hat) dient hörbar der Unterhaltung und Belustigung der Zuschauer, ist aber auch Ausdruck einer kritischen Einstellung zu bestimmten Aspekten der Pop-Szene und zu Inszenierungs- und Imagestrategien von Medienstars.

4.2 Vergnügliche Konsumkritik

Ebenso beliebte „Opfer“ wie Prominente sind Werbespots und die darin beworbenen Produkte (ausführlich Klemm 2000, 323-342). Bereits die Spots sind oft schon auf Unterhaltung angelegt, aber nicht immer kommt dies beim Publikum an. So kommentiert eine Zuschauerin einen Raffaello-Spot mit „*das ist die döfste werbung die es gibt*“, woraufhin sich eine Diskussion entspinnt, welcher Spot denn nun der schlechteste sei. Man amüsiert sich über die schlechte Machart von Spots oder den unglaubwürdigen Plot, lästert über die schlechte Qualität der angepriesenen Produkte oder das irrationale Konsumverhalten der „anderen“.

Werbepausen haben häufig eine „kommunikationsfördernde“ Funktion und eignen sich bevorzugt für mediales Vergnügen. Das liegt zum einen an der Zeichen- und Themenvielfalt, also dem „semiotischen Überschuss“ der Werbespots, wodurch eine Fülle an Anknüpfungspunkten in rascher Folge angeboten wird. Ein anderer Grund ist die durch die hohe Frequenz bedingte Bekanntheit der Werbefilme und ihrer Strukturen. Man ist nicht gezwungen, dem Geschehen inhaltlich zu folgen, sondern kann sich dem spielerischen, verfremdenden Umgang mit Werbetexten widmen; zumal die Zuschauer über reichhaltiges Genre- und Textwissen verfügen. Daniel zum Beispiel verfremdet mit Vorliebe Werbe-Sprüche („*zerreißn sie die packungsbeilage und erschlagn sie ihrn arzt oder apotheker*“ oder „*katzn würden whisky saufn*“), amüsiert sich über die Werbesprache („*frühstückscerealien*“) und „entlarvt“ spöttisch-kritisch die Strategien der Werbemacher. So erzählt er während eines Werbeblocks fassungslos, dass er Super-Mario als Weihnachtskalender entdeckt hat.

Sabine entgegnet auf die Aussage einer Sprecherin aus der Werbung für eine CD, „*ich hab noch lange nicht genug*“, kurz und bündig „*mh aber ich*“. Eine solche 'pseudokommunikative' Sprachhandlung[9] (vgl. Klemm 2000, 205), mit der sich ein Zuschauer scheinbar an Fernsehakteure wendet, zielt eher auf die Unterhaltung der Mitzuschauer (vgl. auch Matthewson 1992) und kommt häufig beim fernsehbegleitenden Sprechen vor. Die Äußerung ist mehrfachadressiert und polyfunktional: Einerseits bewertet Sabine die Werbung bzw. das Produkt negativ, andererseits stellt sie sich selbst als witzig und schlagfertig dar, darüber hinaus trägt sie auch zu einer unterhaltsamen Aneignung des Werbespots bei. Das Besondere ist, dass Sabine hier eine eigene Rolle kreiert, da gar keine Antwort vorgesehen ist; dieses Aneignungsmuster lässt sich nur durch die ironische Distanz zum Fernsehtext erklären. Aus solchen Inszenierungen entwickeln sich manchmal ganze Sequenzen, in denen die Zuschauer (individuell oder gemeinsam) übertreiben oder fantasieren und die Handlung ins Absurde weitergesponnen wird (vgl. Klemm 2000, auch Ayaß i.d.Bd.).

Andererseits honorieren Zuschauer natürlich auch unterhaltsame Werbung mit Lob oder Lachen. Sie singen zudem Jingles mit oder tragen Wettkämpfe aus, wer zuerst das Produkt errät. Solche Aneignungsformen sind alles andere als „widerständig", zeugen aber von einem spielerischen und zugleich vergnüglichen Umgang mit den Medieninhalten.

4.3 Widerständige Politikaneignung

Das vergnügliche Deuten und Umdeuten der Medientexte und ihrer Protagonisten macht – wenig verwunderlich – auch vor der Politik nicht halt. Politiker oder Wirtschaftsfunktionäre werden ebenso respektlos kommentiert, etwa die Frankfurter Oberbürgermeisterin Roth („*sieht aus wie de diana • in dreißig jahrn*") oder der damalige VW-Vorstand Lopez („*nosferatu ey*" | „*awer echt*"). Ein Chorauftritt am Rande von politischen Feierlichkeiten kommentieren Daniel und Sabines Vater Niklas mit „*oh gott • es war bestimmt auch kein professioneller chor ((lacht))*" | „*es waren die reinigungskräfte*". Solche (negativen) Bewertungen lassen sich eben immer anbringen, auch ohne Wissen über Personen und Inhalte. So kommt es im folgenden Beispiel, während es im Heute Journal eigentlich um die Regierungskrise in Russland geht, zu folgender Unterhaltung zwischen Daniel und Sabine:

[9] Der Terminus 'Pseudokommunikation' ist keineswegs pejorativ gemeint, sondern soll lediglich ausdrücken, dass es sich hier um simulierte Kommunikation handelt, die den vermeintlichen Adressaten nicht erreichen kann (was in der Regel den Anwesenden bewusst ist).

Beispiel 3: Kohl ist fetter

01	**Sabine**	*•3• der humpelt oder was hm? •2• oder ist der so fett?*
02	**Daniel**	*•• der wird so etwas •• schwergewichtig sein*
03	**Sabine**	*na aber der läuft doch hier ganz •• sportlich*
04	**Daniel**	*•3• nein der ist bloß seitwärts gelaufen weil es da hinten so eng*
05		*wird • siehst du das?*
06	**Sabine**	*aber der ist trotzdem dick*
07	**Daniel**	*ja*
08	**Sabine**	*wie der kohl nicht wahr? •2• guck mal*
09	**Daniel**	*ja*
10	**Sabine**	*so vom körperbau • und der glatze*
11	**Daniel**	*•2• der kohl ist fetter*
12	**Sabine**	[zustimmend] *hm*

Sabine und Daniel thematisieren hier ausschließlich Äußerlichkeiten und vergleichen abfällig das Körpergewicht von Jelzin und Kohl. An diesem Ausschnitt wird besonders deutlich, dass „die Deutungen eines politischen Fernsehtextes sehr unpolitisch sein [können, M.K.]" (Holly 1996, 102) – und sicher nicht im Sinne der politischen Elite. Wie dabei Scherz und Ernst ineinander übergehen können, zeigt die nächste Episode, in welcher der damalige saarländische Ministerpräsident Lafontaine aufs Korn genommen wird, weniger dessen Ausführungen zur Steuerpolitik:

Beispiel 4: Schön braun is er

01	Lafontaine	[...] *wir haben dem bund viele angebote gemacht • auf der anderen*
02		*seite äh gibt es eben innerhalb der koalition erhebliche probleme*
03		*das ist ja bekánnt • die fdp vertritt einen bestimmten interessen-*
04		*standpunkt die union würde hier anders votieren • das können*
05	**Niklas**	*der sieht aus als käm er aus'm urlaub hier der oskar*
06	Lafontaine	*aber die länder und gemeinden nicht zur grundlage ihrer*
07	**Daniel**	((lacht leise))
08	**Sabine**	*schön braun is er*
09	**Niklas**	*(ebm) ohne*
10	Lafontaine	*entscheidungen machen* [...]
11	**Niklas**	*krawatte und offenes hemd wirkt er wie alle andern herren (&&&)*
12	**Sabine**	*•2• naja der gibt sich ebm betónt locker lässig*
13	**Daniel**	*finde nur amüsant dass gerade der herr lafontaine • über solche*
14		*sachen wie steuergesetz mitverhandelt*
15	**Niklas**	*°hm°*
16	**Sabine**	*warum¨*

17	**Daniel**	*wenn er sich durchsetzt da ham mer vielleicht oo bald zustände*
18		*wie im saarland • die ja nun hoffnungslos pleite sind*
16	**Niklas**	*°hm°*
17		[mittlerweile ist der damalige Finanzminister Waigel im Bild]
18	**Sabine**	*der theo mit eim kleinen kind* [...]

Mit seiner Bemerkung „*der sieht aus als käm er aus'm urlaub hier der oskar*" bezieht sich Niklas ausschließlich auf das Aussehen Lafontaines und initiiert damit eine Lästerrunde. Seine ironische Distanz zeigt sich bereits im Referenzausdruck „*der oskar*". Während Daniel nur leise lacht, lästert Sabine mit und ergänzt „*schön bräun is er*". Der Sinn der folgenden abgebrochenen Äußerung von Niklas (09/11) bleibt unklar, sie könnte aber darauf abheben, dass sich der SPD-Chef mit seinem Erscheinungsbild aus der Masse der Politiker abheben will. Dies legt jedenfalls Sabines Einschätzung „*na der gibt sich eem betont locker lässig*" nahe.

Während Vater und Tochter über den Politiker lästern, bevorzugt Daniel eine ernste Interaktionsmodalität: „*finde nur amüsant dass grade der herr lafontaine • über solche sachn wie steuergesetze mit verhandelt*". Er kritisiert von oben herab (erkennbar an der Subjektellipse und der euphemistischen Wortwahl „*finde nur amüsant*") die vermeintliche Inkompetenz des SPD-Politikers. Daniel stilisiert sich hier als Zuschauer, der sich nichts vormachen lässt, da er über Hintergrundwissen verfügt und die politischen Zusammenhänge durchschaut. Seine spöttische Distanz zeigt sich vor allem in der Art der Bezugnahme auf den Interviewten („*der herr lafontaine*"), die mit Niklas' Referenz „*der oskar*" deutlich kontrastiert, aber nicht minder ironisch ist. Er begründet sein vernichtendes Urteil mit dem „Horrorszenario" „*zustände wie im saarland*", indem er seine Behauptung als Gewissheit verkauft („*die ja nu hoffnungslos pleite sin*"). Niklas stimmt der Einschätzung zweimal zu, geht aber inhaltlich nicht weiter darauf ein, so dass Daniels Statement „versandet". Da sich die Gruppe über die Beurteilung Lafontaines offenbar einig ist oder die anderen nichts entgegensetzen können oder wollen, erübrigt sich eine weiter führende Diskussion. Sabine kehrt zur Lästermodalität zurück. Im Fernsehbericht wird inzwischen der damalige Finanzminister Waigel befragt, was Sabine dazu animiert, den bayerischen Dialekt nachzuahmen („*der theo mit eim kleinen kind*"). Allerdings hält Waigel kein Kind im Arm, so dass der Kommentar wohl auf eine frühere Rezeption bezogen (Waigel wurde kurz zuvor nochmals Vater) oder in der Interaktionsgeschichte der Gruppe zu suchen ist. Analog zum Beginn dieses Ausschnitts referiert sie mit dem Vornamen auf Waigel („*der theo*"). Der „Lästerkreis" ist geschlossen.

An dieser Passage ist dreierlei bemerkenswert. Zum einen wechseln die Zuschauer zwischen scherzhafter und ernsthafter Modalität fast bruchlos hin und her – und alle sind auf ihre Weise kritisch. Zweitens werden vor allem in Daniels Kommentaren stabile Vorurteile deutlich, die die (widerständige) Politikaneignung der Zuschauer prägen können. Egal, was Lafontaine sagt, durch seine Funktion als Ministerpräsident des verschuldeten Saarlandes ist er für (den Betriebswirtschafts-Studenten) Daniel bereits diskreditiert. Zum Dritten teilt Daniel diese Einstellung seinen Mitzuschauern mit und kann sie mit ihnen abgleichen. Niklas stimmt zu, Sabine widerspricht zumindest nicht. Deutungen und Bewertungen von Nachrichten werden, wie man hier exemplarisch sieht, nicht nur individuell vollzogen, sondern auch durch die Gruppe geprägt (dazu Klemm 2001).

Auch politische Nachrichten können übrigens dem ausgelassenen Vergnügen dienen, was den begrenzten Einfluss der Genres auf die Aneignung zeigt. So nutzen Daniel und Sabine die folgende Kurzmeldung zum Blödeln:

Beispiel 5: Nicht überlegt

		[Im Bild sieht man Demonstranten mit zugeklebten Mündern.]
01	**Daniel**	also der mit dem bart hat sich das bestimmt nícht überlegt
02	**Sabine**	((lacht laut auf))
03	**Daniel**	[lachend] das tut (höllisch) weh wenn er's widder runtermacht
04	**Sabine**	((lacht mehrmals laut)) hihihi

Thema der Meldung ist der Protest österreichischer Katholiken gegen die Reformunwilligkeit ihrer Kirche. Die Demonstranten drücken ihren Unmut gegen die Unterdrückung ihrer Meinungsfreiheit aus, indem sie ihre Münder mit Klebeband verklebt haben. Dies ist der Auslöser für Daniels Witzelei („*also der mit dem bart hat sich das bestimmt nícht überlegt*“) über die unangenehmen Folgen dieser Protestaktion für zumindest einen der Beteiligten; ein Scherz, der von Sabine äußerst vergnügt mit lautem Lachen honoriert wird. Sprachen beide zuvor noch ernsthaft über die englische Innenpolitik, so steht nun allein die Scherzkommunikation im Mittelpunkt (was nicht bedeuten muss, dass Sabine und Daniel den Inhalt der Nachricht nicht mitbekommen haben).

Die Beispiele zeigen verschiedene Formen der Politikaneignung, die einerseits vergnügliche Aspekte umfassen, andererseits aber auch eine kritische Einstellung zum Gesagten und Gezeigten offenbaren, die innerhalb der Gruppe weitgehend geteilt wird. In vielen anderen Episoden diskutieren Sabine, Daniel und auch andere Zuschauergruppen durchaus ernsthaft und tiefgründig über politische Themen (vgl. Klemm 2001); hier werden Inhalte nur peripher thematisiert. Man mag solche eher oberflächlichen Rezeptionen bedauern oder die bloße „Anpolitisierung" der Bürger verurteilen, aber sie gehören zum Alltag der Politikaneignung und folgen der „Alltagsrationalität" der Zuschauer (Brosius 1995). Das Wohnzimmer entpuppt sich somit als ein sehr „unsicherer Ort" (Krotz 1997) für den „Transfer" politischer Inhalte, widerständige Lesarten sind der Normalfall. Irgendetwas aus den Nachrichten kommt sicher beim Zuschauer an, aber was dies ist und wie es während bzw. nach der Rezeption weiterverarbeitet wird, bleibt prinzipiell der Gruppe überlassen. Eine reine Produktanalyse verkennt die Offenheit der Nachrichtentexte bzw. deren interpretative Öffnung durch die Zuschauer.

4.4 Lachen und Lästern gegen die Kulturindustrie

Eine weitere beliebte Zielscheibe sind die Produkte der Unterhaltungsindustrie, zum Beispiel Fernsehserien, Seifenopern oder Spielfilme. So wird im folgenden Ausschnitt zügellos gelästert:

Beispiel 6: Die Ausnahme von der Regel

01	**Vater**	oh wie dramaturgisch gut in szene gesetzt
02	**Sohn**	[zustimmend] mh •• das is'n déutscher film ne¿
03	**Vater**	((nickt))
04	**Sohn**	die ausnahme von der regel
05	**Vater**	wahnsinn wa¿

Vater und Sohn ziehen hier genüsslich während des Heimatfilms „Via Mala" über die „Regiekünste" des deutschen Films her. Aber auch andere Produktionen kommen nicht besser davon, wenn man sich über schlechte Schauspieler, misslungene Spezialeffekte und unglaubwürdige Handlungen lustig macht („*hollywood macht's möglich*"). Auch expressive Sprachhandlungen können von den Zuschauern zur Belustigung instrumentalisiert werden, wenn man Gefühlsregungen nur vortäuscht und etwa einen eigentlich langweiligen Liebesfilm dadurch unterhaltsam gestaltet, dass die Zuschauer besonders „ergriffen" schluchzen und stöhnen.

Zuschauer betrachten die Sendungen oft aus skeptischer Distanz, diskutieren die Machart oder verurteilen die kommerziellen Strategien, die dahinter stehen („*wird nur für de kamera gemacht sein*"). Was sich aus einer solchen Rezeptionshaltung entwickeln kann, zeigt das folgende Beispiel recht anschaulich:

Beispiel 7: Ich werd Schnulzenautor

01	**Andrea**	ach jee
02	**Robert**	siehste • wieder • not und se is wieder da
03	**Andrea**	tja
04	**Robert**	d'muss doch langsam ma merkn • dass die zwee zampassn
05	**Andrea**	((lacht))
06	**Robert**	• 2 • wie der linke un der rechte schuh • echt
07	**Andrea**	ruf doch ma an • ruf ma an
08	**Robert**	quatsch
09	**Andrea**	sach bescheid
10	**Robert**	ich werd dreh/ schnulzndr/ drehfilm autor
11	**Andrea**	((lacht)) schnulznautor • 3 • na da kenn ich dich net
12	**Robert**	warum ne¿ • 2 • könnt bei fast jedm zweetn film 's drehbuch
13		geschriebm ham • 2 • hammer letztens der horst un ich hammer oo
14		festgestellt ds eigentlich keen gscheitn krimi mehr kriegt/ gibt de erste
15		halbe stunde da weeßte wers gewesn is un die brauchn• annerthalbe
16		stunde • um rauszukriegn • welches rindvieh das nu war s' is furchbar
17	**Andrea**	((lacht)) • 2 • wie spät hammers'n jetz [...]

Das Ehepaar Andrea und Robert Hennig schaut eine Folge der Serie „Die Kinderklinik". Der ganze Ausschnitt ist von einer distanzierten und spielerischen Rezeptionshaltung geprägt. Andrea zeigt mit ihrem initialen Seufzer „*ach jee*" an, dass sie den Fortgang bereits durchschaut zu haben glaubt. Robert bestätigt die Interpretation, indem er die Vorhersehbarkeit des Plots auf den Punkt bringt („*siehste • wieder • not und se is wieder da*"). Roberts ironische und humorvolle Kritik an der Begriffsstutzigkeit der Filmfigur (04/06) münzt Andrea in die erkennbar spaßhafte Aufforderung um, die Figur doch anzurufen. Robert vollzieht den Modalitätswechsel seiner Frau zunächst nicht mit und reagiert abweisend auf ihren Scherz („*quatsch*"). Andrea ist über den Ernst amüsiert, mit dem sich ihr Mann über die Banalität der Seriendramaturgie aufregt, und frotzelt ihren „Serienexperten" erneut mit „*sach bescheid*". Nun erst lässt sich Robert auf Andreas Scherz ein und steigert ihre Anregung zu einer fiktiven Projektion: Er wird zum Drehbuchautor, was Andrea – angesichts der Diskrepanz zwischen fiktiver Rolle und Roberts Auftreten im Alltag – belustigt zur Kenntnis nimmt: „*na da kenn ich dich net*". Robert beharrt aber auf seiner Kompetenz („*könnt bei fast jedm zweetn film 's drehbuch geschriebm ham*").

Schritt für Schritt hat sich eine Scherzkommunikation entwickelt, die immer stärker auf die eigene Lebenswelt bezogen ist. Die Thematisierung der Machart und der scherzhafte Umgang mit Roberts Expertenrolle haben dazu geführt, dass der Fernsehtext nur noch als symbolisches Material für das gesellige Beisammensein des Ehepaars dient. Robert tritt mit seiner 'punktuellen Fiktionalisierung' (vgl. Bergmann 1998, 116) zwar spaßeshalber aus seiner Alltagsrolle heraus, aber bestätigt damit letztlich eher die eigene Identität.

Dieser Rezeptionsausschnitt zeigt exemplarisch, wie vielgestaltig die vergnügliche Aneignung von Medientexten sein kann. Ironische Kritik, auf die Zuschauer selbst bezogene Scherze und Frotzeleien, sogar Fiktionalisierungen und Phantasien gehen bruchlos ineinander über. Und auch hier ist das Vergnügen widerständig, geht es im Subtext der Scherze um die Kritik an der anspruchslosen Konfektionsware der „Kulturindustrie" – was allerdings noch lange kein Grund ist, die Sendung auszuschalten. Auch solche Fernsehtexte können Vergnügen bereiten, gerade weil man sich als ausgebuffter Experte präsentieren kann und den Fernsehangeboten die eigene Kompetenz entgegensetzt.

Kritik trifft natürlich auch Produkte der „Hochkultur". So kommentiert Sabine das überschwängliche Lob eines Reporters für die „hinreißende" Verhüllung des Reichstagsgebäudes lapidar mit „*ich find das weder kunst noch schön aber na gut*" und setzt damit explizit ihre Meinung gegen die offerierte Lesart.

4.5 Beratungsresistenz: Die Degradierung des Experten

Mit anderen Expertenrollen springen Zuschauer oft weniger respektvoll um. Ratgeber gehören zu den häufigsten Genres im Fernsehprogramm, dementsprechend oft treten Berater für alle möglichen Sachgebiete auf. Immer wieder stoßen sie auf Skepsis bei den Zuschauern (vgl. dazu auch Habscheid 2001):

Beispiel 8: Rammeln se alle zum arzt

01	**Sabine**	immer wenn die sendung kommt • [...] da steigt deutschlands
02		krankheitsrate an • rammeln [rennen] se alle zum arzt • weil se
03		irgendwelche symptome erkannt habm ((lacht))
04	**Niklas**	°(ham se die) symptome erkannt • jaja°
05	**Daniel**	ja und ich hab ooch ganz viele beuln am körper • und buckl [...]

Während der medizinischen Ratgebersendung „Die Sprechstunde" nimmt Sabine amüsiert Anstoß an der vermeintlichen Leichtgläubigkeit und Hypochondrie vieler Zuschauer, die aufgeschreckt von den Warnungen der Mediziner an sich

Krankheitssymptome erkennen und den Arzt aufsuchen würden. Die Mitzuschauer stimmen ihr zu, Daniel schließt sogar eine ironische Fiktionalisierung an. Noch härter wird mit dem Experten im nächsten Ausschnitt abgerechnet:

Beispiel 9: Helft mir, ich bin Psychologe

		[Bei SternTV kommt gerade ein Psychologe zu Wort.]
01	**Dorith**	Oh der hat aber auch'n schönes pink an
02	**(alle)**	((lachen)) • 3 •
03	**Sebastian**	[abfällig] psychologe!
04	**Dorith**	wie kann man als psychologe
05	**Sebastian**	was
06	**Dorith**	im pinkfarb/
07	**Sebastian**	frag ihn doch mal bitte vielleicht hat er ne plausible antwort dafür
08	**Dorith**	aalso nee do
09		• 16 •
10	**Beatrice**	das hat der bestimmt ni richtig analysiert ob er heute im/
11	**Dorith**	nee
12	**Beatrice**	pinkfarbenen jackett ankommt
13	**Dorith**	das hat bestimmt ne tiefe bedeutung
14	**Beatrice**	((lacht)) • 3 •
15	**Sebastian**	[ironisch] hallo und hier bin ich • 2 •
16	**Beatrice**	der aufschrei
17	**(alle)**	((lachen))
18	**Dorith**	ja • helft mir!
14	**Beatrice**	((lacht))
15	**Dorith**	helft mir • ich bin psychologe

Die Zuschauer gehen hier erneut weniger auf die Worte des bei SternTV auftretenden Psychologen als auf dessen Kleidung ein, die sie aber scherzhaft vor dem Hintergrund seiner Tätigkeit „analysieren“. Wiederum ist eine ironische Bemerkung der Auslöser fürs Lästern, doch dieses Mal entwickeln sich daraus Fiktionalisierungen („frag ihn doch mal“) und sogar Rollenübernahmen („*hallo und hier bin ich*“ und vor allem die Pointe „*helft mir ich bin psychologe*“). Die Gruppe amüsiert sich hörbar über den Psychologen und über die eigene Schlagfertigkeit, aber zugleich wird der Expertenstatus des Gastes in Frage gestellt: Wer sich nicht angemessen anzieht, kann als Autorität kaum ernst genommen werden und wird in die Ecke des spinnerten Psychologen gestellt („*das hat bestimmt ne tiefe bedeutung*“).

4.6 Fremde Kulturen: Von wegen Political correctness

Als letztes Mosaiksteinchen der Fallbeispiele „widerständigen Vergnügens“ wird der Umgang mit fremden Kulturen betrachtet, zumindest im öffentlichen Diskurs besetzt mit vielen Tabus. Im Schutz des Privaten (und trotz der Aufnahmen zu Forschungszwecken) gehen die Zuschauer im vorliegenden Korpus recht „unverkrampft“ mit kulturellen oder ethnischen Stereotypen um, schimpfen auf „nationalistische Franzosen“ oder kulturlose Amerikaner und machen ihre Scherze über das Fremde, das im eigenen Wohnzimmer Einzug hält (vgl. ausführlich Klemm 2003). So kommentiert Sabine einen afrikanischen Stammestanz mit *„sieht aus wie rinderwahnsinn hm¿“*. Fremdes kann auch vergnüglich *ver*fremdet werden, wenn sich zum Beispiel ein Zuschauer während eines in Chinatown spielenden Films ohne erkennbaren Anlass über die angeblichen Ausspracheprobleme von Chinesen lustig macht (*„flühlingslolle“*) oder Andrea scherzhaft eine Prostituierte mit russischem Akzent parodiert (*„einmal Liebe – sechzig mack“*).

Unter der Oberfläche solcher kleinen Scherze können natürlich durchaus ernsthaft kritische Einstellungen zur parodierten Person und deren kulturellem Hintergrund zu Tage treten. Dann geben sich die Zuschauer auch schon mal gar nicht politisch korrekt und trotzen den Tabus des offiziellen Diskurses.

Fernsehtexte können auch als Impulse für umfangreiche Erzählungen oder Anekdoten über Fremdes dienen, die mit dem Fernsehgeschehen nicht viel zu tun haben müssen. Als man am Ende eines Heute-Berichts über die russische Innenpolitik die Zwiebeltürme des Kreml sieht, wird Daniel zu einer minutenlangen Erzählung über seinen Bulgarien-Urlaub angeregt (*„ich war ja ma zu nem orthodoxn gottesdienst“*). Die Schilderung ist ironisch-distanziert, ja karikierend (*„dort renn da irgndwelche leute mit langn bârtn und mit'm weih¿rauchfaß durch de kirche • un sing“*), was davon zeugt, dass Daniel diese Kultur und die griechisch-orthodoxe Kirche fremd und nebulös geblieben sind. Solche Assoziationen zeigen, wie subjektabhängig die Verarbeitung und Nutzung der Fernsehinhalte sind.

Das Amüsieren über fremde Kulturen kann mitunter zum Bumerang werden. So lästert eine Gruppe von Studenten zunächst während eines SternTV-Berichts über die Mühen des Spargelstechens, versetzt sich dann aber ernsthaft in die Lage von polnischen Saisonarbeitern und diskutiert kontrovers über die angemessene Bezahlung ausländischer Arbeitskräfte, bevor letztlich einer der Anwesenden als fauler und verwöhnter Student aufgezogen wird. Das Fremde trifft das Eigene manchmal schneller als man glaubt.

5. Die Moral von der Geschicht': Die kleine Macht des Vergnügens

Die im letzten Abschnitt beschriebenen Muster verdeutlichen, dass Unterhaltung und Vergnügen weniger inhärente Funktionen der Medientexte als (kommunikative) Anschlussleistungen der Zuschauer sind. Medienrezipienten sind zugleich Produzenten, sie vergnügen sich mit und auch auf Kosten des Programms. Ein eigentlich ernsthafter oder gar trauriger Plot kann dem Vergnügen dienen, während eine humoristische Sendung nicht unbedingt als unterhaltsam rezipiert werden muss. Die laufende Sendung gibt häufig keinen erkennbaren Impuls für die vergnügliche Aneignung und ist oft nur noch Nebensache. Durch Scherze, Klatsch, Lästereien und Frotzeleien, pseudo-kommunikative Sprachhandlungen, Fiktionalisierungen oder Parodien wird – zumindest für eine kurze Zeit – eine gesellige Atmosphäre geschaffen und werden die Freiheiten des „Textransfers" (vgl. Klemm 2000, 351) genutzt, die der entkoppelte massenmediale Kommunikationsprozess bietet.

Das Vergnügen am Medientext bleibt nicht zwangsläufig auf die singuläre Situation begrenzt und kann auch nicht pauschal mit Oberflächlichkeit und Trivialität gleichgesetzt werden. Rezipientengruppen bilden nicht nur kurzfristige „Lästergemeinschaften", sondern äußern dadurch Kritik und gleichen auf unterhaltsame Weise Bewertungen ab, darunter auch solche, die der hegemonialen Meinung – wie immer diese genau zu bestimmen ist – zuwider laufen und längerfristige Einstellungen prägen. Natürlich sind dies eher feine Nadelstiche gegen die Mächtigen, aber für den Einzelnen bedeutsam und in der Summe durchaus gesellschaftlich relevant, wenn man etwa an Lästerdiskurse über bestimmte Prominente oder Politiker denkt, die täglich in den Wohnzimmern reproduziert werden. Die Zuschauer können sich vielleicht dem Einfluss der Medien- und Kulturindustrie nicht entziehen, aber deren Produkte – im Sinne de Certeaus – durch ihr Scherzen, Lästern oder Umdeuten für ihre eigenen Zwecke umdefinieren. Gerade solche spielerischen und verfremdenden Aneignungsformen erfordern zudem eine wache Auffassungsgabe, vielfältiges Wissen und Kreativität.

Die Prämisse, dass der vergnüglichen Fernsehrezeption politische und gesellschaftliche Relevanz innewohnen kann, darf aber nicht dazu führen, dass in der Forschung der zweite Schritt vor dem ersten gemacht wird und durch eine ideologiekritische Aufladung allzu schnell übergeordnete Erklärungen bei der Hand sind. Den allseits kritischen und widerständige Lesarten produzierenden Zuschauer, der stets „sein semiotisches Schwert gezückt hält, um dominante Bedeutungen zu zerschlagen" (Jäckel & Peter 1997, 57), zum Normalfall zu erklären, wird der sozialen Wirklichkeit ebenso wenig gerecht wie das Bild vom passiven Opfer von Medienwirkungen. So wünschenswert und notwendig eine Einbeziehung gesellschaftlicher, ökonomischer und politischer Fragestellungen in die qualitative Rezeptionsforschung ist, so wichtig ist auch, zuvor ein empirisch gesichertes Fundament dafür zu schaffen, wie es in diesem Beitrag in Ansätzen und an einzelnen Fallbeispielen versucht wurde.

Die Konsequenz aus dieser Diskussion ist, dass man die Aktivität des Mediennutzers nicht nur postulieren, sondern immer wieder neu belegen muss – dies erfordert ethnographische Analysen und Fallstudien, erfordert eine Analyse der Medienaneignung und der Rezeptionsprozesse dort, wo sie stattfinden: zum Beispiel im Wohnzimmer der Zuschauer. Man muss nicht zeigen, *dass* Mediennutzer aktiv sind, denn dies ist notwendigerweise der Fall, sondern *wie* sie aktiv Medientexte aneignen und welche Formen und Funktionen speziell die „Politik des Vergnügens“ hat. Und hier gilt es noch eine Vielzahl solcher Schnittstellen der vergnüglichen Rezeption zu untersuchen: neben den Zuschauerkommentaren etwa auch Phone-ins, Artikel in Fanzines oder Weblogs, Einträge in Internetforen oder auch der klassische Leserbrief.

Transkriptionskonventionen

<table>
<tr><td>•</td><td>kurze Pause, Stockung</td></tr>
<tr><td>••</td><td>längere Pause</td></tr>
<tr><td>• x •</td><td>Pause von x Sekunden</td></tr>
<tr><td>viellei/</td><td>Abbruch eines Wortes oder einer Äußerung</td></tr>
<tr><td>já</td><td>Betonung</td></tr>
<tr><td>°ja°</td><td>leise gesprochen</td></tr>
<tr><td>=ja=</td><td>schnell gesprochen</td></tr>
<tr><td>ja¿</td><td>steigende Intonationskurve</td></tr>
<tr><td>(&&&)</td><td>Unverständliches</td></tr>
<tr><td>((lacht))</td><td>Parasprachliches</td></tr>
<tr><td>[ironisch]</td><td>Kommentierung</td></tr>
<tr><td>[</td><td>Partiturklammer: synchron gesprochen</td></tr>
<tr><td>+++++</td><td>Andauernde nonverbale oder paraverbale Phänome bzw. Musik</td></tr>
<tr><td>|</td><td>Sprecherwechsel (innerhalb von zitierten Transkriptstellen)</td></tr>
<tr><td>[...]</td><td>Auslassung im Transkript</td></tr>
</table>

Literatur

Ayaß, Ruth (2000). Das Vergnügen der Aneignung: Lachen und Gelächter in der Fernsehrezeption. In: Göttlich, Udo & Winter, Rainer (Hrsg.): *Politik des Vergnügens. Zur Diskussion der Populärkultur in den Cultural Studies.* Köln: Halem. 146-165.

Barthes, Roland (1974). *Die Lust am Text.* Frankfurt am Main: Suhrkamp.

Bergmann, Jörg R. (1998). Authentisierung und Fiktionalisierung in Alltagsgesprächen. In: Willems, Herbert / Jurga, Martin (Hrsg.): *Inszenierungsgesellschaft. Ein einführendes Handbuch.* Opladen: Westdeutscher Verlag. 107-123.

Brosius, Hans-Bernd (1995). *Alltagsrationalität in der Nachrichtenrezeption. Ein Modell zur Wahrnehmung und Verarbeitung von Nachrichtenmaterial.* Opladen: Westdeutscher Verlag.

Certeau, Michel de (1988). *Kunst des Handelns.* Berlin: Merve.

Eco, Umberto (1967/1985). Für eine semiologische Guerilla. In: ders. (Hrsg.): *Über Gott und die Welt.* München: Hanser. 146-156.

Faber, Marlene (1995). „Du kannst Dir ja ne Ducati hinte druff tätowiere". Lindenstraße in der Gruppe gucken. In: Jurga, Martin (Hrsg.): *Lindenstraße. Produktion und Rezeption einer Erfolgsserie.* Opladen: Westdeutscher Verlag. 193-210.

Fiske, John (1987). *Television Culture.* London, New York: Methuen.

Fiske, John (1989a). Moments of Television: Neither the text nor the audience. In: Seiter, Ellen et al. (Hrsg.): *Remote Control.* London, New York: Routledge. 56-78.

Fiske, John (1989b). *Understanding Popular Culture.* London: Unwin Hyman.

Fiske, John (1992). British Cultural Studies and Television. In: Allen, Robert C. (Hrsg.): *Channels of Discourse, Reassembled.* Chapel Hill, London: University of North Carolina Press. 284-326.

Göttlich, Udo & Winter, Rainer / (Hrsg.) (2000): *Politik des Vergnügens. Zur Diskussion der Populärkultur in den Cultural Studies.* Köln: Halem.

Habscheid, Stephan (2001). Ratgebersendungen: Gesundheitsmagazine. In: Holly, Werner, Püschel Ulrich & Bergmann Jörg (Hrsg.): *Über Fernsehen sprechen. Wie wir uns Fernsehen kommunikativ aneignen.* Opladen: Westdeutscher Verlag, 173-186.

Hall, Stuart (1980). Encoding/Decoding. In: Stuart Hall et al. (Hrsg.): Culture, Media, Language. London: Hutchinson. 128-138.

Hebdige, Dick (1988). *Hiding in the light.* London, New York.

Hepp, Andreas (1995). „Das ist spitze ne, dann ist der Schildknecht tot". Die Rolle von Emotionen bei der Aneignung von Fernsehtexten. In: Jurga, Martin (Hrsg.): *Lindenstraße. Produktion und Rezeption einer Erfolgsserie.* Opladen: Westdeutscher Verlag. 211-230.

Holly, Werner (1995). „Wie meine Tante Hulda, echt." Textoffenheit in der „Lindenstraße" als Produkt- und Rezeptionsphänomen. In: Jurga, Martin (Hrsg.): *Lindenstraße. Produktion und Rezeption einer Erfolgsserie.* Opladen: Westdeutscher Verlag.. 117-135.

Holly, Werner (1996). Hier spricht der Zuschauer. Ein neuer methodischer Ansatz in der sprachwissenschaftlichen Erforschung politischer Fernsehkommunikation. In: Klein, Josef & Diekmannshenke, Hajo (Hrsg.): *Sprachstrategien und Dialogblockaden. Linguistische und politikwissenschaftliche Studien zur politischen Kommunikation.* Berlin, New York: de Gruyter. 101-121.

Holly, Werner, Püschel, Ulrich & Bergmann, Jörg R. (Hrsg.) (2001). *Der sprechende Zuschauer. Wie wir uns Fernsehen sprechend aneignen.* Opladen: Westdeutscher Verlag.

Jäckel, Michael & Peter, Jochen (1997). Cultural Studies aus kommunikationswissenschaftlicher Perspektive. Grundlagen und grundlegende Probleme. In: *Rundfunk und Fernsehen* 45 (1), 46-68.

Kellner, Douglas (1995). Media Communications vs. Cultural Studies: Overcoming the Divide. In: *Communication Theory* 5 (2), 162-177.

Klemm, Michael (2000). *Zuschauerkommunikation. Formen und Funktionen der alltäglichen kommunikativen Fernsehaneignung.* Frankfurt am Main u.a.: Lang.

Klemm, Michael (2001). Nachrichten. In: Holly, Werner, Püschel, Ulrich & Bergmann, Jörg (Hrsg.): *Der sprechende Zuschauer. Wie wir uns Fernsehen kommunikativ aneignen.* Wiesbaden: Westdeutscher Verlag, 153-172.

Klemm, Michael (2004). Das Fremde, das Eigene und das Fernsehen. Wie sich Zuschauer die große Welt aneignen. In: Bayer, Julia, Engl, Andrea & Liebheit, Melanie (Hrsg.): *Strategien der Annäherung. Darstellungen des Fremden im deutschen Fernsehen.* Bad Honnef: Horlemann, 184-200.

Kotthoff, Helga (Hrsg.) (1996). *Scherzkommunikation. Beiträge aus der empirischen Gesprächsforschung.* Opladen: Westdeutscher Verlag.

Krotz, Friedrich (1997). Das Wohnzimmer als unsicherer Ort. Zu Morleys „Aufzeichnungen aus dem Wohnzimmer". In: *montage/av* 6/1/1997, 97-104.

Matthewson, Lisa (1992). Talking to the TV. The conversational behavior of television viewers. In: *Wellington Working Papers in Linguistics* 5/1992, 17-35.

Morley, David (1996). Medienpublika aus der Sicht der Cultural Studies. In: Hasebrink, Uwe & Krotz, Friedrich (Hrsg.): *Die Zuschauer als Fernsehregisseure?* Baden-Baden: Nomos. 37-51.

Simmel, Georg (1917/1984). *Grundfragen der Soziologie.* [4]Berlin, New York: de Gruyter.

Kein Vergnügen an den Medien? Moralkommunikation in der Medienrezeption

Ruth Ayaß

1. Einleitung

Das Autofahren in Großstädten und auf Autobahnen scheint der letzte Ort zu sein, an dem Menschen ohne Vorbehalt schimpfen, fluchen, andere Menschen für blöd erklären oder als Depp bezeichnen können. Doch es existiert mindestens ein weiterer prominenter, bislang unentdeckter Fleck, an dem weitgehend hemmungslos moralisiert werden kann: das Wohnzimmer während der Medienrezeption respektive während des Fernsehens. In der Medienrezeption wird gespottet, verhöhnt, sich lustig gemacht. Der vorliegende Beitrag wird anhand empirischen Materials (Tonbandaufzeichnungen und Beobachtungsprotokollen von alltäglichen, privaten Medienrezeptionen) die besondere moralische Qualität der Rezeptionssituation konversationsanalytisch aufzeigen. Der Beitrag fußt auf Ergebnissen aus zwei getrennten, mit verschiedenen Korpora und verschiedenen Fragestellungen arbeitenden DFG-Projekten, die bereits abgeschlossen wurden, und bemüht sich um einen synergetischen Effekt ihrer wesentlichen Resultate.

Die ursprünglich von Elihu Katz und David Foulkes gestellte, für die Rezeptionsforschung paradigmatische Frage „(...) the question (is) *not* 'What do the media do to people?' but, rather, ‚What do people do with the media?'" (Katz/Foulkes 1962, 378), wird in diesem Beitrag weiter zugespitzt. Dass Medienrezipienten nicht willfährige Opfer des allmächtigen Manipulationsapparates ‚der' Medien sind, hat eine Reihe empirischer Untersuchungen aus der neueren Medienrezeptionsforschung und den Cultural Studies aufgezeigt. Vielmehr sind sie sozial Handelnde, die dem Gesehenen selbständig Sinn verleihen und in ihren Alltag integrieren. Dieser elementare Wandel in der Perspektive auf die Rezipienten, der Antworten auf die von Katz und Foulkes gestellte Frage suchte und fand, lässt sich als Paradigmenwechsel in der Mediensoziologie bezeichnen. Der vorliegende Beitrag versucht nun, diese Perspektive zu forcieren. Er befasst sich vorwiegend mit drei kommunikativen Formen, in denen eine negative Einschätzung seitens der Rezipienten explizit und expressis verbis zum Ausdruck kommt – Dissensartikulationen, Korrekturen und Lästerkommunikation. Die Frage lautet nunmehr: 'What do people do *to* the media?'

2. Moralkommunikation und Medienrezeption

Unter Moralkommunikation sind Formen der Kommunikation zu verstehen, in denen über andere Menschen mit positivem oder negativem Vorzeichen gesprochen wird. Eine Reihe dieser Formen, etwa Mokieren, Frotzeln, Klagen, Vorwürfe, Rechtfertigungen, Entrüstungen, Beschwerdeerzählungen, Stereotypisierungen, Kategorische Formulierungen und Sprichworte, Komplimente und Begeisterung wurden in einem DFG-Projekt über moralische Kommunikation in Alltag und Institutionen konversationsanalytisch untersucht (vgl. Bergmann & Luckmann 1999). Wer schlecht über andere Menschen redet, seien diese nun anwesend oder abwesend, läuft selbst Gefahr, zum Gegenstand moralischer Kommunikation zu werden. Um diese Gefahr zu minimieren, sichern sich Interagierende entsprechend ab, wenn sie über Abwesende herziehen oder klatschen, indem sie sich vorab der Bereitschaft ihres Gesprächsteilnehmers versichern, jetzt und über diese Person negativ zu kommunizieren. Bei Anwesenheit der Person, über die negativ gesprochen wird, ist Moralkommunikation ungleich gewagter, insofern als der Moralisierende riskiert, selbst Opfer einer Gegenmoralisierung oder eines Konters zu werden. Auch hier sichern sich Interagierende ab, indem sie zum Beispiel autoritativ abgesicherte Formulierungen wie (Sprichwörtern ähnliche) Kategorische Formulierungen verwenden oder ihre Vorwürfe in Frageformat fassen („Warum machst du immer ...“), was einerseits dem Adressaten des Vorwurfs die Möglichkeit einräumt, eine sachliche Antwort zu geben („Weil ich ...“) oder aber sich selbst auf das Frageformat zurückziehen können („Ich hab ja nur gefragt“). Eine weitere Form der Abschwächung findet in Spaßmodalisierungen statt, etwa in Formen des Frotzelns oder Mokierens. Im Frotzeln zum Beispiel wird ein spielerischer Rahmen eröffnet, in dem der Adressat zwar eindeutig attackiert wird, er aber, im Rahmen der Spaßmodulation, ebenso spielerisch antworten und sich damit als humorvoll oder als guter Verlierer präsentieren kann, Gegenfrotzeleien inbegriffen.

Bei all dieser Tendenz zur Abschwächung und Modalisierung negativer Moralkommunikation ließ sich im Korpus eine ganz eindeutige Präferenz für negative Moralkommunikation ausmachen. Positive Moralkommunikation,

Komplimente zum Beispiel oder Begeisterungssequenzen, finden im Alltag so versachlicht und vergegenständlicht statt, dass sie kaum als Moralkommunikation, also moralisches Reden über Menschen, erkennbar sind, wenn zum Beispiel ein Lob der Köchin über die Qualität des Essens artikuliert wird oder ein Kompliment an das Aussehen der Schwägerin über einen Kommentar bezüglich der Farbe einer neu erworbenen Jacke ausgedrückt wird (vgl. zu all diesen Beispielen die empirischen Beiträge in Bergmann & Luckmann 1999).

Das genannte Projekt hatte sich mit moralischer Kommunikation in alltäglichen, institutionellen und auch massenmedialen Kontexten befasst. Die Medien*rezeption* selbst jedoch wurde nicht betrachtet. Das zweite Projekt wiederum behandelte die spezifischen Formen und Funktionen von Rezipientenkommunikation anhand von Tonbandaufzeichnungen mehrerer natürlicher Rezeptionsgemeinschaften während des Fernsehens, ohne spezielles Augenmerk auf moralische Formen in der Rezeption zur richten. Diese doppelte Lücke soll im Folgenden geschlossen werden, indem die Fragestellung des einen Projektes mit dem Material des anderen zusammengeführt wird.[1]

Die kommunikativen Strukturen der Rezipientenkommunikation während der Rezeption lassen sich als „fernsehbegleitendes Sprechen" beschreiben (vgl. Holly, Püschel & Bergmann 2001). Dieses zeichnet sich dadurch aus, dass im Sinne Goffmans ein „open state of talk" besteht:

> "(...) participants have the right but not the obligation to initiate a little flurry of talk, then relaps back into silence, all this with no apparent ritual marking" (Goffman 1981, 134f.).

Äußerungen von Ko-Rezipienten können, müssen jedoch nicht aufgegriffen werden. Im „open state of talk" der Rezeptionssituation besteht für die Rezipienten untereinander eine „rudimentäre Kommunikationsverpflichtung" (Püschel 1993, 122). Dadurch kommt es zu „freistehenden Äußerungen" (Baldauf), also Redezügen eines Rezipienten, denen keine weiteren Redezüge seitens der Ko-

---

1 Dies führt zwangsläufig auch zu einer Kombination der beiden verschiedenen in den Projekten für die jeweilige Fragestellung entwickelten Transkriptionssysteme, zum einen die Partiturschreibweise, welche die Äußerungen der Rezipienten synchron zum Fernsehtext notiert, zum anderen die konversationsanalytische Notation, welche ihrerseits auf Gail Jefferson zurückgeht. Diese Mischung wurde wiederum an die von Selting und anderen entwickelte Transkriptionskonvention „GAT" angeglichen. Das hier verwendete Transkriptionssystem wird im Anhang erläutert. Das Material dieser Untersuchung stützt sich auf die Aufzeichnungen aus mehreren Rezeptionsgemeinschaften (die weitgehend zur Mittelschicht zuzuordnen sind) sowie auf zahlreiche Beobachtungsprotokolle aus gemeinschaftlichen und solitären Rezeptionssituationen. Zu detaillierten Hinweisen zur Datenbasis siehe Holly, Püschel & Bergmann (2001, 22ff.).

Rezipienten folgen. Phasen langen Schweigens wechseln sich mit lebhafter Rezipientenkommunikation ab. Im Verlauf der Rezeptionskommunikation führt dies zu „Gesprächsinseln“ (Baldauf) (vgl. hierzu Klemm 2000, Baldauf 2002 sowie die empirischen Beiträge in Holly, Püschel & Bergmann 2001).

Unter Moralkommunikation in der Medienrezeption sind in diesem Sinne zunächst alle Formen der Kommunikation zu verstehen, in denen während der Rezeptionssituation Unmut oder Ärger resp. Begeisterung oder Freude über das Gesehene zum Ausdruck kommen. Unter *negative* Moralkommunikation während der Rezeption fallen entsprechend zunächst alle Formen der Medienrezeption, in welchen Missfallen artikuliert wird. Dies kann sich zum Beispiel in den kommunikativen Formen des Stöhnens und Seufzens äußern (vgl. hierzu Baldauf 2002), in Hohn, Spott oder in „blurtings“ (Ausrufen wie „ouhhh nein“), zum Beispiel in der Rezeption von Sportübertragungen. Der vorliegende Beitrag kann keine erschöpfende Analyse negativer Moralkommunikation während der Medienrezeption liefern. Er konzentriert sich auf drei Formen negativer Moralkommunikation: Nichtübereinstimmung (3.1), Lästern (3.2) sowie Korrekturen (3.3).

Während Lästern auf Anhieb als eine Form von Moralkommunikation gelten mag, ist bei den beiden anderen genannten Formen (Nichtübereinstimmungen und Korrekturen) die moralische Qualität nicht unmittelbar evident. Über Form und Verlauf von Nichtübereinstimmungen und Korrekturen in alltäglicher (nicht während Medienrezeptionen erfolgender) Face-to-face-Kommunikation liegen Untersuchungen aus der Konversationsanalyse vor. Von den dort beschriebenen kommunikativen Formen der Redezüge und sequentiellen Strukturen weichen die während der Medienrezeption geäußerten Nichtübereinstimmungen und Korrekturen etc. bezeichnenderweise jedoch erheblich ab. Auffällig häufig finden sich Artikulationen direkter Meinungsverschiedenheiten sowie unverzögerte Korrekturen und damit verbunden sogar Handlungen gegenüber dem Medientext, die im Alltag als stark gesichtsbedrohend gelten, wie etwa Beschimpfungen.

Die Fragen lauten: Welche besondere moralische ‚Arbeit‘ verrichten diese kommunikativen Formen in der Medienrezeption? Und zweitens: Warum sind genau sie für die Medienrezeption so geeignet?

3. Unabgeschwächte Moralisierungen: 'What people do to the media'

3.1 Nichtübereinstimmung und Dissens: Die kommunikativen Folgen sozialer Folgenlosigkeit

In alltäglicher Kommunikation äußern Interagierende oft Bewertungen, etwa wenn sie Vergangenes rekonstruieren oder etwas thematisieren, was sich in ihrer räumlichen Reichweite befindet. Wie Pomerantz zeigt, stehen solche Bewertungen selten allein da. Sie werden meist von zweiten Bewertungen gefolgt, die vom kommunikativen Gegenüber produziert werden. Pomerantz spricht daher von „assessment pairs". Bewertungen wohnt eine spezielle Präferenzstruktur inne. Im Unterschied zu anderen Paarsequenzen wie Frage/Antwort oder Gruß/Gegengruß geben sie nicht allein im Sinne einer Konditionellen Relevanz eine Erwartungsstruktur bezüglich der kommunikativen *Form* der nächsten Äußerung vor. Die Erwartungsstruktur, die erste Bewertungen hervorrufen, bestimmt vielmehr auch die *evaluative Ladung* der zweiten Bewertungen mit. Dabei gilt eine Zustimmung zur ersten Bewertung („agreement") als erwünschte Handlung, als präferiert, Nichtzustimmung („disagreement") hingegen als dispräferiert. Diese Präferenzorganisation zeigt sich unmittelbar im kommunikativen Verlauf der Bewertungssequenzen selbst. Während Zustimmung unmittelbar erfolgt und in drei relativ einfachen und direkten Formen einher kommt („upgrade", „downgrade", „same evaluation"), ist die kommunikative Struktur von Nichtübereinstimmungen ungleich umständlicher. Sie werden oft mit kleinen Eröffnungen oder Einleitungen („prefaces") versehen oder anderweitig (durch Pausen oder Zögerungssignale) ‚verschleppt', und sie können in verschiedenen kommunikativen Formen auftreten, etwa einer Rückfrage oder einer ‚halbherzigen' Zustimmung, die teils aus Übereinstimmung, teils aus Nichtübereinstimmung besteht (Pomerantz 1984, 65).

> „These two features – delaying the stated components of an action being performed, and/or producing weakly stated components of that action – are partially constitutive of turn/sequence organizations associated with dispreferred actions." (1984, 75)

Von dieser Präferenzstruktur von Zustimmung/Nichtzustimmung in (nicht medial geprägten) Face-to-face-Situationen unterscheiden sich Nichtübereinstimmungen, die während der Medienrezeption seitens der Rezipienten geäußert werden, deutlich. Sowohl in ihrer Äußerungsstruktur als auch ihrer Verlaufsform weichen sie in mehrerlei Hinsicht von den bei Pomerantz beschriebenen Merkmalen ab: Sie erfolgen direkt, unabgeschwächt und unvermittelt, wie das folgende Segment aus der Rezeption einer Nachrichtensendung veranschaulicht:

"Reichstag" (Nachrichten)

01	FS-Text	((Nachrichtenmoderator:)) eine Frage meine=Damn=und=Herrn hat sich Gott sei Dank in den letzten vierzehn Tagn erle:digt. (1.0) Die komplexe Frage nämlich ob die Verhüll:ung des Reichstages nun Kunst sei (.) oder nicht. (-) .h
02	FS-Text	den [Menschen=war=es=offenbar [ziemlich schnurz
	S:	**[hm.**
	D:	**[hm.**
03	FS-Text	(-) es=war einfach schö::n (-)
04	FS-Text	unvergess[lich (-) hinreißend heiter
	D:	**[ich find des weder schön noch Kunst;**
05	FS-Text	[und hat uns Deutschen gut getan.
	D:	**[aber na gut.**

In der Medienrezeption weist die Kommunikation in zweiten „assessments" offensichtlich eine diametral entgegengesetzte Präferenzstruktur auf. Hatte Pomerantz betont, die Logik von Bewertungssequenzen führe dazu, Nichtübereinstimmung zu minimieren (1984, 77), ist während der Medienrezeption eine andere Logik in Kraft, der zufolge Nichtübereinstimmung nicht minimiert, sondern vielmehr maximiert wird. Mittels der Äußerung „ich find das weder schön noch Kunst; aber na gut." produziert der Rezipient im obigen Auszug einen direkten Dissens zur zuvor geäußerten ersten Bewertung des Medientextes, und dies in doppelter Hinsicht. Zum einen negiert er die erste Wertung des Moderators „es=war einfach schö::n" mittels eines „ich find des weder schön"; zum anderen widerspricht er der Aussage, den Menschen sei es einfach „schnurz", ob es sich dabei um Kunst handle oder nicht: „ich find das weder schön noch Kunst". Die Nichtübereinstimmung artikuliert sich in Form eines klaren Dissens´ („weder" – „noch"), sie erfolgt unvermittelt und direkt in Anschluss an die erste Wertung des Moderators („einfach schö::n") und ´unterbricht´ hart die Reihe positiver Deskriptoren („unvergesslich (-) hinreißend heiter"), die in Form einer Liste von Extremformulierungen (Pomerantz 1986) einher kommt.

Nichtübereinstimmungen haben, auch wenn sie sich an ihrer Oberfläche als einen Dissens bezüglich der Wertschätzung einer Sache ausgeben (z.B. ob etwas schön ist oder als Kunst bezeichnet werden kann), eine moralische Note. Diesen moralischen Charakter erhalten Nichtübereinstimmungen dadurch, dass ein Werturteil in Frage gestellt wird. Pomerantz zufolge haben Nichtübereinstimmungen sogar einen offensiven, ja bedrohlichen Charakter:

> "(...) across different situations, conversants orient to agreeing with one another as comfortable, supportive, reinforcing, perhaps as being sociable and showing that they are like-minded. This phenomenon seems to hold whether persons are talking about the weather, a neighborhood dog, or a film that they just saw. Likewise, across a variety of situations conversants orient to their disagreeing with one another as uncomfortable, unpleasant, difficult, risking threat, insult or offense." (1984, 77)

Die moralische Qualität von Nichtübereinstimmungen rührt daher, dass sie über die Disqualifikation des Werturteils einer Person hinsichtlich einer *Sache* den Geschmack oder die Urteilsfähigkeit der *Person* in Frage stellen. Solche offenen und expliziten Nichtübereinstimmungen können gesichtsbedrohende Handlungen im Sinne Erving Goffmans sein (1986). Um genau diese Interpretation auszuschließen, werden im Alltag Nichtübereinstimmungen gemieden oder minimiert.

Doch offensichtlich ist die von Pomerantz beschriebene Präferenzstruktur für Bewertungen nicht in allen sozialen Kontexten gleichermaßen gültig. Soziale Veranstaltungen wie Streitgespräche oder Podiumsdiskussionen fordern Nichtübereinstimmungen geradezu heraus; hier sind sie, wie offensichtlich in der Medienrezeption, präferiert und gelten nicht, zumindest nicht im selben Ausmaß wie in Alltagsgesprächen, als gesichtsbedrohend. Präferenzstrukturen sind kontextsensitiv und nicht unabhängig von sozialen Situationen gültig (vgl. hierzu Kotthoff 1993). Doch gilt auch hier zumeist, Kritik und Dissens so zu formulieren, dass sie nicht als Angriffe auf die Person wahrgenommen werden.

Anders in der Medienrezeption. Dass in der Rezeptionssituation als präferiert gelten kann, was ansonsten dispräferiert ist, hängt im Wesentlichen mit den strukturellen Merkmalen der sozialen Situation „Rezeption im privaten Kontext“ zusammen. Die Kommunikation des Massenmediums ist weitgehend einseitige und mittelbare Kommunikation (zur analytischen Trennung von einseitigem und wechselseitigem resp. mittelbarem und unmittelbarem Handeln vgl. Schütz & Luckmann 1984, 110). Dies bedeutet, dass ein zentral am Geschehen Beteiligter, der mediale Kommunikator, weder gegenwärtig noch künftig an der Interaktion in der Rezeptionssituation unmittelbar teilnimmt. Doch entscheidend ist nicht allein die situative Abwesenheit des moralischen Adressaten. Wie Bergmann (1987) zeigt, trägt die besondere Konstellation der „Klatschtriade“, dafür Sorge, dass der Klatsch nicht eskaliert. Für die kommunikative Gattung Klatsch sei vielmehr eine „*Gleichzeitigkeit von Verurteilung und Toleranz, von Missbilligung und Verständnis*“ konstitutiv (Bergmann 1987, 183; Hervorh. i.O.). Ursache dafür ist die personelle Konstellation im Klatsch, denn das im Moment des Klatsches abwesende Klatschobjekt kann der Klatschpartner, oder zumindest Interaktionspartner, von morgen sein (ibid., 182). Diese Möglichkeit der baldigen Begegnung mit dem, den man gerade verdammte, lächerlich machte oder dem man übel nachredete, ist dafür verantwortlich, dass gegen Ende der moralischen Kommunikationsform Klatsch eine Art Rehabilitation des Klatsch-Opfers seitens der ‚Täter' betrieben wird, bevor die Moralakteure auseinandergehen.

Anders als in alltäglicher Moralkommunikation laufen moralisierende Rezipienten nicht Gefahr, ihrem ‚Opfer' gegenüberzustehen und sich möglicherweise für ihre Äußerungen rechtfertigen zu müssen. Sie werden dem Kommunikator nicht begegnen, weder in naher noch in ferner Zukunft. Der sozialen Gemeinschaft der Rezipienten gehört der Kommunikator, bei aller medial vermittelter Präsenz, nicht an. Für die Rezeptionssituation gilt damit vielmehr eine besondere soziale Folgenlosigkeit, welche in den Formen moralischer Kommunikation gegenüber dem Fernsehen direkt spürbar wird. Diese beide Merkmale – strukturelle Abwesenheit des moralischen Adressaten und soziale Folgenlosigkeit der Moralkommunikation gegenüber diesem – können als *das* zentrale Charakteristikum der sozialen Situation ‚Moralkommunikation in der Rezeptionssituation" bezeichnet werden.

3.2 Lästersequenzen: Die Rezeptionsgemeinschaft als (ver-)urteilende Instanz

Die Abwesenheit des Kommunikators führt insbesondere auch zum häufigen Vorkommen einer weiteren kommunikativen Form, die über die Nicht-Anwesenheit des Adressaten bestimmt ist: dem Lästern.[2]

Ganz offensichtlich gilt zwar die Präferenzstruktur der Übereinstimmung bei Bewertungen bezüglich des Fernsehtextes *nicht*. Doch gegenüber dem Ko-Rezipienten eröffnen sie sichtlich eine Erwartungsstruktur, der zufolge einer Bewertung eines Rezipienten eine zweite Bewertung seitens eines weiteren Rezipienten hinzuzufügen ist. Pomerantz hatte bezüglich gleichstimmiger Bewertungsreihen betont:

> „This phenomenon seems to hold whether persons are talking about the weather, a neighborhood dog, *or a film that they just saw.* " (1984, 77; Hervorhebung R.A.)

Tatsächlich finden sich im Korpus vorwiegend diskordante (nichtübereinstimmende) Bewertungen gegenüber dem Medientext. In der Kommunikation der

---

2 Zum Lästern während der Medienrezeption und dessen Funktionen s. auch Klemm (i.d.Bd.).

Rezipienten *untereinander* jedoch dominieren konkordante (übereinstimmende) Bewertungssequenzen. Auch Klemm konstatiert in einer Übersicht über fernsehbegleitende Sprachhandlungsmuster eine Dominanz von Sequenzen, „mit denen man sich übereinstimmender Bewertungen versichert“ (2000, 187). Innerhalb der Rezeptionskommunikation gilt folglich wiederum die von Pomerantz beschriebene Präferenzstruktur der Übereinstimmung.

"nervtötend" (Spielfilm)

```
        FS-Text:     ((Spielfilm „Der Philosoph“, lange Filmsequenz
                     ohne Dialoge; Musik: Free Jazz, Saxophonmusik,
                     währenddessen lange Schweigephase der Rezipienten
                     über mehrere Minuten; dann:))

01      S:           ach (.) is doch nervtötende Musik,
02                   (1.0)
03      D:           das is n nervtötender Film.

                     ((Im Folgenden wird die Programmzeitschrift
                     konsultiert und wenig später umgeschaltet.))
```

Wie auch Klemm (2000, 185) feststellt, werden „Gesprächsinseln“ wie die obige, auffallend häufig durch wertende Äußerungen eröffnet. Dies bedeutet, dass der zitierte „open state of talk“ insbesondere durch Wertungen aufgehoben werden kann. Entsprechend zeitigt die Präferenzstruktur für erste negative Bewertungen gegenüber dem Fernsehtext Folgen für die evaluative Ladung in den weiteren Bewertungen anderer Rezipienten. Denn mittels der überwiegend harschen negativen ersten Bewertungen kommt es bedingt durch diese Präferenzstruktur in der Rezeptionssituation zu *Reihungen* negativer Einschätzungen gegenüber dem Medientext. Dies macht deutlich, dass bei stark negativ besetzten Äußerungen über den Fernsehtext zwar der Kommunikator der *moralische* Adressat ist, der Ko-Rezipient jedoch der *kommunikative* Adressat der Bewertungen. Die negative erste Wertung kann, zwei oder mehrere Rezipienten gegeben, zu regelrechten *Lästersequenzen* in der Rezeptionsgemeinschaft führen (vgl. hierzu auch Klemm 2000, 190). Ein längeres Beispiel für solch eine negative Moralkommunikation verdeutlicht die spezifischen Merkmale dieser Lästersequenzen.

"Andre, geh Gassi" (Nachrichten, Sport)

```
01      FS-Text      [Unser Sportüberblick hat natürlich einen
        C:           [kommt denn nichts andres?

02      FS-Text      einsamen Höhepunkt. (--) Boris Becker
        D:                                                  ((stöhnt))
        S:                                                    ((stöhnt))
```

03	FS-Text	[(1.0) Im Halbfinale des Wimbledontourn [iers traf
	D:	**[((stöhnt laut))**
	S:	**[((stöhnt laut auf))** [**Andre geh**
	C:	**[( )**
04	FS-Text	[Boris Becker heute auf seinen Angstgegner
	S:	**[Gassi**
05	FS-Text	And[re Agassi Die Bilanz der
	D:	**[das Schlimme is d[er hat ( )-**
	S:	**[der verbrennt sich jetzt**
06	FS-Text	[bisherigen Begegnungen sprach
	S:	**[immer seine Glatze (-) weil er mit (.) Tuch**
07	FS-Text	[eher gegen den Leimener, von
	S:	**[spielt oder is das nur=wieder ne neue Macke**
08	FS-Text	[insgesamt elf Spielen hat Becker die letzten
	D:	**[Das is nur ne neue Macke hhhh**
09	FS-Text	acht verloren ((Tennisgeräusche))
10	FS-Text	[((Tennisgeräusche; Bericht vom Spiel)))
	D:	**[aber im Gegensatz zum Becker ist er noch**
11	FS-Text	[((Tennisgeräusche))
	D:	**[sympathisch**
(...)		
15	FS-Text	((Boris Becker im Interview:)) Er hat unheimlich stark begonnen was er ja im- immer tut und
16	FS-Text	[er hat mich:: vom Platz geschossen bis zu
	S:	**[((lacht auf:)) hehehe**
17	FS-Text	eineinhalb Sätze lang obwo::hl .hh(-) ich auch
18	FS-Text	meine Breakbälle hatte
19	FS-Text	((Moderator:)) [In der Tat Becker nutzte [seine
	D:	**[OHNE ÄH!**
	S:	**[hihihi**
20	FS-Text	[Chancen jetzt besser
	D:	**((lachend:)) [hast DU das gehört?**
	S:	**jahaha**
21	FS-Text	eins zu [vier lag er im zweiten Satz zurück
	S:	**[glei mal n Kreuz machen**
(...)		
23	FS-Text	[mit vielen [Ideen jetzt
	S:	**[wer isn das.**
	D:	**[is das ne Brooke Shields? (1.0)**
24	FS-Text	[viel selbstbewusster als zu [Beginn
	S:	**[ach die sinn wohl zusammen, die alte Jungfer**
	D:	**[ja ( )**

(...)

30	FS-Text	zwo zu sechs siebm zu sechs [sechs zu vier
	D:	**[ich kann den**
31	FS-Text	[und sieben zu sechs für Boris Becker
	D:	**[trotzdem ne(d) leidn**

In dieser Sequenz wird in schneller Folge, kaum hat die Sportberichterstattung über das Tennisspiel begonnen, eine Serie negativer, abfälliger Äußerungen in der Rezeptionsgemeinschaft produziert. Zunächst wird gestöhnt (S und D in Z. 02 und 03), mit einem Wortspiel wird der im Bild gezeigte Tennisspieler wie ein Haustier zum Toilettengang geschickt (S in Z. 03/04: „Andre geh Gassi“), etwas wird als ‚schlimm' bezeichnet (D in Z. 05), man bezeichnet gemeinsam seine Kopfbedeckung als ‚ne neue Macke' (S und D in Z. 07 und 08), man charakterisiert ihn als „noch sympathisch“ verglichen mit einem anderen im Bild gezeigten Spieler (der damit unausgesprochen im Gegenzug als unsympathisch definiert wird) (D in Z. 10 und 11); während des eingespielten Interviews des (gerade implizit als unsympathisch definierten) Spielers wird über diesen gelacht (S in Z. 16 und 20), kaum hat der Spieler einen Satz gesagt, wird abfällig anerkennend angemerkt, er habe diesen stotterfrei „OHNE ÄH!“ zustande gebracht (D in Z. 18), was wiederum zur Äußerung Anlass gibt, man müsse diesen Tag im Kalender ankreuzen (S in Z. 21); die Identifikation der Freundin eines Spielers (Z. 23) führt zur Bezeichnung ‚alte Jungfer' usf. (Z. 24).

Lästern, die negative Moralkommunikation der Rezipienten *untereinander über* den Fernsehtext, zeichnet sich durch mehrere Merkmale aus. Zunächst ist die Direktheit dieser Sequenzen bezeichnend. Diese Eigenschaft teilen die Lästersequenzen mit den oben geschilderten Bewertungssequenzen. Darüber hinaus passen sie sich in ihrer Länge dem fortwährenden „flow“ des Fernsehtextes an. Vor allem im Unterschied zur Länge alltäglicher Klatschkommunikation oder Beschwerdegeschichten wird dieses Charakteristikum der Lästersequenzen in der Medienrezeption offensichtlich. In Klatsch und Beschwerdegeschichten wird vergleichsweise mühsam das Fehlverhalten der Person rekonstruiert, re-inszeniert und zum Beispiel mit nachgespielten Zitaten vorgeführt. Dieser kommunikative Aufwand ist in der Medienrezeption nicht notwendig, da das inkriminierte Objekt durch die gemeinsame Rezeption den Rezipienten unmittelbar gegeben ist. Die Lästersequenzen fallen vergleichsweise sehr kurz aus. Die Anpassung an den „flow“ des Fernsehtextes zeigt sich des weiteren in der Serialisierung der belästerten Personen und Objekte. Gerade wenn die Lästersequenz länger ausfällt wie im zitierten Beispiel, folgt sie dem semiotischen Fluss des Fernsehtextes und ändert Thema und Gegenstand des Lästerns dem schnellen Wechsel der Fernsehbilder folgend. Eine einmal erstellte negative Grundhaltung gegenüber dem Fernsehtext in der Rezeptionsgemeinschaft vorausgesetzt, können völlig unterschiedliche mediale Themen und Gegenstände (ein Tennisspieler, seine Kleidung, seine Freundin) in schneller Serie negativ kommentiert werden. Dabei sind die einzelnen Redezüge der Rezipienten relativ kurz und auch die thematischen Sequenzen, die sie untereinander bilden, erstrecken sich auf nur wenige (oft nur zwei) Redezüge seitens der Rezipienten, die das Thema sofort wechseln, wenn das Bild einen anderen Inhalt zeigt. In einer weiteren Lästersequenz während einer Nachrichtensendung über das russische Militär wird in rascher Folge im Wechselspiel beider Rezipienten der russische Präsident als ‚fett', der deutsche Kanzler als ‚noch fetter', die Militäruniformen des gezeigten russischen Militärs als ‚blöd' und ‚scheußlich', sogar als ‚generell affig' und die Russen im allgemeinen als ‚ständig besoffen' bezeichnet; in einer anderen Situation wird innerhalb kürzester Zeit erst die Verhüllung des Reichstages als ‚Schwachsinn' und ‚Käse', eine Krawatte eines Nachrichtensprechers als ‚hässlich' und die Franzosen als solche wegen ihrer Atomtests als ‚bescheuert und nationalistisch' abgeurteilt (vgl. dazu auch Klemm 2000 und i.d.Bd.). Die von Breidenstein & Kelle (1998, 210) beobachtete „Dynamik der Steigerung", die dem Lästern ohnehin eigen ist, findet sich in der Medienrezeption überhöht zu einigermaßen drastischen Lästerorgien.

Lästern ist an gemeinschaftliche Rezeption gebunden. In Rezeptionsgemeinschaften können sich regelrechte Läster-Topoi etablieren, über die wieder und wieder hergezogen wird, sobald sie sich am Bildschirm präsentieren. Hingegen ist insbesondere dann in Rezeptionssituationen ein längeres Einpendeln in eine negative Lesart notwendig, wenn die Rezipienten sich für längere Zeit auf *einen* medialen Text konzentrieren, welcher in gewisser Weise ‚neuen Stoff' für die Rezipienten stellt, also bei Fernsehfilmen zum Beispiel (für ein solches Beispiel während eines Videoabends siehe Ayaß 2000, 159-161). Rezeptionsgemeinschaften konstituieren sich auch darüber, über welche Themen und Personen wie selbstverständlich und voraussetzungslos während der Rezeption negative Moralkommunikation angestimmt und durchgeführt werden kann.

Da der Kommunikator über keine Sanktionsmöglichkeit gegenüber den negativen Äußerungen verfügt, befinden sich die Rezipienten zunächst in einem sanktionsfreien Raum. Doch die soziale Folgenlosigkeit ist nur relativ. Auch Rezipienten, die den Fernsehtext negativ bewerten, riskieren etwas. Sie riskieren, Opfer einer Gegenmoralisierung zu werden. Zum einen besteht die Gefahr, etwas herabzusetzen, was der Ko-Rezipient schätzt oder goutiert oder zumindest nicht gleichermaßen negativ einschätzt. Auch Rezipienten können somit nicht alle Vorsicht fahren lassen. Zum anderen muss auch im Lästern eine gewisse Rezeptionsmodalität eingehalten werden, wie der folgende Auszug zeigt.

"Andre, geh Gassi" (Fortsetzung)

30	FS-Text	zwo zu sechs siebm zu sechs [sechs zu vier
	D:	**[°ich kann den**
31	FS-Text	[und sieben zu sechs für Boris Becker der damit
	D:	**[trotzdem ne(d) leidn° ich ver↑STEH OO NI**
32	FS-Text	[am Sonntag zum siebten Mal in seiner langen
	D:	**[WA↑RUM DIE LEUTE UNBEDINGT DEN ↑↑SEHN**
33	FS-Text	[Karriere in einem Endspiel von Wimbledon steht
	D:	**[WOLLN DES IST ↑SO EIN ↑LANGWEILIGES ↑SPIEL**
34	FS-Text	[Der Sieg heute
	D:	**[WAS DER BIETET**
35	FS-Text	[( )
	D:	**[DES SIND ZWEI DREI Schläge**
	S:	**[↑↑KANNST NICHT NOCH HÖHER REDEN↑↑ ((hohe Stimme))**

Die heftigen und lauten Äußerungen des Rezipienten D zum Spiel des Tennisspielers – seine Stimme überschlägt sich fast – werden von S mittels eines sehr hohen und lauten "↑↑KANNST NICH NOCH HÖHER REDEN↑↑" (Z. 35) karikiert. Kurze, ‚trockene' Kommentare, seien sie auch noch so unvermittelt und negativ, handeln sich solche Zurechtweisungen hingegen nicht ein. Dies weist auch darauf hin, dass die Moralkommunikation in der Medienrezeption – bei aller Schärfe in Inhalt und Form – in der Regel im gewählten Register relativ affektarm erfolgt und eine Verletzung dieser Merkmale zu Sanktionen seitens der Ko-Rezipienten führen kann. (Im weiteren, hier nicht mehr zitierten Verlauf kontert S weiter, D sei ja „nur neidisch" und „was de dich da immer aufregst", was D wiederum zu einer Rechtfertigung veranlasst.) In der Moralkommunikation während des Fernsehens kann sich der Ko-Rezipient angesprochen fühlen. Sie ist folglich doch nicht gänzlich risikofrei, sondern bedingt riskant. Weisen die missachtenden Äußerungen während der Lästersequenzen nicht das für die Rezeptionsmodalität notwendige ‚recipient design' auf – Kürze, schneller Topos-Wechsel, Affektarmut – reagieren Ko-Rezipienten irritiert oder verärgert. Es ist weniger der Inhalt, es ist vielmehr der Ton, der die Regeln verletzt.

Insofern besteht auch in der Moralkommunikation während der Medienrezeption ein gewisser Absicherungsbedarf. Im Alltag sichern sich Interagierende ab, sowohl wenn sie über Anwesende, aber auch, wenn sie über Abwesende negativ sprechen. Die spezifische Form der Absicherung seitens der Rezipienten beim Lästern über den Fernsehtext besteht in der Kürze der einzelnen Redezüge, dem Vermeiden expandierter Sequenzen und der relativen Affektarmut der verurteilenden Äußerungen. Darüber hinaus sichert der fortgesetzte „flow“ des Fernsehtextes die Rezipienten ab: Mit einem Themenwechsel im Fernsehtext wechselt meist auch das Thema in der Rezeption.

3.3 Direkte Korrekturen: Der Rezipient als Rechthaber und das Risiko lateraler Moralkommunikation

Im Material ist eine weitere Form negativer Moralkommunikation auffindbar, die umso interessanter ist, als im Unterschied zum Lästern etwa ihre spezifische moralische Qualität nicht auf Anhieb erkennbar ist: Korrekturen. Bei Schegloff, Jefferson & Sacks (1977) werden Korrekturen unter dem weiter gefassten Phänomen der Reparaturen behandelt. Unter Reparaturen sind interaktive Manöver zu verstehen, durch die Probleme, die im Zusammenhang mit Sprechen und Hören entstehen, behoben werden. Dies betrifft zum Beispiel Bitten um Wiederholung eines Begriffs und Nachfragen über gemeinte Personen seitens der Zuhörer[3] oder Wortsuche seitens der Sprecher. Die Untersuchungen von Schegloff, Jefferson & Sacks (1977) und Jefferson (1987) heben zwei Merkmale von Reparaturen resp. Korrekturen hervor.[4] Es besteht erstens eine eindeutige Präferenz für die Selbst*initiierung* von Korrekturen (gegenüber einer Fremdinitiierung) und zweitens eine Präferenz für die eigene Durchführung der Korrekturen („self-correction“) im Gegensatz zu Fremdkorrekturen („other-correction“). Diese Präferenzstruktur zeigt sich in der sequentiellen Abfolge der Redezüge selbst. So geben Zuhörer dem Sprecher, der eine mögliche Fehlerquelle („trouble source“) produziert hatte, Gelegenheit, die Korrektur selbst zu initiieren, indem sie etwa eine kleine Pause lassen (Präferenz für Selbstinitiierung). Ebenso räumen sie dem Sprecher eine Möglichkeit ein, die Korrektur auch selbst durchzuführen (Präferenz für Selbstkorrektur), indem sie etwa den fraglichen Begriff wiederholen. Korrektursequenzen erstrecken sich daher häufig über mehrere „turns“, in denen

3 Die Konversationsanalyse meidet normalerweise die Begriffe ‚Sprecher' und ‚Hörer', da sie davon ausgeht, dass auch Redezüge einer einzelnen Person interaktiv konstituiert sind. Sie bevorzugt z.B. statt ‚Hörer' den Begriff des ‚Rezipienten'. Da im vorliegenden Text unter Rezipienten aber die Rezipienten von Medienkommunikation gemeint sind, wird der Klarheit halber nur dann von *Rezipient* und *Rezeption* gesprochen, wenn die Medienrezeption gemeint ist.

4 Zur Aktualität und Zentralität des Repair-Konzeptes in der Konversationsanalyse vgl. Schegloff (2000).

dem ursprünglichen Produzenten der Fehlerquelle die Möglichkeit gegeben wird, den Fehler (also auch bei Fremdinitiierung der Korrektur) selbst zu beheben. Die Präferenzstruktur bei Korrekturen trägt dafür Sorge, dass der Sprecher selbst seine Fehler beheben und zu einem ungestörten Fortgang der Kommunikation beitragen kann. Und sie minimiert die Interventionsformen derer, die Hörer einer möglichen Störquelle oder Irritation sind.

In den frühen Texten der Konversationsanalyse zum Thema Reparaturen und Korrekturen wird das Phänomen überwiegend als Behebung einer Störung behandelt, welche das Verständnis des Gesprächs beeinträchtigte. Doch ist schon der Präferenzstruktur bei Korrekturen (selbst vor fremd) eine moralische Implikation immanent. Andere Interakteure offen zu korrigieren, stellt zum einen deren kommunikative oder sachliche Kompetenz in Frage. Zum anderen läuft der Korrigierende Gefahr, als Oberlehrer oder als Rechthaber zu gelten. Nicht von ungefähr existieren nur wenige kommunikative Kontexte, in denen gefahrlos korrigiert werden kann wie etwa in der Eltern-Kind-Kommunikation, oder Korrekturen geradezu erwünscht sind, im Spracherwerb zum Beispiel oder allgemein in erzieherischen Kontexten.

Auch Schaals (1998) Analysen zeigen, dass dem unscheinbaren Interaktionsphänomen der Korrektur eine moralische Qualität innewohnt. Mittels Fremdkorrekturen und Fremdreparaturen wird mehr getan, als nur Gesprächsbeeinträchtigungen zu beseitigen. Sie spricht speziell bei Fremdkorrekturen von „moralischen Seitenhieben". Sie zeigt, dass sich offene Korrekturen in Alltagsinteraktionen schnell zu Streit ausweiten können und spricht explizit von einer „Gefahr der Eskalation" (1998, 69), die Fremdkorrekturen mit sich bringen. Schaal betont „die Nähe dieses Typs zum Dissens und zur damit verbundenen Gesichtsbedrohung" (1998, 39). Gerade bei Korrekturen würden „Fehler und Inkonsistenzen direkt von den Beteiligten thematisiert und somit Fragen von sprachlicher und persönlicher Kompetenz berührt" (1998, 44). Zeugen von Fehlern und Fehlerkorrekturen stöhnen, lachen und behandeln mitunter den Fehlerproduzenten als begriffsstutzig, indem sie den fehlenden, fehlerhaft ausgesprochenen oder missverstandenen Begriff Silbe für Silbe im Staccato akzentuieren (‴bei NEK (.) KER (.) MANN', siehe zu diesem Beispiel Schaal 1998, 61). Solche hervorgehobenen Korrekturen werden als „exponiert" bezeichnet (zum Gegensatz von „exposed and embedded corrections" vgl. Jefferson 1987). Wie sehr die Beteiligten um die gesichtsbedrohenden Implikationen exponierter Korrekturen wissen, lässt sich auch daran zeigen, dass die ursprünglichen Produzenten der „trouble source" sich häufig – nach der Fremdkorrektur – entschuldigen oder rechtfertigen, bzw. die Korrigierenden ihrerseits ihre Fremdkorrekturen entschärfen, indem sie sie mit Lachpartikeln versetzen oder durch ein spielerisches Code-Switching (z.B. in einen Dialekt) modalisieren. Auch und gerade durch diese rechtfertigenden Ausgleichshandlungen und spielerischen Modalisierungen ist die gesichtsbedrohende Implikation exponierter Fremdkorrekturen spürbar.

Während im Alltag also Fremdkorrekturen doppelt dispräferiert sind, finden sich in Rezeptionskommunikationen offene Korrekturen *ohne* jegliche Abschwächung. Auch hier ist eine Umkehr der Präferenzstruktur feststellbar. Ein Beispiel macht deutlich, wie offensiv Korrekturen in der Medienrezeption erfolgen:

Nachrichten (Beobachtungsprotokoll)
(N: Nachrichtensprecher; R: Rezipientin)

```
01    N:     (...) berichtete die italienische Tageszeitung
02           Corriere della Sierra
03    R:     SERA! (Pause) °Depp°
```

Nicht nur wird die Korrektur unvermittelt und gänzlich unabgeschwächt geäußert. Sie wird sehr laut und betont artikuliert. Die hier vollzogene Korrektur von „sierra“ (spanisch: ‚Wüste') zu „sera“ (italienisch: ‚Abend') bezieht sich auf den Titel der größten seriösen italienischen Tageszeitung „Corriere della Sera“. Nicht nur, dass die Korrektur völlig offen, geradezu heftig erfolgt. In ihr wird der Nachrichtensprecher der Inkompetenz bezichtigt. Der Nachrichtensprecher hatte mittels der ‚falschen' Aussprache aus dem (italienischen) ‚Abendboten' einen (spanischen) ‚Wüstenboten' gemacht, was ihm neben der Korrektur ein nachgeschobenes leiseres „°Depp°“ einbringt. Gerade durch die sequentielle (hier unmittelbare) Nähe zwischen offener Korrektur und persönlicher Beschimpfung wird der sonst latente gesichtsbedrohende Charakter der Fremdkorrekturen manifest: Sie sind mit Beleidigungen kombinierbar.

Auch das folgende Segment enthält eine Kombination zwischen exponierter Korrektur und Herabsetzung des Adressaten:

Nachrichten (Beobachtungsprotokoll)

(N: Nachrichtensprecher; R: Rezipientin)

```
01    N:     (...) wurde in vielen Städten den Opfern der
02           Novemberpogrome gedacht.
03    R:     DER, DER! (Pause) DER OPFER
```

```
04          ´hhh hhh´ ((gekünsteltes Seufzen))
05          aaah deutsch S:prack schwer S:prack, heh?
```

Stärker noch als im ersten Beispiel ist die Korrektur exponiert, ja fast exaltiert. Der als fehlerhaft identifizierte Artikel („den“, Z. 01), wird zwei Mal laut korrigiert („DER, DER!“) sowie der ‚korrekte‘ Kasus lautstark wiederholt (Z. 03). Es folgt ein gedehntes, demonstrativ gekünsteltes Seufzen, gefolgt von dem Ausruf „aaah deutsch S:prack schwer S:prack, heh?“ (Z. 04/05), in dem mittels des gespielten „Ausländerdeutsch“ dem Sprecher der Nachrichten weitreichend eine Kompetenz der deutschen Sprache aberkannt wird. Die Herabsetzung erfolgt virtuos mittels einer „Überlagerung von Stimmen“ (Bachtin 1979): Die Rezipientin übernimmt in einem fiktionalen Modus den Sprachstil, den sie einem weitgehend inkompetenten Sprecher des Deutschen unterstellt. Die Überhöhung dieser unterstellten Inkompetenz ist deutlich: Aufgrund einer bloßen Kasusverwechslung wird aus dem Sprecher einer Nachrichtensendung ein des Deutschen nicht mächtiger, radebrechender Fremdsprachler, im Sinne Bachtins eine „parodistische Stilisierung“ (1979, 228). In Face-to-face-Situationen wären solche Korrekturen und nachäffende Parodien auf eine anwesende Person äußerst gesichtsbedrohend, da sie die Grenze zur persönlichen Beleidigung überschreiten. Doch aus gutem Grund erfolgen diese persönlichen Herabsetzungen eben in der folgenlosen Rezeptionssituation.

In Korrekturen erfolgen Herabsetzungen des Medientexts bzw. der Handlungen des Kommunikators. Diese Herabsetzung geht im Gegenzug mit einer Besserstellung des Rezipienten einher. Immerhin weiß er (oder sie) in jenen Dingen, die für die Kompetenz des korrigierten ‚Opfers‘ zentral sind (etwa die Aussprache des Titels einer großen, bekannten Tageszeitung in einer Nachrichtensendung), besser Bescheid als der Kommunikator, der für sich Expertenstatus beanspruchen könnte. In den Korrekturen machen die Rezipienten ihren reklamierten Wissensvorsprung explizit. Diese Überlegenheit gilt zunächst dem Kommunikator. Er ist es, dessen Fehlverhalten in der Korrektur mehr oder minder erbarmungslos angeprangert wird.

Zwar ist die Teilnehmerkonstellation während der Medienrezeption dadurch geprägt, dass der Kommunikator abwesend ist und bleibt. Dem „recipient design“ der Äußerungen (dem Zuschnitt einer Äußerung auf ihren Adressaten hin) gegenüber dem Fernsehtext ist diese strukturelle Abwesenheit unmittelbar ablesbar. Doch ist die soziale Konstellation in der Rezeption meist insofern komplexer, als häufig ein oder mehrere weitere Rezipienten anwesend sind. Insofern stellt sich die Frage, inwiefern die „Erbarmungslosigkeit“ im Urteil gegenüber dem Medientext mit Interaktionsbedingungen der Rezipienten untereinander harmoniert oder konfligiert. Wie das folgende Beispiel zeigt, sind die Adressierungskonstellationen in der Medienrezeption komplex. Die Überhöhung des einen Rezipienten gegenüber dem Medientext kann gewisse strukturelle Zwänge für weitere anwesende Rezipienten eröffnen:

„Lodz“ (Musiksendung)

```
        FS-Text:      ((Musiksendung, Vicky Leandros singt:))
                      Theooooo wir fahrn nach Lllllotsch, Theoooooo wir
                      fahrn nach Llllllotsch
                      ich habe diese Landluft satt, will endlich
                      [wieder in die Stadt
01      S:            [Die können einfach ne nach L::otsch fahrn
02      S:            weils ne ↑gibt (-) is ganz klar
03      D:            jaja na ich musst mich ja [(noch)
04      S:                                      [WUTSCH heisstes
05      S:            und da [wird ma
06      D:                   [(   ) irgendwann belehren lassen
07      D:            dass das durchgestrichene El im polnischen
08      D:            wie n We ausgesprochen wird
09      S:            Is (.) doch schon lange be[kannt
10      D:                                      [jajaa na-
11                    nja mir mittlerweile ↑auch aber (mm)
12                    (1.0)
13      D:            ((Name)) (konnte/kannte) polnisch
14      S:            ja, hmhm, gut?
15      D:            weeß ich nich wie gut
14      S:            Mein Bruder war dort mal
15                    (-)
16      D:            in Wudsch
17      S:            hmhm
```

Die korrektive Sequenz wird von S eingeleitet, indem sie in den Zeilen 01 und 02 bezüglich des (gesungenen) Fernsehtextes „wir fahrn nach Lotsch“ mit der Behauptung widerspricht, ‚die' könnten einfach nicht nach ‚Lotsch fahrn', weil es ‚Lotsch' nicht gebe. Die „trouble source“, die Anlass ihrer Korrektur ist, wird dabei identifiziert und die Aussprache des Wortes im Gesang imitierend gedehnt und betont gesprochen (Z. 01: „L::otsch“). Die eigentliche Korrektur wird unmittelbar danach direkt durchgeführt, mittels eines lauten „WUTSCH heisstes“ (Z. 04). Der Ko-Rezipient seinerseits demonstriert, dass auch er (mittlerweile) zu den Experten zählt, die wissen, dass die polnische Stadt Łódź nicht „Lotsch“, wie im Fernsehtext, sondern „Wutsch“ ausgesprochen wird, indem er detailliert Wissen um die dieser Phonetik zugrundeliegende polnische Schreibweise anführt (Z. 07/08: „dass das durchgestrichene *El* im polnischen wie'n *We* ausgesprochen wird"). Die Korrektursequenz zeigt, dass korrektive Handlungen gegenüber dem Medientext moralische Implikationen für die Rezipienten haben können. Zum einen wird von S die ‚korrekte' polnische Aussprache demonstriert und darüber hinaus von D das zugrundeliegende ‚phonetische Prinzip' erläutert. Doch die Korrektursequenz führt zu einem kleinen Demonstrationswettbewerb der Rezipienten untereinander, in dem um die Selbstverständlichkeit dieses Wissens konkurriert wird. Die Äußerung von D in Zeile 03/06, er habe sich diesbezüglich „irgendwann" belehren lassen, handelt ihm ein „Is (.) doch schon lange bekannt" von S ein (Z. 09), was wiederum D zu einem rechtfertigenden „nja mir mittlerweile ↑auch" (Z. 11) veranlasst. Beide führen noch, wie zur Authentisierung ihres Wissens, verschiedene Personen als Quellen der Herkunft ihres jeweiligen Wissens an, D kennt jemand, der Polnisch kann, der Bruder von S war selbst in Łódź.

Die Sequenz zeigt, dass eine Korrektur gegenüber dem Medientext zu Wissensdemonstrationen der Rezipienten untereinander führen kann. Eine ‚klare' Überlegenheit eines Rezipienten kann zu einer asymmetrischen Situation in der Rezeptionssituation führen, wenn ein Ko-Rezipient sich als ähnlich ‚ahnungslos' erweisen sollte wie der Kommunikator. Damit ist die für Korrekturen gegenüber dem Medientext so typische „Erbarmungslosigkeit" eine zweischneidige Angelegenheit. Im Alltag gelten, wie Keppler (1989) zeigte, ungefragte und ungebetene Belehrungen als problematisch, da der Adressat solcher Wissensabladungen in die rezeptive und defizitäre Situation eines zu Belehrenden gerät, und der Belehrende seinerseits als Besserwisser und Oberlehrer gelten kann. Korrektursequenzen gegenüber dem Medientext haben somit moralische Implikationen für die Rezeptionssituation. Matthewson (1992, 26) betont bezüglich der Rezipientenkommunikation gegenüber dem Fernsehtext:

> „Thus the utterances adressed to the television and the utterances spoken with the television are not instances of self-talk, but are directed at other viewers. They provide interesting and often amusing ways of conveying to other viewers the speaker's state of mind or assessment of the situation."

Speziell in moralischer Kommunikation ist die Konstellation jedoch komplizierter. In der gemeinschaftlichen Medienrezeption ist mit dem Ko-Rezipienten nicht nur ein kommunikativer Adressat gegeben, wie Matthewson andeutet. Er kann sich vielmehr als lateraler *moralischer* Adressat erweisen. Im Fall des „Lotsch/Wutsch"-Wissenswettbewerbs zwischen D und S entsteht insofern eine Wissensasymmetrie der Rezipienten untereinander, da S das Wissen als „schon lange bekannt" kennzeichnet, das für D relativ neu zu sein scheint. Dennoch führt die Korrektursequenz in diesem Fall zum Distinktionsgewinn beider Rezipienten, insofern als sich *beide* dem Fernsehtext überlegen zeigen. Doch wie das Beispiel zeigt, ermöglicht die spezifische interaktive Konstellation in der Rezeptionssituation eine Moralkommunikation ‚über die Bande' – über den Fernsehtext an den Ko-Rezipienten, der damit zum latenten lateralen moralischen Adressaten der negativen Äußerungen gegenüber dem Fernsehtext wird.

4. Der soziale Gewinn

Mit Hilfe dieser empirischen Befunde lassen sich Antworten auf die eingangs gestellten Fragen geben: Warum sind genau diese Formen negativer Moralkommunikation für die Medienrezeption so geeignet? Und welche besondere moralische ‚Arbeit' verrichten diese kommunikativen Formen in der Medienrezeption?

Auf den ersten Blick fällt auf, dass hier ausgerechnet drei Formen behandelt wurden, die *nicht* Gegenstand der empirischen Analysen des genannten Moralprojektes waren. Doch es ist für die besondere moralische Qualität der Rezeptionssituation bezeichnend, dass genau *diese* drei Formen in der Rezeptionssituation vorzufinden sind bzw. Moralkommunikation während der Rezeption sich eben nicht in Frotzeleien, Vorwürfen oder Beschwerdegeschichten ausdrückt, wie dies sonst in (nicht medial geprägter) Alltagskommunikation der Fall ist.

Zunächst sind alle drei Formen in ihrer Kürze dem fortwährenden „flow" des Fernsehtextes angepasst. In dieser Kürze erlauben sie den Rezipienten, moralische Äußerungen zu produzieren *und* zugleich die Rezeption (die eigene und die anderer Anwesender) nicht wesentlich zu beeinträchtigen. Sie sind direkt, teils scharf und hart, nicht abgeschwächt. Dies unterscheidet sie deutlich von Formen moralischer Kommunikation in alltäglichen (nicht durch Medienrezeption geprägten) Kontexten. Diese äußere Form ist im Wesentlichen der besonderen Teilnehmerkonstellation zuzuschreiben. Der Produzent des semiotischen Materials, das während der Rezeption verhandelt wird, ist in der Situation nicht anwesend. Die Abwesenheit des moralischen Adressaten bedeutet für die Rezeptionssituation eine spezifische soziale Folgenlosigkeit der Kommunikation mit dem resp. über das Fernsehen. Diese soziale Folgenlosigkeit ist in der Existenz von ansonsten kommunikativ riskanten oder gar gesichtsbedrohenden Handlungen unmittelbar spürbar. Insofern räumt die Medienrezeption den Rezipienten kommunikative Freiheiten ein, die ihnen sonst verwehrt bleiben. Sie äußern gesichtsbedrohende kommunikative Handlungen dort, wo sie nicht gesichtsbedrohend sind. Bedingt durch die einseitige kommunikative Konstellation ist der Kommunikator, der moralische Adressat, nicht ‚satisfaktionsfähig' – und genau das nutzen die Rezipienten erbarmungslos aus. Die negativen Äußerungen können deswegen so unvermittelt erfolgen, *weil* das so harsch Bewertete nicht zur Sozialwelt der Rezipienten gehört. Zumindest nicht zur unmittelbaren. Es ist vielmehr die spezifische *abwesende Anwesenheit* des Kommunikators, seine dennoch unmittelbare mittelbare Gegebenheit, die diese Formen ermöglicht.

Die spezielle Präsenz des Medientextes erklärt auch, warum in der Medienrezeption andere Formen von Moralkommunikation erfolgen als im Alltag. Es ist kein Zufall, dass in der Medienrezeption zum Beispiel keine Vorwürfe gegenüber dem Medientext aufzufinden sind. Diese (und andere) Formen sind auf einen entweder anwesenden Adressaten oder aber, bei Abwesenheit, den Anwesenden bekannten und zu ihrer Sozialwelt gehörenden moralischen Adressaten hin zugeschnitten. Moralkommunikation erfolgt damit im Alltag stark personalisiert. Sie zielt auf eine Abschaffung des Fehlverhaltens oder zumindest auf ein Verhalten zum Fehlverhalten (in einer Rechtfertigung etwa). Moralkommunikation in der Medienrezeption hingegen kann nicht auf das Abstellen eines Handelns oder Fehlverhaltens zielen.

Moralkommunikation in der Medienrezeption hat andere Funktionen. Mit ihrer Hilfe erfolgt eine Aushandlung eines gemeinsamen Bewertungshorizontes in der Rezeptionsgemeinschaft, und zwar ohne die Gefahren, die alltägliche Moralkommunikation sonst birgt. In der Moralkommunikation der Rezeptionsgemeinschaft über den Fernsehtext erfolgt eine Bestimmung dessen, was die Gemeinschaft positiv bewertet und anerkennt, was sie ablehnt und worüber gemeinsam gelästert werden kann. Medienrezeption ist zunächst ein sozialer Ort, an dem Moralkommunikation ein Schlupfloch findet und sich entfalten kann. Hier können ´ungestraft´ moralische Kommunikationen stattfinden, die im Alltag riskant und folgenreich wären. Sie sind im besten Sinne empirische Ausdrücke davon, was Rainer Winter (i.d.Bd.) abstrakt als „flüchtige, widerspenstige und schnell vorübergehende Mikro-Praktiken" bezeichnet. Insbesondere in den Lästersequenzen verbünden sich die Rezipienten wider den Text und ziehen sozialen Gewinn aus der gemeinsamen Verächtlichmachung. Doch bezeichnenderweise geschehen die Herabsetzungen (Korrekturen, Beschimpfungen) auch in solitären Rezeptionssituationen, in denen kein Ko-Rezipient anwesend ist. Die Herabsetzungen des Medientextes zielen offensichtlich auch auf eine Besserstellung des einzelnen Rezipienten.

Für die Rezipienten ist die Rezeptionssituation eine Konstellation, „wo was los ist" („where the action is", Goffman 1986) – nur in einem anderen Sinne als der meist auf die medialen Handlungen bezogene Begriff ‚action' zunächst suggeriert. Goffman nahm damit auf soziale Orte Bezug, an denen Handelnde durch aggressive, gesichtsbedrohende Akte anderen gegenüber Punkte machen und ihr eigenes „face" aufwerten. Die Medienrezeption ist ein solcher sozialer Ort, an dem Rezipienten mittels Verächtlichmachung des Medientextes „Punkte machen" (Goffman), die zu ihrer eigenen Aufwertung beitragen.

Heritage (1985) hat in Anschluss an Goffman (1981) in einer Untersuchung über Fernsehnachrichten die Redezug- und Sequenz-Struktur von Nachrichteninterviews als an einer „overhearing audience" orientiert bezeichnet. Von Seiten der Rezipienten ist der Begriff „overhearer" jedoch offensichtlich unterbestimmt. Genau genommen ist das Bild vom Publikum als einer „overhearing audience" eine Fiktion. Während der Rezeption kommt es zu einem ständigen Wechsel in der Aufmerksamkeitsstruktur des Publikums, so dass die jeweiligen Rezeptionsgemeinschaften phasenweise nicht zu den „overhearer" zählen. Und dass das Publikum weit mehr ist als eine nur passive „overhearing audience", ist anhand der Beispiele negativer Moralkommunikation deutlich geworden. Zwar mag der Medientext dem Publikum die strukturelle Rolle des stillen „overhearer" anbieten. Doch bezeichnend ist, was die Rezipienten aus diesem Angebot und der Rezeptionssituation machen: eine moralische Instanz.

Dies wirft auch ein völlig neues Licht auf das, was gemeinhin als „parasoziale Interaktion" bezeichnet wird. Horton und Wohl, die diesen Begriff prägten (1986, 186), sprachen von einem „simulacrum of conversational give and take", welches speziell dem Fernsehen in seinen Versuchen, „intimacy at a distance" zu erzeugen, eigen sei. Para-soziale Beziehungen charakterisieren sie hingegen als "governed by little or no sense of obligation, effort or responsibility on the part of the spectator". Es ist genau diese Entbindung von jeglicher sozialer Verpflichtung, die zu Moralkommunikationen der geschilderten Art führt. Insofern ist die Medienkommunikation geradezu dazu prädestiniert, zum Opfer moralisierender Äußerungen zu werden.

5. Kein Vergnügen an den Medien? Das Vergnügen am Missvergnügen

In den Formen negativer Moralkommunikation artikulieren die Rezipienten ihr Missvergnügen am Medientext. Das Missvergnügen, das sich in diesen Äußerungen abzeichnet, ist dabei jedoch keineswegs durchweg ein Ärgernis, sondern vielmehr ambivalent. Denn der Medientext und seine Akteure werden der Lächerlichkeit preisgegeben. Das Missfallen selbst verzinst sich durch die Überlegenheit, die daraus gewonnen werden kann, zu einem sozialen Distinktionsgewinn. Während der Rezeption führt dies zwar nicht immer gerade zu ausgelassener Heiterkeit. Nicht alle moralisierenden Äußerungen in der Medienrezeption sind vergnüglich. Doch in vielen kommunikativen Formen des Missfallens über den Medientext findet sich eine Befriedigung an eben dieser Differenz, ein Vergnügen am Missvergnügen also, wieder.

Woran Vergnügen entsteht, ist damit ganz offensichtlich nicht daran gebunden, dass der Medientext dies zu evozieren versucht. Im Gegenteil. Es ist kein Zufall, dass die negativen Bezugnahmen – Bewertungen, Lästern und Korrekturen – auffällig häufig gerade während der Rezeption *nichtfiktionaler* und *nichtunterhaltsamer* Sendungen wie Nachrichten erfolgen. Einen Nachrichtensprecher zu korrigieren, der nicht in der Lage ist, den Namen der größten italienischen Tageszeitung ‚korrekt' auszusprechen, bringt den Rezipienten augenfällig Vorteil und Überlegenheit ein. Eine fiktive Figur der Lächerlichkeit preiszugeben erzeugt nicht in gleichem Maß Vergnügen. Fiktive Texte und Figuren haben kein „face", das herabzusetzen sich lohnt.[5] Bei Spielfilmen oder anderen fiktionalen Sendungen ist der direkte Punktgewinn somit nicht zu erlangen, und auch gegenüber dem in vielen Sendungen auftretenden „Mann auf der Straße" ist der Distinktionsgewinn durch Korrektur und Abwertung nicht sehr groß. Insofern ist in der negativen Moralkommunikation in der Medienrezeption ein klarer Zusammenhang zwischen Rezeptionshandlungen der Rezipienten und Gattungsstruktur des medialen Textes gegeben: Es sind in der Regel (reale) Personen und Ereignisse, denen die Herabsetzungen gelten. Insbesondere für mediale Gattungen, die für sich Ernsthaftigkeit, Wahrheit, Richtigkeit und Objektivität beanspruchen – Nachrichten, Reportagen etc. –, ist das Wohnzimmer somit ein ausgesprochen ‚unsicherer Ort' (Krotz 1997).

---

5 Zur systematischen Unterscheidung von Person und Figur vgl. Keppler (1995).

Anhang: Transkriptionskonventionen

Die Äußerungen der Rezipienten und des Fernsehtextes werden untereinander in einem Block transkribiert und sind je nummeriertem Zeilenblock wie eine Partitur zu lesen. Zur besseren Lesbarkeit sind die Äußerungen der Rezipienten in den Partituren fett hervorgehoben.

[ ]	Überlappungen und simultanes Sprechen
=	schneller Anschluss und Verschleifungen
(.)	Mikropause
(-), (--), (---)	kurze, mittlere und längere Pause
(1.0)	Pause in geschätzter Sekundenangabe
hehe hihi	Lachen
so(h)o	Lachpartikel beim Reden
((lacht))	Parasprachliche Phänomene
, ? ; .	Tonhöhe steigend, stark steigend, fallend, stark fallend
↑, ↓, ↑↑	*high onset*, auffällige Tonhöhensprünge
( )	unverständlich
(...)	Auslassung im Transkript
hm	einsilbiges Hörersignal
.h .hh	Einatmen
h hh	Ausatmen
<u>betont</u>	betonte Äußerung
LAUT	laute Äußerung

Literatur

Ayaß, Ruth (2000): Das Vergnügen der Aneignung. Lachen und Gelächter in der Fernsehrezeption. In: Winter, Rainer & Göttlich, Udo (Hrsg.): *Die Politik des Vergnügens. Zur Diskussion der Populärkultur in den Cultural Studies*. Köln: Halem. 146-165.

Bachtin, Michail M. (1979): *Die Ästhetik des Wortes*. Frankfurt: Suhrkamp.

Baldauf, Heike (2002): *Knappes Sprechen*. Tübingen: Niemeyer.

Bergmann, Jörg (1987): *Klatsch: Zur Sozialform der diskreten Indiskretion*. Berlin: de Gruyter.

Bergmann, Jörg & Luckmann, Thomas (Hrsg.) (1999): *Kommunikative Konstruktion von Moral. Band 1: Struktur und Dynamik der Formen moralischer Kommunikation. Band 2: Von der Moral zu den Moralen*. Opladen: Westdeutscher Verlag.

Breidenstein, Georg & Kelle, Helga (1998): *Geschlechteralltag in der Schulklasse. Ethnographische Untersuchungen zur Gleichaltrigenkultur*. Weinheim und München: Juventa.

Goffman, Erving (1981): Footing. In: ders.: *Forms of talk*. Philadelphia: University of Pennsylvania Press. 124-159 (orig. in: *Semiotica* 25/1979. 1-19).

Goffman, Erving (1986): *Interaktionsrituale. Über Verhalten in direkter Kommunikation*. Frankfurt am Main: Suhrkamp (orig.: *Interaction ritual. Essays on face-to-face behavior*. Garden City, New York: Anchor Books, Doubleday & Company, 1967).

Heritage, John (1985): Analyzing news interviews. Aspects of the production of talk for an overhearing audience. In: van Dijk, Teun A. (Hrsg.): *Handbook of discourse analysis*. Vol. 3: Discourse and dialogue. London: Academic Press. 95-117.

Holly, Werner & Püschel, Ulrich & Bergmann, Jörg (Hrsg.) (2001): *Der sprechende Zuschauer. Wie wir uns Fernsehen kommunikativ aneignen*. Opladen: Westdeutscher Verlag.

Horton, Donald & Wohl, R. Richard (1986): Mass communication and para-social interaction: Observation on intimacy at a distance. In: Gumpert, Gary & Cathcart, Robert (Hrsg.): *Inter/Media. Interpersonal communication in a media world.* New York/Oxford: Oxford University Press. 185-206 (orig. in: *Psychiatry*, 1956, 19/3. 215-229).

Jefferson, Gail (1987): On exposed and embedded correction in conversation. In: Button, Graham & Lee, John R.E. (Hrsg.): *Talk and social organization*. Clevedon: Multilingual Matters. 86-100.

Katz, Elihu & Foulkes, David (1962): On the use of the mass media as „escape": Clarification of a concept. In: *Public Opinion Quarterly* 26/3. 377-388.

Keppler, Angela (1989): Schritt für Schritt. Das Verfahren alltäglicher Belehrungen. In: *Soziale Welt* 40/4. 538-557.

Keppler, Angela (1995): Person und Figur. Identifikationsangebote im Fernsehen. In: *montage/av* 4/2. 85-99.

Klemm, Michael (2000): *Zuschauerkommunikation: Formen und Funktionen der alltäglichen kommunikativen Fernsehaneignung*. Frankfurt am Main: Lang.

Kotthoff, Helga (1993): Disagreement and concession in disputes. On the context sensitivity of preference structures. In: *Language in Society* 1993/22. 193-216.

Krotz, Friedrich (1997): Das Wohnzimmer als unsicherer Ort. Zu Morleys "Aufzeichnungen aus dem Wohnzimmer". In: *montage/av* 6/1. 97-104.

Matthewson, Lisa (1992): Talking to the TV. The conversational behavior of television viewers. In: *Wellington Working Papers in Linguistics* 1992/5. 17-35.

Pomerantz, Anita (1984): Agreeing and disagreeing with assessments: some features of preferrred/dispreferred turn shapes. In: Atkinson, J. Maxwell & Heritage, John C. (Hrsg.): *Structures of social action. Studies in conversation analysis*. Cambridge: Cambridge University Press. 57-101.

Pomerantz, Anita (1986): Extreme case formulations. A way of legitimizing claims. In: *Human Studies* 1986/9. 219-229.

Püschel, Ulrich (1993): ‚du musst gucken, nicht so viel reden'. Verbale Aktivitäten bei der Fernsehrezeption. In: Holly, Werner & Püschel, Ulrich (Hrsg.): *Medienrezeption als Aneignung. Methoden und Perspektiven qualitativer Medienforschung*. Opladen: Westdeutscher Verlag. 115-135.

Schaal, Virginia (1998): *Moralische Seitenhiebe in der Kommunikation: Fremdkorrekturen und Fremdreparaturen*. Unveröffentliche Diplomarbeit, Universität Gießen.

Schegloff, Emanuel A. (2000): When ‚others' initiate repair. In: *Applied Linguistics* 21/2. 205-243.

Schegloff, Emanuel A. & Jefferson, Gail / Sacks, Harvey (1977): The preference for self-correction in the organization of repair in conversation. In: *Language* 53/2. 361-382.

Schütz, Alfred & Luckmann, Thomas (1984): *Strukturen der Lebenswelt*. Band 2. Frankfurt: Suhrkamp.

Die Insulaner – Hörvergnügen oder Ventil der Ohnmächtigen? Ein medienbiographischer Rückblick.

Heiner Pürschel

Wenn man die heute etwa 60-jährigen fragt, ob sie mit dem Namen ‚Die Insulaner' etwas verbinden, dann erhält man fast überall spontan die Antwort: War das nicht dieses Berliner Rundfunkkabarett nach dem Krieg? Hingegen wissen die 10 Jahre Jüngeren kaum noch etwas mit den Insulanern anzufangen. In deren Jugendzeit waren Günter Neumann und seine Insulaner kaum noch populär. Genauer gesagt: Das Kabarett spielte von 1948-1964, mit einem misslungenen Comeback 1968. Aber richtig berühmt war diese Sendung in den 50er Jahren, vor dem Mauerbau 1961.[1]

1. Erste Begegnung in der Grenzsituation

Im Alter von 11 Jahren habe ich erstmalig und eher zufällig – später dann öfter – die Insulaner gehört. Ich hatte nach dem Zubettgehen Bauchschmerzen und ging wieder hinunter ins Wohnzimmer um meiner Mutter zu sagen, mir wäre schlecht. Meine Eltern saßen in der guten Stube und hörten Radio. Ich bekam eine Wärmflasche und eine Decke und durfte mich aufs Sofa kuscheln. Meine Eltern hörten den RIAS (Rundfunk im amerikanischen Sektor). Das war zwar bei uns in der Ostzone offiziell verboten, aber in unserem Grenzbereich in der unmittelbaren Nähe zu Berlin – wir wohnten in Kleinmachnow – , war so vieles verboten, was nicht beachtet wurde. So war der Besitz von Westgeld verboten, aber alle hatten welches; der illegale Grenzübertritt war verboten, aber für uns Kinder gehörte beispielsweise der im Wald gelegene Bahndamm zwischen Düppel und Dreilinden als unbefestigte Grenze mit seinen verrosteten, weil unbenutzten Schienen zum Revier unserer Räuber- und Gendarmspiele. Auch das Lesen von westlichen Publikationsorganen war strafbar, aber niemanden kümmerte das so richtig.

---

[1] Nähere Angaben zu den Sendungen und zur Popularität in Sweringen (^{2}1995, 94 und 137 ff.).

Wir Kinder hatten uns schnell daran gewöhnt mit der Grenzsituation zu leben. Wir überquerten nicht nur ständig den Bahndamm bei unseren Spielen, sondern beobachteten dort auch die patrouillierenden russischen Soldaten, später zusammen mit Vopos; wir kannten alle Verstecke diesseits und jenseits des Bahndamms in den verlassenen Lauben der Laubenkolonie und mussten sowieso den Wald durchqueren, wenn wir zum ziemlich weit entfernten Strandbad Wannsee in Westberlin wollten, wo ich 1952 meinen Freischwimmer machte.

Für mich war die damals noch passierbare Grenze insofern besonders bedeutsam als ich nach 4-jähriger Grundschulzeit anschließend 2 Jahre in die im Westen gelegene Zehlendorfer Westschule ging, um dort Englisch als 1. Fremdsprache zu lernen. Dazu musste ich in Düppel jeden Tag über die Grenze. Anfangs ging das problemlos, später besorgten mir meine Eltern ein ‚Dokument', eine Art Karteikarte mit meinem Namen und meiner Adresse und einem dicken Stempel. Das Papier kam in eine Sichthülle mit Bändchen, die ich um den Hals trug. Meine Eltern hatten mir eingeschärft, dieses ‚Dokument' immer nur den russischen Grenzern in Düppel zu zeigen, was dann auch hervorragend klappte. Erst im Spätsommer 1952 wurde die Grenze geschlossen und ich wohnte auf Einladung bei den Eltern meines Freundes J. K. in Westberlin. Ich hatte angeblich sehr ansteckenden Scharlach und durfte deshalb – so die offizielle Version für meine Geschwister – nicht nach Kleinmachnow kommen. Im Dezember 1952 überschlugen sich die Ereignisse. Mein Vater wurde im Rahmen einer Verhaftungswelle verhört und setzte sich noch am Abend nach seiner Entlassung nach Westberlin ab; als er nicht wieder auftauchte, haben Vopos 14 Tage lang bei uns gewohnt und vergeblich auf eine Kontaktaufnahme zwischen meinen Eltern gewartet. Im Januar 53 schließlich verließen wir in zwei Gruppen über Dreilinden die Ostzone und flüchteten nach Westberlin.

Diese knappe Schilderung soll verdeutlichen, dass auch uns Kindern die Grenzsituation, die Zweiteilung in Ost und West, der demokratische Westen, wo man alles durfte und der Osten, wo man sehr vorsichtig sein musste bei allem was man tat und redete, sehr wohl vertraut war. Für eben diese Situation, für das Aushaltenkönnen dieser Spannungen war eine Sendung wie das Kabarett ‚Der Insulaner' ein hervorragendes Ventil. Zwar verstand ich als Elfjähriger keineswegs alle Feinheiten und Anspielungen und wunderte mich oft, warum die Leute klatschten und lachten, aber sowohl das Insulanerlied als auch der Genosse Funzionär waren uns bald so vertraut, dass wir vorsichtig sein mussten, um uns durch Trällern des Insulaner-Liedes in der Öffentlichkeit nicht zu verraten.[2]

2. Die Programmteile

Die Geschichte des Kabaretts ‚Der Insulaner' ist ausführlich u. a. von Bryan T. van Sweringen (²1995) dokumentiert und analysiert worden. Entstanden ist das Kabarett 1948 zur Zeit der Berliner Blockade. Ungefähr alle 4 Wochen wurde eine neue Ausgabe vom Sender RIAS ausgestrahlt mit z.T. mehrfachen Wiederholungen. Verfasser der Texte und der Lieder war Günter Neumann, der auch ansonsten in umfangreicher Weise schriftstellerisch tätig war. Zuerst waren die Insulaner ein reines Funk-Kabarett mit Studioaufnahmen. Später wurden Gäste ins Studio eingeladen, wodurch die Atmosphäre erheblich verbessert wurde, denn die Reaktion des Publikums übertrug sich auf die Zuhörer und setzte noch mehr Emotionen frei. Schließlich wagten sich Günter Neumann und seine Mitstreiter (Tatjana Sais, Edith Schollwer, Agnes Windeck, Ilse Trautschold, Bruno Fritz, Ewald Wenck, Joe Furtner, Walter Gross und Olaf Bienert) ins Rampenlicht der Öffentlichkeit. Die Sendungen wurden im Beisein von Zuschauern jeweils am Nachmittag entweder im Titania Palast in Berlin-Steglitz, im Hebbeltheater oder in der Waldbühne und später im Theater am Kurfürstendamm produziert und in der Regel noch am gleichen Abend vom RIAS ausgestrahlt. Zu den klassischen Programmteilen in der nur 45 Minuten dauernden Sendung gehörten:

1. Das Insulanerlied (Edith Schollwer)
2. Ein ernstes Solo (Tatjana Sais)
3. Telefonat Kummer (Bruno Fritz) mit dem imaginären Pollowetzer
4. Der Schulungsabend des ‚Funzionärs' (Walter Gross)
5. Die Klatschdamen (Agnes Windeck, Tatjana Sais)
6. Ein Quodlibet des Ensembles anlässlich aktueller Ereignisse
7. Ensemble Nummer ‚Seh'n se das ist Berlin'

Das Insulanerlied

Das Insulanerlied war die Erkennungsmelodie und bestand aus 2-3 Strophen, nahm Bezug auf aktuelle Ereignisse mit Lokalkolorit und zog Politisches und Unpolitisches durch den Kakao, allerdings häufig genug auch mit ernstem Hin-

---

2 Über ähnliche Erfahrungen seines Helden Thomas berichtet Dieter Zimmer in „Für'n Groschen Brause" (1980, 64).

tergrund. Jede Strophe endete mit ‚Der Insulaner verliert die Ruhe nicht, der Insulaner liebt kein Getue nicht, der Insulaner hofft unbeirrt, dass seine Insel wieder'n schönes Festland wird, und nach der letzten Strophe ‚ach wär das schön'.[3]

Ernste Soli

Die ernsten Lieder hatte Günter Neumann seiner Ehefrau Tatjana Sais auf den Leib geschrieben. Unvergessen ist zum Beispiel die Erinnerung an Weihnachten 1952, als die Berliner einem Aufruf des OB Reuter folgend Kerzen in die Fenster stellten, um die baldige Rückkehr der Kriegsgefangenen aus der Sowjetunion anzumahnen. Im Januar 1953 sang Tatjana Sais: ‚Hunderttausend Kerzen brannten in den Fenstern der Stadt'.

Die emotionale Betroffenheit der Berliner konnte nicht größer sein. Die ‚Wir klagen an' Demonstration klang durch und machte den Berlinern Mut zu weiteren Aktionen. Kein Wunder, dass bald darauf der Aufstand des 17. Juni in Ostberlin folgte; man wollte sich wehren gegen Ungerechtigkeit und Unterdrückung. Hinzu kam der Tod Stalins im Jahre 1953. Nun, hoffte man, würde alles besser werden und wie ein Seismograph nahmen die Insulaner diese Stimmung auf und setzten sie in ‚Protestsongs' (so würden wir heute sagen) um.

Bekannt geworden ist zum Beispiel der Song mit dem Refrain ‚Sind die so dumm oder stell'n die sich so?' als Reaktion auf die Niederschlagung des Volksaufstandes vom 17. Juni 1953.

1.
Ein Damm ist gebrochen. Es hat sich ein Volk
gegen die Unfreiheit empört.
Die Herrn in Pankow hab'n feig sich verkrochen
doch die Welt hat den Ruf gehört.
Die Pankower Herren sind taub auf den Ohren.
sie beschön'gen und dreschen leeres Stroh –
Sind die so dumm oder stell'n die sich so?
Sind die so dumm oder stell'n die sich so?

2.
Sie hab'n auf der ganzen Welt Streiks geschürt,
in Fabriken, auf dem Bau und im Hafen.
Doch kaum hab'n sie'n Streik am eignen Leib gespürt,
droh'n sie gleich mit schwersten Strafen.
Wehe dem, der aus Protest seinen Arbeitsplatz verläßt.

[3] Der Berliner Dialekt wurde hier nicht wiedergegeben.

Streiken darf man nur anderswo!
Sind die so dumm oder stell'n die sich so?
Sind die so dumm oder stell'n die sich so?

5.
Seit Jahren schreit Pankow, man müße in Bonn
die Regierung gewaltsam verkürzen.
Aber wehe, wer's wagte, den eignen Thron
der Pankower Herren zu stürzen!
Der Aufruhr ist gern gegen andre gesehen,
doch tabu ist ihr eignes Büro –
Sind die so dumm oder stell'n die sich so?
Sind die so dumm oder stell'n die sich so?

7.
Sie hab'n einen Huldigungsmarsch befohl'n,
um das Ansehen halbwegs zu retten.
Durch die Straßen schritt müde ein freudloser Zug
im Spalier von Bajonetten.
Und die Pankower Größen genossen das Spiel
und sie winkten mit den Händen: „Hallo!" –
Sind die so dumm oder stell'n die sich so?
Sind die so dumm oder stell'n die sich so?

Wenn sie so dumm sind,
sind sie keine Volksvertreter,
wenn sie nur so tun –
sind sie Verräter!
(vgl. v. Sweringen [2]1995, 174 f.)

In der offiziellen Politik galt der RIAS als Propagandainstrument der westlichen Alliierten. Das ist er sicher gewesen, auch die Insulaner bildeten gewiss ein Mosaiksteinchen im gesamten Spektrum. Für die politisierten Zuhörer allerdings brachten solche Verse das Gefühl der Ohnmacht gegenüber den herrschenden Verhältnissen zusammen mit der Hoffnung zum Ausdruck, es müsse sich doch mal ändern. Wenn das auch nicht von heute auf morgen passieren würde, dann wollte man den Mitbürgern wenigstens die Augen öffnen, protestieren und sich dadurch Luft verschaffen.

Aber es änderte sich nichts. Vielmehr wurden die Grenzkontrollen immer schärfer bis hin zum Mauerbau (1961) und auch als Westberliner konnte man den Ostteil der Stadt nur mit einem Passierschein betreten. Bei der Durchquerung der

Zone auf der Autobahn musste man ,Wegelagererzoll' bezahlen und Schikanen jedweder Art waren an der Tagesordnung.

Das Telefonat: Kummer - Pollowetzer

Der klassische 3. Programmteil, der in fast allen Sendungen vorkam, war das Telefonat von Herrn Kummer (Bruno Fritz) mit dem imaginären, unhörbaren Pollowetzer. Herr Kummer – er soll Tucholskys Wendriner nachempfunden sein – nahm lokale, nationale und natürlich anti-sowjetische Ereignisse aufs Korn, spottete über Adenauers Kurzbesuche in Berlin, hoffte auf die baldige Rückgabe der von den sowjetischen Soldaten 1945 konfiszierten Uhren – das ,Uhri, Uhri' und ,Frau komm mit' hatte kein Berliner vergessen –, schließlich meinte Herr Kummer, dass die Sowjets angesichts des technischen Fortschritts in der UdSSR seine Uhr ja nun wirklich nicht mehr benötigen würden. Er ging auf die Grüne Woche in Berlin ein oder nahm das delikate Thema Notopfer Berlin (es wurde in Form eines Aufschlages auf das reguläre Porto erhoben) auf's Korn.

> Pollowetzer, ich hätt Ihnen ja'ne Karte geschrieben, aber die zwei Pfennig Zuschlag waren mir zu teuer. ... Na hören Sie mal, wenn ich als Berliner hier mein eigenes Notopfer bezahle, das ist doch so, als ob'n Finanzamt bei sich selber pfändet. (vgl. v. Sweringen ²1995, 171)

Die Schulungsabende des ,Funzionärs'

Zu allen wichtigen politischen Ereignissen in Ostberlin bzw. der DDR musste der ostdeutsche ,Funzionär' (Walter Gross) für seine Genossen Schulungsabende veranstalten. So sollten beispielsweise die Ziersprüche an den Wänden verschwinden, weil sie mit der kommunistischen Botschaft nicht ,kominform' gingen. „Mit de Ziersprüche, da jeht's dir genau wie mit de Pieckbilder[4], man kieckt da janich mehr hin", und der von einem Genossen vorgeschlagene Spruch ,Rast ich, so rost ich' erinnert an unsere Eisenbahnschienen (die DDR ließ viele S-Bahn Strecken verrosten) und darf deshalb nicht die Wände zieren. Auch ,Eigner Herd ist Goldes wert' sollte besser lauten ,volkseigner Herd'... ,wobei Gold ja eigentlich zu den monopolkapitalistischen (bei so schwierigen Wörtern versprach sich der Funzionär regelmäßig) Buntmetallen gehörte.

Dass es dem Funzionär mitunter in seiner eigenen Haut nicht ganz wohl war, zeigte sich, als er die von einem Genossen nachgefragte Bewertung von ,Nicht ärgern, nur wundern' mit ,Ich kann's doch ooch nich ändern' kommentierte.

---

4 Wilhelm Pieck, Präsident der DDR von 1949-1960.

Sein Fazit „Die sogenannten Ziersprüche sind eine ungeheure (laut und mit aufsteigender Intonation) Gefahr für unsere Sowjetrepublik geworden und dadrum weg mit de Ziersprüche, denn wat heeßt denn Zier? Bei uns ziert sich gar keener. Und Sprüche – wenn eener Sprüche macht, dann macht se de Regierung selber". (vgl. CD3, Günter Neumann Stiftung (Hrsg.) o. J.)

Unvergessen ist einer der witzigsten und pointenreichsten Schulungsabende zum Schillerjahr:

> ... und damit, liebe Jenossen und Jenossinnen, komme ick nunmehr zu unsern heutijen Themata: ‚Friedrich Schiller und de DDR!' Jenossen, vor wenije Wochen sind wir in das sojenannte Schillerjahr reinjetreten, und die Bedeutung dieses jrossen Mannes wird uns so recht bewußt durch eine Verfüjung des sowjetischen Weltfriedensrates, der das Schillerjubilehm zu einem Jedenktag der Weltkultur erklärt hat. Daß diese jrößte Ehrung für einen deutschen Nationaldichter jrade aus Moskau kommt, hat natürlich seinen tieferen Sinn. Friedrich Schiller war ein im Jeist der DDR schaffender Pöt – Poet, wollt' ick sagen. Er hing, so schnell er konnte, seinen Stabsarzt an den Nagel und rüttelte dafür lieber jejen die Pfosten von eine moralische Weltordnung. Er prangerte in seine Dramen die feudalen Jeschäftsmacher an und stellte se jejenüber mit der patriotischen Sauberkeit eines Max Pikkolo... Mini...Pikkolo-Mini! Mit eine jeradezu hellseherische Voraussicht hat er in seinen Landvogt Gessler den Brutto-Typ des jewissenlosen Imperialisten jezeichnet. Friedrich Schiller – ihr wert' ja jemerkt haben, daß wir das adlije ‚von' in alle Zeitungen weglassen, von ‚von' halten wir nämlich nischt. Ausser velleicht bei Jeneräle, aber diss nur nebenbei. Friedrich Schiller wurde jeboren von 1759 bis 1805. Er war eene der fleißigsten Dichter von seine Zeit, über siebzehn Bände hat er jeschrieben, das sind bei vorsichtige Schätzung mehr als dreißigtausend Seiten. Unermüdlich tummelte er sich auf seinen Musenroß, een Drama jagte das andere. Wie er die ‚Verschwörung des Fiskus' fertig hatte, kam ‚Cabaré und Liebe' an die Reihe, kaum hatte er ‚Maria Stuart' hinter sich, da stürzte er sich schon mit Feuereifer auf die ‚Jungfrau von Orleans'. (vgl. v. Sweringen ^{2}1995, 162 f.)

Damit war der Schulungsabend aber keineswegs zu Ende. Der Funzionär befragte seine Genossen nach passenden Schillerzitaten zum Aufmarsch am 1. Mai und erhielt prompt die (un)passenden Antworten: ‚Der Not gehorchend, nicht dem eig'nen Triebe' oder ‚Wo rohe Kräfte sinnlos walten'. Auch die neue Oper in Ostberlin sollte kommentiert werden mit ‚Ernst ist das Leben, heiter die Kunst'. Die Genossen kamen aber nur auf ‚Seid verschlungen, Millionen' oder aber ‚Hier wendet sich der Gast mit Grausen'. Und am Ende der Sitzung nach mancherlei Geplänkel durfte dann das ‚Sire, geben sie Gedankenfreiheit' nicht fehlen, ein unüberhörbarer Appell an die DDR-Machthaber. Zu diesem Zitat fiel dem Funzionär nur ein: „Als ob ick darüber zu bestimmen hätte! Außerdem: das Denken hat euch noch keener verboten! Die Sitzung ist geschlossen" (vgl. v. Sweringen ^{2}1995, 163 f.).

Wieder einmal hatte der Insulaner seine Ventilfunktion erfüllt. Den Ostberliner Diktatoren hatte er (man) es mal wieder richtig gegeben.

Die Klatschdamen

Alle vier Wochen – „Nein mein Liebe, daß man Sie hier wieder einmal trifft und mitten auf dem Kurfürstendamm“ – begegneten sich rein zufällig die Klatschdamen (Agnes Windeck und Tatjana Sais). Sie kommentierten kulturelle Ereignisse, ereiferten sich beispielsweise über die Stile der modernen Schriftsteller – „Früher schrieben die Dichter besinnlich, heute schreiben sie sinnlich“, nahmen den Berliner Zeitungskrieg auf's Korn – besonders hatte es ihnen die Bildzeitung mit den vielen unbekleideten Mädchen angetan – und äußerten sich mit scheinbarer Naivität zu politischen Themen. So waren die Westalliierten in Berlin nicht nur beliebt, sondern wurden gelegentlich auch heftig kritisiert. Sollte man solche Kritik verbieten?

> Klatschdame: „Nein, verbieten ist ja in der Demokratie verboten, aber es könnte sein, daß die Westalliierten eines Tages sagen: Kinder, wenn wir euch so unangenehm sind, dann gehen wir doch nach Hause – sehen Sie, es darauf ankommen zu lassen, dazu gehört doch wahrer Heldenmut.“ (vgl. v. Sweringen ²1995, 160)

Aber die politischen Äußerungen bildeten im Themenkatalog der Klatschdamen eher die Ausnahme. Sie waren das ‚High-Society-Gegenstück‘ zum volksnahen ‚Funzionär‘. Wir Jugendlichen konnten mit dem ‚Klatsch‘ nicht so viel anfangen.

Quodlibets

Meisterhaft waren auch Günter Neumanns Quodlibets, d.h. eine Aneinanderreihung von Texten auf immer andere Ohrwurmmelodien. Um auch nur annähernd einen Eindruck dieser ‚vergnüglichen‘ Texte und Melodien zu vermitteln, müsste man eigentlich eine Kassette mit Ausschnitten beilegen. Aber seit 1995 sind 8 CDs auf dem Markt, die ich dem geneigten Leser sehr empfehlen kann. Als Beispiel aus ca. 50-60 ähnlichen ‚Potpourries‘ hier die Wiedergabe der Texte und Melodien zum Besuch des OB Reuter in den USA im Jahre 1953, als alle Welt nach Stalins Tod hoffte, nun würde es aufwärts gehen, als aber Berlin schlicht ‚pleite‘ war.

Melodie: Trink, trink, Brüderlein trink

Keine Mark in der Kasse mehr,
auch der Stadtsäckel schlaff und leer,
täglich neue Probleme.

Reuter dachte, als er das sah,
hilft nischt, ick muß nach USA,
auf die Spendierhosen kloppen,
sonst sitz'n wir hier auf'm Trocknen.

Melodie: Muß i denn, muß i denn...
Muß i denn, muß i denn
ja ich muß mal über'n Teich
muß mal über'n Teich
und ihr bleibt an der Spree.
Wenn ich drüben unser Leid erzähl,
dann ist gleich alles okay.
Wenn ich komm, wenn ich komm
wenn ich wieder, wieder komm,
wieder, wieder komm
komm ich mit ,nem Portemonnaie.

Melodie: (mir nicht bekannt)
Drüben fuhr er an der Spitze
eines Geleits durch die Leut,
seine kleine Baskenmütze
wurd' mit Konfetti bestreut.
In ganz New York war een Hallo
und Reuter dachte froh

Melodie: Das gibt's nur einmal...
Das gibt's nur einmal
ick komm' bald wieda
das ist ja mehr als jut jejang'n.
Es fällt Konfetti auf mich hernieda,
in Bonn wurd' ich nie so empfang'n.
Die netten Leute,
ich weiß schon heute,
daß ich hier Unterstützung krieg.
Mir scheint New York liegt
von uns aus näher,
als mancher Ort der Bundesrepublik.

Melodie: Alle Vögel sind schon da...
Alle Amis standen da,
die mal in Berlin war'n.
Herr McClure, Herr Reber, Herr Clay;
Howley und noch mehr von der Spree
Clay, der in Erinnerung schwamm
rief [neue Melodie]
I have Heimweh nach the Kurfürstendamm.
(vgl. CD3, Günter Neumann Stiftung (Hrsg.) 1995)

Es ist hier leider nicht der Platz, um den ganzen Text abzudrucken. Unüberhörbar aber war die deutliche Kritik an der Politik Adenauers, der sich – nach Meinung der Berliner – nicht engagiert genug für Berlin und die Wiedervereinigung einsetzte. Umso dankbarer war man den USA, die die Freiheit Westberlins sicherten.

An die Berliner wurde schließlich appelliert den OB Reuter in Tempelhof angemessen zu empfangen. Der Oberbürgermeister hatte sich allerdings in den USA gesundheitlich übernommen und ist bald darauf gestorben.

Zu diesen umgedichteten Melodien kamen auch eigene ‚Ohrwürmer'. Neben ‚Halt, lieber Weihnachtsmann geh noch nicht fort, halt, lieber Weihnachtsmann noch auf ein Wort', wurde ‚Das ham se wohl vergessen in der Eile' populär. Mir ist besonders das Karnevalslied in Erinnerung geblieben mit dem Refrain: ‚Es ist ja Karneval, die närrische Zeiet, selbst zu den dümmsten Streichen ist man gleich bereiet.'

Seh'n se das ist Berlin

Wenn das Ensemble nach ca. 40 Minuten mit dem Abschlusssong begann – zumeist nur 3 Strophen – dann wussten wir, es war wieder mal vorbei. Schade! Wir hätten gern noch mehr gehört. Und wie eindrucksvoll und seismographisch einfühlsam das Schicksal der Berliner, besonders im Ostteil der Stadt, eingefangen wurde, mag folgende Strophe aus dem Herbst 1952 verdeutlichen:

> An Ostberliner Grenzen
> wurden Türme aufgebaut,
> von denen jetzt die Vopo uns ins Mittagessen schaut.
> Der Vopo auf dem Wachturm
> sitzt da und denkt beklommen,
> viel höher kann ich sicher in der DDR nicht kommen.
> Er guckt nach Westen mang de Herbstesstürme
> und denkt sich Türme, türme, Türme, türme
> Seh'n se das ist Berlin
> Seh'n se das ist Berlin
> eine Stadt, die sich gewaschen hat,
> Seh'n se das ist Berlin.
> (vgl. CD3, Günter Neumann Stiftung (Hrsg.) 1995)

3. Die Insulaner unter der Bettdecke

Nach Flucht und Flüchtlingslager wurde unsere 7-köpfige Familie 1953 in eine kleine Wohnung in dem Dorf H. einquartiert. Wir vier Kinder schliefen in einem Zimmer und wir Großen mussten leise sein, weil die kleinen Geschwister immer vor uns ins Bett gingen. Ein lautes Radio war also tabu, andererseits hätten wir gerne Schlagersendungen etc. gehört und waren deshalb aus dem Häuschen, als wir einen ‚Detektor' mit Kopfhörer geschenkt bekamen. Heute gibt es das ‚Detektorradio ohne Strom wie anno 1923' als Kosmos-Bausatz, allerdings mit einem komfortablen Drehkondensator zur Sendersuche. Damals musste man zunächst eine lange Antenne basteln und sie außen am Fenster anbringen. Das Herzstück des Radios bestand dann aus einem Kristall, auf dem man mit Hilfe einer Art Nadel die Sender anpieksen musste. Hatte man den jeweiligen Sender gefunden, dann durfte man sich möglichst wenig bewegen, um die Einstellung nicht zu verändern, denn sonst war der Sender wieder futsch und das Gefummel begann von neuem. Den Kopfhörer teilten sich mein Bruder und ich. Jeder bekam eine Hörmuschel und zur Minimierung von Außengeräuschen lagen wir unter der Bettdecke und hörten ‚Radio'. Alle vier Wochen gab es die Insulaner und diese Sendung gehörte sozusagen zum Pflichtprogramm. Bei den anderen Sendungen waren wir Brüder uns nicht immer einig, den Genossen Funzionär hingegen und Herrn Kummer ließen wir uns aber nicht entgehen. Es war sozusagen die Verbindung zur alten Heimat, zur Grenzsituation unserer frühen Kindheit, mit dem Unterschied allerdings, dass man nun offen über die politischen Pointen sprechen durfte und die Ohrwürmer nicht mehr verboten waren.

4. Das Grundig-Auge

Im Jahre 1956 zogen wir wieder um, diesmal in eine etwas größere Wohnung. Im Wohnzimmer stand eine Grundig-Radiotruhe mit komfortablem Plattenspieler und dem Grundig-Auge, dessen grüne Farbe die optimale Sendereinstellung anzeigte. In diesem Zimmer versammelte sich die Familie auch zu Gesellschaftspielen – Mensch ärgere Dich nicht und Doppelkopf – und eben zum gemeinsamen Radiohören. Wenn die Insulaner angesagt waren, dann blieben die Würfel unangetastet und die Karten im Kasten. Selbst meine kleine Schwester – 5 Jahre jünger als ich – erinnert sich an diese ‚doofe Sendung', bei der man immer nur die Hälfte verstand, aber nicht nachfragen durfte, weil die Großen da immer genau zuhören wollten und es ja auch keine Werbepausen gab. Nach 45 Minuten war dann alles vorbei. Wir hatten wieder mal etwas von Berlin gehört, den Dialekt genossen, waren über die neuesten Schikanen des Ostens empört und erfreuten uns an den alten Melodien mit neuen Texten von Günter Neumann. Aus der ehemaligen Sendung mit Ventilfunktion der Betroffenen war ein Hörvergnügen geworden. Jetzt konnten wir über die Wortspiele befreit lachen und der sich ständig verhaspelnde ‚Funzionär' erregte fast schon unser Mitleid.

5. Der Insulaner gibt auf

Auch während meiner ersten Studienjahre – natürlich in Berlin – gab es hin und wieder die Insulaner. Aber Günter Neumann war müde geworden, die Sendungen wurden seltener; der Glaube, dass die Insel wieder'n schönes Festland werden würde, schwand dahin. Mit dem Mauerbau 1961 war die Teilung der Stadt zementiert. Das einstmals so populäre Rundfunkkabarett wurde einerseits durch das Fernsehen abgelöst, andererseits fehlte den Berlinern die existenzielle Bedrohung. Auch in Berlin hatte man sich zwangsläufig mit der Teilung der Stadt arrangiert. Zwar gab es Fluchthelferunternehmungen und Passierscheinregelungen. Durch die DDR konnte man nach wie vor nur mit aufgezwungenen Grenzkontrollschikanen fahren. Hiergegen protestierten auch die Insulaner, aber die ursprünglich optimistische Vehemenz hatte nachgelassen und 1964 wurde die Sendung sang- und klanglos eingestellt. So richtig vermisst wurde sie nicht mehr.

6. Epilog

Ich muss wohl mal geäußert haben, dass nach dem Fall der Mauer die Insulaner ihr Fernziel nun doch noch erreicht hätten. Aus der Insel sei wieder'n schönes Festland geworden. Eigentlich müsste man doch jetzt die alten Sendungen wieder hervorkramen und vermarkten können. Ob es die wohl noch gäbe?

Meine Schwester hatte diese Bemerkung offenbar mitbekommen. Sie wohnt übrigens mit ihrer Familie wieder in Kleinmachnow, in unserem Häuschen, das wir seinerzeit Hals über Kopf verlassen mussten. Sie machte die CD-Edition ausfindig und schenkte sie mir zum 60. Geburtstag. Seitdem werden Erinnerungen wach, wenn ich die CDs höre. Heute allerdings sind die Pointen, Wortspiele, Versprecher des Funzionärs, der Dialekt, die Quodlibets und die

Kommentare der Klatschdamen ein reines Hörvergnügen. Das war nicht immer so.

Literatur

Günter Neumann Stiftung (Hrsg.) (o.J./1995): *Günter Neumann und seine Insulaner. Aufnahmen aus den Jahren 1948-1964. Ein Stück Nachkriegsgeschichte Berlins im Spiegel einer Sendereihe von RIAS Berlin.* Nienburg: Hoffmann [Begleitbuch und 8 CDs].

Sweringen, Bryan T. van (1995): *Kabarettist an der Front des kalten Krieges. Günter Neumann und das politische Kabarett in der Programmgestaltung des RIAS 1948-1964.* ²Passau: Rothe.

Zimmer, Dieter (1980): *Für'n Groschen Brause. Eine liebenswerte Familienchronik aus unliebsamen Zeiten.* Bern; München: Scherz.

Autorinnen und Autoren

Jannis Androutsopoulos, Dr. phil., ist Juniorprofessor für Medienkommunikation an der Universität Hannover und Mitglied der DFG-Forschergruppe „Sprachvariation als kommunikative Praxis“; Forschungsschwerpunkte im Grenzgebiet zwischen Soziolinguistik und Medienanalyse mit empirischem Schwerpunkt auf Jugendkulturen und Online-Kommunikation.

Ruth Ayaß, Dr. rer. soc. habil., ist Professorin am Institut für Medien- und Kommunikationswissenschaft an der Universität Klagenfurt. Studium der Linguistik und Soziologie in Konstanz (M.A.), 1996 in Gießen Promotion mit einer mediensoziologischen Untersuchung über das „Wort zum Sonntag“. 2004 Habilitation an Fakultät für Soziologie der Universität Bielefeld über den kommunikativen Umgang mit medialen Gattungen. Arbeitsschwerpunkte: Kommunikation und/von Geschlecht; Kommunikation in, mit und über Massenmedien; Gattungsanalyse; Konversationsanalyse; qualitative Methoden.

Alexander Brock, PD Dr. phil., ist wissenschaftlicher Mitarbeiter am Institut für Anglistik und Amerikanistik der Universität Halle. Seine wissenschaftlichen Interessen umfassen die Pragmatik, die Text- und Medienlinguistik und das Komische. Er habilitierte sich an der Universität Leipzig mit einer linguistischen Untersuchung zur Rezeption britischer Fernsehkomödien

Hajo Diekmannshenke, Dr. phil. habil., ist Wissenschaftlicher Mitarbeiter am Institut für Germanistik an der Universität Koblenz-Landau, Campus Koblenz. Forschungsschwerpunkte liegen in den Bereichen Politische Kommunikation sowie Medienwirkungsforschung; Redakteur der *Zeitschrift für Angewandte Linguistik* (ZfAL).

Sabine Fiedler, PD Dr. phil., ist Lehrkraft für besondere Aufgaben am Institut für Anglistik der Universität Leipzig, Promotion 1986 (Anglistik: Arbeit zur englischen Fachtextlinguistik), Habilitation 1999 (Allgemeine Sprachwissenschaft / Interlinguistik: Arbeit zur Phraseologie in Plansprachen), Forschungsinteressen: Übersetzungswissenschaft, Phraseologieforschung, Interlinguistik (Esperantologie), Fachsprachenforschung, Medienkommunikation, interkulturelle Kommunikation, Comics.

Gudrun Held, Dr. phil. habil., ist a.o. Professorin für romanische Sprachwissenschaft an der Universität Salzburg. Ihre Forschungsinteressen liegen vor allem im Bereich der synchronen und diachronen Pragma- und Interaktionslinguistik (v.a. verbale Höflichkeit und Interaktionsmodalität), der Medienlinguistik (Sprache der Printmedien, multimodale Textsorten) und Sprachgeschichte.

Eva-Maria Jakobs, Dr. phil. habil., ist Professorin für Textlinguistik und Koordinatorin des Studiengangs Technikkommunikation an der RWTH Aachen (Institut für Sprach- und Kommunikationswissenschaft), Studium der Germanistik und Kunstgeschichte, 1982 Promotion, 1996 Habilitation, seit 1999 Professorin, Arbeitsschwerpunkte: Neue Medien (Hypertext, Internet), Textproduktion, Professionelle Kommunikation (Unternehmen, Technik), Textverständlichkeit und Textoptimierung, Usability-Forschung.

Michael Klemm, Dr. phil., ist Professor für Medienwissenschaft (sprachwissenschaftliche Ausrichtung) am Institut für Kulturwissenschaft der Universität Koblenz-Landau, Campus Koblenz, Studium der Germanistik, Politikwissenschaft und Medienkommunikation an der Universität Trier, 1998 Promotion an der TU Chemnitz, dort bis 2005 Wissenschaftlicher Assistent, Gasttätigkeiten an den Universitäten Wolgograd, Dresden, Bayreuth und Trier, 2000 – 2006 (stellvertretender) Leiter der Sektion Medienkommunikation der Gesellschaft für Angewandte Linguistik (GAL). Publikations- und Forschungsschwerpunkte: Medienkommunikation, Gesprächsanalyse, Textlinguistik, Schreibdidaktik, e-Learning.

Andreas Monz ist Wissenschaftlicher Mitarbeiter in der Germanistischen Sprachwissenschaft an der TU Chemnitz, zuvor von August 2001 bis Oktober 2004 Wissenschaftlicher Mitarbeiter am Lehrstuhl für Germanistische Linguistik in Saarbrücken. Seine Arbeitsschwerpunkte umfassen v.a. Sprech- und Gesprächsstile in medialem und institutionellem Kontext. Er betreute die Saarbrücker Schreibtutorien und initiierte 2002 das Projekt *Perspektive Sprachwissenschaft* zur besseren Vernetzung zwischen universitärer und außeruniversitärer Arbeitswelt.

Martin Nielsen, Dr. (ph.d.), Diplomfachübersetzer und -dolmetscher; ist Associate Professor („Lektor“) an der Wirtschaftsuniversität Aarhus/ Dänemark (Fachbereich Deutsch und Zentrum für Unternehmenskommunikation); Arbeitsschwerpunkte: Wirtschaftskommunikation, Marketing-, Werbe- und PR-Kommunikation, Textsortenlinguistik, Interkulturelle Kommunikation (Dänemark – Deutschland); Mitglied der Forschungskooperation *Europäische Kulturen in der Wirtschaftskommunikation*, Projekt „Direct mails deutsch-dänisch/ dänisch-deutsch"; Veröffentlichungen u.a. Herausgeber von „Wirtschaftskommunikation im Wandel" (Wiesbaden: DUV 2003).

Daniel Perrin, Dr. phil., ist Professor für Medienlinguistik und leitet das Institut für Angewandte Medienwissenschaft (IAM) der Zürcher Hochschule Winterthur. Arbeitsschwerpunkte: Text- und Medienlinguistik, Textproduktionsforschung, Methodologie der Schreibforschung, redaktionelles Qualitätsmanagement, Berufliches Schreiben, Professionalisierung der Kommunikation.

Heiner Pürschel, Dr. phil., war bis 2006 Professor für Angewandte Linguistik/Anglistik an der Universität Duisburg-Essen, Standort Duisburg. Forschungsschwerpunkte: Angewandte Linguistik, Fremdsprachenunterrichtsmethoden, Medien, Lehrwerkanalysen. Publikationen u.a. zur Didaktik des Fremdsprachunterrichts und zur Interkulturellen Kommunikation.

Michael Thiele, Dr., M.A., Literatur- und Sprachwissenschaftler und Sprecherzieher (DGSS), ist Professor für Rhetorik und Englisch an der Hochschule für Technik Karlsruhe und Direktor des Instituts für Fremdsprachen (IFS). Außerdem bekleidet er eine Honorarprofessur für Medienpädagogik an der Kath. Hochschule für Sozialwesen Berlin (KHSB) und eine Privatdozentur für ‚Religiöse Rhetorik' am Fachbereich Ev. Theologie der Universität Frankfurt a. M. 1987-1989 war er Künstlerischer Hauptfachlehrer im Fach Sprechen an der Schauspielabteilung der Folkwang-Hochschule Essen, 1993 Gastprofessor für Germanistik an der Ain Shams-Universität Kairo.

Rüdiger Vogt, Dr. phil. habil., ist Professor für Sprachwissenschaft und Sprachdidaktik im Fach Deutsch an der Pädagogischen Hochschule Ludwigsburg. Arbeitsschwerpunkte: Angewandte Gesprächsforschung, Text- und Diskurslinguistik, Fachdidaktik als angewandte Linguistik Ausgewählte Publikationen: „Im Deutschunterricht diskutieren. Zur Linguistik und Didaktik einer kommunikativen Praktik." Tübingen: Niemeyer (2002); (zus. mit Michael Becker-Mrotzek) „Unterrichtskommunikation. Linguistische Analysemethoden und Forschungsergebnisse." Tübingen: Niemeyer.

Rainer Winter, habilitierter Soziologe und Psychologe, ist Professor für Medien- und Kulturtheorie und Vorstand des Instituts für Medien- und Kommunikationswissenschaft der Universität Klagenfurt. Wichtige: „Die Kunst des Eigensinns. Cultural Studies als Kritik der Macht“ (2001), „Der produktive Zuschauer. Medienaneignung als kultureller und ästhetischer Prozeß“ (1995) und „Filmsoziologie. Eine Einführung in das Verhältnis von Film, Kultur und Gesellschaft“ (1992).

Bonner Beiträge zur Medienwissenschaft

Herausgegeben von Caja Thimm

Band 1 Caja Thimm (Hrsg.): Unternehmenskommunikation offline/online. Wandelprozesse interner und externer Kommunikation durch neue Medien. 2002.

Band 2 Winfried Lenders (Hrsg.): Medienwissenschaft. Eine Herausforderung für die Geisteswissenschaft. 2004.

Band 3 Ulla Kleinberger Günther / Franc Wagner (Hrsg.): Neue Medien - Neue Kompetenzen? Texte produzieren und rezipieren im Zeitalter digitaler Medien. 2004.

Band 4 Claudia Fraas / Michael Klemm (Hrsg.): Mediendiskurse. Bestandsaufnahme und Perspektiven. 2005.

Band 5 Caja Thimm (Hrsg.): Netz-Bildung. Lehren und Lernen mit neuen Medien in Wissenschaft und Wirtschaft. 2005.

Band 6 Michael Klemm / Eva-Maria Jakobs (Hrsg.): Das Vergnügen in und an den Medien. Interdisziplinäre Perspektiven. 2007.

www.peterlang.de

FSC
www.fsc.org
MIX
Papier | Fördert gute Waldnutzung
FSC® C083411

Kolibri 360 GmbH
Ferdinand-Jühlke-Straße 7
99095 Erfurt, Deutschland
produktsicherheit@kolibri360.de

Druck:
CPI Druckdienstleistungen GmbH
im Auftrag der
Kolibri 360 GmbH
Ferdinand-Jühlke-Str. 7
99095 Erfurt